SÉNÈQUE

LETTRES À LUCILIUS

LIVRES V - VII

COLLECTION DES UNIVERSITÉS DE FRANCE
publiée sous le patronage de l'ASSOCIATION GUILLAUME BUDÉ

SÉNÈQUE

LETTRES À LUCILIUS

TOME II

LIVRES V-VII

TEXTE ÉTABLI
PAR
FRANÇOIS PRÉCHAC

TRADUIT
PAR
HENRI NOBLOT

Dixième tirage

PARIS
LES BELLES LETTRES
2023

Conformément aux statuts de l'Association Guillaume Budé, ce volume a été soumis à l'approbation de la commission technique, qui a chargé M. René Durand d'en faire la révision et d'en surveiller la correction en collaboration avec M. François Préchac.

Le sixième tirage a été revu, corrigé et indexé par Claude Rambaux.

95 boulevard Raspail, 75006 Paris
www.lesbelleslettres.com

Premier tirage 1947

ISBN : 978-2-251-01243-8
ISSN : 0184-7155

BRÈVE ADDITION BIBLIOGRAPHIQUE

Outre les ouvrages déjà signalés dans le tome I nous tenons à indiquer en rapport plus précisément avec des lettres de ce volume le livre et les articles suivants :

G. SCARPAT, *La lettera 65 di Seneca*, Antichità classica e cristiana, 1, Brescia, 1965, 1970² (dont la portée est plus ample que ne l'indique le titre, s'étendant à « une enquête sur la pensée de l'ultime Sénèque » ; on accordera une particulière attention au chap. III sur l'étude des « causes »).

I. LANA, *Sextiorum noua et Romani roboris secta*, *Riv. di Filol. e di Istr. Class.*, n.s. 31, 1953, p. 1-26 et 209-234 (= *Studi sul pensiero politico classico*, Napoli, 1973, p. 339-389).

W. RICHTER, *Seneca und die Sklaven*, *Gymnasium*, 65, 1958, p. 196-218.

T. REEKMANS, *Les esclaves et leurs maîtres dans les œuvres en prose de Sénèque le Philosophe*, *Index X*, 1981, p. 237-259.

Antoinette NOVARA.

On peut désormais recommander aussi les travaux suivants :

dans *Aufstieg und Niedergang der römischen Welt*, II, 36, 3, Berlin-New York, 1989 : Fr.-R. CHAUMARTIN, *Quarante ans de recherche sur les œuvres philosophiques de Sénèque* (Bibliographie 1945-1985), p. 1545-1605 ; G. MAZZOLI, *Le Epistulae morales ad Lucilium di Seneca. Valore letteràrio e filosofico* (avec bibliographie lettre par lettre), p. 1823-1877 ; P. GRIMAL, *Sénèque et le stoïcisme romain*, p. 1962-1991.

Sénèque. Entretiens. Lettres à Lucilius, édition établie par P. VEYNE, Paris, 1993, avec un avant-propos (p. I-VI), une riche introduction (p. VII-CLXXI), une bibliographie choisie (p. CLXXIII-CLXXVII) et une chronologie (p. CLXXIX-CLXXXIV), suivis, pour chacune des œuvres de Sénèque, d'une brève introduction, d'une traduction qui reprend en la corrigeant celle de la Collection des Universités de France, et de notes nouvelles.

Claude RAMBAUX.

INDEX SIGLORVM

IN PRIORIBVS VOLVMINIBVS POSITORVM

CODICES :

p = Parisinus 8540 (anterior ut uid. medio IX saeculo).
P = Parisinus 8658 A (id.).
b = Parisinus 8539 (XI saec.).
Q = Quirinianus B. II. 6 (IX-X saec.).
L = Laurentianus plut. LXXVI, 40 (X saec.).
V = Venetus siue Marcianus CCLXX, Arm. 22,4 (IX-X saec.).
M = Metensis 300 [E 93] (XI saec.).
v = Vaticanus latinus 366 (XII saec.).

A = Argentoratensis C VI, 5 (v. supra, p. XII).
O = Vossianus F. 70. 1 et Oxoniensis Canonicianus lat. class. 279 (X saec.).
g = Guelferbytanus Gudianus 335 [Eberti 784] (X-XI saec.).
Arg. b = Argentoratensis ab Oberlino collatus (X saec.).
q = Quirinianus A. IV. 4 (XIV saec.).
π = cod. Vniuersitatis Patauinae 852 (XV saec.).
cod. alter Vniuersitatis Patauinae 913 (XV saec.).

codd. = codices uniuersi aut uniuersi praeter nominatos.
dett. = codices deteriores aliqui.
det. = codex deterior quidam.

EDITIONES :

Mentel. = Anonyma sine anno quae dicitur Mentelina.
Auen. = Auennica 1502 curante Marmita.
Érasme[1] = Ed. 1515.
Érasme[2] = 1529. (V. supra p. XVIII, n. 2).
Lipse = 1607 curante Nic. Fabro et 1652 curante Fromond.
Muret = 1587 curante Nic. Fabro.
D. Godefroi = 1590.
De Juges = 1628.
Ruhkopf = 1800 uol. III.
Matthiae = 1808.
Schweighaeuser = 1809, uol. III.
Fickert = 1842, uol. I.
Haase = 1852, uol. III.
Hense[1] = 1898.
Hense[2] = 1914.

Hense Suppl. Quir. = in Supplemento Quiriniano 1921.
Beltrami[1] = 1916.
Beltrami[2] = 1931.

P. Thomas = Sénèque, Morceaux choisis, 1896.

Hauck = Seneca, Ausrewählte moralische Briefe : I Text, II Kommentar 1910.
Summers = Select letters of Seneca, 1910.
Gummere = Seneca, Ad Lucilium epistulae morales with an english translation, 1917, uol. I et II.
Hess-Mücke = Senecae ad Lucilium Epistulae morales selectae : I Text, II Kommentar 1929.
C. Cardó = Sèneca, Lletres a Lucili, 1928, 1929...

edd, uett. = editiones aliquae ueterrimae.

Studia critica :

Pincia : In omnia — Senecae scripta Fernandi Pinciani — Castigationes, 1536.
Mod. : Franz Modius siue François de Maulde, Novantiquae lectiones, 1584.
Gronov : Ad L. et M. Annaeos Senecas notae, 1649.
Madvig : Aduersaria critica ad scriptores latinos, 1873, uol. 2.
Gertz : Studia critica in L. Annaei Senecae Dialogos 1874. — Senecae Dialogorum libri XII, 1886.
Rossbach : De Senecae philosophi librorum recensione et emendatione, 1888.
Bourgery : Sénèque prosateur, 1922.
Albertini : La composition dans les ouvrages de Sénèque, 1923.
Axelson[1] : Senecastudien, Kritische Bemerkungen zu Senecas « naturales questiones », 1933.
Axelson[2] : Der codex Argentoratensis C vi, 5, Handschriftliches und textkritisches zum späteren Teil der Seneca Briefe, 1937.
Axelson[3] : Neue Senecastudien, Textkritische Beiträge zu Senecas « epistulae morales », 1939.
Foerster : Handschriftliche Untersuchungen zu Senecas « Epistulae morales » und « Naturales quaestiones » (Würzburger Studien zur Altertumswissenschaft, 10tes Heft), 1936.
Barker : Seneca's letters to Lucilius translated by, vol. I et II (« Readings » in uoluminis utriusque fine), 1932.

LIVRE V

Lettre 42 *

1 Il t'a déjà persuadé, ce personnage, qu'il est homme de bien ? Pourtant la qualité d'homme de bien ni ne s'acquiert ni ne se contrôle si vite. Sais-tu dans quel sens je prends ici le mot ? J'entends l'homme de bien courant, de la seconde marque. L'autre naît peut-être, comme le phénix, une fois tous les cinq cents ans [1]. Il n'est pas étonnant, au reste, que les grandes choses ne s'engendrent que par intervalles : les choses médiocres et qui naissent pour faire partie du commun sont des productions fréquentes de la fortune ; l'excellent, c'est par sa rareté même qu'elle le met en recommandation. 2 Le personnage est jusqu'ici bien loin de ce qu'il fait profession d'être. Et s'il savait ce que c'est qu'un homme de bien, il ne croirait pas l'être encore ; probablement même désespérerait-il de pouvoir le devenir.

« C'est qu'il a méchante opinion des méchants. » Les méchants mêmes font ainsi : le mal ne connaît pas châtiment pire que d'être déplaisant à lui-même et à ses amis. 3 « C'est qu'il a la haine de ceux qui usent tyranniquement d'une grande puissance qui leur est venue subitement. » Il

* *Sommaire.* — La qualité d'homme de bien ne doit pas être attribuée à la légère (1-2 jusqu'à *at male existimat*). L'esprit de convoitise multiplie les coquins, qu'ils le soient de fait ou d'intention (2-5). Parmi les objets de nos désirs, rien n'a plus de prix que la possession de soi-même (6-10).

1. *De Const. sap.* 7, 1 *magnis — aetatum interuallis inuenitur* (*sapiens*) ; *De Tr. an.* 7, 1 s. ; *De Ira* 1, 14, 3 ; 2, 10, 6. — § 2 *sibi — displicet :* cf. infra p. 7 n. 1 ; 97, 14 *prima illa et maxima pec-*

LIBER V

Seneca Lvcilio svo salvtem 42

1 Iam tibi iste persuasit uirum se bonum esse ? Atqui uir bonus tam cito nec fieri potest nec intellegi. Scis quem nunc uirum bonum dicam ? huius secundae notae. Nam ille alter fortasse tamquam phoenix semel anno quingentesimo nascitur. Nec est mirum ex interuallo magna generari : mediocria et in turbam nascentia saepe fortuna producit, eximia uero ipsa raritate commendat. **2** Sed iste multum adhuc abest ab eo, quod profitetur ; et si sciret, quid esset uir bonus, nondum esse se crederet, fortasse etiam fieri posse desperaret. « At male existimat de malis. » Hoc etiam mali faciunt, nec ulla maior poena nequitiaest quam quod sibi ac suis displicet. **3** « At odit eos, qui subita

Ep. 42. **1** atqui : -que *p* || nec fieri *pL* : *ex* ne f. *P* ne f. *b* || intellegi : -igi *b* || notae : *ex* -te p^2 noctae *P* || tamquam : tanq- *pPb* || phoenix : *ex* phon- *L* || quingentesimo : quintesimo *p* || ex : et *b* || magna : -no *b* || generari : genera *b* || mediocria : *ex* -cra *p* || turbam : -ba *p* || eximia : *ex* eximania p^2.

2 si sciret : *ex* siciret *p* || quid *codd. Auen. Érasme*[2] : qui *p* || nondum : nund- *p* || esse se *codd. Auen. Schweighaeuser* : essesed *p* se esse *Mentel. Érasme* [1-2]. || crederet : *sic* [de *ex* do] *L* || desperaret : *ex* disper- P^2 || At male : ad malae [*ex* mala] p^2 || mali faciunt : *ex* malif- *P* || poena : pena *p* || nequitiaest *LQ* : nequiciest *p* nequitiae est L^2g^2VPb nequitia est g^1 || ac suis *codd. Mentel. Érasme* [1-2] : et suis *Auen.*

3 At : et [*ex* at] *P* ad *p* || subita et : subita /*p*.

fera de même quand il disposera du même pouvoir. Chez beaucoup, c'est parce qu'ils sont impuissants que les vices restent cachés : lorsqu'ils auront savouré leurs forces, ils oseront tout autant que ces vices déjà mis à découvert par la réussite. Il ne leur manque que des moyens pour déployer leur malice. **4** On manie sans danger un serpent de l'espèce la plus malfaisante, tant qu'il est transi de froid : son venin n'est pas mort, mais engourdi. Chez beaucoup, à la cruauté, à l'ambition, à la débauche ne fait faute, pour égaler l'audace des pires, qu'une faveur de la fortune. Pour connaître qu'ils ont la même volonté < du mal >, donne-leur < seulement > de pouvoir tout ce qu'ils veulent [1].

5 Tu te rappelles le quidam que tu prétendais entièrement à toi. Je disais qu'il était volage et léger ; que tu le tenais non par le pied, mais par l'aile. J'ai parlé à faux : c'est par une plume que tu le tenais : il te la laissa dans la main et s'esquiva [2]. Tu sais les tours qu'il t'a joués par la suite, toutes les combinaisons qu'il a tentées et qui devaient lui retomber sur la tête. Il ne voyait pas qu'en mettant les autres en péril, il s'y précipitait lui-même. Il ne songeait pas combien l'objet de ses convoitises était onéreux, même si cet objet n'était pas superflu

6 Ainsi donc, en ces objets auxquels nous aspirons,

cantium est poena peccasse ; 43, 5 ; 81, 22 ; *De Ira* 2, 30, 2 *poenas — iam sibi dedit qui peccauit* ; Juv. 4, 8 *nemo malus felix.* — § 3 *subita et magna potentia :* l'interlocuteur pense évidemment aux grands parvenus du jour, aux affranchis du prince, que stigmatise Maternus chez Tacite (*D.* 13, 4), ou Tacite lui-même (*Ann.* 12, 54) en la personne de ce Félix, frère de Pallas et affranchi de Claude, qui exerçait en Judée, avec une fierté brutale, sa charge de gouverneur. Sur ces personnages, V. Tillemont, *Hist. des empereurs*, éd. de Venise 1732, p. 192 s. — *Potentia inpotenter*, antithèse familière à S. : *De Rem. fort.* 10, 2 « *Non sum potens* ». *Gaude : inpotens non eris.*

1. Les historiens prêtaient ce penchant au sexe faible : Tac. *Ann.* 3, 33, 3 *non inbecillum tantum* (*sexum*), — *sed, si licentia adsit, saeuum, ambitiosum ;* Liv. 34, 2 *s. f.* (d'après Caton le Censeur) *Date frenos inpotenti naturae et indomito animali et sperate ipsas modum licentiae facturas.*

2. Il s'agirait d'après Lipse de la personne visée in *Ep.* 24

et magna potentia inpotenter utuntur. » Idem faciet, cum idem potuerit. Multorum, quia inbecilla sunt, latent uitia, non minus ausura, cum illis uires suae placuerint, quam illa, quae iam felicitas aperuit : instrumenta illis explicandae nequitiae desunt. **4** Sic tuto serpens etiam pestifera tractatur, dum riget frigore : non desunt tunc illi uenena, sed torpent. Multorum crudelitas et ambitio et luxuria, ut paria pessimis audeat, fortunae fauore deficitur. Eadem uelle [si subaudis] cognosces : da posse quantum uolunt. **5** Meministi, cum quendam adfirmares esse in tua potestate, dixisse me uolaticum esse ac leuem et te non pedem eius tenere, sed pennam ? Mentitus sum : pluma tenebatur, quam remisit et fugit. Scis, quos postea tibi exhibuerit ludos, quam multa in caput suum casura temptauerit. Non uidebat se per aliorum pericula in suum ruere : non cogitabat, quam onerosa essent, quae petebat, etiam si superuacua non essent. **6** Hoc itaque

inpotenter *codd. Mentel. Auen. Lipse* : inpot er [*ex* inpotenter] *p* insolenter *Érasme* [1-2] || faciet *QLMvO* : -ient *Pb* facerit [r *expunct.*] *p* || potuerit *pQL* : -tuerint *P* -tuerunt *b* || ausura : as- *p* || placuerint : -erunt *pb* || felicitas : *ex* felitas *P* || aperuit : -erit *P* || illis : *ex* istis ? p^2.

4 tuto : -tus *b* || serpens : *ex* -pes p^2 || tunc : *post ras. p* || torpent : *sic* [tor *ante ras.*] *b* || luxuria : *ex* -iae *Q* -iae *L* || paria : pari *p* || pessimis : mus *b* || audeat : -eant [*ex* -eat] P^2 -iat *p* || uelle *codd. Auen. Fickert* : uello eos *Mentel. Érasme* [1-2] || si subaudis *secl. Dunbabin* [*Class. Quarterly* 1917, *p.* 181] *iam om. Ruhkopf Schweighaeuser sicut Mentel. Auen. Ér.* [1-2] *Muret Lipse* : sub audis *lineola, delendi signo, subnot.* P^2 sub audis *b* si subaudis *p* si sub auditis *QL* si [*ante complur. litt. erasus*] subaudisti *g* || cognosces : -scis *QLg*

5 cum quendam *VPb uulg.* : cum quandam Qg^1 cum quondam Lg^c cum quando *p* eum cum quando *Hilgenfeld* istum cum quando *coll.* 42, 2 *init. Hense dub.* || adfirmares : *ex* -rmire *P* *ex* adfimares p^2 || pennam : *ex* pinn- *P* pinam *p* pinnam *Vb* || mentitus : -ntius *p* || sum ? *Hense* || pluma : *ex* plura *L* *ex* plumam *ut uid.* p^2 || fugit : fuit *pL* || quos : *ex* quas *ut uid. P* || postea tibi : *ex* po [*uel* pa] teatibi *P* || exhibuerit : exib- *pPb Auen.* || ludos : *ex* -das *P* || quam : *ex* quem *P* || caput : -ud *pPb* || temptauerit : temt- *p* || pericula : -lum *L* || ruere : *ex* uere *Q* || onerosa [hon- *p*] *codd. edd.* : onerosa cunctis [cunctis *per compend.*] *ex* onerosa P^2 || essent : esse *P* || petebat : pat- *Q*.

6 itaque : *ex* -cue p^2.

vers lesquels nous tirons à grand travail, la chose que nous devrions saisir du regard, c'est qu'ils ne contiennent aucun avantage, ou plus d'inconvénients que d'avantages. Certains sont superflus ; certains ne valent pas tant. Mais notre vue ne plonge pas à fond, et il nous semble qu'on a gratuitement ce qui coûte très cher. **7** Voici qui laisse notre stupidité pleinement paraître : nous pensons que seul s'achète ce contre quoi on verse son argent ; nous disons gratuit ce contre quoi on se donne en paiement soi-même. Ce que nous ne voudrions pas acheter, s'il nous fallait céder par contre-échange notre maison, quelque propriété d'agrément ou de rapport, nous sommes tout prêts à l'acquérir moyennant anxiété, moyennant du risque, moyennant le sacrifice de notre honneur, de notre liberté, de notre temps.[1] Tellement chacun ne met rien à plus vil prix que soi [2].

8 Agissons, par conséquent, dans toutes nos résolutions, dans toutes nos démarches, comme lorsque nous abordons un marchand. Nous avons envie de tel objet ? Voyons combien on en demande. Ce qui coûte le plus cher est souvent ce pour quoi on n'a rien à payer. Je pourrais te montrer bien des cas où des avantages obtenus, reçus par grâce, nous ont arraché la liberté. Nous serions à nous, si ces pauvres choses n'étaient pas à nous [3].

9 Voilà donc des pensées à remuer avec toi-même,

1 et 12 ; 29, 9, qui avait intenté un procès à Lucilius. Il est possible ; mais on ne saurait l'affirmer.

1. *Cum iactura temporis :* cf. Antiph. soph. in *Vorsocr.* Diels II, 77 : πολυτελέστατον ἀνάλωμα τὸν χρόνον ; 1, 3 *ex qua (temporis possessione) expellit quicumque uult ; — cum interim hoc unum est, quod ne gratus quidem potest reddere ;* 117, 32 ; *N. q.* 3 *pr.* 3 ; *De Br. u.* 7, 4 *Magni uiri est nihil ex suo tempore delibari sinere...* 8, 1 *Re omnium pretiosissima luditur... Nemo aestimat tempus.* Cf. Ambr. *Ep.* 63, 97 Migne 16 col. 1215 cd *Potes et hodiernum diem lucrari... Non exiguum detrimentum est uel horae unius ; et una hora totius uitae portio est...*

2. *Nihil — se uilius :* cf. supra *nos ipsos impendimus* ; 1, 1 *uindica te tibi ; De Br. u.* 8, 5 *nemo iterum te tibi reddet.*

3. *Nostri essemus* : cf. 20, 1 *aliquando fias tuus ;* 75, 18 *inaestimabile bonum est suum fieri ; N.q.* 3 *pr.* 2 *sibi totus animus uacet ; De Br. u.* 2, 4 *suus nemo est ; Ep.* 32, 4 *nemo sibi contigit ;* 71, 36 *Id agamus ut nostrum omne tempus sit : non erit autem nisi prius nos*

in his, quae affectamus, ad quae labore magno contendimus, inspicere debemus, aut nihil in illis commodi esse aut plus incommodi : quaedam superuacua sunt, quaedam tanti non sunt. Sed hoc non peruidemus et gratuita nobis uidentur, quae carissime constant. **7** Ex eo licet stupor noster appareat, quod ea sola putamus emi, pro quibus pecuniam soluimus, ea gratuita uocamus, pro quibus nos ipsos impendimus. Quae emere nollemus, si domus nobis nostra pro illis esset danda, si amoenum aliquod fructuosumue praedium, ad ea paratissimi sumus peruenire cum sollicitudine, cum periculo, cum iactura pudoris et libertatis et temporis : adeo nihil est cuique se uilius. **8** Idem itaque in omnibus consiliis rebusque faciamus, quod solemus facere, quotiens ad institorem alicuius mercis accessimus : uideamus, hoc quod concupiscimus, quanti deferatur. Saepe maximum pretium est, pro quo nullum datur. Multa possum tibi ostendere, quae adquisita acceptaque libertatem nobis extorserint ; nostri essemus, si ista nostra non essent. **9** Haec ergo tecum ipse uersa,

quae affectamus [que aff- *b*] *Qb* : *ex* quae adf- *L*[2] quae adf- *P* que adfecta sumus *p* || ad quae *dett. Muret* : atque *pQLPb Mentel. Auen. Érasme* [1-2] || labore : *ex* laborare *Q* laber e *p* || hoc *codd. Fickert* : haec *Mentel. Auen. Érasme* [1-2] || peruidemus *codd. Érasme* [2] *uulg.* : prou- *Mentel. Auen. Érasme* [1] *Lipse... Fickert* || quae [que *p*] carissime *p uulg.* : quae -mae *Q ? LP* quae -ma *b*.

7 noster · nr̄t *P* || emi : *ex* emit *ut uid.* *b* || uocamus : -emus *P* || impendimus *Q* : inp- *pPb* || nollemus : *ex* nolli- *p*[2] *ex* nolo- *P*[2] nole- *b Auen.* || esset : esse *b* || danda : denda *b* || si amoenum : *ex* sciamoen- *p* || aliquod : -quid *QL* || fructuosumue : -osumque [*ex* -osum] *P*[2] || et libertatis : libertatis *Auen.* || temporis et libertatis *p*.

8 quotiens : *ex* -ies *Q* -ies *L* quo ciens *p* || institorem *LPb* : *sic* [*post* ti 3 *uel* 4 *litt. eras.*] *b* insti eius titorem *p ad uocem* quotiens *plane aberrans* || mercis : *ex* mentis *Q*[2] mentis *L* || accessimus : *ex* acess- *Q* || quanti : quam *Q* || pretium : prae um [*add.* ti] *p* || est pro : e. eius pro *Madvig* || quo : co *p* || nullum : *ex* -o *P*[1] *ut uid.* || Multa : *ex* -tum *b* || quae adquisita : que adques- *p* quae adquaes- *P* || extorserint : *ex* -it *Q* -it *L* -unt *Auen. Érasme* [1-2] || essemus : esseimus *p*.

non seulement lorsqu'il s'agira d'un accroissement de situation, mais encore quand il s'agira d'un sacrifice. « Ceci va disparaître. » Eh ! bien, c'était venu du dehors[1] : tu t'en passeras comme tu t'en passais jadis. L'as-tu possédé longtemps ? Tu le perds après satiété. Il ne t'est pas longtemps demeuré ? Tu le perds avant l'accoutumance. « Tu auras moins d'argent. » Eh ! bien, moins de tracas aussi. « Ton crédit diminuera. » Eh ! bien, l'envie aussi. **10** Fais le tour de ces faux biens[2] qui nous entraînent à la folie, que nous perdons avec tant de larmes : tu sauras que ce n'est pas le dommage qui afflige, mais l'idée d'un dommage ; ces disparitions-là, on ne les sent pas, on les rumine. Qui se possède n'a rien perdu ; mais combien sont-ils qui ont le bonheur de se posséder ?[3]

Lettre 43 *

1 Comment le fait m'est-il parvenu ? Tu le demandes. Qui m'a conté une idée à toi que tu n'avais contée à personne ? Quelqu'un qui sait beaucoup, beaucoup : la renommée. « Eh ! quoi, dis-tu. Suis-je assez gros personnage pour mettre la renommée en émoi ? » Il ne faut pas que tu regardes vers le lieu où je suis pour te mesurer ;

* *Sommaire.* — Lucilius est, en Sicile, un grand personnage (1-3 jusqu'à *quid agas*). Continuellement sous les yeux du public, il se défendra de commettre aucun acte qui ne puisse être connu de tous. D'autres essaieraient, en faisant mal, de sauver les apparences : calcul misérable (3-5).

nostri esse coeperimus. — *Si ista nostra non essent :* cf. 98, 2 *omnia quae fortuna intuetur ita fructifera — fiunt si qui habet illa se quoque habet nec in rerum suarum potestate est.* Cf. Bion *ap.* D. L. 4,50 *s. f.*

1. S. dira : 98, 1 *fragilibus innititur qui aduenticio laetus est*, et encore : Ibid. *exibit gaudium quod intrauit.*

2. Cf. sur les biens de fortune, *De Rem. fort.* 10, 1 ; 11, 1 ; 11, 3 ; sur l' « opinion » ibid. 10, 1, *Ep.* 95, 58 *fama* ; vol. I, p. 48, n. 2 ; Cléanthe *fr.* 101 Pearson ; Epict. *Man.* 20. — *Nihil perdidit* cf. 9, 18 et 19 le mot de Stilbon et infra p. 123, n. 3 ; 45,9 *bonum omne in animo.*

3. *Habere se* cf. p. 4, n. 3 *nostri essemus.*

non solum ubi de incremento agetur, sed etiam ubi de iactura. « Hoc periturum est. » Nempe aduenticium fuit : tam facile sine isto uiues quam uixisti. Si diu illud habuisti, perdis postquam satiatus es : si non diu, perdis antequam adsuescas. « Pecuniam minorem habebis. » Nempe et molestiam. « Gratiam minorem. » Nempe et inuidiam. **10** Circumspice ista, quae nos agunt in insaniam, quae cum plurimis lacrimis amittimus : scies non damnum in his molestum esse, sed opinionem damni. Nemo illa perisse sentit, sed cogitat. Qui se habet, nihil perdidit : sed quoto cuique habere se contigit ? VALE.

SENECA LVCILIO SVO SALVTEM **43**

1 Quomodo hoc ad me peruenerit quaeris, quis mihi id te cogitare narrauerit, quod tu nulli narraueras ? Is qui scit plurimum, rumor. « Quid ergo ? inquis, tantus sum, ut possim excitare rumorem ? » Non est quod te ad hunc locum respiciens metiaris : ad istum

9 agetur : -itur *L sic ut uid.* [*ex* -etur] *b* || aduenticium *p* : *sic* [*ex* -nticum *quod ipsum ex* -ntum] *P*[2] -ntitium [*ex* -ntintium *Q*] *QLb* || quam : *ex* quem *Q* || uixisti : iussis- *uel* uissis- *b* || Si diu : *ex* Sidum *m. rec. Q* || perdis *codd. Mentel. Auen. Pincia ex uet. lect.* : *ex* -des *p* -didisti *Érasme* [1-2] || postquam : posq- *pP* || perdis antequam : *ex* -des a. *p* || adsuescas : *ex* adues- *p*[2] assues- *b* || Gratiam : *ex* Cra- *p*.

10 in : *om. dein add. P* || plurimis *QLPb uulg.* : plurum his *p unde* plurumis *Hense* || amittimus : -itimus *P* || damnum : dam num *p* || in his *QL gPb Mentel. Auen. Érasme* [1-2] *uulg.* : in iis [*ex* in is] *p* in is *Hense* || opinionem : -ni *p* || perdidit: perdit *Auen.* || quoto : quot [*ex* quoto] *b* || contigit *pvP Érasme*[1-2] *uulg. cf. Hense*[2] *in Suppl. Quir.* : -ingit *QLMb dett. Mentel. Beltrami.*

Ep. 43. **1** id *pgb* : a [*ex* ad] *L* ad *Q om. P* || cogitare : -tata [*ex* tare] *L*[3] || qui : *ex* quis *b* || plurimum *QLgPb* : plurumum *p Hense* || respiciens : -itisens [*ex* -iciaes] *p*[2].

regarde là-bas, vers celui où tu séjournes[1]. 2 Ce qui domine le voisinage est grand là où il domine. Tout est relatif en fait de grandeur : elle gagne ou perd par comparaison. Un bateau, grand sur un fleuve, est, en pleine mer, minuscule. Un gouvernail, grand pour tel bâtiment, est de dimensions restreintes pour tel autre. 3 Toi maintenant dans ta province, malgré le mépris que tu te portes[2], tu es grand.

Comment tu vas, comment tu dînes, comment tu dors, on s'enquiert de cela, on sait cela[3] : tu es donc d'autant plus tenu de surveiller ta vie[4]. Mais attends, pour t'estimer un heureux, le jour où tu pourras vivre sous les yeux du public[5], où tes cloisons t'abriteront, ne te cacheront pas, ces cloisons que, le plus souvent, nous estimons avoir autour de nous non pour mieux protéger notre existence, mais pour pécher avec plus de secret. 4 Je dirai une chose qui doit te permettre d'apprécier notre moralité : tu ne trouveras guère personne à qui il soit possible de vivre à porte ouverte[6]. Ce n'est pas l'orgueil, c'est notre conscience qui s'est fait du portier une barrière. Voilà comme nous vivons ! Être vu à l'improviste, c'est se faire prendre sur le fait.

Pourtant à quoi bon s'enfermer, éviter les yeux et les oreilles ? 5 Une bonne conscience appelle la foule en

1. Vers Syracuse. *Ad hunc locum*, vers Rome sans doute.

2. Cf. supra § 1 *Tantus sum ut... ?* Parole de modestie (cf. 44, 1 ; 79, 7), réplique aux compliments de S. in 21, 5, mais aussi, peut-être, échappatoire (L. Delatte, *op. cit.*, p. 580).

3. Les Siciliens au siècle précédent notaient, en toute saison, où le propréteur Verrès passait ses jours, ses nuits et dans quelle compagnie (Cic. *Verr.* 5, 27 s.). S. a déjà dit à Néron, à ses pareils : *Vestra facta dictaque rumor excipit* (*De Cl.* éd. « G. Budé » *P.* 3[a], 6, 1 et 4 = *uulg.* 1, 8, 1 et 4) cf. vol. I p. 77 n. 2 ; à l'affranchi Polybe, ministre de Claude : *Omnes sciunt quomodo te gesseris* (*Ad Pol.* 6, 2).

4. Cf. *De Cl.* 1, 8, 1 *nullis magis curandum est qualem famam habeant... Quam multa tibi non licent quae nobis — licent* ; *Ad Pol.* 6, 1 *magnam tibi personam hominum consensus imposuit : haec tibi tuenda est* ; § 4 *Multa tibi non licent quae humillimis — licent.*

5. *In publico :* cf. 83, 1 ; *De Ben.* 7, 1, 7.

6. V. pourtant Vell. Pat. 2, 14, 3 *M. Drusus* (*architecto*) « *Tu uero, inquit, — ita compone domum meam ut quidquid agam ab omnibus perspici possit* ».

respice, in quo moraris. **2** Quicquid inter uicina eminet, magnum est illic, ubi eminet. Nam magnitudo <non> habet modum certum : comparatio illam aut tollit aut deprimit. Nauis, quae in flumine magna est, in mari paruula est : gubernaculum, quod alteri naui magnum, alteri exiguum est. **3** Tu nunc in prouincia, licet contemnas ipse te, magnus es. Quid agas, quemadmodum cenes, quemadmodum dormias, quaeritur, scitur : eo tibi diligentius uiuendum est. Tunc autem felicem esse te iudica, cum poteris in publico uiuere, cum te parietes tui tegent, non abscondent, quos plerumque circumdatos nobis iudicamus non ut tutius uiuamus, sed ut peccemus occultius. **4** Rem dicam, ex qua mores aestimes nostros : uix quemquam inuenies, qui possit aperto ostio uiuere. Ianitores conscientia nostra, non superbia opposuit : sic uiuimus, ut deprehendi sit subito aspici. Quid autem prodest recondere se et oculos hominum auresque uitare ?

2 Quicquid : quidq· *p* || illic *LPb* : c illic *p* || eminet — comparatio illam : *om. L add. in mg.* || non habet *dett. mg. Erasmi*^{2} *Muret Lipse* : habet *pQLb Mentel. Auen. Érasme* $^{1-2}$ || modum certum *codd. Auen.* : m. incertum *det.* certum modum *Mentel. Érasme*$^{1-2}$ || comparatio : Com/parato *Q* || illam : *om. P desin. pag.* || tollit : attollit [*ex* toll-] L^2 *Rossbach* attolit *dett.* || aut tollit aut deprimit *codd. Mentel. Érasme*$^{1-2}$: a. deprimit a. tollit *Auen.* || flumine : *ex* -ni /b^2 || est in mari : *ex* aestimari *Q* || paruula : *ex* parua *b* || gubernaculum : *ex* Cu- p^2 || alteri : *post eras.* est *? Q* est altori *dett. Hense dub.* in alteri *p* || magnum *pLPb Mentel. Érasme*$^{1-2}$ *cf. Axelson*^{2} *p.* 81 *s.* : m. est *dett. Auen.*

3 es *QPb* : *ex* est *L* est *p* || cenes *p* : coen- *uel* caenas *b* || quaeritur : *ex* quemaritur Q^1 queritur *p* || tibi *Érasme*^{2} *Muret p* : tibi die *QLPb unde* tibi dein *uel* tibi dico *Lipse* || iudica cum *QLPb* : -dicatum *p* || poteris : *ex* pot./eris *L* || in publico uiuere : uiuere in publico *p* || tui : *ex* tu b^2 || iudicamus : ii adicamus *ut uid.* [*ex* iudic-] *p* uindic- [uend-] *Auen.* || occultius : ocul- *p*.

4 aestimes : -mas *QL* [*ex* -mes *m. rec. Q quae deinde a abras.*] || Ianitores : *ex* Genit- *m. rec. Q* || conscientia : *ex* cos- *p* || nostra : -am *b* || opposuit : obp- *P* || uiuimus : -amus *pM* || deprehendi *QLb uulg.* : deprendi *pvP Hense*^{2} || aspici *pQLPb uulg.* : adspici *Hense.* || recondere : reon/dere *P* || uitare : -res [*ex* -re] *ut uid. P*.

garant ; une mauvaise est en proie, jusque dans la solitude, à l'angoisse et au tourment [1]. Si tes actions sont honnêtes, que tout le monde les sache ; vicieuses, qu'importe que nul ne les connaisse, puisque, toi, tu les connais ? Ah ! quelle est ta misère, si tu méprises ce témoin.

Lettre 44 *

1 Derechef tu te fais avec moi petit garçon ; tu me dis que la nature d'abord, puis la fortune t'ont traité bien chichement ; alors qu'il ne tient qu'à toi de te tirer du commun [2] et de te hausser au point suprême de l'humaine félicité. Entre autres avantages la philosophie a au moins celui de ne pas regarder à la généalogie. Tous les hommes, ramenés à l'origine première, sont enfants des dieux. **2** Tu es chevalier romain et tu as été porté à cet ordre par ton zèle ; mais à beaucoup, ma foi, les quatorze premiers rangs sont demeurés fermés. La Curie n'admet pas tout le monde. Les camps aussi, qui n'enrôlent cependant que pour la peine et le péril, se montrent difficiles dans le triage. La santé mentale est accessible à tous ; nous sommes, à cet égard, tous nobles ; la philosophie ne rejette, mais aussi ne privilégie personne : elle luit pour tous. **3** Patricien de race, Socrace ne l'était point ; Cléanthe a tiré de l'eau et, pour l'arrosage d'un jardin, loué ses bras ; Platon

* *Sommaire.* — Lucilius s'est plaint de sa modeste origine. Sénèque le renvoie à la philosophie qui ne compte pour rien les distinctions sociales (1-4). Le vrai noble, c'est l'homme libre, dominant la fortune et méritant ainsi le bonheur (5-6). Tous aspirent au bonheur, mais, faute de connaître sa nature, la plupart se perdent misérablement à la poursuite des biens factices (7).

1. 97, 12 *bona conscientia prodire uult* ; 122, 14 *grauis malae conscientiae lux est*. V. 42, 2 et p. 2, n. 1, l. 2 s. ; Polyb. 18, 43 (26), 13 (*animus*) μάρτυς — φοβερός.

2. *De Ira* 3, 25, 3 *De Br. u.* 18, 1. — *Stemma* : *De Ben.* 3, 28, 2 Juv. 8, 1. — *A dis :* une âme haute *illic est unde descendit* (*Ep.* 41, 5) ; *illo tendit originis suae memor* (92, 30) ; *De Ben.* 3, 28, 1 *Eadem omnibus — origo ; 2 parens mundus* ; cf. Cleanth. *Hymn.* 'Eκ σοῦ γὰρ γένος ἐσμέν... — § 2 La loi *Roscia theatralis* (68) avait réservé les 14 premiers rangs de sièges derrière l'orchestre aux chevaliers. — *Castra :* ils écartent les esclaves ; les

5 Bona conscientia turbam aduocat, mala etiam in solitudine anxia atque sollicita est. Si honesta sunt quae facis, omnes sciant, si turpia, quid refert neminem scire, cum tu scias ? O te miserum, si contemnis hunc testem ! VALE.

SENECA LVCILIO SVO SALVTEM **44**

1 Iterum tu mihi te pusillum facis et dicis malignius tecum egisse naturam prius, deinde fortunam, cum possis eximere te uulgo et ad felicitatem hominum maximam emergere. Si quid est aliud in philosophia boni, hoc est, quod stemma non inspicit : omnes, si ad originem primam reuocantur, a dis sunt. **2** Eques Romanus es, et ad hunc ordinem tua te perduxit industria : at mehercules multis quattuordecim clausa sunt ; non omnes curia admittit ; castra quoque, quos ad laborem et periculum recipiant, fastidiose legunt : bona mens omnibus patet, omnes ad hoc sumus nobiles. Nec reicit quemquam philosophia nec eligit : omnibus lucet. **3** Patricius Socrates non fuit : Cleanthes aquam traxit et rigando horto locauit manus :

5 anxia atque sollicita *QLPb* : axaat que sollita *p* || sciant : *sic* [*ex* siciant] *p*.

Ep. **44. 1** te pusillum : tempus illum *pb* tepusillum *Q* || malignius *pP Mentel. Érasme*$^{1-2}$: *ex* -gnus *QL*^{2} -gnus *b Auen.* uel maligne *mg. L* || quid est *QpL* : *ex* quid *ante ras. P*^{2} qui /dem *b* || aliud : -iquid *p* || stemma : -mna *b* || non : *ex* nol *b* || originem primam : or- primum *Q* primam or- *Érasme*$^{1-2}$ *alii* || reuocantur *codd. Mentel. Auen. Schweighaeuser* : -centur *Érasme*$^{1-2}$ *Lipse* || a dis sunt *pb Fickert* : ad [*ante ras. ubi* ei *ut uid. fuit*] sunt *P* adiis sunt [*ex* adiss-] Q^{2} *Mentel. Auen. Érasme*$^{1-2}$.

2 Eques : et eques *p* || ordinem tua : /tua *p* || perduxit *codd. uulg. cf. Axelson*^{3} *p.* 104 : *ex* prod- Q^{1} prod- *dett. Beltrami* || at : Iat *P* || multis : *ex* -ti *P*^{2} || clausa *pPb Chatelain coll. De Ben.* 7, 12 : -se *QL* -si *dett.* [*scil.* « *gradus* »] *Mentel. Auen. Érasme*$^{1-2}$ *alii* [sunt clausi *Mentel. Ér.*] || omnes : -is [*ex* -es] $Q^{1}L^{2}$ || admittit : *ex* admmi- *Q* || recipiant *codd. Auen.* : -iunt *Érasme*$^{1-2}$ || lucet : licet /*b*.

3 Socrates : *ex* sacr- *P*^{2} || Cleanthes : -tes *pQP* || traxit *QLPb* : tradux- *p an* diu traxit ? || rigando *QLPb* : rigan/*p*.

n'a pas été agréé par la philosophie en tant que noble[1] : c'est elle qui l'a anobli. Pourquoi désespérerais-tu de pouvoir t'égaler à ces hommes ? Ils sont tous tes ancêtres, si tu te montres digne d'eux ; et tu te montreras tel en commençant par te persuader que personne ne t'est supérieur en noblesse. **4** Tous, nous avons le même nombre d'aïeux : pas un de nous dont l'origine ne plonge dans les temps immémoriaux. Platon dit qu'il n'est pas de roi qui ne descende d'esclaves ; pas d'esclave qui n'ait pour ancêtres des rois [2]. Une longue suite de variations a fait le mélange, et la fortune a mis tout cela sens dessus dessous.

5 Qui est de bonne race ? Celui que la nature a heureusement façonné pour la vertu [3]. C'est l'unique point à considérer : autrement, si tu renvoies à l'antiquité, il n'est personne qui ne date d'un âge avant lequel il n'y a rien. Depuis la naissance du monde jusqu'à ce jour, nous avons passé par une série de générations alternativement illustres et obscures. Un atrium rempli de portraits enfumés [4] ne fait pas la noblesse. Nul n'a vécu pour nous préparer de la gloire, et ce qui a été avant nous n'est pas à nous. C'est l'âme qui fait l'être noble : partie de n'importe quelle condition, elle a licence de s'élever au-dessus de la fortune. **6** Figure-toi donc que tu n'es pas chevalier romain, mais simple affranchi : tu peux réussir à être seul un homme libre parmi des personnes de franche condition. « Et comment ? » dis-tu. En ne s'appuyant pas sur les vues populaires [5] pour distinguer les maux et les biens :

affranchis servent dans les vigiles et dans la flotte. — *Omnibus patet : De Ben.* 3, 18, 2. — § 3 *Socrates :* fils de Sophroniscos sculpteur et de Phaenarète accoucheuse ; cf. *De Ben.* 3, 32, 3.

1. Fils d'Ariston et de Perictioné (il remontait, à vrai dire, par sa mère à Dropide, parent de Solon). V. *De Benef.* ibid. ; Men. 533 K. v. 13 « Anacharsis n'était-il pas un Scythe ? » Cf. Sen. *De Const.* 19, 1 *Antistheni mater — Thraessa obiciebatur.*

2. *De Ben.* 3, 28, 3 *siue libertini ante nos...* ; Plat. *Theaetet.* 174 e — 175 a.

3. *Ad uirtutem — compositus : De Ben.* 3, 18 1 *ingenium — artibus bonis aptius* ; Juv. 8, 20 ; Antisthen. (D. L. 6, 10) τοὺς — ἐναρέτους ; Men. 533 K. v. 11 εὖ γεγονὼς — τῇ φύσει πρὸς τἀγαθά.

4. *Fumosis :* cf. Cic. *In Pis.* 1 ; Juv. 8, 8 et 19.

5. *Populo :* vol. I, pp. 22 n. 3, 126 n. 5.

Platonem non accepit nobilem philosophia, sed fecit. Quid est quare desperes his te posse fieri parem ? Omnes hi maiores tui sunt, si te illis geris dignum : geres autem, si hoc protinus tibi ipse persuaseris, a nullo te nobilitate superari. **4** Omnibus nobis totidem ante nos sunt : nullius non origo ultra memoriam iacet. Platon ait neminem regem non ex seruis esse oriundum, neminem non seruum ex regibus. Omnia ista longa uarietas miscuit et sursum deorsum fortuna uersauit. **5** Quis est generosus ? Ad uirtutem bene a natura compositus. Hoc unum intuendum est : alioquin si ad uetera reuocas, nemo non inde est, ante quod nihil est. A primo mundi ortu usque in hoc tempus perduxit nos ex splendidis sordidisque alternata series. Non facit nobilem atrium plenum fumosis imaginibus ; nemo in nostram gloriam uixit nec quod ante nos fuit, nostrum est : animus facit nobilem, cui ex quacumque condicione supra fortunam licet surgere. **6** Puta itaque te non equitem Romanum esse, sed libertinum : potes hoc consequi, ut solus sis liber inter ingenuos. « Quomodo ? » inquis. Si mala bonaque non populo auctore distinxeris. In-

philosophia : *ex* -sopha p^2 || desperes *b* : *ex* dis- *m. rec.* QP^2 dis- *dL* || his te : iste *p* || hi *QPb* [h *expunct. ut uid. P*] : *ex* his *L* is *p* || geris — geres *codd. Erasme*[2] : geres *utrobique Auen.* -ris — -ris *Érasme*[1] || si hoc : *bis p* || ipse : *om. p.*

4 PLATON *Theaet. p.* 174 *E* | Platon : -to *p* || ex seruis esse *LPb* : exeruisse *p* || oriundum : ordinand- *b* || non seruum *pQLP Mentel. Auen. Érasme*[1-2] *uulg.* : seruum non *Madvig sed u. Axelson*[3] *p* 176 || uarietas : *ex* -tos *ut uid.* p^2 || sursum deorsum *codd. Érasme*[2] *Mentel.* : s. deorsumque *Auen. Érasme*[1].

5 est *codd. Auen. Schweighaeuser* : es *pQL* ergo *Mentel. Érasme*[1-2] *Lipse* || compositus *pQ* : conp- *Pb* || reuocas *codd. Mentel. Auen. Muret* : *ex* -ces *p* te reuocas *Érasme* [1-2] || non inde *LPb* : non de *p* || usque in *LPb* : us qui in *p* || perduxit : prod- *Auen.* [-xi] || ex : *om. Auen.* || splendidis : *ex* plen- p^2P^2 plendidi (sord.) *Q* plendidis *b* || sordidisque : -rdiisque *p* || alternata : alter natura *Q* || imaginibus : -agnibus *p* || uixit : *ex* uexit L^2 || quod : *om. p* || fortunam : -na *p.*

6 Puta itaque : *ex* putet i. *P* || equitem : aeq- *ex* aequitatem *Q* || consequi : sequi *L* || ingenuos : *ex* -nuus p^2 *ex* genuos Q^2 || distinxeris : *ex* dixt- *ut uid. P ex* distenx- *p* distrinx- *L.*

il s'agit de considérer non d'où ils viennent, mais où ils aboutissent. Si une chose existe, qui peut créer le bonheur, elle est un bien, de son plein droit ; car elle ne peut dévier jusqu'à être un mal.

7 Quel est donc l'endroit où l'on achoppe, du moment que tous les hommes souhaitent le bonheur ? C'est qu'ils prennent les outils du bonheur pour le bonheur même, et, en voulant l'atteindre, ils le fuient. Alors que le premier et le dernier mot du bonheur, c'est une sécurité entière, une inébranlable confiance en ses promesses, ils se créent des raisons de tourment, s'en font un bagage et, tout le long de l'insidieux chemin de la vie, ils le portent ou le traînent. C'est ainsi que de la réalisation de ce bonheur qu'ils veulent atteindre ils s'éloignent toujours davantage. Un redoublement d'efforts ne sert qu'à redoubler leur embarras et à les rejeter en arrière. Tels ceux qui pressent le pas dans un labyrinthe : leur vélocité même les embrouille [1].

Lettre 45 *

1 Il y a là-bas [2] disette de livres, et tu t'en plains. Ce n'est pas le nombre de tes livres, mais leur qualité qui importe : la lecture à programme défini profite ; diversifiée, elle n'est qu'un amusement. Que celui qui veut arriver au terme qu'il se propose suive un seul chemin, au lieu de se promener de l'un à l'autre ; ce que tu fais n'est pas voyager, mais vagabonder.

2 « Merci du conseil, dis-tu ; j'aimerais mieux des

* *Sommaire.* — Du danger des lectures entreprises à tort et à travers. Remercîment à Lucilius qui a demandé les ouvrages de son maître (1-3). De ces ouvrages Sénèque définit l'esprit. Malgré son respect des grands précurseurs stoïciens, il dénonce leur trop de goût pour les subtilités syllogistiques. Ne pas tant s'occuper des mots, mais beaucoup plus des choses (4-8). Tient-on absolument à distinguer des équivoques ? Que l'on mette en opposition résolument fausses notions et idées vraies à l'égard du bonheur et du sens général de la vie (9-12). La dialectique, du reste utile, exagère ses prétentions (13).

1. Cf. Epict. *Diss.* 4, 4, 15 ὅπου ἡ σπουδή, ἐκεῖ καὶ ὁ ἐμποδισμός.

2. *Istic :* à Syracuse. Y trouvait-on plus de livres grecs que de livres romains ? ou peu d'ouvrages de philosophie ? ou rien, dans la Sicile alors appauvrie ? — *Lectio certa :* cf. 2, 3 ; *De Tr. an.* 9, 4 *f.*

tuendum est non unde ueniant, sed quo eant. Si quid est, quod uitam beatam potest facere, id bonum est suo iure : deprauari enim in malum non potest. **7** Quid est ergo, in quo erratur, cum omnes beatam uitam optent ? Quod instrumenta eius pro ipsa habent et illam, dum petunt, fugiunt. Nam cum summa uitae beatae sit solida securitas et eius inconcussa fiducia, sollicitudinis colligunt causas et per insidiosum iter uitae non tantum ferunt sarcinas, sed trahunt : ita longius ab effectu eius, quod petunt, semper abscedunt et quo plus operae impenderunt, hoc se magis impediunt et feruntur retro. Quod euenit in labyrintho properantibus : ipsa illos uelocitas implicat. VALE.

SENECA LVCILIO SVO SALVTEM **45**

1 Librorum istic inopiam esse quereris. Non refert, quam multos, sed quam bonos habeas : lectio certa prodest, uaria delectat. Qui, quo destinauit, peruenire uult, unam sequatur uiam, non per multas uagetur : non ire istuc, sed errare est. **2** « Vellem, inquis, <non> magis consilium mihi quam libros dares. »

quo : *ex* quod b^2 || eant : *ex* eunt P^2 || quid est : *ex* quidem L^2 quidem *Q* || quod : quo *p* || beatam potest : bonam potes p^2 || iure : -ri *p*.
7 est : *om. p* || erratur : haerr- *p* || optent : obt- *P* obtant *p* || instrumenta eius *codd. Mentel. Érasme*$^{1-2}$: instrumenta *Auen.* || petunt : *ex* pat- *p* || summa *Pb* : summe *Qp* -ae *L* || eius : *secl. Gemoll* || inconcussa : -usa *p* || fiducia : -tia *b* || iter uitae : i. -te *pP* tramitem *Auen. fort. recte* || ferunt : *ex* fuer- *Q* ferant *p* || sarcinas : sarti- [*ex* sarci-] p^2 || operae [-re *QLPb*] impenderunt [inp- *LPb*] hoc se magis impediunt [inp- *L*] *QLPb* : opere inpediunt *p* || labyrintho : laber- *QLb* laberyntho [ho *ex* in p^2] p^2P || implicat *QP* : inpl- *Lb* inplicatur *p*.

Ep. 45. **1** quereris : quaeris *Q* || delectat : -atus *uel* -atur [*per compend.*] *p* || Qui quo *Qb* : *ex* quid quod $L^{2\,uel\,3}$ *ex* qui quod *P* quico *p* || destinauit *pQb* : destim- [*ex* aestim-] $L^{2\,uel\,3}$ || uagetur : *ex* uagit- *ut uid.* P^2 || non ire : *ex* non in re *ut uid. P ex* non pire *ut uid. b* || istuc *codd. Fickert* : -ud *Mentel. Auen. Érasme*$^{1-2}$.
2 uellem — < non > *Beltrami adsentiente Axelson*^{3} *p.* 47 *n.* 25 : uellem [*ex* uelem *P*] *codd. Érasme*$^{1-2}$ *Bourgery p.* 402, *sed u. Axelson*^{3}

livres. » Pour ma part, je suis prêt à expédier ma bibliothèque, à fouiller tout mon grenier. C'est moi-même, si je le pouvais, que je transférerais là-bas ; oui, n'était l'espoir que tu obtiendras de bonne heure un congé définitif [1], j'aurais imposé à ma vieillesse cette équipée, et Charybde, Scylla, ton détroit fabuleux [2] ne m'eussent pas fait peur. J'aurais traversé, j'aurais passé même à la nage, pourvu qu'il me fût donné de t'embrasser et d'évaluer en personne tout le développement de ton âme.

3 Autre chose : tu désires que te soient envoyés mes livres. Je ne m'estime pas pour cela écrivain de talent, pas plus que je ne m'estimerais beau, si tu demandais mon portrait. Il y a là je le sais, complaisance de ta part, non jugement réfléchi, et, si ton jugement y est toutefois pour quelque chose, c'est que ta complaisance t'en a imposé. **4** Quels qu'ils soient, lis ces ouvrages dans la pensée que j'en suis encore à chercher la vérité, ne l'ayant pas trouvée, et que je la cherche obstinément. Je ne me suis aliéné à personne ; je ne porte le nom d'aucun patron [3]. Je prête foi, dans une large mesure, au jugement de nos grands hommes ; pour le mien aussi je revendique quelques droits. C'est que ces grands hommes mêmes nous ont laissé non des vérités trouvées mais des vérités à chercher [4] ; et peut-être auraient-ils trouvé les solutions nécessaires, s'ils n'avaient aussi cherché les superflues. **5** Les chicanes de mots leur ont ravi beaucoup de leur temps [5], les captieuses controverses [6] qui ne mettent en jeu

1. Ce congé s'obtenait du prince qui désignait le successeur.

2. Brève et poétique expression dans le goût d'Hor. *C.* 1, 22, 7 *fabulosus Hydaspes*, de Clem. d'Alex. *Protr.* 9, 85 τὸ ῥεῦμα τὸ μυθικόν (le Pactole).

3. D'où la difficulté de trouver les sources de cette prédication (V. vol. I *Intr.* p. IV et p. 6 n. 5, p. 145 n. 2).

4. Sur les possibilités d'invention v. *Ep.* 33, 11 ; vol. I, p. 147, n. 3.

5. L'œuvre de Chrysippe comprenait de très nombreux volumes de dialectique (D. L. 7, 180) où les sophismes avaient largement leur place (Cic. *Ac.* 2, 96-97), et Chrysippe était la « colonne du Portique » (Id. 2, 75) !

6. Cf. Cic. *Ac.* 2, 49 *captiosissimo genere interrogationis utuntur...* Sur les « chicanes de mots », la logomachie de l'École, v. *De Cl.* éd. « G. Budé » *P.* IIa 5, 3 = *uulg.* 2, 7, 4 ; *Ep.* 48, 5 ; 49, 5 ; 82, 19, 21, 23 ; 83, 9, 11, 18...

Ego uero quoscumque habeo mittere paratus sum et totum horreum excutere : me quoque isto, si possem, transferrem, et nisi mature te finem officii sperarem impetraturum, hanc senilem expeditionem indixissem mihi nec me Charybdis et Scylla et fabulosum istud fretum deterrere potuissent. Tranassem ista, non solum traiecissem, dummodo te conplecti possem et praesens aestimare, quantum animo creuisses. **3** Ceterum quod libros meos tibi mitti desideras, non magis ideo me disertum puto quam formonsum putarem, si imaginem meam peteres. Indulgentiae scio istud esse, non iudicii : et si modo iudicii est, indulgentia tibi inposuit. **4** Sed qualescumque sunt, tu illos sic lege, tamquam uerum quaeram adhuc, non sciam, et contumaciter quaeram. Non enim me cuiquam emancipaui, nullius nomen fero : multum magnorum uirorum iudicio credo, aliquid et meo uindico. Nam illi quoque non inuenta, sed quaerenda nobis reliquerunt, et inuenissent forsitan necessaria, nisi et superuacua quaesissent. **5** Multum illis temporis uerborum cauillatio eripuit, captiosae disputationes, quae acumen

p. 47 nollem «*expectat*» *Hense* || magis consilium — quam libros *codd.* m. libros q. consilium *dett. Auen. Pincia Rossbach qui* uellem *seruant, u. Axelson*^{3} *p.* 47, *n.* 25 || dares : -re *pL* || isto si : *ex* ist si *p*^{2} || possem : posem [*ex* posum] *p* || mature *Pb* : maturem *p* mutare *QL* || impetraturum *pQLP* : inp- *b* || senilem : -illem *p* || expeditionem : *ex*-ictionem *b* -icionem *p* || indixissem : -sse *p* || me charybdis : macarib- *p* me caryb- *Pb* || Scylla : *sic* [s *ex* c] *b* scilla *p* sylla *Q* || fabulosum : *ex* -sam *L* || istud : -ut *b* || deterrere : *ex*- terrae *P* || traiecissem : *ex* traiectiss- *P* || conplecti : compl- *pL* || possem : *ex* soss- *b*.

3 desideras : -rans *p* || disertum *pL* : *ex* des- *P ex* den /s- *b* des- *pQL* || formonsum *p mg. Q mg. Lv*^{1} : -osum *MPbv*^{2} -osam *QL* || Indulgentiae *codd. Mentel. Auen. Érasme*$^{1\text{-}2}$: -iam *p*.

4 adhuc, *dist. Muret* : adhuc *dist. Auen. Érasme*$^{1\text{-}2}$ || me cuiquam : mecusquam *b* || emancipaui : manc- [*ex* emanc- *Q*] *Qb* || nullius : nullus *p* || iudicio : -co *Pb* || aliquid : -it *p* || meo : me *P* || uindico : uend- [*ex* uind-] *m. rec. Q* uindind- *p* || quoque : quodq- *p* || reliquerunt : *om. b* || nisi et superuacua : nis iinsup- *p* || quaesissent : quaesisent *P* quesisent *p* || cauillatio : *ex* -llitio *b*.

5 captiosae [se *pb*] *codd. Mentel. Auen. Schweighaeuser* : et cap-

qu'une stérile subtilité. Nous tressons le nœud d'un raisonnement ; nous enlaçons l'équivoque dans la trame des mots, ensuite nous la démêlons [1]. Avons-nous donc tellement de temps de reste ? Savons-nous dès maintenant comment vivre, comment mourir ? De toute la force de son esprit il faut tendre vers cette science et l'on doit pour lors aviser à n'être point dupe des choses, non des mots. **6** Que me font ces distinctions de quasi-synonymes, dont, en dehors des disputes d'école, personne ne s'est jamais embarrassé ? Les choses nous abusent : tâche de voir clair dans les choses. Au lieu du bien on embrasse le mal ; nos souhaits contredisent d'anciens souhaits ; entre nos vœux, entre nos desseins il y a lutte. **7** Comme la flatterie ressemble à l'amitié ! Elle ne la contrefait pas seulement ; elle la supplante et la dépasse : les oreilles complaisamment ouvertes lui donnent entrée, et la voilà qui pénètre tout au fond du cœur, accréditée par cela même qui fait sa nuisance [2]. Devant cette analogie enseigne-moi la façon de distinguer une chose d'avec l'autre. J'ai vu venir à moi, se donnant pour un ami, un ennemi caressant. Les vices, sous des noms de vertus, s'insinuent auprès de nous [3]. La témérité se dissimule sous les dehors du courage ; on appelle modération la lâcheté ; on prend le timide pour un esprit prudent. C'est en pareille matière qu'il y a grand péril à se tromper. Mets sur ces choses des étiquettes précises [4]. **8** Au surplus, l'homme à qui on demande : « As-

1. *Dissoluimus*, mot des dialecticiens (Cic. *Ac.* 2, 46 ; 75 ; 96). Repris en image ici, il le sera, en un macabre jeu de mots, par les sophistes du IIe siècle à propos du trop méticuleux Philétas de Cos (p. 13 n. 3) : διαλυθῆναι.

2. Democr. II, 97 Diels Πολλοί δοκέοντες εἶναι φίλοι οὐκ εἰσί... Sur les funestes cajoleries d'une feinte amitié v. *Ep.* 123, 9 ; 59, 11 ; *fr.* Haase 96 s. ; *De Ben.* 2, 14, 3 à 5. Elles acculent au précipice les princes, les États (6, 30, 4 à 6). Cependant elles entretiennent l'humeur colérique des heureux du monde (*De Ira* 2, 21, 7) ; encouragent la discorde domestique (Plut. *De Adul. et Amico* 18 [60 *f.*]). Elles font prendre à un Ptolémée la double flûte, à Néron les cothurnes (ibid. 12 *s. f.* [56 *f.*]).

3. Cf. Arsitote, Ménandre *ap.* Greg. Naz. *Oratio* 43, *In laud. Bas. M.* 64, Migne 36, 582 b ; Cic. *De Inu.* 2, *c.* 165 *s. f. unicuique uirtuti finitimum, uitium...* ; Quint. 2, 12, 4 *uirtutum uitiorumque uicinia qua — temerarius pro forti — accipitur* ; Sen. *De Cl. Prooem.* 3, 1 *uitia quaedam uirtutes imitantia* ; *P.* II[a] 1, 1 = *uulg.* 2, 3, 1 *speciosum clementiae nomen.*

4. V. les distinctions de S. *De Cl. Prooem.* 2, 3, = *uulg.* 1, 3, 1 ; *P* ||[a]

irritum exercent. Nectimus nodos et ambiguam significationem uerbis inligamus ac deinde dissoluimus : tantum nobis uacat ? Iam uiuere, iam mori scimus ? Tota illo mente pergendum est, ubi prouideri debet, ne res nos, non uerba, decipiant. **6** Quid mihi uocum similitudines distinguis, quibus nemo umquam, nisi dum disputat, captus est ? Res fallunt : illas discerne. Pro bonis mala amplectimur; optamus contra id, quod optauimus : pugnant uota nostra cum uotis, consilia cum consiliis. **7** Adulatio quam similis est amicitiae ! Non imitatur tantum illam, sed uincit et praeterit ; apertis ac propitiis auribus recipitur et in praecordia ima descendit, eo ipso gratiosa, quo laedit : doce quemadmodum hanc similitudinem possim dinoscere. Venit ad me pro amico blandus inimicus ; uitia nobis sub uirtutum nomine obrepunt : temeritas sub titulo fortitudinis latet, moderatio uocatur ignauia, pro cauto timidus accipitur. In his magno periculo erramus : his certas notas imprime. **8** Ceterum qui interrogatur, an cornua habeat, non est tam stultus, ut frontem suam temptet, nec rursus tam ineptus aut hebes, ut nesciat,

tiosae *Érasme*^{1} et capitosae *Érasme*^{2} *Muret* || irritum : inr- *P* || nectimus : -imens /*p* || inligamus : *ex* -mur L^{2} || tantum *codd. Mentel. Auen. Lipse* : ac t. *Érasme*$^{1-2}$ || uacat : -atur *p* || res : re *p* || decipiant : *sic* [ci *ante ras.*] *p*.

6 similitudines : *sic* [*uirgula supra* li] *b* || distinguis : *ex* des- *p* || dum *codd. Auen. mg. Erasmi*^{2} *Muret* : qui *Érasme*$^{1-2}$ || fallunt : falunt *p* stillant *b* || discerne : -nere *p* || mala : nala *p* || amplectimur : *ex* -itur p^{2} || optamus : *ex* obt- *P* || cum uotis : *ex* comuo- *Q* || consiliis : -lis *claus. causa Löfstedt*.

7 adulatio : *ex* aduol- *P* adol- *QL* adal- *p* || quam : *ex* qua P^{2} || imitatur : *ex* mita *Q* immi- *p* imitt- *b* || tantum illam : i. t. *Auen.* || propitiis [-ciis *p*] : -tius [*ex* -tiis] Q^{2} || recipitur : *ex* repet- p^{2} || ima : imma *p* || ipso : ipsa *p* || quo laedit : quod leditur *p* || inimicus : *ex* animus p^{2} || obrepunt : *ex* opr- *Q ex* obripuit b^{1} *ut uid.* obrepuit *p* || latet : -teat *p* || timidus : *ex* timus P^{2} tumidus *b* || imprime *Q* : inpr- *pPb*.

8 qui : *ex* quae *P* || cornua : -nu *QL* || tam stultus : tantum s. *p* || suam : suum *QL* || temptet *QLPb* : -petet [*ex* -peret] p^{2} || hebes : habes *p* || ut nesciat *codd. uulg.* : ut ne sciat *Buecheler Bickel* ut non

tu des cornes[1] ? » n'est pas si sot que de se tâter le front[2], ni, d'autre part, assez inepte ou obtus pour que ton argumentation très subtile l'oblige à admettre qu'il n'en sait rien. Ces pauvres finesses abusent l'esprit, mais innocemment, comme les gobelets et les dés <du prestidigitateur, > qui ne m'intéressent que pour l'habileté du tour de main. Dévoile-moi le secret du jeu, adieu l'amusement[3]. Je dis la même chose de vos « attrapes ». (Pour désigner les « sophismes » trouverais-je un meilleur équivalent[4] ?) On ne perd rien à les ignorer, on ne gagne rien à les savoir.

9 Si tu veux à toute force résoudre des équivoques, enseigne-nous que l'homme heureux n'est pas, comme on l'entend communément, celui chez qui l'argent abonde, mais celui-là qui a tout son bien renfermé en son âme ; celui qui, fier et magnanime, foule aux pieds ce qu'admire le vulgaire, ne voit personne avec qui il voudrait avoir changé de sort, n'estime dans l'homme que les qualités qui font essentiellement l'homme, se met à l'école de la nature, s'ordonnant selon ses lois, vivant comme elle l'a prescrit et ne laisse aucune force lui ravir les biens qui lui sont propres, mais tourne les maux dans le sens du bien, assuré en son jugement[5], inébranlable, intrépide, tel que, si quelque force peut l'émouvoir, aucune ne saurait le déconcerter, capable, lorsque la fortune brandit

2, 4 ; 3, 1 ; 4, 3 s. = *uulg.* 2, 4, 4 ; 5, 1 ; 6, 3 s. ; l'*ethologia* posidonienne, le *characterismos Ep.* 95, 65, l'*iconismos* 95, 66 s. ; *Ep.* 120, 8.

1. *Interrogare* — comme 67, 6 ; 87, 35 — correspond à un « syllogisme » (*interrogatio De Ben.* 4, 26, 1 ; *Ep.* 82, 9, 10, 19, etc.) : ici à celui du cornu, cité 49, 8.

2. C'est pourtant ce que fit spirituellement Diogène (D. L. 6, 38 s.).

3. S. s'exprimait ainsi (40, 6) sur les baladins de la parole : *Vt pleraque quae fieri posse non credideris cognouisse satis est, ita istos qui uerba exercuerunt abunde est semel audisse.* Le jeu de l'escamoteur (ψηφοπαίκτης, ψηφοκλέπτης, ψηφολόγος) est décrit par Alciphron *Epistol.* 2, 17 (3, 20). Arcésilas comparaît à ce jeu la dialectique (Stob. *Anth.* vol. 2, W. p. 22, l. 9 ss.) : ἔφη τοὺς διαλεκτικοὺς ἐοικέναι τοῖς ψηφοπαίκταις, οἵτινες χαριέντως παραλογίζονται. Cicéron la nommait « jonglerie » *praestigiae Ac.* 2, 45 ; *De Fin.* 4, 74 ; et aussi, d'après lui peut-être, Tite-Live 6, 15, 13. Cf. Gell. *N. a.* 13, 24, 2.

4. L'équivalent était déjà trouvé par Cicéron (*Ac.* 2, 45 *s. f.*).

5. Cf. infra 66, 32 *iudicii tenax* et la note.

si tu illi subtilissima collectione persuaseris. Sic ista sine noxa decipiunt, quomodo praestigiatorum acetabula et calculi, in quibus me fallacia ipsa delectat. Effice, ut quomodo fiat intellegam : perdidi *l*usum. Idem de istis captionibus dico : quo enim nomine potius sophismata appellem ? Nec ignoranti nocent nec scientem iuuant. **9** Si utique uis uerborum ambiguitates diducere, hoc nos doce, beatum non eum esse, quem uulgus appellat, ad quem pecunia magna confluxit, sed illum, cui bonum omne in animo est, erectum et exc*el*sum et mirabilia calcantem, qui nemin*em* uidet, cum quo se commutatum uelit, qui hominem ea sola parte aestimat, qua homo est, qui natura magistra utitur, ad illius leges componitur, sic uiuit, quomodo illa praescripsit, cui bona sua nulla uis excutit, qui mala in bonum uertit, certus iudicii, inconcussus, intrepidus, quem aliqua uis mouet, nulla perturbat,

habere se nesciat (quod tu illi) *Érasme*[2] ut nesciat, (cum illi) *Haase* ut nescio (tu illi) *Beltrami adsentiente Marouzeau R. E. L.* 1929, II *p.* 234 || si tu *P*[2] [si *add.*] *Schweighaeuser* : tu *codd. uulg.* quod tu *Érasme*[1-2] nisi tu *Linde Reynolds* || subtilissima : *ex* subtuliss- *p ex* subtill- *b* || noxa : *ex* nonxa *? p* || praestigiatorum : preti- *p* || acetabula : ac et tubala *p* || calculi : caliculi *Thes. s. u.* Acetabvlvm *sed u. ad l. Muret qui Stobaeo teste dialecticos ab Arcesilao philos.* ψηφοπαίκταις *similes dictos refert* || intellegam : -igam *b* || lusum *P. Thomas cf. Axelson*[3] *p.* 203 *n.* 13 : usum *codd.* [*l*usum] *p uulg.* || idem de *LPb* : id de *p* || sophismata *ex* s. ei *ut uid.* [*quod ipsum ex* enim] *p*[2] sophysm- *Q* | appellem *codd.* : *et sic* [*non* adp-] *p* || nec scientem *pL* : nesci- *Pb de Q dubito* || iuuant : *ex* iub- *LP*[2] *ut uid.* iub- *p*.

9 Si utique uis *codd. Auen. Fickert* : Si uis utique *Mentel. Érasme*[1-2] || ambiguitates : *ex* -te/*b*[2] *ut uid.* || diducere *codd. Érasme*[1-2] : didic- *P* deduc- *b Auen.* || appellat : *ex* apelat *p*[2] || ad quem *LPb* : *ex* atquem *Q* atque *p* || pecunia : -iam *P* || omne *LPb* : iumne [*ex* iomne *ut uid.*] *p*[2] || excelsum *dett. Érasme*[1-2] : excis- *pQLPb Mentel. Auen.* || mirabilia *pQLPb Mentel. Auen. Érasme*[1-2] *uulg. cf. Beltrami*[1] *ad l. Axelson*[2] p. 17 : mutab- *Haupt alii* || commutatum *Q* : conmut- *Pb ex* cōnmutatum *L*[2] cōmut- *b* mut- *p* || uelit : -llit *p* || componitur *pQP alii* [cōp- *b*] : conp- *Hense* || uiuit : -uat *p* || excutit : *ex* ee *uel* eo cutit *p* || uertit : conuert- *Auen.* || inconcussus : -usus *p* || aliqua : -quam *p* || mouet : *ex* monet *p* || perturbat : *ex* turb- *Q ex* pertub-*b*

contre lui de toute sa vigueur son arme la plus dangereuse, de recevoir d'elle piqûre, mais non blessure ; accident rare du reste, car les traits ordinaires de la fortune, sous lesquels succombe le genre humain, sont pour lui comme la grêle sautillante qui frappe un toit sans le moindre inconvénient pour qui habite en dessous, crépite, et puis fond.

10 Pourquoi me retiens-tu[1] sur cet argument que toi-même nommes « le Menteur »[2] et qui a fourni matière à une telle masse de livres[3] ? Toute la vie ne fait pour moi que mentir. Confonds-la ; démonstrateur subtil, ramène-la au vrai. Elle proclame nécessaire ce qui pour une large part n'est que superflu ; et le reste même, sans être superflu, n'est pas du poids qu'il faudrait pour garantir l'aise et le bonheur. En effet, n'est pas de prime abord un bien ce qui se trouve chose nécessaire ; ou l'on dégrade ce nom de bien, si on l'attribue au pain, à la polente, à toutes les choses qui conditionnent le train de la vie. **11** Ce qui est bien est, dans tous les cas, nécessaire ; ce qui est nécessaire n'est pas, dans tous les cas, un bien, puisque, à vrai dire, certaines choses nécessaires sont en même temps de

1. « Sénèque constate que son ami, qui a montré jusqu'ici tant de bon sens, prend goût aux subtilités de la dialectique (cf. 49, 6) et aux étranges sophismes où elle se complaît. » (L. Delatte, *op. cit.* p. 581). Lucilius dut prendre goût à d'autres pointilleries encore. V. *Intr.* p. VI, n. 7.

2. Le *Menteur*, ὁ ψευδόμενος, s'énonce ainsi : *Si dicis te mentiri uerumque dicis, mentiris ; dicis autem te mentiri uerumque dicis ; mentiris igitur* (Cic. *Ac.* 2, 96).

Ce raisonnement était cher à Chrysippe (Cic. l. l.) et le maître lui-même s'y empêtrait (Cic. l. l.) ! Aulu-Gelle l'énonce (*N. a.* 18, 2, 10) sous forme d' « interrogation » : *Cum mentior et mentiri me dico, mentior an uerum dico ?* (Cf. Cic. *Ac.* 2, 93).

3. L'argument avait été mis en honneur par Eubulide de Milet de la secte mégarique (D. L. 2, 108). Repris par les péripatéticiens, les stoïciens, il occupa Théophraste et Chrysippe (Cic. *Ac.* 2,96 ; *De Diuin.* 2, 11), puis Cicéron (ibid.) ; il occupe Sénèque et Lucilius ; il occupera Aulu-Gelle (l. l.) et Fronton (p. 146 ed. Naber). Jadis le poète et grammairien Philétas de Cos était mort en s'y escrimant (Athen. 9, 401 e). — *Proicimus bonum si...* : autres erreurs plus graves au sujet des choses « nécessaires » *Ep.* 39, 6. — § 11 *necessarium* — *necessaria* : rigueur du raisonnement et cliquetis consciemment opposés à la logomachie qui singeait cette rigueur et ce cliquetis.

quem fortuna, cum quod habuit telum nocentissimum ui maxima intorsit, pungit, non uulnerat, et hoc raro : nam cetera eius tela, quibus genus humanum debellatur, grandinis more dissultant, quae incussa tectis sine ullo habitatoris incommodo crepitat ac soluitur. **10** Quid me detines in eo, quem tu ipse *ps*eudomenon appellas, de quo tantum librorum compositum est ? Ecce tota mihi uita mentitur : hanc coargue, hanc ad uerum, si acutus es, redige. Necessaria iudicat, quorum magna pars superuacua est : etiam quae non est superuacua, nihil in se momenti habet in hoc, ut possit fortunatum beatumque praestare. Non enim statim bonum est, si quid necessarium est : aut proicimus bonum, si hoc nomen pani et polentae damus et ceteris, sine quibus uita non ducitur. **11** Quod bonum est, utique necessarium est : quod necessarium est, non utique bonum est, quoniam quidem necessaria sunt

fortuna : fot- *p* || cum *codd. Mentel.* : cum in eum *Auen. Érasme*$^{1-2}$ *Lipse* || nocentissimum : noten- *p* || ui : uim *p* || pungit : *ex* pug- *p ex* pungi *Q* || uulnerat : *ex* ul- *P* uol- *p* || hoc raro *pL* : hocirato [*ex* hocrato] *P* hoc ratio *b* || cetera : -ere *p* || humanum : *ex* hum humanum *p om. b* || grandinis : *ex* Crand- *p*^{2} || dissultant : disul- *pQL* [*ex* -desul- *p ex* dissul- *Q*] || ullo : nullo *P* || ac soluitur *ex* ads- *Q ex* al s- *p*.

10 tu ipse : tu et ipse *Hense* tu *Rossbach* || ipse pseudomenon *dett. Érasme*$^{1-2}$: ipse eudom- *pQLPb Mentel.* [ipse /eud- *b*] ipse eudemona *Auen.* || PSEVDOMENON *cf. Al. Rüstow* « *Der Lügner* » *Diss. Erlang.* 1910, *p.* 95 || appellas *L* : apellas [*ex* -lles] *p*^{2} *om. Pb* || de quo : quo *Pb* || compositum *pQLP* : cōp- *b* conp- *Hense* || coargue : *ex* o argue *ut uid. p*^{2} *ex* quoargue *P*^{2} quo /ar- *b* || uerum : -rsum *Pb* [uer /sum *P*] || si : *ante 1 litt. erasam L* || iudicat quorum : indica corum *p* || est. Etiam — superuacua : *om. P* || fortunatum : *ex* format- *Q* -tunam *Pb* || beatum — praestare *cf.* HOR. *Ep.* 1, 6, 2 || necessarium : *ex* nic- *p*^{2} || aut : ac *Auen. Érasme*^{1} || polentae : ponenti [*ex* poninti] *p*^{2} || uita : *om. P.*

11 (neces)sarium est. Quod — quidem neces(saria) : *om. P desin. pag. in syll.* neces || quod necess- est *om. b* || non utique bonum est *codd. Mentel.* : n. u. bonum *Auen.* non statim b. est *Érasme*$^{1-2}$ || quoniam : *sic per compend* [q *ante 1 litt. eras.*] *b* || quidem *QL* : quid est *p* quedam *b*

l'espèce la plus basse. Personne n'ignore la dignité du bien au point de le ravaler à ce qui est d'utilité journalière. **12** Eh ! quoi, l'objet où tu reporteras de préférence tes soins ne sera-t-il pas de nous montrer que la quête du superflu entraîne toujours grande dépense de temps, et que bon nombre d'hommes ont traversé la vie en se cherchant partout des moyens de vivre [1] ? Passe en revue les individus ; considère la collectivité : pas un qui pour vivre n'ait l'œil fixé sur le lendemain.

13 « Quel mal à cela ? » Tu le demandes ? Un mal immense. On ne vit pas, on se dispose à vivre ; on ajourne tout. Même pleins de vigilance, la vie nous devancerait encore. De fait comme nous balançons, elle passe outre comme chose qui nous serait étrangère ; si le dernier jour la termine, chaque jour, il s'en perd.

Mais, pour ne pas outrepasser la juste étendue d'une lettre, qui ne doit pas emplir la main gauche du lecteur, je surseoirai au procès des dialecticiens, trop subtiles gens qui de l'accessoire font leur tout.

Lettre 46 *

1 Ton ouvrage, que tu m'avais promis, m'est arrivé. Me réservant de le lire à mon aise, je l'ai ouvert sans autre intention que d'en prendre un avant-goût. Ensuite lui-même m'a enjôlé de manière à me faire aller plus loin. Il m'a parlé un bien joli langage, et ceci doit te le faire

* *Sommaire.* — Sénèque a reçu un ouvrage de Lucilius ; il l'a lu d'une traite, tant il y trouvait d'intérêt (1). Impression d'ensemble excellente (2). Plus tard, en possession de tout son sang-froid critique, il reprendra le livre et l'examinera (3).

1. V. *Ep.* 60, 2 ss. — *In crastinum : Ep.* 1, 2 *s. f.* et vol. I, p. 4 n. 1. — § 13 *Differunt :* cf 101, 8. — *Perit :* V. supra p. 4, n. 1. — *Sinistram :* A mesure que le lecteur déroulait le *uolumen*, la main gauche enroulait ce qui venait d'être lu, jusqu'à s' « emplir ». — § 13, *f. hoc, non et hoc*, écho malicieux de la concision stoïcienne, que S. d'ailleurs ne s'interdisait pas (95, 6 *atqui illud, ergo et hoc*).

quaedam et eadem uilissima. Nemo usque eo dignitatem boni ignorat, ut illud ad haec in diem utilia demittat. **12** Quid ergo ? non eo potius curam transferes, ut ostendas nobis omnibus magno temporis inpendio quaeri superuacua et multos transisse uitam, dum uitae instrumenta conquirunt ? Recognosce singulos, considera uniuersos : nullius non uita spectat in crastinum. **13** Quid in hoc sit mali, quaeris ? Infinitum. Non enim uiuunt, sed uicturi sunt : omnia differunt. Etiamsi adtenderemus, tamen nos uita praecurreret : nunc uero cunctantes quasi aliena transcurrit et ultimo die finitur, omni perit. Sed ne epistulae modum excedam, quae non debet sinistram manum legentis implere, in alium diem hanc litem cum dialecticis differam nimium subtilibus et hoc solum curantibus, non et hoc. VALE.

SENECA LVCILIO SVO SALVTEM **46**

1 Librum tuum, quem mihi promiseras, accepi et tamquam lecturus ex commodo adaperui ac tantum degustare uolui : deinde blanditus est ipse, ut procederem longius. Qui quam disertus fuerit, ex hoc intel-

|| et eadem *P uel P*[2] [*add.* et *per compend.*] *edd. uett. ut Auen.* : eadem *codd. Mentel. Érasme*[1-2] *uulg.* quae eadem *dett.* eademque *dett.* [que *supra u. uel in mg.*] *Castiglioni.*

uilissima : udiss- *ut uid.* [*ex* uiliss-] *p*[2] || usque eo : eo usque *Auen.* || illud : -uc *Auen.* || demittat *QPb* : dim- *pL.*

12 ostendas : host- [*ex* -da] *p*[2] || nobis omnibus *QL Beltrami cf. Axelson*[3] p. 97 : omnibus [homni- *p*] *pPb Mentel. Auen. Érasme*[1-2] *uulg.* || quaeri : -ris *P* || transisse : *ex* transse *Q* transsisse *b* || instrumenta : *ex* -te *Q* || Recognosce : *ex* -noce *p* -nosces *Q* || considera *codd. Auen. Muret* : et cons- *Mentel. Érasme*[1-2].

13 praecurreret : precurrered *p* || cunctantes : cuncian- [i *ex corr. et* t *supra* i] *L*[2] || epistulae : -olae *QLP* || sinistram : et s. *Hense dub.* || implere *QL* : inpl- *pPb* || alium : *ex* auum *p* || dialecticis : -leticis *Pb* || subtilibus : -tilius *QL.*

Ep. 46. **1** tuum quem *QLPb* : tum que *p* || accepi : *ex* -ipi *Q* || adaperui : apperui *p* || blanditus : *ex* brand- *ut uid. p* || ipse ut : ut ipse *Q* || disertus : diss- [*ex* diff-] *m. rec. Q.*

entendre : je l'ai trouvé court, encore qu'il ne soit taillé ni sur mon patron habituel ni sur le tien, et qu'on puisse le croire, au premier coup-d'œil, de Tite-Live ou d'Épicure [1]. Eh ! bien, il a montré, pour me garder, pour m'entraîner, tant de douceur que, sans nulle remise, jusqu'au bout j'ai lu. Le soleil m'invitait à rentrer, la faim me pressait, le ciel menaçait [2]. Rien n'y fit : je le dévorai tout entier.

2 J'ai eu plus que du plaisir [3] : de la joie. Que d'esprit dans ton livre, quelle chaleur d'âme ! J'aurais pu dire : quels élans ! s'il lui arrivait de sommeiller, avec des reprises et des sursauts. Non, ce n'étaient pas des élans [4], mais une inspiration continue, une façon d'ordonner les idées, virile et toute loyale ; avec cela, de temps à autre, ce moelleux, cette douceur d'accent qui intervient à l'endroit voulu. Tu as le style grand et fier : je veux que tu t'attaches à cette manière, que tu conserves cette allure. Ton sujet t'a d'ailleurs bien servi : voilà pourquoi il importe de faire choix d'une matière fertile qui saisisse l'imagination, lui imprime de l'élan.

3 J'en écrirai plus sur l'ouvrage quand je l'aurai repris en main. Pour l'instant, mon jugement manque un peu d'assiette : c'est comme si j'avais entendu lire ces pages, au lieu de les avoir lues. Permets que la lecture tourne à l'enquête et ne crains rien : tu n'entendras que la vérité. Heureux homme, tu ne présentes rien qui engage personne à te mentir de si loin ! Je sais bien qu'aujourd'hui, même quand le motif manque, par habitude acquise on ment.

1. Tite-Live, Épicure également fameux par leur fécondité d'écrivains (Épicure ne le cédait qu'à Chrysippe). Leur œuvre se signalait par le nombre, mais aussi par la densité des rouleaux. A cet égard ce que S. dit d'Épicure est vrai en général des philosophes ; ce qu'il dit de Tite-Live, des historiens (Albertini, p. 156).

2. Il y avait donc lieu de quitter le livre pour jouir des derniers rayons du soleil et prendre un peu d'exercice avant la pluie ou le repas du soir.

3. *Delectatio*, ailleurs *uoluptas*, opposé à *gaudium* (59, 1 s.).

4. Sur les élans déloyaux du philosophe orateur v. 40, 4 et vol. I, p. 162, n. 3. — *Dulce* — *lene*. *Grandis*... : éloge considérable ; car le péril dans cette double voie est grand : Hor. *A. P.* 26 s.

legas licet : *br*euis mihi uisus est, cum esset nec mei nec tui corporis, sed qui primo aspectu aut Titi Liuii aut Epicuri posset uideri. Tanta autem dulcedine me tenuit et traxit, ut illum sine ulla dilatione perlegerim. Sol me inuitabat, fames admonebat, nubes minabantur : tamen exhausi totum. **2** Non tantum delectatus, sed gauisus sum. Quid ingenii iste habuit, quid animi ! Dicerem, quid impetus, si interquieuisset, si interuallo surrexisset : nunc non fuit impetus, sed tenor, compositio uirilis et sancta ; nihilominus interueniebat dulce illud et loco lene. Grandis, erectus es : hoc te uolo tenere, sic ire. Fecit aliquid et materia : ideo eligenda est fertilis, quae capiat ingenium, quae incitet. **3** <De> libro plura scribam, cum illum retractauero ; nunc parum mihi sedet iudicium, tamquam audierim illa, non legerim : sine me et inquirere. Non est quod uerearis : uerum audies. O te hominem felicem, quod nihil habes, propter quod quisquam tibi tam longe mentiatur ! Nisi quod iam etiam ubi causa sublata est, mentimur consuetudinis causa. VALE.

intellegas: -igas *b* -igi *Auen.* || breuis *Muret Lipse alii* : leuis *codd. edd. uett. Érasme*$^{1-2}$ *alii* || esset : *ex* et *b* || aspectu : adsp- *p* || Liuii : leuii *p* || posset : -ed *p* || uideri : *ex* -re L^3 || me tenuit : *sic* [me *supra u.*] *b* || traxit : extraxit *p* || minabantur tamen : -bantamen *p* || exhausi : et hausi [*ex* et ausi] *P* exausi *p*.

2 gauisus sum : *ex* gauissum *b* g. sumi [*ex* sui] p^2 || dicerem : -rent *p* || impetus : inp- *pb* || si : sibi [*per compend.*] i *b* || interquieuisset si interuallo *QLPb Mentel. Auen. Érasme*$^{1-2}$: interquieuis sed i. *p* interquieuisset si ex i. *Madvig* || surrexisset : surrec [*uel* surrex] sissed *p* surressiset *b* || impetus : inp- *b* || uirilis : *post 6 litt. erasas* [*sextam* s] *b* || sancta : sanctam [*per compend.*] *p* || nihilominus : *ex* nilo- P^2 *ex* -mines p^1 || interueniebat : *ex* -nitbat *Q* -nienbat *p* || dulce : duce *b* || lene : -ni *b* || hoc te *codd. uulg.* : hac te (— tenere *i. e.* « *cursum* ») *Castiglioni* || sic ire : scire *Q* || eligenda : *ex* eleg- L^2 oleganda *Q* || incitet *codd. Mentel. Auen. Érasme* ^{1} *uulg.* : excitet *Érasme*^{2}.

3 De libro *dett. Auen Érasme*$^{1-2}$ *uulg.* : de libro tuo *Mentel.* libro *pQLPb* set de libro *Madvig* || plura : *add. supra u.* p^2 || sedet : setet *b* || legerim : *ex* -rem p^2 || sine me : *ex* sin /eme p^1 set [*ex* et] s. me P^2 || uerearis : -reris *Q* || audies : -ias *p* || propter quod : p. quid *QL* || tibi : *post uocem mihi lineola subnotatam* b^1 *ut uid.* || quod iam etiam *codd. Auen. Schweighaeuser* : q. etiam [*ex* etiam *bis*] *Q Mentel. Ér.*

Lettre 47 *

1 Je suis heureux d'apprendre de ceux qui viennent d'auprès de toi que tu vis en famille avec tes esclaves, conduite bien digne du personnage éclairé, cultivé que tu es. « Ce sont des esclaves. » Non, des hommes. « Ce sont des esclaves. » Non, des compagnons de gîte. « Ce sont des esclaves. » Non, d'humbles amis. « Ce sont des esclaves. » Non, des esclaves comme nous-mêmes, si l'on songe que la fortune [1] étend ses droits également sur nous comme sur eux.

2 Aussi je ris de ces gens qui considèrent comme un scandale de souper avec leur esclave, et pourquoi ? Parce qu'une mode insolente exige au souper du maître toute une troupe d'esclaves debout à l'entour de lui. Le maître absorbe plus qu'il n'en peut recevoir ; glouton insatiable, il surcharge un estomac dilaté, qui a désappris ses fonctions ; ingérant avec peine, il rend le tout dans un effort encore plus laborieux. **3** Cependant les malheureux esclaves n'ont pas le droit de remuer les lèvres, fût-ce pour parler. La verge étouffe tout murmure. Il n'y a pas d'exception, même pour les bruits involontaires, accès de toux, éternuement, hoquet. Tout manquement à la règle du silence s'expie par un châtiment brutal. Ils passent la nuit entière debout, à jeun et muets. **4** Voyez la conséquence : ils parlent du maître, ces esclaves

* *Sommaire.* — La sagesse veut que l'esclave soit conduit avec bonté (1). C'est une habitude excellente que de souper avec ses gens, alors que presque partout le service de la table condamne le personnel aux corvées les plus pénibles, les plus abjectes (2-8 jusqu'à *cum his cenare*). La fortune se charge de retourner les conditions. Ainsi, traitons l'inférieur comme nous voudrions, le cas échéant, qu'un supérieur nous traite (8-13). Il y a de bons amis à se faire dans tous les mondes, le caractère étant la seule marque distinctive réelle entre les individus (14-17 jusqu'à *quare non est*). Sénèque n'est pas un révolutionnaire parce qu'il demande que l'autorité soit fondée non sur la crainte, mais sur le simple respect (17-20). Vertu suppose constance : Lucilius ne déviera pas de ses principes d'humanité (21).

1. V. § 10 ; *De Ben.* 3, 20, 2 ; *Contr.* 7, 6, 18 ; Philem. p. 19, n. 1. — § 2 *Stantium* cf. *De Tr. an.* 1, 6 *spectent ;* l'étonnement de Diog. (D. L. 6, 28 *f.*). — § 3 cf. *De Ira* 3, 24, 1 et 35, 2 ; Juv. 14, 63.

SENECA LVCILIO SVO SALVTEM 47

1 Libenter ex his, qui a te ueniunt, cognoui familiariter te cum seruis tuis uiuere : hoc prudentiam tuam, hoc eruditionem decet. « Serui sunt. » Immo homines. « Serui sunt. » Immo contubernales. « Serui sunt. » Immo humiles amici. « Serui sunt. » Immo conserui, si cogitaueris tantundem in utrosque licere fortunae. **2** Itaque rideo istos, qui turpe existimant cum seruo suo cenare : quare, nisi quia superbissima consuetudo cenanti domino stantium seruorum turbam circumdedit ? Est ille plus quam capit, et ingenti auiditate onerat distentum uentrem ac desuetum iam uentris officio, ut maiore opera omnia egerat quam ingessit : **3** at infelicibus seruis mouere labra ne in hoc quidem, ut loquantur, licet. Virga murmur omne compescitur, et ne fortuita quidem uerberibus excepta sunt, tussis, sternumenta, singultus : magno malo ulla uoce interpellatum silentium luitur ; nocte tota ieiuni mutique perstant. **4** Sic fit, ut isti de domino loquan-

Ep. 47 *cf., auctore Muret, hanc ep. cum* MACR. *Sat.* I, [11, 7 — 15 *Eyssenh.*].

1 his *QLb Mentel. Auen. Érasme*$^{1-2}$ *uulg.* : ihis *p* iis *P* is *Hense*^{2} || a te *codd. Mentel. Auen. Pincia « ex uet. lect. » Muret* : ad te *p Érasme*$^{1-2}$ || eruditionem *codd. Auen. Érasme*^{2} : -nem tuam *de:t. Éra:me*^{1} || decet : *ex* docet *P* || serui sunt immo homines MACR. 1, 11, 7 || contubernales : *sic* [tu *ante 2 uel 3 litt. erasas*] *b* || serui sunt immo conserui MACR. *ibid.* || cogitaueris : aliter *aut* uel cognoueris *mg. Q mg. L* || tantundem : -umdem *b.*

2 superbissima : *ex* suber- p^2 || cenanti : *ex* cenananti *b* || turbam : -ba [*ex* -bam *b*] pMP^1b || Est ille — in tormentis tacebant *cf.* MACR. 1, 11, 14 *s.* || uentrem : uetr- *p* || maiore : -ra *QL* || egerat : digerat *mg. Erasmi*^{1} || ingessit $MvOP^2b$: incess- $pQLP^1$.

3 at : ad *p* || in hoc quidem : inhoquid- *Q* || compescitur *QP* : cōp- *b* conp- *p* || tussis : tusis *p* || sternumenta pQ^2LvP *Fickert* : *ex* strum- Q^1 sternutamenta *Mb Mentel. Auen. Érasme*$^{1-2}$ *Schweighaeuser* -nutamentum MACR. *Muret Lipse* || magno malo : magnummalo [*ex* -lu] p^2 || interpellatum : *ex* -tur Q^1 || nocte tota *QLPb* : n. tamen *p* || mutique : utique [*ex* mut- *Q*] *m. rec. Qb* || perstant : *ex* pres- *Q* pre *uel* praestant *b* stant *Auen.*

à qui vous défendez de parler en présence du maître. Jadis ils causaient en présence du maître, et avec lui ; on ne les tenait pas bouche cousue [1] : ils étaient prêts, ceux-là, à s'offrir au bourreau pour le maître, à détourner sur leur tête le péril qui le menaçait. Ils parlaient à table ; ils se taisaient sous les tortures [2].

5 Et puis on va répétant cet adage, inspiré du même orgueil dédaigneux : autant d'esclaves, autant d'ennemis [3]. Ce ne sont pas des ennemis ; c'est nous qui les faisons tels. J'omets cependant d'autres traits de notre barbarie, de notre inhumanité, des procédés qui, leur étant appliqués comme s'ils étaient non pas même des hommes, mais des bêtes de somme, sont autant d'abus. Nous sommes étendus sur nos lits de festin : un esclave essuie les crachats ; un autre, accroupi, ramasse les déjections des convives pris de vin. **6** Un autre découpe des oiseaux rares ; sa main experte, passant par une suite de mouvements précis du bréchet au croupion, secoue au bout du couteau les aiguillettes. C'est un malheureux dont la vie a pour tout emploi de débiter convenablement de la volaille. Mais l'homme qui dresse à un tel métier dans l'intérêt de son plaisir n'est-il pas vraiment plus à plaindre que celui qui subit ce dressage par nécessité ? **7** Un autre, échanson, paré comme une femme, s'évertue à démentir son âge : il ne saurait échapper à l'enfance ; on l'y ramène de force. Tout épilé, avec déjà

1. Cf. *De Ira* 3, 35, 1. V. l'usage persique Amm. Marcell. 23, 6, 80.

2. Quint. *Decl.* 19, 12 (*quaestio*) *uernilibus corporibus adhibetur* ; *De Ben.* 3, 19, 3 *aliquem — nullis territum minis — auertisse — suspiciones quaerentis* (*tyranni*) ... — Sur le dévouement des esclaves en temps de guerre civile, *De Ben.* 3, 23 à 27 ; Val. Max. 6, 8 *De Fid. seru.* ; Mart. 3, 21. Cf. Men. fr. 644 K. Ὅταν ἀτυχῇ τις....

3. On peut douter de la forme et du sens primitifs de l'adage (Fest. p. 314 Linds.). Tel quel il est appuyé par des dictons comme Plat. *De Leg.* 6, 757a (*serui dominique*) οὐκ ἄν ποτε γένοιντο φίλοι (V. Otto *Sprichwört. s. u.* seruus) ; par Aristot. *Eth. Eud.* 3, 1239 *a* φίλοι δ'οἱ κατὰ τὴν ἰσότητα ; par Sen. *Ep.* 4, 8 ; *De Cl.* éd. « Budé » *P.* III^a 22,1 = *uulg.* 1, 24, 1 et Claud. *Eutr.* 1, 18, 183 s. — *Iumentis* cf. § 19 *muta* ; *De Cl. P.* III^a 15,1 = *uulg.* 1, 17 1. — *Sputa* cf. *De Br. u.* 12,5. — § 6 *pretiosas* : un paon par ex., v. *Ep.* 119, 13, Plin. *N. h.* 10, 45. — *Scindit*, cf. *De Br. u.* ibid. ; *De Vit. b.* 17, 2 (à la table de S. !) ; Juv. 5, 123 s. — § 7 *uini minister*,

tur, quibus coram domino loqui non licet. At illi, quibus non tantum coram dominis, sed cum ipsis erat sermo, quorum os non consuebatur, parati erant pro domino porrigere ceruicem, periculum imminens in caput suum auertere : in conuiuiis loquebantur, sed in tormentis tacebant. **5** Deinde eiusdem adrogantiae prouerbium iactatur, totidem hostes esse quot seruos : non habemus illos hostes, sed facimus. Alia interim crudelia, inhumana praetereo, quod ne tamquam hominibus quidem, sed tamquam iumentis abutimur, quod cum ad cenandum discubuimus, alius sputa deterget, alius reliquias temulentorum <toro> subditus colligit. **6** Alius pretiosas aues scindit : per pectus et clunes certis ductibus circumferens eruditam manum frusta excutit, infelix, qui huic uni rei uiuit, ut altilia decenter secet, nisi quod miserior est, qui hoc uoluptatis causa docet quam qui necessitatis discit. **7** Alius uini minister in muliebrem modum ornatus cum aetate luctatur : non potest effugere pueritiam, retrahitur,

4 loquantur : *ex* -entur p^2 || quorum os : corum hos *p* || porrigere : *ex* prori- *b* || imminens *pQPb* : inm- *p* || caput : *ex* -ud *P* -ud *pb* || loquebantur : *ex* -batur p^2.

5 Deinde eiusdem — sed facimus *cf.* MACR. 1, 11, 13 || adrogantiae [-tie *p*] *pQg* : arrogantiae [*ex* adr- *b*] L^2Pb || prouerbium : *ex* -bum p^2 || totidem hostes — seruos *cf.* MACR. 1, 11, 13 | hostes esse *codd. Fickert* : e. h. *Pb Mentel. Auen. Érasme* $^{1-2}$ *alii* || quot seruos — hostes *om. b* | quot : *ex* quod P^2 quod *p* || inhumana : hum- *P* || praetereo : propt- *Q* || quod cum ad *codd. Mentel. Auen. Fickert alii* : qui cum ad *Érasme* $^{1-2}$ cum ad *Buecheler* < illud uero quam contumeliosum est > quod cum ad *Summers dub.* || discubuimus : *ex* discuib- *Q* || sputa : *ex* -tam *QL* || deterget $pMvOP^1$ *Mentel. Fickert cf. Axelson*[3] *p.* 98 : -geret *b* -git [*ex* -get P^2] QLP^2 *Auen. Erasme* $^{1-2}$ || toro *add. Rossbach.*

6 pretiosas aues : praeciosaues /*p* || per pectus : *ex* /perfec- *incip. pag. P* Perfec- *b* || clunes : dum- *p* || frusta LQg^cv^c *Érasme*^{2} : *ex* -tra *P* -tra pLg^1b *Auen. Érasme*^{1} in frusta *Mentel. Muret coll. De Br. uit.* 12 || qui : *ex* quid *P* || uni : *ex* uiu *ut uid.* p^2 || uiuit : *ex* -et *p* || ut : *ex* net *Q* || altilia : -li [*ex* -lia |] *b* || hoc *Q ut uid. LPb* : ob *p* || uolup tatis : -tes *b* || necessitatis : -ssitas *b* -ssitate *Auen.*

7 ornatus : hornadus *p* || effugere : *ex* -gire *ut uid.* p^2 Effugit *Muret* [*om.* non potest] || pueritiam : purit- *L* pueritia *Muret* || retrahitur *codd.* [retraitur *pP*] *ed. Rom.* 1475 *edd. plerique* : s. c [*ut uid.*] *add.*

le port d'un soldat[1], par frictions d'onguent ou à la pince, il ne ferme pas l'œil de la nuit, la partageant entre l'ivrognerie et la lubricité de son maître ; sous la courtine, un mâle ; pour la table, un petit garçon. **8** Un autre, qui a droit de censure à l'égard des convives, est de faction, le pauvre, pour noter à l'occasion ceux que leur talent de flatteurs, leur intempérance de bouche ou de langue feront réinviter le lendemain. Ajoute les chefs d'office, subtils connaisseurs du palais du maître ; ils savent le mets dont la saveur éveillera son appétit[2] ou dont la vue le réjouira ; telle nouveauté qui ranimera son estomac blasé ; ce dont il est rassasié jusqu'au dégoût ; ce qu'il a envie de manger ce jour-là.

Quant à souper avec eux[3], l'idée lui en est intolérable. Il croirait attenter à sa propre grandeur, si la même table le recevait, lui et son esclave. Ah ! justes dieux, combien il a de maîtres issus de cette classe infime ! **9** A la porte de Calliste j'ai vu attendre debout son ancien maître ; j'ai vu ce maître qui lui avait accroché l'écriteau, qui l'avait exposé pour la vente dans un lot de rebut, arrêté au passage, tandis que d'autres entraient. L'ancien esclave payait de la même monnaie l'homme qui l'avait rejeté dans cette première décurie sur laquelle le crieur essaie sa voix : il le mettait à son tour au rancart ; il le déclarait indigne de sa maison. Calliste a été vendu par son maître,

cf. Mart. 10, 98. — *Retrahitur*, cf. Sen. *Contr.* 2, 6 (14), 4 (*senex*) *se retro agens :* entreprises « contre nature » (*De Ben.* 6, 2, 3 ; *Ep.* 122, 7).

1. *De Br. u.* 12, 5 *glabri* — *exoleti* ; 95, 24 *leuitas ;* 119, 13 *ministeriis* — *leuibus.* — *In cubiculo* — *in conuiuio* cf. 95, 24.

2. Cf. 108, 15 (*ostrea boletaque*) *oblectamenta* — *ad edendum saturos cogentia ; De Prou.* 3, 6 *si conchyliis* — *pigritiam stomachi nausiantis erigeret.* Sur cette « science de gueule » v. p. 230 *Essais* éd. Plattard, 1, 51 (entretien avec un majordome de qualité) un passage de Montaigne inspiré du nôtre et de Sen. *De Br. u.* 12, 6.

3. Cette idée qui lui tient à cœur (V. §§ 2 et 15), S. l'appliqua-t-il jamais ? Par ex. le jour où, dénué de tout, il voyageait en très modeste équipage avec son ami Caesonius Maximus et quelques serviteurs (*Ep.* 87, 1 à 3) ? (Le muletier prévu comme convive 47, 15, était là)... Cette pratique avait existé, au moins à la campagne, au temps de Caton l'Ancien (Plut. *V. Cat.* 3). A Rome elle n'était observée sans doute que pendant les Saturnales. — § 9 (C. Iulius) Callistus : affranchi de Caligula, puis ministre des requêtes sous Claude. Nous ne savons qui fut son premier maître. Il fait penser à

iamque militari habitu glaber retritis pilis aut penitus euulsis tota nocte peruigilat, quam inter ebrietatem domini ac libidinem diuidit et in cubiculo uir, in conuiuio puer est. **8** Alius, cui conuiuarum censura permissa est, perstat infelix et expectat, quos adulatio et intemperantia aut gulae aut linguae reuocet in crastinum. Adice obsonatores, quibus dominici palati notitia subtilis est, qui sciunt, cuius illum rei sapor excitet, cuius delectet aspectus, cuius nouitate nauseabundus erigi possit, quid iam ipsa satietate fastidiat, quid illo die esuriat. Cum his cenare non sustinet et maiestatis suae deminutionem putat ad eandem mensam cum seruo suo accedere. D*i* melius ! quo*t* ex istis dominos habet ! **9** Stare ante limen Callisti dominum suum uidi et eum, qui illi impegerat titulum, qui inter reicula mancipia produxerat, aliis intrantibus excludi : rettulit illi gratiam seruus ille in primam decuriam coniectus, in qua uocem praeco experitur : et ipse illum inuicem apologauit, et ipse non iudicauit domo sua

supra retraitur P^2 sed retrahitur *Mentel. Auen. Érasme*$^{1-2}$ *Muret* || militari habitu : -ris -tus *b* -ris abitus *P* || glaber : glaber leuis et caluus [leuis *et* caluus *ante ras.*] *g* lenis caluus uel leuis *mg. QL* || retritis : -istis *b* || euulsis : -sus [*ex* euuss-] *p* || et in cubiculo : *ex* et inter c. *m. rec. Q* et inter c. *L.*

8 censura : cura *mg. Erasmi* $^{1-2}$ || perstat : *ex* prestat Q^2 praestat *per compend.* [*ex* perst- *per compend. b*] *pb* || expectat *pQPb* : exsp- *Hense* || adulatio *b* : *ex* adol- P^2 adol- *QL* adhol- *p* || palati : *ex* -tim p^2 || aspectus : *sic* [*non* ads-] *p* || nauseabundus : nausiab- *Pb* || satietate : -tas *Auen.* || maiestatis : mag- *Q* || deminutionem *P* : dimin- *b* demunicionem *p* || eandem : *ex* ead- p^2 || di *Fickert* : dii *QpPLb Érasme*$^{1-2}$ || quot *ed. Rom.* 1475 *Schweighaeuser* : quod *pQLPb Mentel. Auen. Érasme*$^{1-2}$ *alii* || habet *Haase* : -ent *pQLPb uulg.*

9 Callisti : Calestii *ex* caelesti *uel* coel- P^2 calisti *pQLgvb* calixti *M* || impegerat *QP* : inp- *gb* inpeierat *L* inpelorat *p* || reicula *Muret* : ridic- *codd. Mentel . Auen. Érasme*$^{1-2}$ || produxerat : *ex* perd- Q^2 || rettulit *vP* : retu- *QLgMb* retullit *p* || illi : *ex* ille p^2 || primam decuriam coniectus : -ma -ia conitectus *p* || uocem : *ex* -ce Q^2 -ce *super scr.* L^3 || apologauit *Pb* : *ex* adpo- *Q* adpo- *L* excusauit *mg. QL* abpol- *p* || iudicauit ind- [in *i. r.*] *p* || domo : *ex* -mum p^2.

mais à son maître que de faveurs Calliste a vendues !

10 Veux-tu bien te dire que cet être que tu appelles ton esclave est né de la même semence que toi[1] ; qu'il jouit du même ciel, qu'il respire le même air, qu'il vit et meurt comme toi. Tu peux le voir libre comme il peut te voir esclave. Lors du désastre de Varus [2], bon nombre de personnages de la plus illustre naissance, qui comptaient sur leur carrière militaire pour entrer au sénat, ont été humiliés par la fortune : de l'un elle a fait un pâtre, de l'autre un gardien de cabane. Avise-toi donc de mépriser un homme dont la condition peut devenir la tienne, au moment où tu lui marques ton mépris.

11 Je ne voudrais pas me lancer dans un vaste sujet ni faire une dissertation en forme sur la conduite à tenir envers ces esclaves que nous traitons avec tant d'orgueil et de cruauté, que nous abreuvons d'outrages. Je résume ainsi ma leçon : vis avec ton inférieur comme tu voudrais que ton supérieur vécût avec toi [3]. Chaque fois que tu songeras à l'étendue de tes droits sur ton esclave, songe que ton maître a sur toi des droits identiques. **12** « Mais moi, dis-tu, je n'ai pas de maître. » Tu es encore dans ta belle

Félicion, vendu par Epaphrodite puis chaussant le prince et salué dévotement par son maître (Epict. 1, 19, 19 ss.).

1. Cf. § 1 *homines* . Cat. *Dist.* 4, 44 *in P. L. M.* Baehrens 3 *homines ;* Petr. 71 ; Epict. *Diss.* 1, 13, 3 ; Philem. *incert.* Meineke Berlin, 1823, p. 410, *fr.* XXXIX... σάρκα τὴν αὐτην ἔχει /φύσιε γὰρ οὐδεὶς δοῦλος ἐγεννηθη ποτέ /ἡ δ' αὖ τυχη σῶμα κατεδουλώσατο ; Eur. *Ion* 855 s., *Hec.* 291 s. (contrepied de cet autre adage euripidien *Or.* 1115 Οὐδὲν τὸ δοῦλον πρὸς τὸ μὴ δοῦλον γένος).

2. Il s'agit de la défaite essuyée par Varus et ses légions en Germanie l'an 9 de notre ère. Les effets du désastre éclairent à souhait et la fin de ce § et le § 1 *tantumdem — licere fortunae.* Cf. Sen. *Contr.* 2, 1, 1 *Vidi ambitiosa turba clientium limina deserta sub domino sectore uenalia... Quid ex summis opibus ad egestatem deuolutos loquar ? cet* ; Ohilem- 213 K.

3. Cf. Isocr. *Nicocl.* 61 ἃ πάσχοντες ὑφ' ἑτέρων ὀργίζεσθε, ταῦτα τοῖς ἄλλοις μὴ ποιεῖτε ; Moschion. *Gnom.* Schenkl, 7 : maximes générales dont l'application aux esclaves (V. aussi Cat. *Dist.* 1, 37 *in P. L. M.* Baehr. 3 *Seruorum culpa...*) est préparée par *homines* § 1. Elle l'est encore par *humiles amici* (ibid.). On demandait à Aristote : Comment nous comporter envers nos amis ? Comme nous voudrions, dit-il, qu'ils se comportassent envers nous... (D. L. 5, 21). Notre esclave est notre frère, déclare Epict. *Diss.* 1, 13, 3 s.

dignum. Dominus Callistum uendidit : sed domino quam multa Callistus ! **10** Vis tu cogitare istum, quem seruum tuum uocas, ex isdem seminibus ortum, eodem frui caelo, aeque spirare, aeque uiuere, aeque mori ! Tam tu illum uidere ingenuum potes quam ille te seruum. *V*ariana clade multos splendidissime natos, senatorium per militiam auspicantes gradum, fortuna depressit, alium ex illis pastorem, alium custodem casae fecit : contemne nunc eius fortunae hominem, in quam transire, dum contemnis, potes. **11** Nolo in ingentem me locum inmittere et de usu seruorum disputare, in quos superbissimi, crudelissimi, contumeliosissimi sumus. Haec tamen praecepti mei summa est : sic cum inferiore uiuas, quemadmodum tecum superiorem uelis uiuere. Quotiens in mentem uenerit, quantum tibi in seruum <tuum> liceat, ueniat in mentem tantundem in te domino tuo licere. **12** « At ego, inquis, nullum habeo dominum. » Bona aetas est :

Dominus : *sic* [Do *ex* Dn *ut uid.*] *p* || Callistum : calis- *pQLP* calistrum *b* || Callistus : calis- *QLPb*.

10 Vis tu cogitare [*ex* quog- P^2]P^2b *mg. L* Macr. 1, 11, 7 : illis tu c. [g cog-*p*]*pQL* || istum quem seruum tuum uocas : i. quam s. t. u. *p* i. qui s. t. u. *b* eos quos ius tuum uocas *Macr. ibid.* || isdem *bMvO* Macr. *Hense* : hisd- *pQLP Mentel. Auen. Érasme*$^{1-2}$ iisdem *Muret* || ortum : hor- *Q* ortos Macr. || aeque spirare : *om.* Macr. | spirare : *ex* sper- *P* sper- *b Mentel.* || tam tu *dett.* Macr. 1, 11, 7 *Muret* : *sic* [tam *add. super ras.*] P^2 quam tu pP^1b tamquam tu *QL* tanquan tu *g* Tu tam *Érasme*$^{1-2}$ || ingenuum *LP* : *ex* -geniuum Q^1 -gentium *p* -genium *b* liberum Macr. || Variana *Lipse alii* : Mariana *pQLPb Mentel. Auen. Érasme*$^{1-2}$ *Buecheler sed u. Axelson*^{3} p. 177 *s.* || splendidissime : *ex* -mo *b* -dedissime *P* || senatorium *codd. Érasme*$^{1-2}$: -orum [*ex* -orium] *Q Auen.* || militiam : -licia *p* || gradum : grud- *p* || casae fecit : case fecitur *p*.

11 usu : *ex* usus *Q* || quos : quo *QL* || superbissimi : *ex* -me *p* || crudelissimi contumeliosissimi : cont- crud- Macr. 1, 11, 13 | crudelissimi : *sic* [mi *ex corr.*] p^2 || Haec *QLPb* : et *p* || inferiore : -riere *p* || tecum : *om. p* || Quotiens : *ex* -ties *m. rec.* QL^2 -ciens *p* || tuum *add. Gertz* || tantundem : -tūdem *pb*.

12 At ego *QLP* : *ex* at ergo *b* adte ergo *p* || habeo : ab- *p* || dominum : domn- *p*.

saison : tu en auras peut-être. Ignores-tu à quel âge Hécube [1] et Crésus et la mère de Darius et Platon et Diogène ont vu commencer leur servitude ? **13** Traite avec bienveillance, avec affabilité ton serviteur. Fais qu'il ait part à ta conversation, à tes délibérations, à ton intimité. Ici tous les gens du bel air vont me huer. « Quelle bassesse ! Quelle turpitude ! » Et ces mêmes gens, je les surprendrai baisant la main de l'esclave d'autrui !

14 Veuillez au moins considérer jusqu'où ont été nos pères pour retrancher tout ce qui pouvait entretenir la haine du maître ou avilir l'esclave : le maître, ils l'ont appelé « père de famille » ; les esclaves, dénomination que de nos jours encore le mime conserve, étaient « les gens de la famille. » Ils instituèrent une fête qui était je ne dis pas le seul jour où les esclaves fussent admis à manger avec le maître, mais celui où ils l'étaient obligatoirement ; ils avaient permission expresse d'exercer des charges d'honneur dans l'intérieur de la maison et d'y rendre la justice, chaque maison étant considérée comme une image en réduction de la république.

15 « Eh ! quoi, j'installerai tous mes esclaves à ma table ? » Pas plus que toutes les personnes libres. Tu aurais tort de croire que j'en exclurai quelques-uns pour la raison qu'ils sont employés à une grossière besogne :

1. Hécube était ravagée par les ans (88, 6) ; Crésus tint à Cyrus, son vainqueur et maître, le langage de l'expérience, celle qu'il avait des hommes et des dieux ; Sisigambis était *aetate uenerabilis* (Curt. 3, 11, 24). Platon avait une quarantaine d'années quand il fut déporté à la demande de Denys l'Ancien et vendu, à Egine, comme esclave (D. L. 3, 19 s. ; Sen. *fr.* 23). Sur Diogène de Sinope v. D. L. 6, 20 s. ; Sen. ibid. Fut-il pris par des pirates et vendu en Crète ? Il est probable qu'après la mort d'Antisthène il se rendit volontairement à Corinthe, où il vécut sans domicile, allant souvent à Athènes. Il mourut à Corinthe octogénaire selon les uns, nonagénaire selon les autres. — Les 3 premiers noms évoquent des catastrophes représentées par le théâtre : v. un écho de ces tragédies *ap.* Sen. *Phoen.* 598 *in seruitutem cadere de regno graue est*, Sen. *Contr.* 2, 1, 7 *Ille Croesus — post terga uinctis manibus ductus est.* — § 13 *in sermonem* : cf. *De Ira* 3, 35, 1 s. *et loquatur et taceat et rideat* ! — *Coram domino*, Epict. 1, 13, 2 ; Men. *fr.* 370, K. μεταδίδου (*seruo*) παρρησίας, /Βέλτιον αὐτὸν τοῦτο ποιήσει πολύ (V. en sens contraire Plat. *Leg.* 777 e-778a ; Cic. *De Off.* 2, 24). — § 13 *f. Osculantes...* cf. *De Ben.* 3, 28, 5 ; supra § 9, infra § 17. — § 14, V. le maître « paternel » chez Plin. *Ep.* 5, 19 ; 8, 16 ; 9, 21, 24. — *Diem festum* : aux Saturnales.

forsitan habebis. Nescis, qua aetate Hecuba seruire coeperit, qua Croesus, qua Darei mater, qua Platon, qua Diogenes ? **13** Viue cum seruo clementer, comiter quoque, et in sermonem illum admitte et in consilium et in conuictum. Hoc loco adclamabit mihi tota manus delicatorum : « Nihil hac re humilius, nihil turpius. » Hos ego eosdem deprehendam alienorum seruorum osculantes manum. **14** Ne illud quidem uidetis, quam omnem inuidiam maiores nostri dominis, omnem contumeliam seruis detraxerint ? Dominum patrem familiae appellauerunt, seruos, quod etiam in mimis adhuc durat, familiares. Instituerunt diem festum, non quo solo cum seruis domini uescerentur, sed quo utique ; honores illis in domo gerere, ius dicere permiserunt et domum pusillam rem publicam esse iudicauerunt. **15** « Quid ergo ? omnes seruos admouebo mensae meae ? » Non magis quam omnes liberos. Erras, si existimas me quosdam quasi sordidioris operae reiec-

Hecuba : haec- *Lb* haeuba *ut uid. P* || Croesus : craes- *p* || qua : quia *ut uid.* [*ex* qua] p^2 || Darei *p Fickert* : *ex* dere *ut uid.* L^1 darii [*ex* -ei] *m. rec. Q Pb Mentel. Auen. Érasme*$^{1-2}$ || qua Platon qua Diogenes : qua Diogenes qua Plato [-ton *cod. Macrobii Paris.*] ipse MACR. 1, 11, 7.

13 Viue cum seruo *et seq. cf.* MACR. 1, 11, 7 || comiter *codd. Muret* : *ex* cum- P^2 comitem *L et* [*supra u.*] Q^1 *Mentel. Auen. Érasme*^{1} In iter (quoque et in sermonem) *Érasme*^{2} || admitte : -ite *p* || mihi : mihhi [*ex* mib-] *p* || delicatorum : -ictarum *b* || hac re : *ex* ac re p^2 || turpius : -rbius *p* || nihil hac — turpius *cf.* MACR. 1, 11, 10 || deprehendam : -dem *p* -do *ante ras. P* || manum *PLPb uulg.* : -nus *Q*.

14 Ne : nec *P* || Ne illud quidem *et seq. cf.* MACR. 1, 11, 11 *s. f.* || illud : illo *Q* || dominis : *ex* -nos P^2 -nus *b* || detraxerint : *ex* -rit b^1 *ut uid.* || patrem : -tris [*ex* -tri] *m. rec. Q* -tri *L* partem *b* || familiae : -ias *dett.* MACR. || appellauerunt : apella- *p* || quod : *ex* quos P^2 quos *b* || mimis pg^2Pb *Érasme*^{2} : -nis *QLg* minimis *MvO Mentel. Auen. Érasme*^{1} || Instituerunt : *ex* -itierunt *b* || non quo solo *codd. edd. uett. ut Mentel. Schweighaeuser* : n. q. solum *Érasme*$^{1-2}$ *alii* || domini : *ex* domn- p^2 || uescerentur : -scentur *QLg* || sed quo : *ex* de quo Q^1 || utique ; *dist. Gertz* || illis : illi *P* || gerere : icrere *p* || pusillam : *ex* -llum Q^1 pulsillam [*ex* pusi-] p^2.

15 omnes liberos : -nis l. *p* || me *QLPb* : ne *p* || sordidioris : *ex*

tel, par exemple, qui est muletier ; tel, qui est bouvier. Je jugerai d'eux non sur leur emploi, mais sur leur moralité. De sa moralité chacun est l'artisan ; pour les emplois, le sort en dispose [1]. Invite ceux-ci [2], parce qu'ils le méritent ; ceux-là, pour qu'ils apprennent à le mériter. Les fréquentations grossières leur ont laissé quelque tare servile ? Une société plus honnête la dissipera. **16** Pourquoi, mon Lucilius, ne chercher des amis qu'au forum et dans la curie ? Sois bien attentif : tu en trouveras dans ta propre maison. Souvent de bons matériaux restent en souffrance, faute d'ouvrier. Essaie, et vois. C'est agir en fou que de faire marché pour un cheval en regardant non à la bête, mais à la housse et au frein [3]. La pire folie est de juger un homme soit sur l'habit, soit sur la condition [4], qui n'est qu'un habit jeté sur nous. **17** « Il est esclave. » Mais c'est peut-être une âme libre [5]. « Il est esclave. » Lui en ferons-nous grief ? Montre-moi qui ne l'est pas. Tel est asservi à la débauche, tel autre à l'avarice, tel autre à l'ambition, tous à l'espérance, à la peur. Je te citerai un consulaire asservi à une vieille bonne femme, un riche à une petite servante ; je

1. V. 31, 11 et vol. I p. 141, n. 1.

2. V. supra, p. 18, n. 3. — *Vt sint* : cf. Men. p. 20, n. 1 *s. f.* — § 16 *Domi :* par ex. le précepteur ou le médecin (*De Ben.* 6, 16, 1).

3. Cf. 80, 9 *Equum empturus solui iubes stratum...* ; 41, 6 *Non faciunt meliorem equum aurei freni* (87, 8 *mulam*) ; Hor. *S.* 1, 2, 86 ss. ; Juv. 8, 57 ; Epict. *Diss.* 3, 14, 11 ss., *Gnom.* 15 Schenkl (et Moschion, *Gnom.* 10) ; Montaigne 1, 42 *s. init.* (I, p. 163 s. Plattard) « Nous louons un cheval de ce qu'il est vigoureux et adroit, non de son harnais. »

4. V. n. 1.

5. Cf. Bion *ap.* Stob. *Anth.* vol. 2 H. p. 429, l. 16 s. Οἱ ἀγαθοὶ οἰκέται ἐλεύθεροι (cf. Eur. *fr.* 511 *et* 831 N.^{2}) ; Men. 857 K. ἐλευθέρως δούλευε, δοῦλος οὐκ ἔσει. — *libidini seruit...* : cf. Bion *ap.* Stob. l. l. οἱ δὲ πονηροὶ ἐλεύθεροι δοῦλοι πολλῶν ἐπιθυμιῶν (Epict. *Gnom.* Schenkl p. 472, 38) ; Diog. (D. L. 6, 66) τοὺς μὲν οἰκέτας ἔφη τοῖς δεσπόταις, τοὺς δὲ φαύλους ταῖς ἐπιθυμίαις δουλεύειν ; Posidonius (Athen. 12, 542 b) sur Damophile le Sicilien, qui fut cause de la « guerre servile » : τρυφῆς — δοῦλος — καὶ κακουργίας ; Sen. 37, 4 ; 39, 6 ; *De Ben.* 3, 28, 4 *tu — libidinis et gulae seruus ; N. q.* 1, 16, 1 (l'avare) ; V. Cic. *Parad.* 5, 36 à 41. — *Ancillulae :* cf. § 13 *f.* ; 9, 22 *multorum dominus, sed plurium seruus* ; *De Ben.* 3, 28, 5 *f.* ; Cic. *Parad.* 5, 36 *init.* ; Diog. (D. L. 6, 63) l'asservissement des rois aux courtisanes.

turum, ut puta illum mulionem et illum bubulcum : non ministeriis illos aestimabo, sed moribus. Sibi quisque dat mores, ministeria casus adsignat. Quidam cenent tecum, quia digni sunt, quidam, ut sint : si quid enim in illis ex sordida conuersatione seruile est, honestiorum conuictus excutiet. **16** Non est, mi Lucili, quod amicum tantum in foro et in curia quaeras : si diligenter adtenderis, et domi inuenies. Saepe bona materia cessat sine artifice : tempta et experire. Quemadmodum stultus est, qui equum empturus non ipsum inspicit, sed stratum eius ac frenos, sic stultissimus est, qui hominem aut ex ueste aut ex condicione, quae uestis modo nobis circumdata est, aestimat. **17** « Seruus est. » Sed fortasse liber animo. « Seruus est. » Hoc illi nocebit ? Ostende, quis non sit : alius libidini seruit, alius auaritiae, alius ambitioni, <omnes spei,> omnes timori. Dabo consularem aniculae seruientem, dabo ancillulae diuitem, ostendam nobilissimos

-res P^2 || bubulcum : *ex* -leum *ut uid.* *P* || non ministeriis — adsignat *cf.* Macr. 1, 11, 10 || non ministeriis : *ex* nont min- p^2 || aestimabo : exist- *Auen.* || mores : -re *p* || cenent : caen- [*ex* can- Q^2] Q^2LPb caenet *p* || digni sunt : *ex* digni unt p^2 || in illis : illis *p* || ex sordida : *ex* exord- p^2P^2 exord- *b* || honestiorum : -rem *QL* -estorum *Auen.* || conuictus : coniunct- *b*.

16 Non est — inuenies *cf.* Macr. 1, 11, 11 || saepe bona : sepebone *p* || cessat : caessat [*ex* caesat] *Q* caesa *mg. Q* cesa *L* || experire *pQLPb Mentel. Auen. Érasme* [1-2] *cf. Axelson*[1] *p.* 86, *n.* 18 : -riere *uel* -rieris *Is. Pontanus alii* || Quemadmodum — circumdata est, aestimat *prope refert* Macr. 1, 11, 10 || stultus : sult- *p* || equum : ecum *p* || inspicit : inscipit *p* || stratum : tractum *b* || stultissimus : tult- *b* || qui hominem : qui omnem *p* || ex ueste : *sic* [ex *supra u.*] *Q* || aestimat : aestimandum putat Macr.

17 Seruus est — timori *cf.* Macr. 1, 11, 8 || liber : libero Macr. || animo seruus *QLPb* : animo ; l seruus *p* [l *plane pro* liber] || nocebit : non noc- [*ex* noc-] P^2 || ostende : *ex* -di *p* || ambitioni : -cioni [*ex* -cione] *p* || omnes spei *ex Macrobio add. Hense, iam Is. Pontanus* [*ad hunc Macrobii l.*] « *non absonum* » *duxerat coll. Iuu.* 10, 4 *s.* || consularem : *ex* -solarem *QP* -sulare *p* || aniculae : aniculatae *Q* annicula/te *L om. p* || ancillulae : -une *Pb* ancille *Auen.*

te ferai voir des jeunes gens de la première noblesse esclaves de quelque danseur de pantomime [1]. La plus indigne des servitudes est la servitude volontaire.

Présente-toi donc à tes esclaves, en dépit de ces dédaigneux, avec un visage riant, une supériorité sans orgueil [2] : inspire-leur le respect plutôt que la crainte. **18** Quelqu'un, à ce moment, dira que j'appelle les esclaves à la conquête du bonnet [3], que je veux précipiter les maîtres du faîte de leur grandeur, parce que j'ai dit : mieux vaut de leur part le respect que la crainte. « Oui, c'est cela ! fait mon homme ; juste ce respect que nous témoignent nos clients, nos protégés ? » Qui parlera ainsi, oubliera que les maîtres n'ont pas à faire fi de ce qui suffit à Dieu [4]. Le respect crée l'affection [5] ; et l'affection ne se combine pas avec la crainte [6]. **19** Tu as donc, à mon sens, parfaitement raison de ne pas vouloir te faire craindre de tes esclaves [7] et de ne les châtier qu'en paroles. C'est la bête brute que l'on corrige avec des coups. Un heurt que nous recevons n'est pas forcément meurtrissure ; mais une vie de plaisir fait de nous des furieux [8], de sorte que la moindre contrariété éveille notre colère. **20** Nous avons

1. Ni la dynastie ni la vogue des pantomimes Pylades et Bathyllos, contemporains d'Auguste, n'étaient éteintes (*N. q.* 7, 32 s. ; Tac. *Ann.* 1, 77). Sur le style de leurs danses v. Athen. 37 d e.

2. V. p. 20, n. 1 *in sermonem.*

3. Le port du bonnet phrygien en feutre ou laine était signe d'affranchissement. *Vocare ad pilleum*, c'est enrôler les esclaves en leur promettant la liberté ; ou encore les convier comme des hommes libres aux festins des Saturnales (18, 3 ; Mart. 11, 6, 4 ; Suet. *Ner.* 57),

4. On disait *colere deos* (cf. 95, 50).

5. Il est du moins compatible avec elle : V. n. 4 et 123, 16 *amandos* (*deos*) ; *De Cl. uulg.* 1, 13, 4 (*bonus princeps*) *amatur — colitur* ; Aug. *In Psalm.* 77, 20 *hoc colitur quod diligitur.* Une voix discordante : Mart. 2, 55, 3 *Si te colo, Sexte, non amabo.*

6. 123, 16 (*superstitio*) *error — : amandos timet — uiolat* ; Cic. *Lael.* 53 ; Them. Pétau p. 10 D : ζητεῖ — οὐδεὶς ὃ φοβήσεται ἀλλ' ὃ φιλήσει. — Le christianisme associe crainte, respect, amour de Dieu (August. *De Ciu. D.* 5, 24 *Deum timent, diligunt, colunt*).

7. Comme au temps d'Appius et de Caton (Cic. *Cat. M.* 37). V. d'ailleurs Cic. *De Off.* 2, 24. Sur la dureté des maîtres siciliens pour leurs esclaves v. Carcopino, *La loi d'Hiéron...* p. 290, cf. Diod. Sic. XXXIV, *Exc. Vat.* p. 299.

8. Cf. *De Ira* 2, 19, 5 *uinum* (cf. 20, 2), 20, 1 *peruigilia — amores*, 21, 6 *otium — deliciae.* Discrète leçon à l'ami irascible ? V. vol. I p. 76 n. 1.

iuuenes mancipia pantomimorum : nulla seruitus turpior est quam uoluntaria. Quare non est quod fastidiosi *isti* te deterreant, quo minus seruis tuis hilarem te praestes et non superbe superiorem : colant potius te quam timeant. **18** Dicet aliquis nunc me uocare ad pilleum seruos et dominos de fastigio suo deicere, quod dixi : colant potius dominum quam timeant. « Ita, inquit, prorsus ? Colant tamquam clientes, tamquam salutatores ? » Hoc qui dixerit, obliuiscetur id dominis parum non esse, quod deo sat est. Qui colitur, et amatur : non potest amor cum timore misceri. **19** Rectissime ergo facere te iudico, quod timeri a seruis tuis non uis, quod uerborum castigatione uteris : uerberibus muta admonentur. Non quicquid nos offendit, et laedit : sed ad rabiem <nos> cogunt peruenire deliciae, ut quicquid non ex uoluntate respondit, iram euocet.

pantomimorum *codd. uulg.* : -arum *Wolters sed u. Hense Suppl. Quir. p. IV* || turpior est *QL uulg.* : -rbior es *p* -rpior. Macr 1, 11, 8 *f.* || fastidiosi : *ex* fat- *b*[2] *ut uid.* || isti *Schweighaeuser* : ipsi *pQLPb edd. uett. Érasme*[1] *om. Érasme*[2] *Muret alii* || deterreant : -rraeiant *p* || seruis *pLb* : ser s uis *p* || hilarem : illar- *p* || colant potius (§ 18) — cum timore misceri *cf.* Macr. 1, 11, 12 | colant potius te *codd. Mentel. Érasme* [1-2] : quolat /p. t. *p* colant t. p. *Auen.* || timeant : *ex*- ea *b*.

18 uocare : uocare uis *Auen.* || pilleum : *ex* pillium *pb* || deicere : *ex* deie /c- *P* deiec- *b* || quod : quot [*ex* quo] *p*[2] || Ita — salutatores *aduersario adsignauit Haase* || Ita — prorsus ? colant — salutatores ? *dist. Hess - Muecke* : Ita, inquit, prorsus colant — salutatores *uulg. ante Haasium* Ita, inquit, prorsus, colant — salutatores *Haase* ita inquit prorsus : colant — salutatores ? *Hense* || inquit *QLP* : -id [*ex* -is *b*] *pb* || prorsus : *ex* prosus *p*[2] -osus *b* || colant : -ent *p* || tamquam : tanq- *b* || clientes : -iantes *p* || qui dixerit : quid dix- *p* || esse : est *Q* || deo : deos *b* || colitur : *ex* colli- *P* || et amatur : etiam a. Macr.

19 Rectissime : relict- *b* || timeri : *ex* -ori *P ex* -ere *b* || seruis : *ex* ui *Q* || uteris : *ex* -res *Q*[1] || muta *Pincia* : multa *pQLPb* || admonentur *P Érasme*[1-2] : *ex* admou- *L*2uel3 admou- *pQb* admoueantur *Auen.* || Non : num *b* || quicquid : quidq- *p* || et laedit : laedit *QL* || sed ad rabiem — animos *cf.* Macr. 1, 11, 13 || nos cogunt *dett.* Macr. *Auen. Fickert* : cogunt *pQLPb Mentel. Érasme*[1-2] || peruenire : uenire *dett.* || quicquid : quidq- *p* || iram : i. furoremque Macr. || euocet *codd.* [(ira m)e uocet *b*] *Mentel. Auen. Schweighaeuser* : prouocet *Érasme*[1-2] *alii.*

fait passer en nous l'humeur orgueilleuse des rois [1]. Les rois, eux aussi, parce qu'ils ne tiennent compte ni de leur force ni de la faiblesse des autres hommes, s'échauffent, se déchaînent, comme s'il avaient essuyé une injure, risque contre lequel les prémunit fort bien la grandeur de leur fortune. Ils ne l'ignorent pas, mais c'est une occasion de nuire qu'ils guettent en se plaignant. Ils ont supposé l'injure reçue, pour la commettre.

21 Je ne t'arrêterai pas plus longtemps : d'exhortation tu n'as, en effet, pas besoin. La vertu présente cette caractéristique, entre tant d'autres, qu'elle se complaît avec elle-même sans se démentir jamais. Il y a du caprice chez une nature vicieuse ; elle est sujette au changement, pour rencontrer non du mieux, mais du nouveau.

Lettre 48 *

1 La lettre que tu m'as écrite en voyage, longue comme fut le voyage lui-même, aura sa réponse plus tard. Il faut que je me retire en moi et que je regarde bien à l'avis que j'ouvrirai. Toi-même, qui consultes, tu as, sur l'opportunité de la consultation, longuement réfléchi. Combien n'ai-je pas à le faire davantage, vu qu'il faut un délai plus long pour résoudre une question que pour la proposer, surtout quand il y a conflit, comme ici, entre ton intérêt et le mien. **2** Ne voilà-t-il pas que je parle derechef en sectateur d'Épicure ? Non, tes intérêts sont les miens. Autrement, si de tout ce qui se rapporte à toi je ne fais mon affaire, je ne suis pas un ami. Tout est indivis entre

* *Sommaire.* — Il ne saurait être question entre amis d'intérêts séparés (1-3). Nous demandons à l'École de préciser nos devoirs envers un ami, envers chaque homme, au lieu de tant donner aux distinctions de termes et aux raisonnements captieux. Deux exemples de syllogismes d'une belle niaiserie (4-7 jusqu'à *uis scire, quid...*). La philosophie s'était constitué un magnifique programme de dévouement social. On la trahit en la confinant dans de stériles exercices où s'abâtardissent les bons esprits (7-12).

1. *De Ira* 2, 31, 3 *regis — animum* ; Muson. 119 H. μακρῷ χείρονες (τῶν τυράννων) καθεστῶτες ; Epict. 1, 13, 4 τύραννον καταστήσεις σεαυτόν; — *Tutissimos* cf. *De Cl. uulg.* 1, 17, 3 ; 21, 1 et 4. — *Vt facerent* cf. Sen. *Ag.* 280 *ubi dominus odit, fit nocens.*

20 Regum nobis induimus animos : nam illi quoque obliti et suarum uirium et inbecillitatis alienae sic excandescunt, sic saeuiunt, quasi iniuriam acceperint, a cuius rei periculo illos fortunae suae magnitudo tutissimos praestat. Nec hoc ignorant, sed occasionem nocendi captant querendo ; acceperunt iniuriam ut facerent. **21** Diutius te morari nolo ; non est enim tibi exhortatione opus. Hoc habent inter cetera boni mores, placent sibi, permanent : leuis est malitia, saepe mutatur, non in melius, sed in aliud. VALE.

SENECA LVCILIO SVO SALVTEM **48**

1 Ad epistulam, quam mihi ex itinere misisti, tam longam quam ipsum iter fuit, postea rescribam : seducere me debeo et quid suadeam circumspicere. Nam tu quoque, qui consulis, diu an consuleres cogitasti : quanto magis hoc mihi faciendum est, cum longiore mora opus sit, ut soluas quaestionem quam ut proponas, utique cum aliud tibi expediat, aliud mihi ? **2** Iterum ego tamquam Epicureus loquor ? Mihi uero idem expedit, quod tibi : aut non sum amicus, nisi quicquid agitur ad te pertinens, meum est. Consortium rerum

20 animos : *ex* -us *p* || illi quoque : illico /que *p* || suae : suo P^2 suē *p* [*ut prope* suo *possis legere*] || magnitudo : *ex* -tutio *Q* || captant : *ex* caltant *p* || querendo *pMv* : quaer- *QLPb* | captant querendo ; *dist. Muret* : c. : quaerendo *Mentel. Érasme*[1-2] *alii, pos. sine dist. Auen.* || ut : aut *Q*.
21 nolo :*ex* -lu *p*.

Ep. 48 **1** epistulam : -olam *QLP* eplam *b* || itinere : *ex* tin- *Q* *ex* ite- *b* || tam : quae tam [*add.* quae L^2] QL^2 || longam : -ga [*ex* -gam] *QL* || quam : *ex* iam *Q* | tam longam — fuit *Mentel. Auen. Érasme*[1-2] *uulg.* : quae tam longa — fuit *Beltrami sed u. Axelson*[3] *p.* 99 || iter : hiter [*ex* inter] p^2 inter *b* || suadeam : -adem *b* || diu an : *ex* diu un *p* dum *ante ras. P* || longiore : -ra *QL*.
2 idem *M dett. Muret* : id *pQLPb Auen. Érasme* || ad te *Pb* : a te *pQL*.

nous par la vertu de l'amitié. Point de succès pour soi seul, point de malheur non plus : on vit pour la communauté [1]. Nul, au reste, ne peut couler ses jours dans le bonheur qui ne considère que soi, qui tourne toutes choses à sa propre commodité. Vis pour autrui, si tu veux vivre pour toi [2]. **3** Servir avec un pieux dévoûment cette institution sociale qui nous mêle, hommes, à d'autres hommes, et sanctionne l'existence d'un véritable droit commun de la race humaine, c'est contribuer puissamment du coup à l'entretien de cette société plus intime dont je parlais : l'amitié [3]. Tout sera commun entre amis si presque tout l'est d'homme à homme.

4 Lucilius, le meilleur des êtres, j'aimerais mieux que nos subtils docteurs me fissent connaître mes devoirs envers un ami, envers un autre homme plutôt que de m'expliquer tous les sens que peut prendre le terme « ami » et les multiples significations que peut avoir le mot « homme ». Voici deux chemins opposés : la sagesse va d'un côté, la déraison de l'autre. Vers qui est-ce que je me dirige ? De quel côté commandes-tu que je me range ? Pour celui-là, un homme est un ami ; dans l'ami celui-ci ne voit pas un homme. Celui-ci se donne un ami ; celui-là se donne à son ami. Et toi, tu viens me torturer les mots, tu te fais éplucheur de syllabes ! **5** Par ma foi ! Faute d'avoir construit des arguments bien captieux, d'avoir réduit aux termes d'un mensonge, par conclusion fausse, un principe vrai, je demeurerai incapable de discerner

1. Cf. 119, 1 *quotiens aliquid inueni — « in commune » ipse mihi dico.*

2. Cf. *De Ira* 1, 5, 2 *homo — uult — etiam ignotis succurrere* ; ... *Aliorum commodis uel impendere se paratus est* ; **3** *beneficiis — humana uita constat* ; *De V. b.* 20, 3 *sic uiuam quasi sciam aliis esse me natum et naturae rerum hoc nomine gratias agam : quo enim melius genere negotium meum agere potuit ? Vnum me donauit omnibus, uni mihi omnis* ; *Ep.* 88, 30 *Humanitas — bonum — suum ideo maxime, quod alicui bono futurum est, amat* (cf. 60, 4) ; 98, 15 *uitae plenus — adici nihil desiderat sua causa,* (cf. 32, 3 *nihil sibi*) *sed eorum quibus utilis est. Liberaliter facit quod uiuit* ; 55, 5 *non continuo sibi uiuit qui nemini* ; Men. *fr.* 507 K. Τοῦτ' ἐστὶ τὸ ζῆν, οὐχ ἑαυτῷ ζῆν μόνον.

3. Sur l'instinct social et celui de l'amitié v. *Ep.* 9, 17. Sur la communauté entre amis, v. n. 1 ; entre hommes v. 95, 53 ; *De V. b.* 20, 4 *quidquid habebo* (*non*) *sordide custodiam.* La maxime κοινά

omnium inter nos facit amicitia : nec secundi quicquam singulis est nec aduersi : in commune uiuitur. Nec potest quisquam beate degere, qui se tantum intuetur, qui omnia ad utilitates suas conuertit : alteri uiuas oportet, si uis tibi uiuere. **3** Haec societas diligenter et sancte obseruata, quae nos homines hominibus miscet et iudicat aliquod esse commune ius generis humani, plurimum ad illam quoque, de qua loquebar, interiorem societatem amicitiae colendam proficit : omnia enim cum amico communia habebit, qui multa cum homine. **4** Hoc, Lucili uirorum optime, mihi ab istis subtilibus praecipi malo, quid amico praestare debeam, quid homini, quam quot modis amicus dicatur, et homo quam multa significet. In diuersum ecce sapientia et stultitia discedunt : cui accedo ? in utram ire partem iubes ? Illi homo pro amico est, huic amicus non est pro homine : ille amicum sibi parat, hic se amico. Tu mihi uerba distorques et syllabas digeris. **5** Scilicet nisi interrogationes uaferrimas struxero et conclusione falsa a uero nascens menda-

inter nos : interest nos *p* || consortium — amicitia : consortio — amicitiam *p Hense dub.* || uiuitur : uiuuntur *Q* || quisquam : *ex* quicq- *pQ*[1] || qui omnia ad : *sic ex* quia o. ad *p* || utilitates suas : hutilitatesua *p* || conuertit : -itur *p* || alteri *LPb* : aliter *p*.

3 sancte : -tae [*ex* -ta *L*] *LPb* || obseruata *codd. Auen. Schweighaeuser* : -uandata *b* -uanda est *Mentel. Érasme*[1-2] || homines hominibus *dett. edd. uett. ut Auen. Haase* : omnes h. *pQLPb Érasme*[1-2] omnes omnibus *Mentel. Muret* || iudicat : *ex* ind- *P* || aliquod *QPb* : -id *pL* || de qua : de ca *p* || loquebar : *sic* [ba *ante 3 litt. erasas*] *p* || colendam : -da *p* || enim cum amico communia *QLPb Mentel. Auen. Érasme*[1-2] *uulg.* : enimco [co *supra u.*] communia [nia *ex* niacu] *p*[2] enim communia cum amico *Haase*.

4 Hoc : h'oc *p* || optime : obt- *pP* || quot *QM* : *ex* quod *L*[3]*P* quod *pOvb* || dicatur *pQPb* : datur *L* || diuersum : *ex* desertum *p*[2] || sapientia et : -ti et *p*[2] || ille — hic *uulg.* : *inuertit K. Niemeyer* || distorques *LPb* : distor questiones *p* || digeris : dieris *p*.

5 Scilicet : stil- *p* Sed *Auen.* || interrogationes : -nc *p* || uaferrimas struxero : -imasstrutsero [asst *ex* ast] *p*.

d'avec ce que je dois fuir ce que je dois désirer[1]. Je rougis de honte : d'une affaire si sérieuse nous ne tirons nous, des vieux, qu'une amusette[2].

6 « Rat est une syllabe ; or un rat ronge du fromage ; donc une syllabe ronge du fromage. »

Suppose ici que je ne puisse pas démêler ton sophisme. Par suite de ma triste ignorance, de quel péril suis-je menacé ? De quel inconvénient ? Je cours évidemment le risque de prendre des syllabes à la ratière ou de voir un jour, par ma négligence, un livre dévorer mon fromage. A moins, peut-être, que ce syllogisme ne soit plus subtil ?

« Rat est une syllabe ; or, une syllabe ne ronge pas de fromage ; donc un rat ne ronge pas de fromage. »

7 Sottises puériles ! C'est pour ce résultat que nous froncions les sourcils, que nous laissions descendre notre barbe ? Voilà ce que nous enseignons, chagrins et blêmes ? Tu veux savoir ce que la philosophie promet au genre humain ? De le conseiller. L'un, la mort le réclame ; un autre, c'est la pauvreté qui le dévore ; un autre, c'est l'argent qui fait son supplice, l'argent d'autrui ou le sien ; celui-là s'effraie de l'infortune ; celui-ci rêve de se soustraire à sa prospérité ; tel est maltraité des hommes,

τὰ τῶν φίλων est dans Mén. 9 K. Tér. *Ad.* 804 ; cf. Eur. *Andr.* 376 s. Aulu-Gelle (1, 9, 12) et Donat la rapportent aux Pythagoriciens. On la retrouve chez Aristote (*Eth. Nic.* 8, 9, 1), Platon (*Lysis* 207 c), Cic. (*De Off.* 1, 51), Sen. *De Ben.* 7, 4, 2, Mart. 2, 43, 1 et 16. — § 4 *Illi-ille* le stoïcien ; *huic-hic* l'épicurien : v. *Ep.* 9, 8 et 10. *Tu* = l'académicien, le stoïcien ergoteurs (Cic. *De Or.* 2, 38 ; *Tusc.* 3, 10 ; 4, 5 et 14). — *Verba* — *syllabas* (cf. § 11 *grammaticorum elementa*) : rapide mais très dédaigneux rapprochement entre le dialecticien et le grammairien, dont S. juge ailleurs sévèrement les pointilleries (*Ep.* 88, 3 ; 4 ; 7 et 42 ; 108, 23 ; *De Br. u.* 13). Tous deux oublient de nous enseigner l'essentiel (*Ep.* 113, 26 s.).

1. C'est l'objet de la philosophie réduite aux préceptes ; ce serait son objet primitif (95, 13).

2. « Joue-toi de ces battelages avec les enfants (cf. infra § 7 *pueriles ineptias*) et ne détourne à cela les pensées sérieuses d'un homme d'âge », dira Montaigne 1, 26 (Plattard II, p. 45) d'après Chrysippe (D. L. 7, 182) : cf. Sen. *Ep.* 82, 9 *morituro risum mouere.* — § 6 *soluere*, terme technique, 49,6, cf. 82, 9 *f.* ; *dissoluere* 45,5 et p. 11 n. 1 — *Nisi illa acutior* : S. s'entend à marquer le faible des raisonnements sophistiques cf. 83, 9 ; et à les tourner en ridicule cf. 82, 9. « Qu'il s'en moque » disait Montaigne ibid.

cium adstrinxero, non potero a fugiendis petenda secernere. Pudet me : in re tam seria senes ludimus [VALE].

[SENECA LVCILIO SVO SALVTEM]

6 « Mus syllaba est : mus autem caseum rodit : syllaba ergo caseum rodit. » Puta nunc me istuc non posse soluere : quod mihi ex ista inscientia periculum inminet ? quod incommodum ? Sine dubio uerendum est, ne quando in muscipulo syllabas capiam aut ne quando, si neglegentior fuero, caseum liber comedat. Nisi forte illa acutior est collectio : « Mus syllaba est : syllaba autem caseum non rodit : mus ergo caseum non rodit. » **7** O pueriles ineptias ! In hoc supercilia subduximus ? In hoc barbam demisimus ? Hoc est, quod tristes docemus et pallidi ? Vis scire, quid philosophia promittat generi humano ? Consilium. Alium mors uocat, alium paupertas urit, alium diuitiae uel alienae torquent uel suae : ille malam fortunam horret, hic se felicitati suae subducere cupit : hunc homines

adstrinxero : asstr- *b* || a fugiendis : *ex* e f. *p* || secernere : secerun- *uel* seceran- *p* || in re : ire *P* quod in re *Auen. Érasme*[1] || tam seria : -ra *QL* -rie [e *i. r.*] *P* || [Vale—salutem] *om. praeeuntibus Erasmo*[1-2] [*mg. et adnot.*] *Pincianoque Muret ut continuetur una eademque ep. et sic dett.* [*V. Fickert ad l.*] *Auen.* : *habent uero haec siue omnia siue ex parte aliqua nostri codd. pQLPb.*

6 istuc : -tum *L* -ud *Auen. Érasme*[1-2] || quod : Quid *Q* || inscientia P^2 *Lipse Schweighaeuser* : scientia *codd. Mentel. Auen.* sententia *Erasme*[1-2] *Muret Fickert Haase* || inminet : imin- *P* immin- *pb* || dubio : -ium *p* || muscipulo *pQL Hense* : -la *MPb* [*ex* -lo *P*] *ut lg.* || syllabas : sill- *b* || comedat : commedit *p* || collectio : *sic* [tio *ex corr.*] *p* || syllaba est : sill- e. *pb* || syllaba : sill- *b* || ergo caseum : e. case/*p*.

7 subduximus : *sic* [sub *ex corr.*] *Q* || demisimus : *ex* demiss- *p ex* dimis- P^2 dimis- *QL* || tristes : *ex* tristes et *p* || docemus : *sic* [*non* -mur] *p* || pallidi : pali- *p* || quid *codd. Mentel. Érasme*[2] *in adn.* : quod *QL Auen. Érasme*[1-2] || promittat : -it *p* || generi : *ex* Cen- P^2 || Alium mors uocat : *suspect. hab. Muret* a. m. auocat *Castiglioni* a. m. uexat *H. Georges* || felicitati : -tis *QLP*[1].

tel des dieux. **8** Pourquoi m'apprêter ces amusettes ? La plaisanterie n'est pas de mise. Tu es appelé à soutenir des malheureux. Aux naufragés, aux prisonniers, aux malades, aux indigents, aux condamnés qui sentent la hache levée sur leur tête, tu as promis du secours. Où te détournes-tu ? Que fais-tu [1] ? Celui-ci, avec qui tu joues, a peur. Viens-lui en aide rompant ses lacs quand la crainte le tient angoissé [2]. Tous partout tendent les mains vers toi ; pour leur vie en perdition, en détresse ils implorent de l'assistance. Tu es leur espoir et leur ressource. Ils te supplient de les arracher, eux et leurs pareils, à une telle tourmente ; dispersés, à vau-l'eau, ils attendent que tu fasses luire à leurs regards la vérité [3]. **9** Dis ce que la nature a établi comme nécessaire, ce qui est pour elle le superflu ; combien ses lois sont aisées, comme la vie est charmante et facile pour qui les suit, et quels déboires, quel embarras signalent l'existence de ceux qui se sont fiés à l'opinion plus qu'à la nature.

< Que vos exercices récréatifs servent à l'allègement de leurs maux, je veux le croire>, si vous m'enseignez d'abord

p. 44, à propos d'un sorite burlesque. — § 7 *supercilia* cf. 94, 9 ; 113, 26 ; 123, 11 ; Epict. 2, 8, 24. — *barbam* cf. 5, 2 ; Hor. *S.* 2, 3, 35 ; Lact. *Inst.* 3, 25, 6 ; Gell. 9, 2, 4 ; 13, 8, 5 ; Sid. Apoll. *Ep.* 4, 11 *init.* ; Plat. *Theaetet.* 168 e ; Plut. *Apophth.* p. 250 b. ; Athen. 5, 211 e ; Suid. *s. u.* καθεῖναι (V. Furtwaengler, *Gemmes ant.* Pl. 43, 4, 5, 6, 7, 12, 14 ; Pl. 50, 2). L'empereur Julien sera un philosophe barbu et négligé. — *Consilium* : cf. 38, 1 *philosophia bonum consilium est ;* 16, 3 *f.* ; 71, 1 *sub diem.* Sur l'oubli des questions de morale, cf. 113, 26 s. ; 117, 30 ; 121, 1 ; p. 27 n. 1 ; sur la stérilité de certaines disputes dialectiques p. 10, n. 6.— § 8 : *com. gr. adesp.* 248 K.

1. Cf. Pythag. *ap.* Stob. *Anth.* vol. II W. p. 22, l. 17 ss. κενὸς ἐκείνου φιλοσόφου λόγος, ὑφ' οὗ μηδὲν ἀνθρώπου πάθος θεραπεύεται.

2. Dans cette leçon conjecturale le terme *laquei* évoque le piège favori des dialecticiens : Cic. *Tusc.* 5, 76 *Vt iam a laqueis stoicorum recedamus ; De Or.* 1, 43 ; Sen. *De Ben.* 7, 4, 1.

3. V. le calme et la lumière régnant dans les esprits après l'orage et les ténèbres (Lucr. 3, 1 ; 5, 10 ss.) ; surtout la comparaison entre l'homme de bien exemplaire et le fanal des ports, secourable aux navires qui ont perdu leur route (Epict. *Gnom.* Schenkl, p. 476, 57. — § 9 *necessarium — superuacuum :* v. vol. I, p. 90, n. 1 ; *Ep.* 95, 15 et 29 ; *De Form. hon. uit.* Haase, p. 471, IV 1 à 3. — *Opinioni :* v. supra p. 5, n. 2, infra p. 116, n. 2 ; *Ad. Helu.* 4, 3. — *Si prius... :* cf. p. 24, n. 3 *f.* ; p. 25, n. 2 *f.* ; *Ep.* 95, 13 *docemur disputare, non uiuere* (cf. Quint. 12, 2, 13 : *disputatrix*, synonyme de *dialectica*).

male habent, illum dii. **8** Quid mihi lusoria ista componis ? Non est iocandi locus : ad miseros aduocatus es. Opem laturum te naufragis, captis, aegris, egentibus, intentae securi subiectum praestantibus caput pollicitus es : quo diuerteris ? quid agis ? Hic cum quo ludis, timet : succurre, quicquid laqu*eist* ti*mor*e pendenti *r*umpen*s*. Omnes undique ad te manus tendunt : perditae uitae perituraeque auxilium aliquod implorant, in te spes opesque sunt : rogant, ut ex tanta illos uolutatione extrahas, ut disiectis et errantibus clarum ueritatis lumen ostendas. **9** Dic, quid natura necessarium fecerit, quid superuacuum, quam faciles <leges> posuerit, quam iucunda sit uita, quam expedita illas sequentibus, quam acerba et implicita eorum, qui opinioni plus quam naturae crediderunt : *ad horum mala leuanda ualere lusoria ista crediderim*, si prius

dii *pQLPb Mentel. Érasme*$^{1-2}$ *uulg.* : di *dett. Fickert.*

8 lusoria *MvO Auen. Érasme*$^{1-2}$: lusu- *b* luxu- [*ex* luxo- L^1] pQL^2P^1 luxuriantia *m. rec. P* || componis *Q alii* [conp- *pP* cōp- *b*] *Mentel. Auen. Schweighaeuser* : prop- *Érasme*$^{1-2}$ || iocandi : -cundi *pb* || miseros : -ras *b* || es *QPb* : est *pL* || te : *om. spatio relicto p* || naufragis : *ex* -iis *L* || egentibus : *ex* -tib P^2 || caput : -ud *p* || es *pQPb* : *ex* est *L* || timet : tibi et [*ex* timet] L^2 || succurre, quicquid [quidq- *Buecheler*] laqueist timore pendenti rumpens *Buecheler coll. De Tr. an.* 10, 1 : succurrere quidquid laque tires/pondentium penis *p* succurre quicquid laque terispondentium *P* s. quicquid laqueati [loquatur *ex* laqueati *m. rec. Q*] respondentium poenis [poen- *uel* paen- *b*] *QLb* succurrere [-urre *Mentel.*] : quid quod laqueati respondent in penis *Mentel. Auen.* succurre quisquis eloquentior es in poenis *mg. Erasmi*^{2} s. quisquis eloquentior es pereuntium poenis *ex cod. anglico Érasme*^{2} *in adn.* s. Quicquid laqueati respondent tu imponis *Barker* || implorant *QLP* : inpl- *pb* || uolutatione : *ex* uolunt- *P*.

9 Dic quid : dic quod *p* || faciles leges *dett. et ex* faciles P^2 *Mentel. Auen. Érasme*$^{1-2}$: faciles *QLb* felices *p* faciles necessitates *alii libri teste Erasmo*$^{1-2}$ *in mg.* || posuerit : -runt *p* || iucunda : ioc- [*ex* iuc- *ut uid. P ex* iocanda Q^2 *ex* iocundu *b*] Q^2LPb || expedita : *ex* -tas *b* || illas *LPb Auen. Érasme*$^{1-2}$: *ex* aliis *p* illam *dett. Mentel.* || sequentibus *ante 12 litt. erasas p* || acerba : *ex* -rua Q^2 -rua *L* arcerba *b* || implicita *Q* : inpl- *pLPb* sine pace *mg. QL* || naturae : *supra u. Q ex* -ra P^2 || ad horum — crediderim *add. Hense exempli gratia* : *nihil add. Beltrami* [*coll.* si prius 58, 13] *sed durius.*

quelle part de ces maux ils sont capables d'alléger [1]. Parmi vos sophismes, quel est celui qui abolit les passions ? Quel est celui qui les apaise ? Ah ! si seulement ils n'étaient qu'inutiles ! Ils nuisent. Je te démontrerai, quand il te plaira, jusqu'à l'évidence, qu'un naturel généreux se racornit et se débilite, quand on l'a jeté en proie à de telles arguties. **10** J'ai honte de dire quelles armes on remet à qui va guerroyer contre la fortune [2], et comment la recrue est instruite. C'est par là que l'on va au souverain bien ? En recourant à des « attendu que » philosophiques [3], à ces moyens de droit vils et déshonorants même pour des <procéduriers> qui ne démarrent pas de l'album des préteurs ? Et vraiment, en poussant sciemment dans le piège celui que vous interrogez, faites-vous autre chose que de donner à croire que vous le faites perdre par un vice de forme [4] ? Mais ce que le préteur fait pour les plaideurs lésés, la philosophie le fait pour vos victimes : elle les rétablit dans leur droit.

11 Pourquoi trahissez-vous vos immenses promesses [5] ? Après avoir dit en termes grandioses que, par l'effet de votre entremise, l'éclat de l'or, pas plus que la lueur du glaive, n'éblouirait mes yeux ; que, dans ma fermeté héroïque, je foulerais aux pieds et ce que tous désirent et ce que tous appréhendent, pourquoi descendez-vous au rudiment des grammairiens ? Quel est ce langage ?

« Est-ce ainsi que l'on va aux astres [6] ? »

Car c'est bien ce que me promet la philosophie : m'élever

1. Cf. Montaigne, 1, 26 (Plattard II p. 33) « ostez toutes ces subtilités — de la dialectique de quoy nostre vie ne se peut amender » ; Sen. supra § 8 s. et p. 24 n. 3 *f.*, p. 25 n. 2 *f.*
2. Sur la lutte avec la fortune v. vol. I, p. 47, n. 1. — *Quae — tela :* cf. 85, 1 *f. Pudet in aciem descendere — subula armatum ;* 82, 24 *subula leonem excipis ?* 117, 25 *cum signum pugnae acceperis, uentilare.*
3. *Siue niue,* litt[t] « soit que, soit que ne-pas », formule habituelle aux juristes et aux chicaneurs.
4. *Formula cadere :* ceci arrivait quand l'action s'engageait autrement, à un autre moment et devant un autre juge qu'il n'était prévu dans les prescriptions du préteur.
5. V. n. 6. Cf. 109,18 *Magna promisisti.*
6. Virgile, Én. 9, 641 louange adressée par Apollon au jeune vainqueur Iule. — *Hoc philosophia promittit : Ep.* 73, 15 *Credamus — Sextio — clamanti : hac « itur ad astra ! ».*

docueris, quam partem eorum leuatura sint. Quid istorum cupiditates demit ? Quid temperat ? Vtinam tantum non prodesse*n*t ! Nocent. Hoc tibi, cum uoles, manifestissimum faciam, comminui et debilitari generosam indolem in istas argutias coniectam. **10** Pudet dicere, contra fortunam militaturis quae porrigant tela, quemadmodum illos subornent. Hac ad summum bonum itur ? Per istud philosophiae « siue niue » et turpes infamesque etiam ad album sedentibus exceptiones ? Quid enim aliud agitis, cum eum, quem interrogatis, scientes in fraudem inducitis, quam ut formula cecidisse uideatur ? Sed quemadmodum illos praetor, sic hos philosophia in integrum restituit. **11** Qui*d* disce*di*tis ab ingentibus promissis et grandia locuti effecturos uos, ut non magis auri fulgor quam gladii praestringat oculos meos, ut ingenti constantia et quod omnes optant et quod omnes timent calcem, ad grammaticorum elementa descenditis ? Quid dicitis ?

Sic itur ad astra ?

Hoc enim est, quod mihi philosophia promittit, ut

quam *pQLPb mg. Erasmi*[2] : quae *dett. Mentel.* [que] *Auen. Érasme*[1-2] *Beltrami* || eorum *codd. Érasme*[1-2] : malorum *Schweighaeuser Beltrami* || cupiditates *QLPb* : -dita/*p* || demit *codd. Mentel. Fickert* : demat *Auen. Schweighaeuser* || temperat *codd. Mentel. Fickert* : -atur *p* -et *Auen. Schweighaeuser* || prodessent *QM Mentel. Auen. Érasme*[1-2] : *sic* [*ex* -esset] *P*[2] -esset *codd.* -essent. set *Buecheler* -essent. et *Hense*[2] || manifestissimum : -tis/simam *p.*

10 militaturis : millitaturus *p* || quemadmodum : quemamm- *Q* || Hac *LPb* : hanc *p* || siue niue *p QP*[1]*b Haase cf. Cic. pro Caec.* 65 : sineniue *P*[2] siue niuem *L.* sunt nigrae *Mentel.* [nigrẹ] *Auen. Érasme*[1-2] || quid enim : qui e. *p* || cecidisse : -isset *b* || hos : ho *p* || philosophia : *sic* [*ex* philosohh-] *b.*

11 Quid disceditis *Mentel. Érasme*[1-2] : *ex* qui discentis *P*[2] quidiscentes [*ex* -tis] *m. rec. Q* qui discentis *pLb* || fulgor : *ex* -ur *P* -ur [*ex corr. L*] *QL* || quam : quid *Q* || praestringat *pQLb* [pstr- *b* prest- *p*] : perst- *ex* prest- *P* || oculos : occ- *b* || grammaticorum : -iquorum *p* -m/manticorum *b* || elementa : *ex* elim- *L*[2] elim- *Q* || descenditis : *ex* disc- *L* descendistis *b* || sic — astra VERG. *Aen.* 9, 641 *cf.* SEN. 73, 15 || enim : *ex* ni *P*[2].

au niveau de Dieu. C'est à cette fin qu'elle m'invite ; à cette fin que je suis venu. Qu'on tienne parole.

12 Ainsi donc, mon cher Lucilius, autant que tu le peux, retire-toi de ces exceptions et moyens déclinatoires des philosophes : la clarté et la simplicité siéent [1] au bon naturel de l'âme. Même s'il nous restait encore beaucoup d'âge, il faudrait en être extrêmement ménager, pour qu'il suffît au nécessaire. En fait, quelle démence n'est-ce pas d'apprendre du superflu dans une pareille pénurie de temps ?

Lettre 49 *

1 Il y a sans doute, mon cher Lucilius, de la passivité d'humeur, de l'indifférence chez celui qui n'est ramené à se souvenir d'un ami que sur l'invitation de certain site. Cependant le regret que nous gardons dans l'âme remonte parfois à l'appel de lieux familiers ; et ce n'est pas un souvenir éteint qu'ils restituent, c'est un souvenir endormi qu'ils réveillent : tout comme, pour les personnes en deuil, même si leur douleur s'est adoucie avec le temps, le petit esclave, familier du disparu, un vêtement de lui, sa maison la renouvellent. Voici que la Campanie, mais surtout la vue de Naples et de ta chère Pompéi ont réveillé, tu ne saurais croire à quel point, le regret que j'avais de toi. Tu es tout entier devant mes yeux. C'est à cette heure que se fait la séparation. Je te vois dévorant tes larmes et résistant mal à une sensibilité qui déborde au milieu même de tes efforts pour la maîtriser.

* *Sommaire.* — De passage dans une contrée chère à Lucilius (*Neapolis ac Pompeiorum tuorum conspectus.* V. *Intr. p.* V) Sénèque regrette plus vivement que jamais son ami. Il se rappelle, comme si elles étaient d'hier, les circonstances de la séparation ; ce qui le porte à méditer sur la fuite vertigineuse du temps (1-4). Il se sent dès lors très mal disposé envers ces logiciens qui emploient à de vains exercices d'école tant de moments précieux. Cf. Lettre XLV, 8 (5-9). Ce que la philosophie aurait à faire pour notre vie morale (10-12).

1. Cf. 49, 12 *s. f.* (et p. 33 n. 1) ; 82, 19 *pro ueritate simplicius agendum* ; 40, 4 *quae ueritati operam dat oratio et composita esse debet et simplex.* — *Dementia* cf. 117, 32*f.* ; 45, 5 *tantum nobis uacat ?* 88, 39 « *tempori parce* ». Sur les goûts de Lucilius v. p. 13 n. 1.

parem deo faciat : ad hoc inuitatus sum, ad hoc ueni : fidem praesta. **12** Quantum potes ergo, mi Lucili, reduc te ab istis exceptionibus et praescriptionibus philosophorum : aperta decent et simplicia bonitatem. Etiam si multum superesset aetatis, parce dispensandum erat, ut sufficeret necessariis : nunc quae dementia est superuacua discere in tanta temporis egestate ? VALE.

SENECA LVCILIO SVO SALVTEM **49**

1 Est quidem, mi Lucili, supinus et neglegens, qui in amici memoriam ab aliqua regione admonitus reducitur : tamen repositum in animo nostro desiderium loca interdum familiaria euocant nec extinctam memoriam reddunt, sed quiescentem irritant, sicut dolorem lugentium, etiam si mitigatus est tempore, aut seruul*us* familiaris amiss*o* aut uestis aut domus renouat. Ecce Campania et maxime Neapolis ac Pompeiorum tuorum conspectus incredibile est quam recens desiderium tui fecerint : totus mihi in oculis es. Cum maxime a te discedo : uideo lacrimas conbibentem

parem deo : parendo *b* || faciat ad hoc : *sic* [hoc *ex* huc] *Q* || ueni : *ex* -it *b* || fidem : -e *Q*.

12 aetatis : *ex* aetastis *p*.

Ep. 49. **1** supinus : *ex*-piu s *Q* || neglegens : negli- *Pb* || in : *super add.* L^2 || amici : -co *b* || tamen : et t. *Auen.* || desiderium : -rio [desid *ex* ded] *Q* || nec : ne *b* || extinctam : exst- *L* || irritant *Qb* : *ex corr.* L^2 inr- *pP* || dolorem : *ex* -rum L^2b^1 *ut uid.* -re *Q* || mitigatus : mitti- *p* || seruulus *Gertz* : -li *pQLPb Mentel. Érasme*$^{1-2}$ *uulg.* serui *Auen.* || familiaris amisso *Gertz* : f. [*ex* amisso *p*] amissio *pQLPb Mentel. Érasme*$^{1-2}$ (serui *uel* seruuli) f. admissio *Auen. Pincia* † admonitio *Muret* || uestis : *ex* uet- p^2 || ac *Volkmann* : a *p* ad *QLPb uulg.* || Pompeiorum : ponp- *b* || conspectus *Volkmann* : -tum *pQLPb uulg.* || totus : totibi *Q* « *an* totus ibi ? » *Beltrami* || a te : ad te *p* || lacrimas : latr- [*ex* lacr-] *p* || conbibentem *codd. Érasme* $^{1-2}$: *ex* conlib- *P* conlib- *b* cohib- *Mentel. cd. Rom.* 1475 *Auen.*

2 Il me semble que c'est hier que je t'ai perdu [1]. Et qu'est-ce qui n'est pas d'hier, quand on repasse ses souvenirs ? J'étais hier un enfant fréquentant l'école du philosophe Sotion [2] ; hier, je débutais au barreau ; hier, je perdais le goût de plaider ; hier, je ne le pouvais plus [3]. Le temps passe avec une infinie vitesse dont on ne s'aperçoit bien qu'en regardant en arrière ; elle échappe à ceux qui s'absorbent dans le présent ; tellement cette fuite précipitée s'opère par transitions douces. **3** Tu demandes la raison du fait ? Tout le temps écoulé se situe en un même lieu ; on l'embrasse d'un seul coup d'œil ; il forme masse. Tout tombe au fond du même abîme. Et, du reste, on ne saurait relever de longs intervalles dans une chose qui, entièrement mesurée, est courte. Notre existence est un point, moins encore ; mais la nature, en divisant cette chose minime, lui a donné l'apparence d'une plus longue durée. De l'une des divisions elle a fait le premier âge, d'une autre l'enfance, d'une autre la jeunesse, de cette autre une pente qui va de la jeunesse à la vieillesse, de cette autre la vieillesse même [4]. Que de paliers pour une

1. *In oculis es* — (§ 2)... *videor :* application non artificielle des règles de l' « amitié » (v. *De Amic.* Haase *fr.* 93 s.) comme *Ep.* 47 *init.* (v. *fr.* 92).

2. S. était pubère, il avait environ quatorze ans quand Tibère commença à régner. Enfant précoce et chez qui l'activité cérébrale semble avoir toujours dominé, il n'écoutait pas vainement le néo-pythagoricien Sotion, qui était alors à l'apogée du succès. Le garçonnet (*puer*) suivait ses cours depuis un an et déjà il avait pris l'habitude de ne pas toucher aux aliments carnés, interdits par le maître. Or cette abstention rappelait certaines pratiques juives ou isiaques, dont le renouveau en pleine Rome irritait l'empereur, partant inquiétait le père de S., ennemi par surcroît de la philosophie. Le petit néophyte (*tirunculus* 108, 23) y renonça (V. *R. E. L.* citée in vol. I, p. 40, n. 6 et p. 114, n. 2).

3. S. plaida sous Caligula avec succès mais au détriment de sa santé. La jalousie, les menaces du prince le découragèrent ; la maladie l'arrêta (Dion Cass. 59, 19 *f.*). Il avait alors environ 40 ans. — § 3 *Punctum : Ad Marc.* 21,2 *Ep.* 77, 12 ; 99,10 ; Antonin. 6,36 ; 5,24.

4. Sur la succession des divers âges, si rapide, Sénèque arrête plus d'une fois la réflexion de Lucilius : 70, 2 ne voit-on pas « disparaître à l'horizon l'enfance, l'adolescence, l'âge qui sépare la jeunesse de la vieillesse, même les plus belles années de la vieillesse, et apparaître enfin le terme assigné à tout être humain ? » Ces lieux communs de la prédication (V. encore 101 *init.* ; p. 30 n. 2 et p. 146 n. 1) ont bien leur charme ici.

et affectibus tuis inter ipsam coercitionem exeuntibus no*n* satis resistentem. **2** Modo amisisse te uideor : quid enim non « modo » est, si recorderis ? Modo apud Sotionem philosophum puer sedi, modo causas agere coepi, modo desii uelle agere, modo desii posse. Infinita est uelocitas temporis, quae magis apparet respicientibus. Nam ad praesentia intentos fallit : adeo praecipitis fugae transitus lenis est. **3** Causam huius rei quaeris ? Quicquid temporis transît, eodem loco est : pariter aspicitur, una iacet : omnia in *idem* profundum cadunt. Et alioquin non possunt longa interualla esse in ea re, quae tota breuis est. Punctum est quod uiuimus et adhuc puncto minus : sed et hoc minimum specie quadam longioris spatii natura di*u*isit. Aliud ex hoc infantiam fecit, aliud pueritiam, aliud adulescentiam, aliud inclinationem quandam ab adulescentia ad senectutem, aliud ipsam senectutem.

affectibus [*ex* adf- *L*] *QL*^{2}*b* : adf- *pP* affectionibus *Auen.* || coercitionem *PM*^{1} : *ex* corerc- *b* coertio- [*ex* cer/tionem *p*^{2}] *p*^{2}*Q* cohertio- *L Auen.* cohercio- *Mentel.* || exeuntibus : eunt- *Auen.* || non *dett. Pinciani « quaed. exempl. » Muret* : nobis *pQLPb Mentel. Auen. Érasme*$^{1-2}$ nouis *mg. Erasmi*^{2}.

2 amisisse : *ex* -isise *p*^{2} *ex* amisse *Q* amississe *Pb* || causas : casus *p* || desii uelle : dis- u. *p* || quae : qua *b* || apparet : *sic* [*non* adp-] *p* || respicientibus : -ici/enstibus *p* || praesentia : *ex* -iam *Q* -iam *L* || intentos : intan- *p* || fallit : -itur *p* || praecípitis : *ex* -ceptis *p*^{2} || lenis *codd. ed. Rom.* 1475 *Fickert* : leuis *Mentel. Auen. Érasme*$^{1-2}$... *Schweighaeuser.*

3 transit [= ît *Hense*] *p*^{2}*QLPb edd. uett. Hense* : *ex* -itt *p*^{1} iit *Érasme*$^{1-2}$ *alii* || in idem *Rossbach* : inde [/inde *p* in/de *b*] *pLb* in [*ex* inde] *Q* de *P* inde in *Mentel. Érasme*$^{1-2}$ || profundum : do *P* || cadunt : cado [*ex*-dom] cadunt *P* || alioquin non *MvO* : alio quinon *pQPb de L dubito* || esse : *ex* osset *Q* esset *L* || ea re : *sic* [ea *ex corr.*] *P* ea rem *b* || quae tota — spatii : *om. Q* || breuis *codd. Mentel. Auen. mg. Erasmi*^{2} *Muret* : uix *Érasme*$^{1-2}$ || adhuc : *ex* adhunc *p* || sed et hoc *codd. Hense* : sed hoc *pPb Mentel. Auen. Érasme*$^{1-2}$ *uulg* || quadam : que/dam *p* || spatii : spet- *p* || diuisit *Mentel. Érasme*$^{1-2}$ *uulg. ante Haasium* : derisit *codd. Auen. mg. Erasmi*^{1} *Haase alii an* dire(m)sit [em *per compend.*] ? *cf. hanc formam in Thes.* || ex hoc : ex *p* || adulescentiam *p* : adol- [*ex* adul- *QP*] *Q*^{2}*LPb* || ab adulescentia : ab adhulescentiam *p* ab adolescentiam *b* || ad : *om. b* || aliud ipsam senectutem : *om. Pb* || ipsam : -a *p*.

montée si courte. **4** Hier, je t'accompagnais au départ ; pourtant cet « hier » constitue une bonne portion de notre existence, dont la brièveté se vérifiera un jour, songeons-y bien. La rapidité du temps [1] ne me frappait pas d'ordinaire ; maintenant je découvre cette course incroyable [2], soit que je sente l'approche de la limite fatale, soit que j'aie commencé à prendre garde à mes pertes et à les compter [3].

5 Je m'indigne par conséquent d'autant plus de voir que de ce temps, qui, même bien attentivement ménagé, ne suffirait déjà pas au nécessaire, certains gaspillent la meilleure part pour du superflu. Cicéron déclare que, sa vie fût-elle doublée, il n'aurait pas le temps de lire les lyriques. Je mets avec eux les dialecticiens ; mais leur déraison est moins divertissante. Ceux-là extravaguent de dessein formé ; ceux-ci estiment qu'ils font, quant à eux, quelque chose. **6** Et je n'interdis pas que l'on donne à ces élucubrations un regard, mais rien qu'un regard, un simple bonjour à la porte, à seule fin d'éviter que l'on nous paie de mots en nous donnant à croire que ces formules recèlent quelque précieuse et secrète vertu.

Pourquoi peines-tu, pourquoi te consumer sur un problème qu'il est plus adroit de dédaigner une fois pour

1. Faut-il rappeler que les méditations sur la fuite des ans étaient familières aux poètes aimés de S. et de Lucilius comme à eux-mêmes ? Ov. *M.* 10, 519s *Labitur occulte fallitque uolatilis aetas/Et nihil est annis uelocius* (cf. *Am.* 1, 8, 49) ; *Fast.* 6, 771 *Tempora labuntur tacitisque senescimus annis.* Juvénal dira, *S.* 9, 128 s. *Dum bibimus — /Obrepit non intellecta senectus.*

2. Cf. Juv. in n. 1 *non intellecta senectus.* Cette application à soi-même d'un lieu commun cher aux moralistes en renouvelle singulièrement l'intérêt. De même quand Fronton, précepteur de Marc-Aurèle, écrit à un ami : *Senectus crepusculum est quod longum esse non potest* (*Ad amic.* 2, 6, p. 307 éd. Rom. 1823).

3. Cf. *Ep.* 1, 4 *Quod apud — diligentem euenit, ratio mihi constat inpensae. Non possum dicere nihil perdere, sed quid perdam — dicam,* et vol. I, p. 4, n. 3 *f.* — § 5 (*Non*) *sufficere* : cf. *De Ot.* 5, 7 ; *Ep.* 117, 32. *Non tam — liberalc tempus natura nobis dedit ut aliquid ex illo uacet perdere.* — *Negat Cicero...* où ? On ne sait ; peut-être, dit Hense, dans l'*Hortensius.* Le mot est répété par Montaigne 1, 26 (Plattard II, p. 33). — *Eodem loco conloco :* cette allitération ou quelque autre semblable devait marteler ce mot impitoyable, comme la reprise § 6 *Nec ego nego.* — § 6 *contemnere* : Montaigne supra et p. 25 n. 2.

In quam angusto quodam quot gradus posuit ! **4** Modo te prosecutus sum : et tamen hoc « modo » aetatis nostrae bona portio est, cuius breuitatem aliquando futuram cogitemus. Non solebat mihi tam uelox tempus uideri : nunc incredibilis cursus apparet, siue quia admoueri lineas sentio, siue quia adtendere coepi et computare damnum meum. **5** Eo magis itaque indignor aliquos ex hoc tempore, quod sufficere ne ad necessaria quidem potest, etiam si custoditum diligentissime fuerit, in superuacua maiorem partem erogare. Negat Cicero, si duplicetur sibi aetas, habiturum se tempus, quo legat lyricos : eodem loco <conloco> dialecticos : tristius inepti sunt. Illi ex professo lasciuiunt, hi agere ipsos aliquid existimant. **6** Nec ego nego prospicienda ista, sed prospicienda tantum et a limine salutanda in hoc unum ne uerba nobis dentur et aliquid esse in illis magni ac secreti boni iudicemus. Quid te torques et maceras in ea quaestione, quam subtilius est con-

angusto quodam quot *QLM Mentel.* : *ex* a. q. quod *P* annusto quodam quod *b* angustam quodam quod *p* angusto quod (*sic*) *Auen.* angusto quot *Érasme*[1-2].

4 prosecutus *codd. Mentel. Érasme*[1-2] : persec- *Auen.* || aetatis : *bis pos. semel expunct. P* || nostrae : -tra *Q* || portio est : *ex* portio *P* || futuram [-ran/*p*] *codd. uulg.* : *secl. P Thomas* defecturam *Io. Muller cf.* fecerimus *codd. pro* fuer - 66,4 *f.* || uelox : *ex* -los *b* || apparet : *sic* [*non* adp-] *p* || lineas : *ex* -ias *p* || quia adtendere : qui adt- [*ex* quia adt-] *p* || computare *QP alii* : conp- *uel* comp- [*per compend.*] [*ex* -ri *p*] *pb* || meum :/mum *p*.

5 itaque : *ex* itat *P* || aliquos : *ex* -quis *Q* || erogare : *ex* ergo erog- *p*[2] || Negat Cicero — lyricos *ad* Cic. «*Hortensium* » *refert dub. Hense* || Negat : *ex* -gare *uel* -garet *b* || quo : quod *QL* || lyricos : lir- *b* || loco < conloco > *Aem. Hermes* : loco *codd. Mentel. Érasme*[1] modo *Auen. Érasme*[2] *Muret alii* loco < loca > *Rossbach* l. < habeo > *uel* < pono > *Schweighaeuser in adn.* l. < pone > *Haase* || dialecticos : -leti/ cos *b* || tristius : isti [*ex* tristius] *P* || inepti sunt : -ptiunt *P. Thomas* || ipsos *codd. Fickert* : se ipsos *Mentel. Auen. Érasme*[1-2] *Muret alii.*

6 Nec : *ex* Ne *b* || prospicienda : *ex* -piaenda *b* || ista : *ex corr. P* || sed prospicienda : sed profic- *b* || et a limine : *ex* utalima *Q* || dentur : *ex* detur *p*[2] || aliquid : adli- *b* || in : *om. b* || magni *QLPb* : *om. Auen.* -gis *p* || ac secreti : et s. *Auen.* || subtilius *pQLPb* : utilius *Madvig.*

toutes que de résoudre ? Libre à qui n'a rien à craindre et voyage à son aise de collectionner des brimborions ; mais, quand on a l'ennemi sur ses talons, quand le soldat a reçu l'ordre de presser le mouvement, la nécessité secoue au vent ce qu'avaient rassemblé les loisirs de la paix. **7** Je n'ai pas le temps de pourchasser l'équivoque et d'éprouver sur ces formules ma sagacité.

« Vois quels peuples se liguent ; quelles places, qui ont barré leurs portes, aiguisent le fer [1]. »

C'est l'âme haute qu'il me faut percevoir ce fracas de la guerre qui gronde autour de moi. **8** Tout le monde aurait le droit de me taxer de folie, si, tandis que vieillards et femmes entassent des pierres pour consolider la muraille ; tandis que les hommes, rassemblés en armes derrière les portes, attendent le signal de la sortie ou le réclament ; tandis que les traits de l'ennemi s'enfoncent en vibrant dans les portes, et que la terre même creusée, minée, tremble sous la pioche, j'étais assis en oisif, proposant des questions comme celle-ci :

« Tu as ce que tu n'as pas perdu ; or, tu n'as pas perdu de cornes ; donc tu as des cornes ! » [2],

avec d'autres gentillesses, subtiles rêvasseries du même modèle [3]. **9** Eh ! bien, tu es également en droit de me traiter de fou, si tu me vois consacrer mes soins à de pareils travaux : à présent, j'ai, moi aussi, un siège à soutenir.

1. Énéide 8, 385 s : Vénus, voyant les peuples d'Italie se liguer contre les Troyens, implore de Vulcain des armes pour son fils Énée. Cf. la situation pathétique évoquée ici et les situations évoquées *Ep.* 48,8 : 117, 30 et 31.

2. L'argument du cornu ou κερατίνη fut mis en honneur par Eubulide le Milésien, de la secte mégarique (D. L. 2, 108). La traduction s'en trouve aussi dans Gell. 18, 2, 9, Le texte grec dans D. L. 7, 187 Εἴ τι οὐκ ἀπέβαλες τοῦτ' ἔχεις· κέρατα δ' οὐκ ἀπέβαλες· κέρατ' ἄρ' ἔχεις.

3. V. sur ces « rêvasseries » l'opinion de Chrysippe lui-même p. 25 n. 2 ; celles de Sénèque ibid., ; de Thémistius éd. Pétau p. 30 AB ; d'autres anciens p. 13 n. 3 ; de Montaigne supra p. 27 n. 1 ; pp. 25, n. 2 et 30, n. 3. Sénèque en souligne fortement la vanité, sans doute parce qu'elles lui semblent décidément attirer son catéchumène (V. p. 13 n. 1).

tempsisse quam soluere ? Securi est et ex commodo migrantis minuta conquirere : cum hostis instat a tergo et mouere se iussus est miles, necessitas excutit quicquid pax otiosa collegerat. **7** Non uacat mihi uerba dubie cadentia consectari et uafritiam in illis meam experiri.

> Aspice qui coeant populi, quae moenia clausis
> Ferrum acuant portis.

Magno mihi animo strepitus iste belli circumsonantis exaudiendus est. **8** Demens omnibus merito uiderer, si cum saxa in munimentum murorum senes feminaeque congererent, cum iuuentus intra portas armata signum eruptionis expectaret aut posceret, cum hostilia in portis tela uibrarent et ipsum solum suffossionibus et cuniculis tremeret, sederem otiosus et eiusmodi quaestiunculas ponens : « Quod non perdidisti, habes : cornua autem non perdidisti : cornua ergo habes » aliaque ad exemplum huius acutae delirationis concinnata. **9** Atqui aeque licet tibi demens uidear, si istis impendero operam : et nunc obsideor. Tunc ta-

contempsisse : -msisse *Q* || Securi *codd.* : -rius [*ex* -ri] *m. rec. Q* || et ex commodo : ex comm- *Q* || conquirere : *ex* conquerere Q^1 || iussus est : uisus est [*ex*/uissus est] *b* || collegerat *b* : collig- *vP* -igarat *pQL*.

7 dubie cadentia : *ex* -biae -/ tiae *Q* || consectari : -alim *b* || Aspice — portis Verg. *Aen.* 8, 385 *s.* | Aspice *p QLPb* : *sic* [*non* ads-] *p* || moenia : *ex* mecnia *ut uid.* P^2 || clausis *m. rec. Q b* Verg. : clus- [*ex* claus- Q^1b^2] pQ^1Pb^2 || ferrum : *om. b* || acuant : acunt *p* || animo strepitus : -mos tripitus *p* || belli : becilli *p* || exaudiendus : exald- *b*.

8 si : *ex* sic *L* || munimentum : *ex* -to p^2 || iuuentus : *ex corr. m. rec.* QP^2 [us *per compend. ex* us *ut uid.* P^2] inuen- *b* || expectaret : exsp- *pP* || suffossionibus *Pb* : subf- [*ex* subfosi- *quod ipsum ex* subfusi-] L^2 uel subfossi- *mg. L* suffusi- *Q* suffonsi- [*ex* offensi-] p^2 || cuniculis : *ex* cucul- *P* || sederem : sedr- *p* || eiusmodi : *ex* -dum/*b* || ergo habes : *ex*/e. non h. *b* e. abes *p* || concinnata : *ex* cinn- *Q*.

9 Atqui : *ex* atqu(acque) *p* adque / *b* || impendero *codd.* [imp- *Q* inp- *pPb*] *Erasme*[2] *Rossbach* : < nunc > imp- *Gertz* < in praesentia > i. *Hense dub.* || et nunc : etiam nunc *Auen.*

En guerre, malgré tout, si j'étais assiégé le péril me viendrait du dehors ; un mur me séparerait de l'ennemi : à présent les éléments de mort sont chez moi.

Le temps me manque pour ces billevesées : j'ai sur les bras une tâche immense. Comment m'y prendrai-je ? Je vois que la mort me presse et que fuit la vie. **10** Dans ce double embarras enseigne-moi quelque expédient. Fais que je ne fuie pas la mort, et que la vie ne m'échappe pas. Exhorte-moi contre ce qui est le difficile ; donne-moi la longanimité contre ce qui est inévitable. Ce temps si limité qui est à moi, viens me l'élargir. Enseigne-moi que le bien de la vie n'est pas dans la durée de celle-ci [1], mais dans son emploi ; qu'il peut advenir, que très fréquemment il advient qu'ayant vécu longtemps, on n'a guère vécu. Dis-moi, quand je vais dormir : « Tu peux ne pas te réveiller » [2] ; quand je me réveille : « Tu peux ne plus jamais dormir » ; quand je sors du logis : « Peut-être que tu n'y reviendras pas » ; quand je rentre : « Peut-être que tu n'en sortiras plus. **11** Ne commets pas l'erreur de croire qu'en navigation seulement le plus mince intervalle sépare la vie de la mort [3]. Quel que soit le lieu, cet espace est également réduit. Sans se montrer partout d'aussi près, la mort est partout aussi proche. Dissipe mes ténèbres ; il te sera de la sorte plus facile de m'adresser une leçon à laquelle j'ai été préparé. La nature nous a créés faciles à instruire ; nous tenons d'elle une raison imparfaite, mais perfectible. **12** Traite avec moi de la justice, de la

1. V. 93, 2 *Non ut diu uiuamus curandum est, sed ut satis ; nam ut diu uiuas, fato opus est, ut satis, animo. Longa est uita, si plena est ;* Cic. *Cat. M.* 69 *Quid est in hominis uita diu ?... Mihi ne diuturnum quidem quicquam uidetur in quo est aliquid extremum ; cum enim id aduenit, tum illud quod praeteriit effluxit ; tantum remanet quod uirtute et recte factis consecutus sis... Breue — tempus aetatis satis longum est ad bene honesteque uiuendum ;* Chrysipp. *ap.* Them. *or.* 8 éd. Pétau p. 101 D.

2. Cf. *Imit.* 1, 23, 3 *Cum mane fuerit, puta te ad uesperum non uenturum. Vespere autem facto mane non audeas tibi polliceri.*

3. On pense à un mot d'Anacharsis, qui s'était rendu compte de l'épaisseur des planches d'un navire : « Quatre doigts, dit-il, mesurent aussi l'intervalle qui sépare de la mort les navigateurs » (D. L. 1,103). Et il demandait s'il fallait mettre ceux-ci parmi les vivants ou parmi les morts (Id. 1,104 *s. f.*) Cf. Sen. *Med.* 306 ss ; Juv. *S.* 12, 58 ss. ; 14,289 ; Rabelais IV 23 *s. f.*

men periculum mihi obsesso externum immineret, murus me ab hoste secerneret : nunc mortifera mecum sunt. Non uaco ad istas ineptias : ingens negotium in manibus est. Quid agam ? Mors me sequitur, fugit uita. **10** Aduersus haec me doce aliquid : effice, ut ego mortem non fugiam, uita me non effugiat. Exhortare aduersus difficilia, *ad*de aequanimitate*m* aduersus ineuitabilia : angustias temporis mei laxa. Doce non esse positum bonum uitae in spatio eius, sed in usu, posse fieri, immo saepissime fieri, ut qui diu uixit, parum uixerit. Dic mihi dormituro : « Potes non expergisci » ; dic experrecto : « Potes non dormire amplius. » Dic exeunti : « Potes non reuerti » ; dic redeunti : « Potes non exire. » **11** Erras, si in nauigatione tantum existimas minimum esse, quo *a* morte uita diducitur : in omni loco aeque tenue interuallum est. Non ubique se mors tam prope ostendit : ubique tam prope est. Has tenebras discute : et facilius ea trades, ad quae praeparatus sum. Dociles natura nos edidit et rationem dedit inperfectam, sed quae perfici posset. **12** De

Obsesso : -seso [*ex* -sesu ?] p^2 || externum : *ante 2 uel 3 litt. erasas b* || imminere *Qb* : inm- *pP* || murus : *ex* mun- b^2 || ineptias : *ex* -tas P^2.

10 haec me doce : hecmedo/doce *p* || effugiat : effingiatur [*ex* effug-] *p* efugiat [at *i. r.*] P^2 *ut uid.* || difficilia : dific- *P* || adde aequanimitatem *Linde* : de aequanimitate *pQLPb* [/de *P*] *Mentel. Auen. Érasme* [1-2] *secl. Haase et det. fort. recte* da aequanimitatem *Schweighaeuser in adn.* | aequanimitatem *cf.* SEN. *Ep.* 91, 18 || angustias : angus/*b* || temporis : *ex* tem/tempori *P* || mei laxa *QLPb* : milaxa *p* mihi laxa *Auen. fort. recte* || spatio : spacium *p* || eius : *ex* est *Q* || saepissime [sep- *Pb*] *codd. Auen.* : saepe *Mentel.* [sepe] *Érasme* [1-2] || uixit : *sic* [it *supra u.*] Q^1 || expergisci *Lb* : *sic* [g *i. r.*] *P* -perquis ti [qui *ex* que] p^2 || dic experrecto : dic redeunt experrecto *p* || non dormire : *ex* dormire P^2 dormire [*ex* dom-] *p* || amplius : *om. Q expunct.* L^2 « *fort. recte* » *Beltrami* || exeunti : *ex* exunti P^2.

11 quo a *Muret et sic det.* : *ex* quo L^3 qua [a *expunct.*] *Q* quo *codd. Auen. Érasme* [1-2] || diducitur *codd. Érasme* [1-2] : ded- *b* || loco : loquo *p* || ad quae *mg. L* P^2*p* [quae *ex* que P^2 que *p*] : *ex* atque Q^2 atque *Lb* || quae perfici : *ex* qui p. Q^2 que profi/ci *p*.

piété et de la tempérance et de la double chasteté, de celle qui n'attente pas aux personnes et de celle qui se garde elle-même [1]. Si tu veux bien ne pas me faire prendre les voies détournées, plus facilement je parviendrai au terme où j'aspire. Suivant le mot du poète tragique,

« la vérité s'exprime simplement. »

Ainsi donc, n'entortillons pas son langage. Rien ne sied moins que ces insidieuses finesses aux âmes qui tentent une héroïque aventure.

Lettre 50 *

1 J'ai reçu ta lettre des mois après son envoi. J'ai donc jugé superflu de questionner le porteur sur ce que tu faisais. Cet homme a une riche mémoire, s'il s'en souvient. Au demeurant, j'espère que tu vis désormais de telle sorte que, n'importe où tu sois, je saurai ce que tu fais. Car, qu'est-ce que tu fais d'autre que de te rendre meilleur tous les jours, de laisser là quelque erreur, de comprendre qu'est en toi le vice que tu crois être dans les choses ? Nous imputons, en effet, aux lieux et aux temps certaines de nos faiblesses ; mais celles-ci, quel que soit le lieu où

* *Sommaire.* — Nous sommes des malades dont aucun n'a conscience de son état (1-4 jusqu'à *si curari coeperimus*). Décidons-nous à une cure salutaire avant d'avoir laissé nos vices s'endurcir. Cependant, même en ce cas, tout ne serait pas perdu, tant l'âme humaine est riche d'énergie et capable de renouvellements (4-6). Il est encourageant de se dire que la nature, à qui les vertus sont conformes, favorise notre réforme morale, et que toute vertu acquise nous demeure en propre à jamais (7-9).

1. Sur la chasteté ou l'impureté de l'homme et de la femme, v. 94, 15 et 26 ; *Ad Helu.* 16, 3 s. *Ad Marc.* 24, 3 ; *De Ben.* 1, 11, 4 ; *fr.* 78. 84 à 86 Haase. — *Simplex* cf. p. 28, n. 1 ; Eur. *Phoen.* 469 Ἁπλοῦς ὁ μῦθος τῆς ἀληθείας ἔφυ. — *Implicari* cf. Cic. *Tusc.* 2, 42 *Contortulis — et minutis conclusiunculis...* — *Ep.* 50 *init.* On ne peut conclure de ce début à un arrêt de plusieurs mois dans cette correspondance (Albertini p. 47). — *Locis et temporibus* cf. Telet. *rell.* H². p. 9, 1 s. πολλοὶ οὐχ ἑαυτοῖς ἀλλὰ τοῖς πράγμασι τὴν αἰτίαν ἐπάγουσιν ; id. p. 8, 6 ss. αἰτιώμεθα — τὴν ὥραν, τὸν τόπον.

iustitia mihi, de pietate disputa, de frugalitate, de pudicitia utraque, et illa, cui alieni corporis abstinentia est, et hac, cui sui cura. Si me nolueris per deuia ducere, facilius ad id, quo tendo, perueniam. Nam, ut ait ille tragicus,

Veritatis simplex oratio est ;

ideoque illam inplicari non oportet. Nec enim quicquam minus conuenit quam subdola ista calliditas animis magna conantibus. VALE.

SENECA LVCILIO SVO SALVTEM 50

1 Epistulam tuam accepi post multos menses quam miseras : superuacuum itaque putaui ab eo, qui afferebat, quid ageres quaerere. Valde enim bonae memoriae est, si meminit : et tamen spero te sic iam uiuere ut, ubicumque eris, sciam quid agas. Quid enim aliud agis quam ut meliorem te ipse cotidie facias, ut aliquid ex erroribus ponas, ut intellegas tua uitia esse, quae putas rerum ? Quaedam enim locis et temporibus adscribimus : at illa, quocumque transierimus,

12 pietate : piatate *b* || frugalitate : *ex* fragil- Q^1 *et ut uid.* *P* || de pudicitia : *ex* du pu- P^2 || cui alieni : *ex corr. Q ex* tui a- *P* || abstinentia : abstien- *p* || sui : *ex* sua P^2 sua *MvO* || per deuia : pdeuia *p* || quo : quod *Auen.* || ueritatis — oratio est EVRIP. *Phoen.* 469 || inplicari *QP Hense* : *ex* -re p^2 -re *b* implicare [*ex* -ri] L^2 īplicare L^3 *Mentel. Auen. Érasme*$^{1-2}$ *uulg.* || oportet : *ex* portet P^2 *ex* orort- b^2 || Nec : *ex* Ne *b* || animis : -mi *Pb* || magna conantibus *codd. Auen.* : c. m. *Mentel. Érasme*$^{1-2}$.

Ep. 50. **1** Epistulam : -olam *QLPb* || post : pos *p* || multos : *ex* -tas P^2 || afferebat [*ex* adf- L^2] QbL^2 : adf- [*ex* dfer-] *p* || bonae : bona *ante ras. P* || memoriae : -ia *P* || te sic : sic te *p* site [si *supra u.*] P^2 || iam : sciam *P* || ut *pPb* : et *L* ut *super add.* L^2 || agis : agas *b* || cotidie *QLPb* : cott- *p* || facias : *ex* -cis *p* || erroribus : terr- *P* || intellegas : -igas *b* || tua uitia esse — adscribimus *cf.* TELET. *rel. H.*^{2} *p.* 9, 1 *s.*, 8, 6 *ss.* || adscribimus : asscr- [*ex* adscr- L^2] L^2b || at *pPb* : ut *QL* || illa quocumque : illaco cumque *p* || transierimus *QL Mentel. Érasme*$^{1-2}$ *uulg.* : *ex* transer- P^2 transer- [*ex* traser-] p^2 transfer- *b* transferimur *Auen.*

nous aurons passé, ne manqueront pas de nous suivre.

2 Harpaste, la folle[1] de ma <défunte> femme[2], est, tu le sais, une charge successorale que j'ai conservée chez moi. Pour mon compte, j'ai la répugnance la plus complète à l'égard de ces sortes de phénomènes. Si j'ai envie d'un fou pour me distraire, je n'ai pas à le chercher loin : je me ris de moi[3]. Cette folle a perdu soudainement la vue. Je te raconte une histoire incroyable et pourtant vraie : elle ne sait pas qu'elle est aveugle ; à tout instant elle demande à l'esclave qui la garde de l'emmener ; la maison, dit-elle, est toute ténébreuse. **3** Ce qui nous fait rire chez cette femme est une aventure commune à nous tous, tiens-le pour évident. Nul ne comprend qu'il est avare, qu'il est cupide. Les aveugles, tout au moins, demandent un guide ; nous autres, nous errons sans guide, et nous disons : « Moi, je ne suis pas ambitieux : personne ne peut vivre autrement à Rome. Je n'ai pas personnellement le goût du faste : le train de la ville oblige à la dépense. Ce n'est point ma faute, si je suis colère, si je n'ai pas encore réglé ma vie : c'est le fait de la jeunesse. » **4** Pourquoi nous abusons-nous ? Notre mal ne vient pas du dehors ; il est au-dedans de nous, il a son siège au fond même de nos entrailles, et la raison pourquoi nous parvenons à la santé malaisément, c'est que nous ne nous savons pas atteints[4].

Supposons la cure commencée : quand réussirons-nous à briser les forces si terribles de tant de maladies ? En fait,

1. Les riches Romains entretenaient pour leur amusement des nains et des naines (Carcopino, *Mœurs quotid. à R.* p. 312). Le nom d'Harpastè, « une qu'on enlèverait », nous rappelle les œillades, l'air lascif des deux « naines de Mahedia » conservées au Musée du Bardo (Contenau-Chapot, *l'Art antique*, p. 287).

2. En faveur à la cour après son exil, S. veuf avait épousé en 49 l'Arlésienne Pauline, fille du préfet de l'Annone (Carcopino, *Choses et gens du pays d'Arles* p. 22 et ss.). Il est question ici de sa première femme, louée, *De Ira* 3, 36, 3, pour le respect qu'elle portait le soir au philosophe en méditation.

3. Ce mot fait penser à Cléanthe. Comme il se gourmandait à voix haute en bêchant, Ariston de Chios lui demanda à qui il en avait. « A un vieillard chenu et pourtant fol », dit-il en se désignant (D. L. 7, 171).

4. *Nescimus* cf. *Ep.* 53, 7 *quo quis peius se habet, minus sentit* ; 28, 10 *Tu existimas aliquid de remedio cogitare qui mala sua uirtutum loco numerant ?* 6,1 ; 28,9.

secutura sunt. 2 Harpasten, uxoris meae fatuam, scis hereditarium onus in domo mea remansisse. Ipse enim au*ers*issimus ab istis prodigiis sum : si quando fatuo delectari uolo, non est mihi longe quaerendus : me rideo. Haec fatua subito desiit uidere. Incredibilem rem tibi narro, sed ueram : nescit esse se caecam ; subinde paedagogum suum rogat ut migret, ait domum tenebricosam esse. 3 Hoc quod in illa ridemus, omnibus nobis accidere liqueat tibi : nemo se auarum esse intellegit, nemo cupidum. Caeci tamen ducem quaerunt, nos sine duce erramus et dicimus : « Non ego ambitiosus sum, sed nemo aliter Romae potest uiuere : non ego sumptuosus sum, sed urbs ipsa magnas inpensas exigit. Non est meum uitium, quod iracundus sum, quod nondum constitui certum genus uitae : adulescentia haec facit. » 4 Quid nos decipimus ? Non est extrinsecus malum nostrum : intra nos est, in uisceribus ipsis sedet, et ideo difficulter ad sanitatem peruenimus, quia nos aegrotare nescimus. Si curari coeperimus, quando tot morbo*rum* tantas uires discutiemus ? Nunc uero ne

2 Harpasten : *ex* -parten Q^1 -pastem *b* || meae *QLPb* : me *p* || auersissimus *R. Agricola* : auariss- [auaris/-*p*] *pQLPb* || istis : ipsis *L* || sum si *ex* sum sic *ut uid.* *P* *Érasme*[2] : *ex* sumpsi *b* sumpsi *QpL* || delectari : -re *p* || mihi *LPb* : mi *p* || haec : *ex* hae P^2 || fatua : *secl. ut gloss. P. Thomas* || rem : *om. b* || narro : -a *Q* || se caecam : seceam *b* || tenebricosam *QPb Fickert* : tenebrisc- *p* tenebrosam *L Mentel. Auen. Érasme*[1-2] *alii.*

3 ridemus : rigid- *p* || liqueat tibi : t. l. *Auen.* || auarum : *ex* aurum b^2 || intellegit : *sic* [git *i. r.*] *p* -igit *b* || cupidum : *ex* -dium *b* || Caeci tamen *QLPb* : cecitatem *p* || nos : *ex* n *uel* non P^2 || ambitiosus : ambic- [*ex* abic-] *m. rec.* *Q* || sed nemo — sumptuosus sum *om. P* || potest : *ex* postest *Q* || inpensas : imp- *p* || Non est : *sic* [est *ante ras.*] *p* *ex* Nouest *Q* || nondum : nund- *p* || adulescentia *pP* [adhulescencia *p*] : adol- *QLb.*

4 sedet et *codd. uulg.* : sedet *Q* || difficulter : *ex* -cuter *b* || curari *codd. mg. Erasmi*[2] : *ex* -re b^2 scrutari *Mentel. Érasme*[1-2] || morborum tantas uires *Gertz* : morbos tantasue [*ex* tantosue *P*] res *QLP*[2] *Mentel. Auen.* moribos [*ex* -bus] tantas ueres *p* morbos tanta suae res *b* morbos tantasue aegritudines *Érasme*[1-2] *Muret* m. tam ueteres *Hau-*

nous ne demandons pas même le médecin, qui aurait moins à faire, si le vice était frais [1]. Des âmes <encore> tendres et neuves le suivraient quand il leur montrerait la voie de droite. **5** On ne ramène malaisément à la nature que celui qui a déserté son parti. Nous rougissons d'apprendre la sagesse. Ah ! Ciel, s'il est honteux de chercher qui l'enseigne, il ne faut pas non plus compter qu'un si grand bien se déversera en nous par un effet du hasard [2].

Il y a du travail à fournir [3] et, à la vérité, ce travail même n'est pas grand, si seulement, comme je l'ai dit, nous commençons à former, à redresser notre âme avant que les penchants mauvais s'y endurcissent [4]. **6** Même en cas d'endurcissement, je ne désespère pas. Il n'est rien que n'emporte un opiniâtre labeur, un zèle soutenu et diligent. Des branches de bois dur [5], si cambrées qu'elles soient, tu les ramèneras à la ligne droite ; la chaleur remet de droit fil les poutres qui s'incurvent, et nous modifions leur structure naturelle pour les façonner au gré de nos besoins. Combien l'âme accepte plus facilement sa forme, l'âme, flexible essence, ductile plus que tous les fluides ! Est-elle, en effet, autre chose qu'un souffle d'air, constitué de certaine façon [6] ? Or, tu constates que l'air est l'élément souple par excellence, d'autant plus souple qu'il est plus délié.

7 Voici, mon cher Lucilius, une pensée qui ne doit pas

1. Cf. 104,1 ; 85, 9 *Facilius est — initia (uitiorum) — prohibere quam impetum regere* ; *ad Marc.* 1, 7 s. *omnia uitia penitus insidunt nisi dum surgunt oppressa sunt* ; *De Ira*, 3, 10, 1 à 3 ; Ov. *Rem. am.* 91s ; Otto *Sprichw.* p. 287.

2. *Ep.* 123, 16 *Nemo est casu bonus* ; 76, 6 *Virtus in te non incidet. Ne leui quidem opera aut paruo labore cognoscitur.*

3. V. n. 2 *f.*

4. *Indurescat* : cf. 94, 24 *ne ipsa quidem uniuersae philosophiae uis, licet totas in hoc uires suas aduocet, duram iam et ueterem animis extrahet pestem* ; 85,10.

5. *Robora* : Cf. *De Ira*, 1, 6, 1 *quaedam hastilia detorta ut corrigamus adurimus...* V. le dicton contraire *ap.* Men. 711 K. Μηδέποτε πειρῶ στρεβλὸν ὀρθῶσαι κλάδον.

6. *Tenuior* : v. Cléanthe (Arnim I, p. 108, l. 28) πνεῦμά ἐστιν ἢ λεπτομερέστερόν τι πνεύματος ; Sen. *Ep.* 57,8 *ex tenuissimo constat* ; cf. Lucr. 3,426 ss.

quaerimus quidem medicum, qui minus negotii haberet, si adhiberetur ad recens uitium : sequerentur teneri et rudes animi recta monstrantem. **5** Nemo difficulter ad naturam reducitur, nisi qui ab illa defecit : erubescimus discere bonam mentem. At mehercules, si turpe est magistrum huius rei quaerere, illud desperandum est, posse nobis casu tantum bonum influere : laborandum est, sed, ut uerum dicam, ne labor quidem magnus est, si modo, ut dixi, ante animum nostrum formare incipimus et recorrigere, quam indurescat prauitas eius. **6** Sed nec indurata despero : nihil est, quod non expugnet pertinax opera et intenta ac diligens cura. Robora in rectum quamuis flexa reuocabis ; curuatas trabes calor explicat et aliter natae in id finguntur, quod usus noster exigit : quanto facilius animus accipit formam, flexibilis et omni umore obsequentior ! Quid enim est aliud animus quam quodam modo se habens spiritus ? Vides autem tanto spiritum esse faciliorem omni alia materia, quanto tenuior est. **7** Illud, mi Lucili, non est quod te impe-

se m. tantosue *Haupt* m. tantas febres *Madvig* || uero ne *Muret* : u. nec *p*²*QLPb* [nec *ex* ne *p*] *Mentel. Auen. Érasme*¹⁻² || monstrantem [tem *ex corr. p*] *pP* : -tes [*ex* -tem] *m. rec. Q*.

5 nisi : *supra u. Q* || At : at c *p* Ad *Pb* || si turpe est *Ruhkopf et sic p* : turpe est *QLPbM Mentel. Auen. Érasme*¹⁻² turpe est — non (quaerere) *Lipse* turpe non est *Gertz* || desperandum : disp- *Q* || posse : *ex* -ssi *b* || casu : -um *p* || si modo — prauitas eius. *cf.* Sen. *Ep.* 85,9 *Ad Marc.* 1, 7 || ante : *ex* -ti *P*² || prauitas : paru- *p*.

6 indurata : -tam *dett.* || nihil est : Nihil enim [enim *ex* est] *b* || Robora : *ante 1 litt. erasam L* || quamuis : quam uix *b* || flexa : *ex* fluxa *Q ex* flecta *P*² || curuatas : *ex* Curb- *Q* curb- *pL* || trabes : *sic* [*ex* -bas] *p*² || calor : *ex* col- *P*² || explicat et : e. ut *Q* e. ut (— fingantur) *Beltrami dub.* || aliter natae *QLb* : alternate *P* aliter nater/*p* || finguntur : fring- *ex* frig- *p* || accipit : accep- *p* || omni umore : o. hum- *QL* o. more *P* omnium more *b* || Quid enim est aliud *pPb Schweighaeuser* q. est enim aliud *Q* [est *mg.*] q. enim aliud est *Mentel. Auen. Érasme*¹⁻² || quodam modo : *ex* quo modo *b* || spiritus : spc *b* || uides : *ex* Videns *Q* || spiritum : *ex* sprit- *p* || omni : *ex* omnia *m. rec. Q* || tenuior est : tenuiorem [*ex* -nuorem] *Q*.

t'empêcher de bien espérer de nous : le mal nous tient ; depuis longtemps il est en possession de nous. La sagesse n'est jamais venue à personne avant la déraison [1]. Tous nous avons notre ennemi dans la place. Apprendre les vertus, c'est désapprendre les vices. **8** Nous devons nous porter d'autant plus courageusement à notre réforme que, le bien une fois transmis, nous l'avons en possession perpétuelle [2] : la vertu ne se désapprend pas [3]. Une végétation contraire au climat est une étrangère qui s'adapte au sol avec peine ; on peut donc l'extirper, l'exterminer. Mais il y a franche assise pour ce qni rencontre son terrain. La vertu est conforme à la nature ; les vices sont pour la nature des adversaires, des ennemis.

9 Cependant, si les vertus, reçues dans l'âme, n'en sortent plus, s'il est facile d'en assurer la garde, les premiers pas vers elles se font par une montée pénible, la marque d'une âme faible et malade étant de redouter toute épreuve inconnue. Il faut donc obliger cette âme à commencer. Cela fait, la médecine n'a rien d'amer ; elle réjouit dès l'abord dans le temps même qu'elle guérit. Les autres remèdes ne créent du plaisir qu'après la santé recouvrée. La philosophie est tout ensemble salutaire et douce.

1. 90, 44 *non — dat natura uirtutem : ars est bonum fieri* ; 46 *uirtus non contingit animo nisi instituto... Ad hoc quidem, sed sine hoc nascimur* ; 75, 16 *praeoccupati sumus ; ad uirtutem contendimus inter uitia districti* ; *De Cl. uulg.* 1, 6, 4 *si quis — purgauit animum, — ad innocentiam tamen peccando peruenit.*

2. 74, 24 *Bonum — uno modo perit, si in malum transit : quod natura non patitur* ; 71, 19 *hoc nec remitti nec intendi posse, non magis quam regulam...* 20 *Flexuram non recipit* ; le dicton in *Troad.* 631. Cf. 74, 26 (*summum bonum*) *in suo modo permanet, utcumque fortuna se gessit.*

3. Elle s'apprend : v. supra n. 1 *ars* cf. vol. I p. 139 n. 1 *f.* et 2 ; § 5 et p. 35 n. 2 *f.* ; *Ep.* 123, 16 ; elle ne se désapprend ni ne se perd : v. 76, 19 *una indeprauata uirtus est et sola permanet tenoris sui... Sapientia in stultitiam non reuoluitur* ; cf. 44, 6 *f.* ; 74, 24 ; 72, 6 ; 79, 10 ; 98, 9 ; *De Const.* 6, 8 ; ἀναπόβλητος (Cleanth.) D. L. 7, 127 s. ; *Ad Helu.* 13, 2 *cum semel animum uirtus indurauit, undique inuulnerabilem praestat.* — *Sedent :* Cf. vol. I pp. 6 n. 1 et 160 n. 1 ; Bossuet : « La conduite des âmes est une agriculture spirituelle ». — § 9 *Arduum :* cf. 76, 19 *Stultitia ad sapientiam erepit* ; *De Prou.* 5, 10 *Vide quam alte escendere debeat uirtus...* ; 5, 9 *multa accident dura, aspera....* — *Incipiat :* après le premier effort le

diat, quo minus de nobis bene speres, quod malitia nos iam tenet, quod diu in possessione nostri est : ad neminem ante bona mens uenit quam mala. Omnes praeoccupati sumus : uirtutes discere uitia dediscere <est>. **8** Sed eo maiore animo ad emendationem nostri debemus accedere, quod semel traditi nobis boni perpetua possessio est : non dediscitur uirtus. Contraria enim mal*e* in alieno haerent <et> ideo depelli et exturbari possunt ; fideliter sedent, quae in locum suum ueniunt. Virtus secundum naturam est, uitia inimica et infesta sunt. **9** Sed quemadmodum uirtutes receptae exire non possunt facil*is*que earum tutela est, ita initium ad illas eundi arduum, quia hoc *pro*pr*i*um inbecillae mentis atque aegrae est, formidare inexperta : itaque cogenda est, ut incipiat. Deinde non est acerba medicina : protinus enim delectat, dum sanat. Aliorum remediorum post sanitatem uoluptas est, philosophia pariter et salutaris et dulcis est. VALE.

7 impediat *QL* : inp- *pPb* || speres : *ex* -ret *b* || nos iam : iam nos *Auen. Érasme*$^{1-2}$ || possessione : *ex* -ni *p* -nem *QL* || Omnes : *ex* -is *b* || praeoccupati : *ex* -ocupati *b* || uitia : *om. Pb.*

7-8 dediscere est. Sed eo *Hense dub.* : dediscere. sed eo *pQL Auen. Érasme*$^{1-2}$ *Muret* sed eo *Pb* (est uitia) dediscere. Sed eo *Gronov* dediscere est. Eo *Haupt.*

8 maiore : -rem *QL* || nostri *QLPb* : nos/*p* || accedere : *ex* acci- P^2 acci- *p* || semel : -met *b* || traditi nobis : *ex* trasitionibus *Q* tradit nobis *p* || contraria : -iae *P* || male *P. Thomas* : -la *pQLPb Mentel. Auen. Érasme*$^{1-2}$ *alii* || haerent *QL* [her- *L*] *MvO* : erant *p* habent [*ex* haberent] P^2 haberent *b* || et ideo *Castiglioni et sic det.* : *sic* [et *supra u.*] Q^1 ideo *codd. Mentel. Auen. Érasme*$^{1-2}$ *alii* || exturbari *codd. Mentel. Auen. mg. Erasmi*^{2} : extirpari *Érasme*$^{1-2}$ *Muret* deturbari *mg. Erasmi*^{1} || in locum : *ex* locum *b.*

9 uirtutes : *ex* -te p^2 *om. Pb* || receptae *dett. Muret* : *ex* recete P^2 *cf.* « *al.* recte *aut* receptae » *mg. Erasmi*^{2} recte *Auen.* rege tae *p* reiecte [*ex* regete] L^3 rege te *Qb* rege uel et *v* reiectae L^2M retentae *Érasme*$^{1-2}$ || exire : *sic* [i *i. r.*] *Q* || facilisque *dett.* : *ex* -iliusque P^2 -iliusque *pLb* -iliusquae- *Q* || quia hoc : qui adhoc *p* || proprium *Madvig* [*cf. passim* prius *pro* propius *in his codd.*] : primum *pQLPb Mentel. Auen. Érasme*$^{1-2}$ priuum *Rossbach* || aegrae est : -ra esse *Q* || cogenda : congen- *b* || Deinde : ac deinde *Auen.* || non est acerba [*ex* -rua Q^2L^2 -rua *p*] *codd. Érasme*$^{1-2}$ *uulg.* : n. e. op'. P^2 *Mentel.* || medicina : *ex* medna P^2 || sanat : *ex* son- P^2 || post sanitatem : possani- *p* || philosophia : -sopha *p.*

LETTRE 51 *

1 On fait comme on peut, mon cher Lucilius. Toi, là-bas, tu as l'Etna, la haute, la très illustre montagne de Sicile, «l'unique», dit Messala ou Valgius[1]. J'ai lu l'épithète chez l'un et chez l'autre. Pourquoi « l'unique » ? Ces phénomènes d'éruption se produisent en mainte et mainte place ; non seulement sur les lieux hauts (ce qui est du reste le cas le plus fréquent, apparemment en raison de la force ascensionnelle du feu), mais aussi dans les plaines basses. Nous autres, faute de pouvoir mieux, nous nous sommes rabattus sur Baïes, où j'ai touché barre pour la laisser le lendemain ; lieu à fuir, en dépit de certains avantages naturels, parce que c'est le rendez-vous que le plaisir s'est choisi.

2 « Quoi donc ? Aucun lieu mérite-t-il une aversion déclarée ? » Point du tout ; mais, comme tel vêtement sied mieux que tel autre au sage, à l'homme de bien, et comme, sans avoir d'aversion pour aucune couleur, il estime que telle convient mal à qui fait profession de

* *Sommaire.* — Le séjour de la voluptueuse Baïes est particulièrement déconseillé au sage ou à l'apprenti en sagesse (1-4). Un quartier d'hiver en Campanie a détrempé l'énergie d'Hannibal. Nous avons, nous aussi, nos ennemis, les passions, qui ne cherchent qu'à nous amollir le cœur (5-9). Défions-nous donc des coins de terre trop engageants. La formation de l'individu dépend pour une grande part du climat (10-12). Avant tout, résistons à l'attrait des plaisirs (13).

chemin est moins ardu : *De Ira* 2, 13, 1 *plano adeuntur* (*uirtutes*) ; ibid. *ipsa — nos in rectum genitos natura — iuuat.* « Commencer », c'est déjà connaître (p. 34 n. 3 *f*), avouer son mal ; cela même marque le retour à la santé : 53,8 *uitia sua confiteri sanitatis indicium est ; Phaedr.* 249 *Pars sanitatis uelle sanari fuit.* — *Pariter salutaris et dulcis :* en toute autre science (cf. Aristot. *ap.* D. L. 5, 18), il faut masquer l'amertume des premières leçons avec « miel » (Lucr. 1, 936 ss. ; Quint. 3, 1, 5 ; Aus. *Ep.* 1, 6-7 [407, 2]) ou « friandise » (Plat. *De Leg.* 665e-666c ; Hor. *S.* 1, 1, 25). La philosophie serait une discipline privilégiée. V. toutefois, sur les premiers essais du novice, Plut. *De recta rat. audiendi* c. 18.

1. M. Valerius Messala Corvinus, Pompéien rallié, orateur, poète, polygraphe distingué (Suet. *Gr.* 4) ; C. Valgius Rufus le poète, l'ami d'Horace. — *Edita* cf. 79, 2 ; 91, 11 ; *iacentia* cf. les champs Phlégréens. — *Luxuria desumpsit* cf. 89, 21. — § 2 *Aliqua uestis* cf. Plat. (D. L. 2, 78) sur la θῆλυν στολήν. — § 3 *Canopum :* Strab. 17, 801 b ; Juv. 6, 84 ; 15, 46. — *deucrsorium* : 89, 21.

SENECA LVCILIO SVO SALVTEM 51

1 Quomodo quisque potest, mi Lucili : tu istic habes Aetnam, e*ditum* illu*m a*c nobilissimum Siciliae montem, quem quare dixerit Messala unicum, siue Valgius, — apud utrumque enim legi, — non reperio, cum plurima loca euomant ignem, non tantum edita, quod crebrius euenit, uidelicet quia ignis in altissimum effertur, sed etiam iacentia : nos utcumque possumus, contenti sumus Bais, quas postero die quam attigeram reliqui, locum ob hoc deuitandum, cum habeat quasdam naturales dotes, quia illum sibi celebrandum luxuria desumpsit. **2** « Quid ergo ? ulli loco indicendum est odium ? » Minime : sed quemadmodum aliqua uestis sapienti ac probo uiro magis conuenit quam aliqua, nec ullum colorem ille odit, sed aliquem parum putat aptum esse frugalitatem professo : sic regio quoque est, quam sapiens uir aut ad sapientiam tendens declinet tamquam alienam bonis moribus. **3** Itaque de secessu cogitans numquam Canopum eliget, quamuis neminem Canopus esse frugi uetet, ne Baias quidem : deuersorium uitiorum esse coeperunt.

Ep. 51. **1** istic : -uc *b* || habes : *ex* habet *b* || Aetnam : *ex* aeth- P^2 aeth- *QLb* ethnam [*ex* ethin-] *p* || editum illum ac *Hense* : et illuc *pQLb* [*unde* et illum *Auen. Érasme*$^{1-2}$ illum *Pincia Muret*] et illic [*ex* et illuc] *P Mentel.* et illum colis (nobilissimum) *Io. Mueller* excelsum ac *C. Brakman* editum ac *Chatelain* || quem : qut [*pro* que] *sub uirgula b* || dixerit : *ex* -rint *p* || Messala *QLb* : *ex* messalla P^2 mesala *p* || reperio : repp- *Lb* || ignem : *ex* igne Q^2 || tantum *pQPb* : *ex* tamen *L* || crebrius : *ex* -brus *b* || effertur : fertur *Auen.* || utcumque : utrum- *P* || contenti sumus : *ex* -entissumus *P* -en/tissimus *b* || Bais : bus *b* || postero : pot- *Q* || attigeram *QL* : adtig- *b fort. ex* adting- *P* || ob hoc : *ex* ab hoc P^2 *ex* ad hoc Q^1 || deuitandum : *ex* deuet- *P* || naturales : *ex* -ulares *b* || luxuria : *ex* -oria *L et sic passim* || desumpsit : *ex* -msit P^2 sumpsit *Auen.*

2 quemadmodum : quemamm- Q^2 || sapienti : *sic* [*ex* -tia] *P* || aliqua : alia [*ex* aliqua Q^2] Q^2 *dett.* || nec ullum : *ex* neulum *P* || alienam : -na *b*.

3 Canopus : conapus *b* || uetet : *ex* tet *b* || deuersorium : diu- [*ex* deu- *ut uid. P*] *MvOP*^{2}*b Érasme*$^{1-2}$ diuersorum *QL Auen.*

tempérance, de même la contrée peut, elle aussi, faire rebrousser le sage ou celui qui tend vers la sagesse, comme étrangère aux bonnes mœurs. 3 Voilà pourquoi, pensant à une retraite, jamais il ne choisira Canope, encore que Canope n'interdise à personne la tempérance, ni Baïes non plus : elle s'est mise à être l'auberge des vices. Là le plaisir s'en donne à cœur joie, là, comme si le lieu même exigeait un « minimum » de licence, il est plus débridé.

4 Tout autant qu'à notre corps, nous devons à notre personne morale de lui choisir un séjour bien sain. Je ne voudrais pas loger dans un quartier de bourreaux ; pas davantage au milieu des tavernes [1]. Voir des gens ivres errer le long des rivages, des canotiers en partie fine, les lagunes bruissantes de chants et d'orchestres, et toutes les folies du plaisir lorsqu'affranchi de toute loi, il fait le mal en s'affichant, est-ce une nécessité ?

5 Le devoir qui s'impose, c'est de fuir aussi loin qu'on le peut devant les excitants du vice. Endurcissons notre âme ; entraînons-la bien à l'écart de l'amorce des plaisirs. Un seul quartier d'hiver a dissous l'énergie d'Hannibal. Cet indomptable que n'ont arrêté ni les neiges, ni les Alpes s'est laissé énerver aux douceurs de la Campanie. Vainqueur dans les batailles, ses vices l'ont vaincu. 6 Nous aussi, nous avons une guerre à soutenir, guerre qui ne tolère ni trêve ni relâche. Nos premiers ennemis à vaincre, ce sont les plaisirs, qui ont tiré à eux, tu le constates, même des génies farouches. Que l'on se représente toute l'étendue de la tâche où l'on est engagé, et la conviction s'établira qu'il ne faut rien accorder à la sensualité, à la mollesse. Qu'ai-je à faire de vos cuves d'eau chaude, de ces bains sudorifiques où s'enclôt un air sec et brûlant, bon à épuiser le corps ? Que le labeur seul fasse couler nos sueurs. 7 Si nous agissions comme

1. Cf. *Ep.* 7, 7 ; 104, 20. — § 5 *Hiberna :* en 216/215. V. Liv. 23, 18, 11 s. *somnus et uinum et epulae et scorta balineaque — eneruauerunt corpora animosque* ; Flor. 1, 22, 22 *inuictum Alpibus — tepentes fontibus Baiae subegerunt.* — § 6 *Militandum* : 96, 5 (59, 8 l'assaut de la pauvreté) ; *De Prou.* 5,1 et 3 ; Philon le Juif, *Questions et solutions* 6 p. 450 M ; M. Antonin. 2, 1, 17 et Hierocl. p. 60, 21 Arnim πόλεμος ; Epict. *Diss.* 3, 24, 34 στράτεια. — *Quid mihi...* : 86.10 ; 108,16.

Illic sibi plurimum luxuria permittit, illic, tamquam aliqua licentia debeatur loco, magis soluitur. **4** Non tantum corpori, sed etiam moribus salubrem locum eligere debemus : quemadmodum inter tortores habitare nolim, sic ne inter popinas quidem. Videre ebrios per litora errantes et comessationes nauigantium et symphoniarum cantibus strepentes lacus et alia, quae uelut soluta legibus luxuria non tantum peccat, sed publicat, quid necesse est ? **5** Id agere debemus, ut irritamenta uitiorum quam longissime profugiamus : indurandus est animus et a blandimentis uoluptatum procul abstrahendus. Vna Hannibalem hiberna soluerunt et indomitum illum niuibus atque Alpibus uirum eneruauerunt fomenta Campaniae : armis uicit, uitiis uictus est. **6** Nobis quoque militandum est, et quidem genere militiae, quo numquam quies, numquam otium datur : debellandae sunt in primis uoluptates, quae, ut uides, saeua quoque ad se ingenia rapuerunt. Si quis sibi proposuerit, quantum operis adgressus sit, sciet nihil delicate, nihil molliter esse faciendum. Quid mihi cum istis calentibus stagnis ? Quid cum sudatoriis, in quae siccus uapor corpora exhausurus includitur ? Omnis sudor per laborem

illic : illi *b* || debeatur : *ex* leb- *uel* beb- *b*.

4 Quemadmodum : Quemamm- *Q* || tortores : tot tortores *b* || nolim : -llem *Auen.* || sic : sit *b* || ne : nec *Mentel. Auen. Érasme*$^{1-2}$ || Videre : *ex* Vide Q^2 || litora *Pb* : *sic* [t *post 1 litt. erasam*] *L* || comessationes : comesa- *L* commessa- [*ex* comess- Q^2] Q^2Pb || symphoniarum : sinph- *b* || uelut : *ex* -ud P^2 || quid : Quod [*ex* Quid] P^2.

5 irritamenta : inr- *P* || uitiorum : *ex* uitiorum/uitiorum *P* || uoluptatum : *ex* -tantium *Q* -tatium *LM* || abstrahendus : *ex* abtr- *Q* || Vna *codd. Mod.* : Vina *Mentel. Auen. Érasme* $^{1-2}$ Vim (Hannibalis) *Muret* || Hannibalem : *ex* Hannab- *Q* || Alpibus : *ex* calp- *Q* || eneruauerunt : *ante ras. P*.

6 debellandae sunt inprimis : *ex* debellandaesinpr- P^2 || sciet : sciat *L* || nihil molliter : *sic* [nihil *supra u.*] Q^1 || sudatoriis : *ex* -oribus *Q* || exhausurus *codd. Mentel. Fickert* : -sturus *dett. Auen. Érasme*$^{1-2}$ *alii* || omnis *QLb* : ut omnis [ut *add.*] P^2 *Argent. b teste Fickert.*

Hannibal, si, interrompant la marche des opérations et oubliant le champ de bataille, nous ne nous occupions que de nous étuver le corps, chacun blâmerait, à bon droit, une oisiveté hors de saison, dangereuse au vainqueur, plus dangereuse à qui n'a pas encore la victoire. Nous sommes moins libres dans nos allures que ne l'étaient les soldats de Carthage : plus de péril nous attend, si nous reculons ; plus de besogne encore, si nous persévérons. **8** C'est la fortune qui me fait la guerre : je n'ai nulle envie de prendre ses ordres ; je ne reçois pas son joug ; mieux encore, ce qui réclame plus d'effort, je le rejette loin de moi. Ne permettons pas à l'âme de s'amollir : si je cède au plaisir, il faut que je cède à la douleur, il faut que je cède à la fatigue, il faut que je cède à la pauvreté ; l'ambition, la colère élèveront les mêmes prétentions sur moi : je me verrai tiraillé, déchiré entre toutes ces passions. **9** La liberté, voilà l'enjeu [1], le prix qui doit payer nos peines. Qu'est-ce qu'être libre ? Tu le demandes ? C'est n'être esclave d'aucun objet, d'aucune nécessité, d'aucun accident concevable ; c'est réduire la fortune à lutter de pair avec moi. Le jour où j'aurai compris que je puis plus qu'elle, la fortune ne pourra rien. Subirai-je ses volontés, quand j'ai la mort à mon service ?

10 Quiconque est attentif à pareilles pensées ne doit choisir que d'austères et saintes retraites. Devant un site trop charmant l'âme s'effémine ; n'en doutons pas : la nature d'un pays peut, dans une certaine mesure, gâter l'énergie. Tout chemin convient aux bêtes de somme dont le sabot s'est endurci sur un sol rocailleux ; engraissez-les dans un mol et marécageux pacage : le pied n'est pas long à s'user.

1. §§ 8 f. et 9 : cf. 37, 4 *Humilis res est stultitia, — seruilis, multis affectibus et saeuissimis subiecta. Hos — dominos — imperantes interdum pariter dimittit a te sapientia, quae sola libertas est*; vol. I, p. 156, n. 3. — § 9 *Nihil poterit*, cf. 57, 3 *ius perdidit*. — § 10 *aliquid — potest regio* : cf. Hdt. 9, 122 ἐκ τῶν μαλακῶν χώρων μαλακοὺς ἄνδρας γίγνεσθαι ; v. aussi Hippocr. *Des airs, des eaux et des lieux* Daremberg p. 220, Polyb. 4, 21, 1, Posidonius *ap.* Strab. 2, p. 103 *a* touchant l'influence de la nature des lieux, des climats, sur les dispositions des peuples ; Sen. *De Ira* 2, 15, 5 ; *Ad Helu.* 7, 1 *hominum ingenia ad similitudinem caeli sui horrentia* ; Flor. 1, 20, 2 sur les *Alpina corpora*. Lieu commun (V. supra Hdt., Mén. 63 K. vol. 3 p. 21),

exeat. **7** Si faceremus, quod fecit Hannibal, ut interrupto cursu rerum omissoque bello fouendis corporibus operam daremus, nemo non intempestiuam desidiam uictori quoque, nedum uincenti, periculosam merito reprehenderet : minus nobis quam illis Punica signa sequentibus licet, plus periculi restat cedentibus, plus operis etiam perseuerantibus. **8** Fortuna mecum bellum gerit : non sum imperata facturus ; iugum non recipio, immo, quod maiore uirtute faciendum est, excutio. Non est emo*ll*iendus an*i*mus : si uoluptati cessero, cedendum est dolori, cedendum est labori, cedendum est paupertati ; idem sibi in me iuris esse uolet et ambitio et ira : inter tot affectus distrahar, immo discerpar. **9** Libertas proposita est ; ad hoc praemium laboratur. Quae sit libertas, quaeris ? Nulli rei seruire, nulli necessitati, nullis casibus, fortunam in aequum deducere. Quo *d*ie illa me intellexero plus posse, nil poterit : ego illam feram, cum in manu mors sit ? **10** His cogitationibus intentum loca seria sanctaque eligere oportet : effeminat animos amoenitas nimia nec dubie aliquid ad corrumpendum uigorem potest regio. Quamlibet uiam iumenta patiuntur, quorum durata in aspero ungula est : in molli palustrique

7 Hannibal : ann- *P* || interrupto : *ex* terr- *L* || cursu : *ex* -sum *Q* || omissoque : ommissoque [que *supra u.* L^2] QL^2 || periculosam : -losani *QL* || cedentibus — perseuerantibus *om. Pb secl. Fickert.*

8 mecum : *ex corr. P* || imperata : -rita *b* || quod : *ante* est (?) *erasum* *P* || emolliendus *dett. Mentel. Érasme*[1-2] : emot Iindui [*ex* emot indui P^2] P^2b emoti indus *QL* inmoti iudicii *mg. Erasmi*[1] emotus sui iuris *Haase* || si : *ex* sibi *Q* || cedendum : *ex* caed- *Q et sic mox* || affectus *Qb* : *ex* adf- L^2 adf- *P*.

9 praemium : primum *Auen.* || casibus : cassi- *b* || quo die illa me *Lipse* : quod [*unde* qua (?) P^2] die illam *ante rasuram ubi fuit* en (?) *P* quod d. illum *QL* quo d. illam *b Auen. Barker* || nil *codd.* : nihil *b Auen.* || poterit : *ex* -rot *b*.

10 animos : *ex* -mo *Q* -mo *L* || amoenitas : *sic* [ni *supra u.*] *Q* || nimia [*i. r.*] QvM^2P^2 *Mentel. Auen. Muret* : *ex* innimia *b* inima [*ex* -mo] *QL om. Érasme*[1-2] inimica *mg. Erasmi*[1-2] || nec dubie *codd. Mentel. mg. Erasmi*[1-2] *Muret* : Amoena (-potest regio) *Érasme*[1-2] || aliquid : -qui *Q* || palustrique : pall- *L*.

Pareillement, les meilleurs soldats viennent des terres rudes ; il y a du laisser-aller chez l'homme de la ville [1], chez l'esclave né dans la maison. Nul labeur n'est trop lourd pour des bras qu'on fait passer de la charrue aux armes ; sur le terrain, au premier nuage de poussière, l'élégant bien parfumé se sent défaillir. **11** L'austère discipline du lieu trempe le caractère et dispose aux grandes entreprises. Literne [2] sera pour Scipion une terre d'exil plus honorable que Baïes : à un homme comme lui quand il s'effondre, il ne faut pas un lieu de repos si voluptueux [3]. Ceux-là même que la fortune du peuple romain investit les premiers de la puissance publique, Marius, Pompée, César, ont bâti des villas, je le sais, dans la région de Baïes, mais ils les ont campées au sommet des monts [4]. Il leur paraissait plus militaire de surveiller d'en haut les pays qui s'étendaient en long et en large à leurs pieds. Considère le choix de la position, l'emplacement et la structure des bâtiments ; tu te diras : ce ne sont pas des villas, mais des châteaux forts. **12** T'imagines-tu que Marcus Caton aurait jamais habité en ce lieu, pour compter les femmes galantes glissant en nacelle sous ses yeux, et tant de sortes d'embarcations de différentes couleurs, et ces roses dont la surface du lac est toute jonchée, pour entendre le glapissement nocturne des chanteurs ?

1. Cf. Cat. *De Agr. pr.* 4 *Ex agricolis — milites strenuissimi* ; Quint. 11, 3, 26 « Les athlètes accoutumés à la palestre et aux frictions d'huile (urbaines) —, si on leur commandait de faire des marches militaires, de porter des fascines, etc., perdraient courage » ; Veg. *Epit. r. mil.* 1, 3 *aptiorem armis rusticam plebem... (Vrbani) primum laborare condiscant.*

2. Cf. *Ep.* 86, 3 et 5.

3. Il s'agit et d'un lieu de voluptueux repos et d'un lieu où la chute du grand homme s'effectuera « en douceur » : cf. 13, 11 *molliter ruina deposuit ;* 74, 18 *deponere felicitatem molliter.*

4. La maison de campagne de Marius (acquise après lui par Lucullus), celle de César étaient au cap Misène. Leur élévation avait frappé les anciens. Phaedr. 2, 5, 9 *monte summo posita* (*Marii uilla*) ; Tac. *Ann.* 14, 9 *subiectos sinus editissima prospectat* (*Caesaris uilla*). La maison de Pompée proche de Baies n'est mentionnée qu'ici. Celle de Marius faisait songer Plut. (*V. Mar.* 34) plus aux délices qu'aux exploits guerriers. — § 12 *tot genera cumbarum — nocturna conuicia :* V. Cic. *Pro Cael.* 35 ; et l'histoire de Laevina, Mart. 1, 62.

pascuo saginata cito subteruntur. Et fortior miles ex confragoso uenit : segnis est urbanus et uerna. Nullum laborem recusant manus, quae ad arma ab aratro transferuntur : in primo deficit puluere ille unctus et nitidus. **11** Seuerior loci disciplina firmat ingenium aptumque magnis conatibus reddit. Literni honestius Scipio quam Bais exulab*i*t : ruina eius non est tam molliter conlocanda. Illi quoque, ad quos primos fortuna populi Romani publicas opes transtulit, C. Marius et Cn. Pompeius et <C.> Caesar extruxerunt quidem uillas in regione Baiana, sed illas inposuerunt summis iugis montium : uidebatur hoc magis militare, ex edito speculari late longeque subiecta. Aspice, quam positionem elegerint, quibus aedificia excitauerint locis et qualia : scies non uillas esse, sed castra. **12** Habitaturum tu putas umquam fuisse *ibi M.* Catonem, ut praenauigantes adulteras dinumeraret et tot genera cumbarum uariis coloribus picta et fluuitantem toto lacu rosam, ut audiret canentium nocturna conuicia ?

saginata : *ex* sanguin- *Q* sanguin- *L* || subteruntur *Pb* : -runt *QL* || urbanus : *ante paucas litt. erasas L* || aratro : *sic* [ra *supra u.*] *Q* || deficit *MP Mentel. Érasme*[1-2] *uulg.* : defect- *QLvb Auen.*

11 conatibus : *ex* conant- *P* || exulabit *Io. Muller alii* : -bat *codd. Castiglioni dub. qui mox* non erat *pro* non est *prop.* exultabat *MvO* || eius : ei *Haupt* eiusmodi *Summers* || conlocanda *P* : coll- *QLb*] || Illi : *post paucas litt. erasas* [= at ?] *L* || populi Romani [p. r. *QLPb*] *codd. Fickert* : Romani populi *Mentel. Muret* R. p *Érasme*[1-2] || C. : Celius [*ex* C] *m. rec. Q* || Marius : *ex* maurius *Q* maurius *L* || Cn. : Gneius [*ex* c. n.] *m. rec. Q* g. n. *P.* c. n. *b* || < C. > Caesar *Gertz* : Caesar *codd.* [ces- *b*] *Érasme*[1-2] || extruxerunt *PbM uulg.* : stru- *QL Beltrami sed u. Foerster p.* 8, *n.* 4 || Baiana : baina *b* || uidebatur : ludeb- *b* || militare : -rem *b* || scies *QLb* : *ex* scias *P*[2].

12 ibi M. Catonem *Gertz* : inimica *uel* immica Catonem [*dittographia*] *QLPb* in Vtica C. *Auen. Érasme*[1-2] in mica C. *Lipse cf. Friedlaender ad Mart.* 2, 59, 1 *et ad Petr. Cen. Trim. p.* 224 illic M. Catonem *Axelson*[3] *p.* 5 || et tot *QLb* : tot *Q sic* [*ex* tet tot] *P* || genera cumbarum : g. cymb- [*ex* cumb-] *m. rec. Q* g. cimb- [*ex* cumb-] *P* generaci umbarum *b* || picta : -tae *b* || fluuitantem *LP Hense* : *ex* fluint- *Q* fluit- *M Auen. mg. Erasmi*[2] fluctuant- *Mentel. Érasme*[1-2] fluuicant- *ut uid.* [*ex* fluuicat-] *b* || conuicia : -uitia *QLPb Auen. Mentel. mg. Erasmi*[2] -uiuia *Érasme*[1-2].

N'aurait-il pas mieux aimé demeurer derrière un retranchement qu'il aurait élevé de sa main pour une seule nuit ? Et comment, quand on est un homme, n'aimerait-on pas mieux être éveillé par la trompette que par les accords d'un orchestre ?

13 Nous avons fait à Baïes suffisamment son procès. Celui des vices, on ne l'instruit jamais suffisamment. Je t'en conjure, Lucilius, pourchasse-les sans mesure et sans fin, puisqu'ils n'ont, eux aussi, ni fin, ni mesure. Rejette de ton cœur tous les sentiments mauvais qui le déchirent. S'ils ne pouvaient autrement être extirpés, mieux vaudrait t'arracher le cœur du même coup [1]. Avant tout, chasse les plaisirs ; tiens-les pour tes pires ennemis : comme ces bandits que les Égyptiens appellent philètes, s'ils nous embrassent, c'est pour nous étouffer.

Lettre 52 *

1 Comment, Lucilius, désigner ce qui, si nous tendons en un sens, nous entraîne dans un autre et nous pousse du côté que nous désirons fuir ? Quel est cet antagoniste de notre âme, qui nous défend de jamais rien vouloir une bonne fois ? Nous flottons entre des résolutions diverses ; nous ne voulons pas d'une volonté libre, absolue, arrêtée pour toujours. **2** « C'est, répond-tu, la déraison, pour qui il n'y a rien de

* *Sommaire.* — Il est généralement impossible d'arriver sans une assistance étrangère à la sagesse. Ceux dont un beau naturel a favorisé le perfectionnement méritent qu'on les félicite ; mais ceux-là sont admirables qui, à force de bonne volonté, ont abouti aux mêmes effets (1-7 jusqu'à *itaque pugnemus*). Choisissons-nous donc des maîtres soit chez les anciens, soit chez les modernes. Dans ce dernier cas, demandons à notre directeur des actes, non des paroles ; fuyons toute diatribe qui rabaisserait la philosophie à des effets de théâtre, à de la réclame de boutique (7-15).

1. Cf. *N. T. Matth.* 5, 29. Si ton œil droit est pour toi une occasion de chute, arrache-le ; id. 18, 9. — Φιλήτας lecture bien ingénieuse de Muret, supposant le jeu de mots, facilité par la prononciation, φηλ- φιλ-.

Nonne ille manere intra uallum maluisset, quod in unam noctem manu sua ipse duxisset ? Quidni mallet, quisquis uir est, somnum suum classico quam symphonia rumpi ? **13** Sed satis diu cum Bais litigauimus, numquam satis cum uitiis, quae, oro te, Lucili, persequere sine modo, sine fine : nam illis quoque nec finis est nec modus. Proice quaecumque cor tuum laniant, quae si aliter extrahi nequirent, cor ipsum cum illis reuellendum erat. Voluptates praecipue exturba et inuisissimas habe : latronum more, quos φιλήτας Aegyptii uocant, in hoc nos amplectuntur, ut strangulent. VALE.

SENECA LVCILIO SVO SALVTEM 52

1 Quid est hoc, Lucili, quod nos alio tendentes alio trahit et eo, unde recedere cupimus, impellit ? Quid conluctatur cum animo nostro nec permittit nobis quicquam semel uelle ? Fluctuamur inter uaria consilia : nihil libere uolumus, nihil absolute, nihil semper.

quod in unam noctem — ipse duxisset : quam unam noctem inter talia duxisse *Auen.* || in unam noctem : una nocte *MvO* || manu sua : ansua *Pb* || duxisset : dississet *b* || mallet *P det. Haase cf. Hense*[2] *Suppl. Quir. p. IV* : -it [*ex* malit *b*] *QLb* malit *MvO Beltrami.*
13 litigauimus : littig- *Q* || cum uitiis : conui- *b* || modus : *per compend. ante pauc. litt. erasas* [us ?] *P* || reuellendum *codd. Érasme*[1-2] : *ex* reuoll- *Q* reuelendum *b* reuclandum *Auen.* || cxturba et *codd. Érasme*[1-2] : et/ [*om.* exturba] *P* extirpa et *Mentel. Auen. mg. Erasmi*[2] *Pincia* || inuisissimas *Q Érasme*[1-2] : *ex* inuississ- *LP* inuississ -*b* uilissimas *Mentel. Auen.* || φιλήτας *Muret cf. P. Maas Berl. phil. Woch.* 1912 nº 34 : hostilistas *L* ostilistas [*ex* -litas] *Q* stilistas *P* pstili- [*ex* pstilli- *b*[1]] *MvOb* phil- *uel* Philistas *Mentel. Auen. Érasme*[1-2] προσπταιστάς *uel* προσπαιστάς *prop. Barker sed* hos *L* os *Q ex* quos *fluxisse uid.* || amplectuntur : anpl- *b* || strangulent *P* : *ex* -lant *Q* strangulant *L* trang- *b.*

Ep. 52. **1** impellit *Qb alii* : inp- *P* || Quid : qui *b* || conluctatur : coll- [*ex* conl-] P^2 || fluctuamur : -mus [s *ex* ṙ] MP^c *Mentel. Auen. Érasme*[1-2] || libere : *sic* [*alt.* e *i. r.*] *P* || uolumus : *ex* /euol- *incip. pag. P* || absolute : *ex* obs- *P.*

constant, que rien ne satisfait longtemps. » Mais comment, quand nous arracherons-nous à ses prises ? Nul n'est par lui-même de force à émerger des flots [1]. Il faut quelqu'un qui lui tende la main, quelqu'un qui le tire à la rive.

3 Certains, dit Épicure, sont parvenus à la vérité sans l'assistance de personne ; ils se sont fait eux-mêmes leur chemin [2]. Ceux-là, il les loue par-dessus tous, car l'élan est venu d'eux-mêmes, car ils se sont produits par leurs propres moyens. Certains, dit-il, ont besoin d'aide : ils n'avanceront pas, si personne n'a marché devant eux, mais ils sauront suivre. Métrodore [3], selon lui, est de ce groupe : beaux génies encore, mais de la seconde espèce. De la première, de la grande classe nous ne sommes pas, nous autres ; nous admettre dans le seconde, c'est nous faire la part belle. N'aie pas de mépris même pour l'homme qui ne peut obtenir son salut que d'une assistance étrangère : c'est un grand point déjà de vouloir être sauvé.

4 Outre ces deux-ci, tu rencontreras encore une catégorie d'hommes, qui, elle-même, ne mérite pas le dédain. Elle peut parvenir au bien sous l'empire de la contrainte : ici, un guide ne suffirait pas ; on appellera un moniteur, et, pour ainsi dire, un dresseur. C'est la troisième nuance. Si de ce type également tu cherches un exemplaire, Épicure dit : tel était Hermarchus [4]. Et ainsi il réserve ses félicitations à Métrodore, son admiration à Hermarchus : c'est que, s'ils sont arrivés l'un et l'autre à une même fin, il y a malgré tout plus grand mérite à avoir réussi un même ouvrage dans une matière plus difficile. 5 Suppose, en effet, qu'aient été élevées deux bâtisses bien différentes, quoique d'une hauteur, d'une magnificence égales.

1. Au point, disait Araspe à Cyrus, qu'il semble y avoir deux âmes en nous, l'une bien inspirée, l'autre mal ; la première peut l'emporter si elle trouve... un bon conseiller (Xen. *Cyr.* 6, 1, 41).

2. *Fecisse sibi — uiam* : Cic. *De N.d.* 1, 72 *cum — (Epicurus) gloriaretur — se magistrum habuisse nullum* ; D. L. 10, 13 ἀκοῦσαι — ἑαυτοῦ.

3. *Metrodorum* : *Ep.* 6, 6 ; 18, 9 ; 79, 15. C'était le disciple préféré (D. L. 10, 21).

4. *Hermarchum*, v. *Ep.* 6, 6 ; 33, 4 et vol. I, p. 89, n. 4. Ces

2 « Stultitia, inquis, est, cui nihil constat, nihil diu placet. » Sed quomodo nos aut quando ab illa reuellemus ? Nemo per se satis ualet ut emergat : oportet manum aliquis porrigat, aliquis educat. 3 Quosdam ait Epicurus ad ueritatem sine ullius adiutorio exisse, fecisse sibi ipsos uiam ; hos maxime laudat, quibus ex se impetus fuit, qui se ipsi protulerunt : quosdam indigere ope aliena, non ituros, si nemo praecesserit, sed bene secuturos. Ex his Metrodorum ait esse : egregium hoc quoque, sed secundae sortis ingenium. Nos ex illa prima nota non sumus : bene nobiscum agitur, si in secundam recipimur. Ne hunc quidem contempseris hominem, qui alieno beneficio esse saluus potest : et hoc multum est, uelle seruari. 4 Praeter haec adhuc inuenies genus aliud hominum ne ipsum quidem fastidiendum eorum, qui cogi ad rectum compellique possunt, quibus non duce tantum opus sit, sed adiutore et, ut ita dicam, coactore : hic tertius color est. Si quaeris huius quoque exemplar, Hermarchum ait Epicurus talem fuisse. Itaque alteri magis gratulatur, alterum magis suspicit : quamuis enim ad eundem finem uterque peruenerit, tamen maior est laus idem effecisse in difficiliore materia. 5 Puta enim duo aedificia excitata esse, ambo disparia, aeque excelsa

2 Stultitia : -ltia/*b* || nihil diu : *sic* [*ex* nihl d.] *Q* || reuellemus : *sic* [reuelle *i. r.*] *P* [*ex* reue/le- *ut uid.*] *b* || porrigat : pori- [*ex* perri-] *b*.

3 Quosdam — ingenium Epic. *fr.* 192 *Us.* || impetus : inp. *b* || protulerunt : tul- *P* protulerint *Auen.* || quosdam — secuturos Epic. *ibid.* || Ex his *QL* : *ex* ex is *P*² ex iis *b* || egregium : *ex* Egrium *Q*² || secundam : -da *Q* || recipimur *QP sic* [ur *ex* us] *L*2uel3 : -imimur *b* [mi *lineola subnotatum*].

4 Praeter haec — materia Epic. *fr.* 192 *Us.* || ipsum : *ex* ipse *b* || compellique [cōp- *b*] : iquae *Q* conpellique *P* || adiutore : *ex* iut- *Q* || Si quaeris *P* : Sic que [*ex* Siquae *L*] *QL*² || quoque *L* : *om. Pb* || Hermarchum *P* : *ex* -machum *L*² -marcum *b* emarchum *Q* || ait *P* : *ex* ait et *L* || suspicit *MP* : suscipit *codd.* || difficiliore *P* : *ex* -rem *Pb* -ri [*ex* -re] *L*³.

5 duo ae. excitata esse : duo <duos> aedificia excitasse *Haupt* || ambo [*ex* ab (?) *P*] *QLPb* : ab imo *Buecheler* || disparia *QLPb Buecheler* : paria *dett. uulg.* || excelsa : *ex* excellet *ut uid. b*.

L'une a trouvé un sol net et ferme ; sur ce sol l'ouvrage a poussé d'emblée. L'autre a été établie à grand ahan sur des assises qui s'enfoncent dans un sol mou, détrempé, et l'on a dépensé beaucoup de peine à descendre jusqu'à une base solide : (...[1]) là, une partie du travail, et la plus difficile, demeure cachée. **6** Il est des esprits faciles et dégagés ; d'autres doivent, comme on dit, être faits à la main, et ce sont les pièces d'assise qui absorbent leur effort. A mon sens donc, celui-là est plus heureux qui n'a jamais eu de difficultés avec lui-même, mais on a mieux mérité de soi, quand on a surmonté les insuffisances de sa nature, quand on ne s'est pas avancé, mais hissé jusqu'à la sagesse. **7** Ce rétif et laborieux génie, c'est le nôtre, sache-le. Notre route est semée d'obstacles. Ainsi donc, combattons, appelons à la rescousse. « Qui, dis-tu, appellerai-je ? » Celui-ci ou celui-là. Remonte pour ta part jusqu'aux anciens, qui sont, eux, de loisir [2]. L'aide peut venir non seulement des vivants, mais de ceux qui ne sont plus.

deux disciples et Polyaenos s'étaient formés dans la « camaraderie » d'Épicure (**6, 6**). « Grands hommes », dit S. (ibid). de tous.

1. Fr. Préchac et H. Noblot ont proposé de lire « in*tuenti* a*m*bo quicquid fecit <alter, in aperto est> », et de comprendre : « que l'on compare les ouvrages : ici, tout ce qu'a réalisé l'architecte est à découvert ».

2. Cf. *De Br. u.* 14, 1 :

(*Qui sapientiae uacant*) *omne aeuum suo adiciunt ; quidquid annorum ante illos actum est, illis adquisitum est* — ; *nullo nobis saeculo interdictum est, in omnia admittimur...* 2 *Disputare cum Socrate licet ; dubitare cum Carneade, cum Epicuro quiescere, hominis naturam cum Stoicis uincere, cum Cynicis excedere...* 5 *Nemo horum non uacabit* — ; *nocte conueniri, interdiu* — *possunt.*

V. aussi *fragm.* 57 Haase : *Sapiens* — *habet secum omnes qui unquam fuerunt boni et animum* — *quocumque uult transfert.*

atque magnifica. Alterum puram aream accepit, illic protinus opus creuit ; alterum fundamenta lassarunt in mollem et fluuidam humum missa multumque laboris exhaustum est, dum peruenitur ad solidum † inueniebo quicquid fecit † alterius magna pars et difficilior latet. **6** Quaedam ingenia facilia, expedita, quaedam manu, quod aiunt, facienda sunt et in fundamentis suis occupata. Itaque illum ego feliciorem dixerim, qui nihil negotii secum habuit, hunc quidem melius de se meruisse, qui malignitatem naturae suae uicit et ad sapientiam se non perduxit, sed extraxit. **7** Hoc durum ac laboriosum ingenium nobis datum scias licet : imus per obstantia. Itaque pugnemus, aliquorum inuocemus auxilium. « Quem, inquis, inuocabo ? » Hunc aut illum. Tu uero etiam ad priores reuertere, qui uacant : adiuuare

atque magnifica *codd. Auen. Érasme*$^{1-2}$: atque magnificet *b* aeque magnifica *dett. Mentel. Muret* || Alter[um] puram aream *Haupt* : Alterum [*ex* -ram *L*] puram [*ex* -rum *Q*] aream *codd. Érasme*$^{1-2}$ alterum pura area *det. Beltrami « concinnitatis » causa* Alterum dura area *Pincia* || illic : et illic *MvO* || lassarunt *Lipse et sic, teste Chatelain, cod. Vat.* 2207 : -ssabunt *QLvPb* laxabunt *M* || in mollem : inmobilem *P* || fluuidam *codd. Hense* : fluid- v^2*Pb Mentel. Auen. Érasme*$^{1-2}$ *alii* || humum : *ex* -am P^2 || missa *codd. Mentel.* : *ex* -am L^{2uel3} -am *Q* immissa *dett. ed. Venet.* 1492 *Auen.* demissa *Érasme*$^{1-2}$ *alii sed u. Bourgery p.* 209 || exhaustum est : *ex* -autum est *b* || inueniebo *LPb* -nio [*ex* -niebo] *Q et sic dett. Mentel.* -niendo [*sic Beltrami*^{1}] *uel* -niam *uel* -nit *uel* -nit ergo *dett. alii, om. det. alius, Érasme*$^{1-2}$, *Disselbeck u. infra* in medio *corr. Haupt* inuenies ibi (quicquid fecit alter) *Beltrami*^{2} [*cf.* Inuenio (quicquid fecit alter) *Auen. Fickert*] intuenti ambo *Buecheler* || quicquid fecit alterius *codd.* Apparet in altero quidquid fecit a. *det. teste Fickert* a. i. a. quicquid factum est a. *Érasme*$^{1-2}$ Quicquid facit alter apparet a. *Disselbeck* quicquid fecit < alter in aperto est > alterius *Hense dub.*

6 Quaedam — expedita *om. P* | expedita : et exp- *b uulg.* || aiunt : *ex* agiunt *Q* || occupata : -anda *Auen. Érasme*$^{1-2}$ || illum ego *QL Hense* : e. i. *Pb Mentel.* [illam] *Auen. Érasme*$^{1-2}$ *uulg.* || habuit : habuerit *Mentel. Auen.* || de se meruisse : demer- *Q* || malignitatem : *sic* [ma *ante ras.*] *b.*

7 datum : d. est [est *supra u.*] *P* || scias licet *codd. Muret* : scilicet *P* (dictum) scias, scilicet *Mentel.* (datum) scias, scilicet *Érasme*$^{1-2}$ || imus : mihi *Q* || Hunc aut illum : *hic deficit Érasme*^{1}.

8 Parmi les vivants portons notre choix non sur les hommes dont la parole fonce à toute allure, les dévideurs de lieux communs [1], les charlatans à huis clos [2], mais sur ceux dont la vie est une leçon, qui, non contents de dire ce qu'il faut faire, le prouvent en le faisant, qui expliquent par leçons ce qu'il importe d'éviter, et ne sont jamais pris à commettre ce qu'ils ont recommandé de fuir. Choisis comme auxiliaire un homme que tu admires pour l'avoir vu à l'œuvre plutôt que pour l'avoir entendu. **9** Ce n'est pas que je veuille t'empêcher de prêter aussi l'oreille aux philosophes professionnels qui admettent le public à leurs dissertations, si toutefois ils se présentent à la foule dans le dessein bien arrêté de se rendre meilleurs en rendant meilleurs, si des vues de célébrité ne commandent pas leur rôle [3].

En effet, quoi de plus misérable que la philosophie courant après les acclamations [4] ? Est-ce que le patient complimente le chirurgien taillant dans sa chair ? **10** Faites silence, prêtez-vous et soumettez-vous à la cure. Même s'il vous arrive d'élever des clameurs, je les interpréterai comme des gémissements que je vous arrache en tâtant votre mal. Vous tenez à témoigner que vous êtes attentifs et que les grandes idées vous émeuvent ? Ayez ce droit, soit ; mais que vous vous fassiez juges, que vous portiez un jugement sur qui vaut mieux que vous, comment vous le permettrais-je ? Pythagore imposait à ses disciples cinq ans de silence : crois-tu que, sitôt l'épreuve finie, ils aient eu le droit et de parler et de louer ?

1. Sur le débit à toute allure v. *Ep.* 40, 7 s.

2. Cf. Muson. *ap.* Gell. 5, 1, 1 *neque — philosophum loqui sed tibicinem canere* ; Plut. *De recta rat. audiendi* 8 sur certains sophistes charmeurs, comparables à des citharèdes ; Épict. *Diss.* 3, 23, 30 s. sur le philosophe et le médecin discoureurs, applaudis, inopérants. — *Faciendo* : vol. I, p 17, n. 2 ; Plut. *op. cit.* 9 *s. f.* ; *Ep.* 20, 2.

3. L'idée de charlatanerie (§ 8 *circulantur*) est ici suggérée encore par *exercent* (cf. 40,6 ; 82,8). Sur le médecin beau parleur v. 75,6.

4. Epict. 3, 23, 23-24 «Ἀλλ' ἐπαίνεσόν με... Εἰπέ μοι Οὐᾶ... », 23, 32 ; infra § *clamores* ; *Ep.* 100,11 *f. plausus.* — § 10 *Ad tactum* cf. p. 51, n. 1 *f.* ; Muson. *ap.* Gell. 5, 1, 3 s. *animi partium aut sincerarum aut aegrarum philosophi pertractatio.* — *Tacendum* cf. Gell. 1, 9, 3 s. *tacere — alios aliud tempus pro aestimato captu sollertiae — sed non minus — quam biennium.*

nos possunt non tantum qui sunt, sed qui fuerunt. **8** Ex his autem qui sunt, eligamus non eos qui uerba magna celeritate praecipitant et communes locos uoluunt et in priuato circulantur, sed eos, qui uit*a* docent, qui cum dixerunt quid faciendum sit, probant faciendo, qui docent quid uitandum sit, nec umquam in eo quod fugiendum dixerunt deprehenduntur. Eum elige adiutorem, quem magis admireris cum uideris quam cum audieris. **9** Nec ideo te prohibuerim hos quoque audire, quibus admittere populum ac disserere consuetudo est, si modo hoc proposito in turbam prodeunt, ut meliores fiant faciantque meliores, si non ambitionis hoc causa exercent. Quid enim turpius philosophia captante clamores ? Numquid aeger laudat medicum secantem ? **10** Tacete, fa*u*ete et praebete uos curationi : etiam si exclamaueritis, non aliter audiam quam si ad tactum uitiorum uestrorum ingemescatis. Testari uultis attendere uos mouerique rerum magnitudine ? Sane liceat : ut quidem iudicetis et feratis de meliore suffragium, quidni non permittam ? Apud Pythagoram discipulis quinque annis tacendum erat : numquid ergo existimas statim illis et loqui et

nos *QPb* : *ex* non L^2 || qui sunt : *ex* quis P^2 || sed : *ex* se Q^1.

8 celeritate : -atem *QL* [cael- *Q*] || uita v^c *Muret* : -tam *QLPb* *Mentel. Auen. Erasme*^{2} uitam uita *Hense dub.* || dixerunt : -rint *L* [*et sic mox*] || quid uitandum : qui uit- *Q* || fugiendum : *ex* -do b^2 || cum uideris : *ex* cum quem uid- *Q*.

9 admittere : amitt- *Q* || faciantque : *om.* *Q* || meliores : *ex* -io/ret *b* || exercent : *ex* -escent *b* || secantem : sequent- *b*.

10 Tacete fauete *dett. Mentel.* [*ordine inuerso*] *Auen. Érasme*^{2} : tacete facete [*sed signum transponendi add. m. rec.*] *P sic* [facete *ex* faci-] *b* facite [*ante ras. ex* face-] QL^2 facete tac- MOP^2 || curationi : rationi [*ex* cum rat-] *m. rec.* *Q* || ad tactum *P* [*exiguum interest spat.*] : adt- *QL* ad tacitum *b* || uestrorum : nostro- *P* || ingemescatis *QL* : -iscatis [*ex* -escatis] P^2 -i/catis *b* || attendere : adt- [*ex* att-] *P* || mouerique : moneri [*ex* mou-] quae *m. rec.* *Q* || rerum magnitudine *QL Érasme*^{2} *Muret Ruhkopf Beltrami* [*claus. causa*] : m. r. *codd. Mentel. Auen. Schweighaeuser alii* || meliore : -ra *L* -ri [*ex* -ra] *m. rec.* *Q* || Pythagoram : *ex* -rum *Q* -rum *L* pithagoram *b* phithagora *P* || discipulis : *ex* dissi- *ut uid.* *P* || Numquid : Nunq- *Q* || ergo : ego L^2.

11 Mais quelle n'est pas la folie de cet homme qui s'en va la mine riante, après sa conférence, sous les ovations d'un public d'ignorants [1] ! Pourquoi es-tu bien aise d'avoir été loué par des gens dont tu ne saurais toi-même faire l'éloge ? Fabianus [2] dissertait en public, mais on l'écoutait avec décence. Une grande clameur de louange jaillissait de temps à autre : c'était la grandeur des idées qui la suscitait, non la musique d'impeccables et moelleuses périodes [3].

12 Ne confondons pas les acclamations du théâtre et celles de l'école : dans la louange même il est une convenance à garder [4]. Si l'on examinait bien, toute chose au monde se décèle par toute sorte de signes extérieurs et, pour saisir un indice sur la moralité, les moindres détails peuvent suffire. L'homme de mauvaises mœurs a, pour le dénoncer, sa démarche, un mouvement de la main, parfois une simple répartie, le fait de ramener un doigt à sa tête [5], une façon de couler le regard. Le fourbe est trahi par son rire ; le fou, par sa physionomie et son allure. Ces tares se découvrent à de certaines marques sensibles. Mais veux-tu connaître l'individu en son fond ? Observe comment il donne, comment il reçoit la louange. **13** De tous côtés les mains se lèvent en l'honneur du philosophe ; sa tête disparaît sous le flot des auditeurs enthousiastes. Le voilà couvert de louanges ; dis mieux : couvert de cris <comme un trépassé>. Laissons ces démonstrations bruyantes aux profes-

1. Cf. Cic. *ap.* Lact. *Inst.* 3, 25, 2 : *Est philosophia paucis contenta iudicibus, multitudinem consulto ipsa fugiens.* Un philosophe sérieux, tel Lucilius, n'a pas, dit S. (Ep. 7, 9), marchandise qui soit bonne au public qui l'écouterait, — à moins qu'il ne lui prenne envie de séduire par des agencements de mots et par la musique de sa parole (v. § 11 *f.*). Alors si le public applaudit, vocifère, gesticule, la duperie est réciproque (Muson. *ap.* Gell. 5, 1, 1).

2. Sur l'éloquence de Fabianus v. *Ep.* 40, 12 et vol. I, p. 166, n. 2.

3. V. supra n. 1 *s. f.* ; infra § 14 *uerba composita ;* Epict. *Diss.* 3, 23, 23 ἐπιδεῖξαί μοι θέλεις ὅτι κομψῶς συντιθεῖς τὰ ὀνόματα.

4. Cf. *De Tr. an.* 9, 6 *uitiosum est ubique quod nimium est* (Cf. *De Form. hon. uitae* Haase § 8 ; Quint. 11, 1 *s. f.*)

5. Geste obscène ou d'efféminé. — *Ad caput digitus :* Lucian. *Rhet. praec.* 1 c. 11 τῷ δακτύλῳ ἀκρῷ τὴν κεφαλὴν κνώμενον, Juv. 9, 133 : souvenir d'un mot de Calvus et de Clodius sur Pompée (*Fr. poet. R.* Baehrens p. 322, 18 ; Plut. *V. Pomp.* 48) ; d'un mot de Cicéron sur César (Plut. *V. Caes.* 4 *s. f.*).

laudare licuisse? **11** Quanta autem dementia eius est, quem clamores imperitorum hilarem ex auditorio dimittunt? Quid laetaris, quod ab hominibus his laudatus es, quos non potes ipse laudare? Disserebat populo Fabianus, sed audiebatur modeste: erumpebat interdum magnus clamor laudantium, sed quem rerum magnitudo euocauerat, non sonus inoffense ac molliter orationis elapsae. **12** Intersit aliquid inter clamorem theatri et scholae: est aliqua et laudandi *ele*gantia. Omnia rerum omnium, si obseruentur, indicia sunt et argumentum morum ex minimis quoque licet capere. Inpudicum et incessus ostendit et manus mota et unum interdum responsum et relatus ad caput digitus et flexus oculorum; inprobum risus, insanum uultus habitusque demonstrat. Illa enim in apertum per notas exeunt: qualis quisque sit, scies, si quemadmodum laudet, quemadmodum laudetur, aspexeris. **13** Hinc atque illinc philosopho manus auditor intentat et super ipsum caput mirantium turba cons*istit*: non laudatur ille nunc, si intellegis, sed conclamatur. Relinquantur istae uoces illis artibus, quae propositum habent populo placere: philosophia adoretur.

11 imperitorum : *ex* impedit- *P* inperit- *b* || dimittunt : *ante ras. b* || his *Pb Mentel. Auen. Schweighaeuser* : *ex* is Q^2 is [*ex* his] *L* iis *Érasme*[2] « is *fort.* » *Hense* || es *Pb* : *ex* est *Q* est *L* || potes : *ex* -test *Q* || Disserebat : et d. *P fort. recte* || audiebatur : -dicaba/tur *b* || laudantium : -entium *b* « *uix subest* plaudentium » *Hense* || inoffense *LP Hense* : *sic* [*ex* off-] *Q* -sae *b M uulg.* || molliter : *ex* -tur *Q*.

12 theatri : tea- *P* || elegantia *Axelson*[3] *p.* 5 *dub. sed ad sent. aptissime* : licentia *QLPb Auen. Érasme*[2] *Beltrami* diligentia *Gertz* scientia *dett. Mentel.* decentia *Koch* || obseruentur : *ex* -ruatur *b* || inpudicum et incessus : et incessus inpudicum *QL* || manus : *ex* magnus *P* || relatus : *sicne an* relictus *Q incert.* || oculorum : occ- *b* || inprobum : i. interdum *Auen.* || demonstrat : *ex* -nctrat P^2 || quemadmodum laudetur : *ex* quemamm- l. *Q*, *om. Pb*.

13 atque *QL* : itaque *b* i. et [et *supra u.*] *P* || consistit *Mentel. Érasme*[2] : *sic* [istit *i. r.*] P^2 constantium *QLb* circumstat *Auen.* || intellegis : -igis *b* || Relinquantur : *sic* [*ex*-quatur] P^2 *ut uid.* || propositum *MvO* : *ex* praep- Q^2P^2 praep-*Lb* || philosophia : *post complur. litt. erasas b*.

sions qui ont pour but de plaire au public. Que la philosophie ait notre adoration muette [1].

14 On permettra quelquefois aux jeunes gens de suivre un élan d'enthousiasme, mais seulement quand ils agiront par élan, quand ils ne pourront plus se commander le silence. Un pareil témoignage d'approbation contribue à la propre édification de l'auditeur, touche au vif les jeunes âmes. Mais c'est l'intérêt du fond qui doit les émouvoir, non l'arrangement des paroles : autrement l'éloquence leur est pernicieuse, en se faisant aimer non pour les choses, mais pour elle.

15 Je n'en dirai pas davantage pour le moment. Il faudrait, en effet, un exposé spécial et de longue haleine sur l'art de parler philosophie devant le public, sur ce que le philosophe peut se permettre avec le public, sur ce qu'il peut permettre au public à son égard. La philosophie a perdu, personne n'en doutera, depuis qu'on l'a prostituée. Elle peut néanmoins se laisser voir dans son sanctuaire, si elle se trouve avoir, pour vous introduire, un prêtre, et non un trafiquant.

1. Sur l'admiration muette v. Muson. *ap.* Gell. 5, 1, 5. Sur le culte dû à la philosophie v. *Ep.* 14, 11 ; vol. I p. 56 n. 1 et Lucr. 6, 7 *diuina reperta*. Sur la piété du philosophe lorsqu'il « officiait » v. § 15 *f.* et *N. q.* 7, 30. 1.

14 Permittendum erit aliquando iuuenibus sequi impetum animi, tunc autem, cum hoc ex impetu facient, cum silentium sibi imperare non poterunt : talis laudatio aliquid exhortationis affert ipsis audientibus et animos adulescentium exstimulat. <At> ad rem commoueantur, non ad uerba composita : alioquin nocet illis eloquentia, si non rerum cupiditatem facit, sed sui. **15** Differam hoc in praesentia : desiderat enim propriam et longam exsecutionem, quemadmodum populo disserendum, quid sibi apud populum permittendum sit, quid populo apud se. Damnum quidem fecisse philosophiam non erit dubium, postquam prostituta est : sed potest in penetralibus suis ostendi, si modo non institorem, sed antistitem nancta est. VALE.

14 impetum : inp- *b* || cum hoc : hoc *post eras.* cum *P* || impetu : inp- *Pb* || imperare : inp- *b* || exhortationis : exort- *P* || affert *Qb* : adf *P alii* || adulescentium : adol- *QLPb* || exstimulat : *ex* exti- *b* || < At > ad *Hense*[2] *suppl. Quir. p.* IV : ad *codd. uulg.* || commoueantur : conm- *b* || composita *QL* : cōp- *b* conp- *P* || alioquin *codd. Érasme*[2] : -qui *Muret.*

15 in praesentia *codd. Mentel. Auen.* : in praesenti *Érasme*[2] quemadmodum : quem amm- *Q* || populo disserendum : pro *uel* cum populo d. *Beltrami*[2] *dub. sed u.* § 11 || apud : -ut *b* || sit : scit *Q* || penetralibus *M*[2] : *ex* -abilibus *P* -abilibus *QLMvOb* || antistitem : *ex* antistem *P*[2] || nancta *Lb* : nacta [*ex* -ncta *Q*] *QMvOP*.

LIVRE VI

LIVRE VI

Lettre 53 *

1 A quoi ne me ferait-on pas consentir, puisque j'ai consenti à partir en mer ? Quand j'embarquai [1], c'était le grand calme. Le ciel, pour tout dire, était chargé de ces nuages malpropres qui finissent presque toujours par de l'eau ou du vent. Je comptais cependant pouvoir enlever les quelques milles qui séparent ta chère Parthénope de Pouzzoles, en dépit du ciel douteux et menaçant. Afin donc d'échapper plus vite, je cinglai au large droit sur Nésis, de façon à couper court à toutes les sinuosités <du rivage>. **2** Comme j'étais déjà si avancé que c'était même chose pour moi de continuer ou de m'en retourner, je ne vis plus d'abord cette surface unie qui m'avait séduit. Ce n'était pas encore la tempête, mais c'était la houle ; la lame était de plus en plus courte. Je me mis à demander au pilote de me déposer à n'importe quel endroit de la côte. Il répliquait que c'étaient des parages escarpés et sans une rade ; qu'au reste, dans la tempête, il ne craignait rien tant que la terre ferme.

* *Sommaire.* — Sénèque, qui a eu à souffrir d'une mer mauvaise (1-4), examine pourquoi nous sommes si prompts à oublier nos faiblesses même physiques (5-8 jusqu'à *expergiscamur ergo*). La philosophie dissipera les illusions de nos âmes, et nous serons par elle presque les égaux des dieux en félicité (8-12).

1. Il quittait Naples où sans doute il s'était rendu de Baïes. — *Sordidis*, épithète descriptive familière à la météorologie d'alors (*N. q.* 1, 12, 2). — *Tua* évoque les origines de Lucilius, qui peuvent être campaniennes (49, 1 ; 70, 1) ; ou quelque éloge de Naples dans ses vers (cf. 79, 10 *Aetna tua*) ? — *Ad Nesida :* l'île de Nisida, en vue de la côte campanienne, entre Pausilippe et Pouzzoles.

LIBER VI

SENECA LVCILIO SVO SALVTEM 53

1 Quid non potest mihi persuaderi, cui persuasum est ut nauigarem ? Solui mari languido : erat sine dubio caelum graue sordidis nubibus, quae fere aut in aquam aut in uentum resoluuntur, sed putaui tam pauca milia a Parthenope tua usque Puteolos subripi posse, quamuis dubio et impendente caelo. Itaque quo celerius euaderem, protinus per altum ad Nesida direxi praecisurus omnes sinus. 2 Cum iam eo processissem, ut mea nihil interesset, utrum irem an redirem, primum aequalitas illa, quae me corruperat, periit : nondum erat tempestas, sed iam inclinatio maris ac subinde crebrior fluctus. Coepi gubernatorem rogare, ut me in aliquo litore exponeret : aiebat ille aspera esse et inportuosa nec quicquam se aeque in tempes-

Ep. 53. 1 non potest *codd.* *Érasme*[2] : potest non *Auen.* || persuasum : *ex* -asus *Q* || mari : -ris [*ex* -ri] *L*[2] -re [*ex* -ris] *Q* || languido : -dus [*ex* -do] *L*[2] -dius [*ex* -dus] *Q*[2] || putaui tam *QLP* : *ex* putaui tn *V* puto uitam *b* || pauca milia : *sic* [mi *i. r.*] *P* *et* [milia *mg.*] *V* paucam illi *QLb* || a Parthenope tua : a [*supra u.*] partenope t. *P* aparte nopecua *b* || impendente *Q alii* : inp- *Pb* || celerius : *ex* cole /r- *P* || direxi *QVLPb uulg.* : der- *Hense.*

2 processissem : *ex* prec- *Q* || mea *Lb* : *ex* meam *Q add. ut uid.* *V* me *P eras. ead. m. aut P* [2] || interesset : *ex* -ssem *L*[2] inter et [*pro* e et] *uirg. super pos.* *b* || primum : *ex* p. *iterato* *L*[2] *b* || periit *QLPb uulg. et claus. causa Löfstedt* : *ex* -rit *V* perît *Rossbach* || fluctus : *ex* fruc- *b* || me : *supra u.* *V* || aliquo : *ex* -qo *Q* || aiebat *L* : *ex* aiegebat *Q* *ex* agebat *VP*[2] ag- *b* || ille : *ex* illi *b*.

3 Cependant, trop mal en point pour prendre conscience du péril, tourmenté d'une de ces nausées paresseuses et sans effet [1] qui remuent la bile et ne l'expulsent pas, je pressai le pilote et l'obligeai, bon gré mal gré, à regagner le rivage. Une fois que nous fûmes à proximité, je n'attendis pas que s'exécutât aucune des manœuvres décrites par Virgile :

« On tourne les proues vers le large » ;
« L'ancre est jetée du haut de la proue ».

Je me rappelle mon savoir-faire de nageur et, vieux partisan de l'eau froide [2], je me jette à la mer, en tenue d'amateur du bain glacé, avec un peignoir de laine. **4** Conçois-tu bien le mal que j'ai eu à ramper de récif en récif, à chercher une voie, à m'en faire une ? J'ai compris que les marins n'ont pas tort de tant redouter la terre. On ne saurait croire quelles fatigues j'ai eu à soutenir, alors que je ne pouvais me soutenir moi-même. Il faut que tu le saches : Ulysse n'était pas né maudit de Neptune au point de faire en tous lieux naufrage : il était sujet au mal de mer. Tout comme lui, sur quelque point que je doive mettre le cap, je n'arriverai qu'au bout de vingt ans.

5 Dès que j'eus remis en ordre l'estomac, qui, comme

1. *Nausea — sine exitu,* presque la détresse des pestiférés : λύγξ — κενή Thuc. 2, 49, 4). V. la misère d'un autre philosophe en mer, Gell. 19, 1, 1 à 6.

La double citation de Virgile (*Aen.* 6, 3 ; 3, 277) marque le virement des navires qui accostent : ils sont finalement à l'ancre et prêts à repartir.

2. Le frêle Sénèque avait été grand amateur de bains froids (*ille tantus psychrolutes* 83, 5) ; il commençait l'année, en ce temps-là, par un plongeon dans l'*Aqua Virgo* (ibid.). Ainsi les malades traités par le Marseillais Charmis voire même des consulaires, hantaient les étangs aux eaux glacées (Plin. *N. h.* 29, 10). Maintenant, après un exercice modéré, S. a coutume, sauf exception, d'entrer dans une baignoire d'eau tiède (*Ep.* 83,5), tandis que des stoïciens comme Agrippinus, même aux heures mauvaises, restent fidèles aux bains froids (Epict. 1, 1, 29).

Cette cure avait été mise en honneur à Rome lorsqu'Auguste, à qui le médecin Antonius Musa l'avait appliquée en l'an 23 av. J.-C.,

tate timere quam terram. **3** Peius autem uexabar, quam ut mihi periculum succurreret : nausia enim me segnis haec et sine exitu torquebat, quae bilem mouet nec effundit. Institi itaque gubernatori et illum, uellet nollet, coegi, peteret litus. Cuius ut uiciniam attigimus, non expecto ut quicquam ex praeceptis Vergilii fiat,

Obuertunt pelago proras

aut

Ancora de prora iacitur :

memor artificii mei uetus frigidae cultor mitto me in mare, quomodo psychrolutam decet, gausapatus. **4** Quae putas me passum, dum per aspera erepo, dum uiam quaero, dum facio ? Intellexi non inmerito nautis terram timeri. Incredibilia sunt, quae tulerim, cum me ferre non possem : illud scito, Vlixem non fuisse tam irato mari natum, ut ubique naufragia faceret : nausiator erat. Et ego quocumque nauigare debuero, uicesimo anno perueniam. **5** Vt primum stomachum,

3 uexabar *codd. Mentel. Auen. mg. Erasmi*^{2} *Muret* : *sic* [x *i. r.*] *V* ferebar *Érasme*^{2} || nausia : -ea [*ex* -ia] Q^2 *Mentel. Auen. Érasme*^{2} || segnis : *ex* sig- *b* || sine : *uid. perisse cum mg. V* || peteret : -re [e *add. i. r.*] *ante 1 litt. eras.* P^2 [*ex* -ret] *Q Mentel. Auen.* ut peteret *Érasme*^{2} || attigimus : *ex* atting- *Q* || VERG. *Aen.* 6, 3 ; 3, 277 | Vergilii *QL* : uirg- *PVb* || obuertunt *Verg.* : *ex* -tant *VP*^{2} -tant *QLb* || ancora *Vb* : ancho- [*ex* ancio- *Q*] *QP* inanco- *L* || cultor : -tio *uel* -tor [to/*uirg. superpos.*] *b* || psychrolutam *uel* -tan [*per compend.*] *b* : psycro- *QL* sichro- *V* sychrolutam *uel* -tan *P* || gausapatus : *ex* caus- *b*.

4 aspera : -ras *b* [*ex aliqua lect.* -ra s(erpo) ?] || erepo *Muret* : *ex* eripio *P cad. ut uid. m.* eripio *QLVb* || inmerito : in mor- *p* || nautis : -tas [*ex* -tis] Q^2 || timeri : -re [*ex* -ri ? L^2] *Q*L^2 || me ferre : efferre *P* || possem *Érasme*^{2} : -im *pQLVPb Auen.* || scito : *ex* scio *V* || Vlixem : *ex* -ixest Q^2 ut lixem *b* || fuisse *p* : *ex* -et *Q* -et *L* -e *ante ras. P* || tam irato : tamen irato *p* || natum ut ubique : n. hubique *p* || nausiator : -seator Q^2 [*ex* -siator] *Mentel. Auen. Érasme*^{2} || uicesimo *QLP uulg.* : uicensimo [*mg.* uel uix in uno] *V Hense* uincens- *p* uiges- *b* || perueniam : *ex* per uiam *b* -iamus *p*.

tu le sais, n'échappe pas à la nausée en même temps qu'à la mer, quand je me fus ragaillardi le corps par une friction [1], je réfléchis au penchant qui nous porte à oublier si vite nos infirmités, même physiques, qui nous rappellent souvent leur présence, et, à plus forte raison, celles qui sont d'autant moins apparentes qu'elles sont plus sérieuses [2]. **6** Un petit frisson de rien échappe à l'attention ; mais, s'il s'accentue, si la fièvre authentique jette son feu, l'homme, même endurant, même habitué à pâtir, laisse échapper l'aveu de son mal. Les pieds ressentent une douleur ; les articulations, des picotements ; jusqu'ici on dissimule, alléguant une foulure du talon, un froissement des membres au cours de tel exercice. Quand le mal, non caractérisé, est dans son prodrome, on lui cherche un nom ; mais, s'il vient à enfler les chevilles, à déformer les deux pieds, on ne peut plus qu'avouer la goutte.

7 Le contraire arrive dans les maladies qui affectent notre âme : plus on est atteint, moins on le sent. Il ne faut pas que tu t'en étonnes, mon Lucilius bien-aimé.

s'en trouva rétabli (Acr. *ad Hor. Ep.* 1, 15, 2 ; Suet. *Aug.* 59 et 81 ; Plin. *N. h.* 25, 77). Musa avait reçu du Sénat et de l'empereur de magnifiques récompenses : entre autres une statue qu'on dressa près du temple d'Esculape (Suet. 59) et l'exemption de tout impôt, qu'on étendit à ses collègues présents et futurs (Dion Cass. 53, 30).

La cure, appliquée à Marcellus, échoua, mais la mode en subsista. Auguste se trempait toujours dans l'eau froide, mais dégourdie au soleil (Suet. 82) ; Horace, dans l'eau glacée (Hor. *Ep.* 1, 15, 3 s.). Celse (4, 24) recommande ce régime sous Tibère.

Pline en sera scandalisé : « On spéculait sur la mode aux dépens de nos vies ! » (*N. h.* 29, 11). Esculape n'en dira pas moins (M. Antonin. 5, 8) : « Ordre à un tel... de se baigner à l'eau froide » ou « d'aller pieds nus. »

1. S. pense-t-il plaisamment à Ulysse « lavant son dos de l'écume et le frottant avec l'huile que depuis longtemps sa peau n'a pas connue » (V. *Od.* 6, 218 ss.) ? Il y pensait tout à l'heure (§ 4 *f.*) pour affirmer que le fameux voyage, auquel il ajoutait les années de guerre, avait tant duré parce que le voyageur n'avait pas le pied marin : variante comique d'un adage familier à S. *De Tr. an.* 5, 5, *in periculosa navigatione subinde portum petas.*

2. *Quo maiora sunt :* amorce d'un protreptique (§ 8), exhortation dans le goût de l'auteur (cf. 16, 3 ; 72, 3 ; *De Ot.* 5 ; *N. q.* 3 *pr.* 1 à 4) et dans la tradition d'Aristippe, Cléanthe, Posidonius, Ariston de Chios, Cicéron (*Hort.*).

quem scis non cum mari nausiam effugere, collegi, ut corpus unctione recreaui, hoc coepi mecum cogitare, quanta nos uitiorum nostrorum sequeretur obliuio, etiam corporalium, quae subinde admonent sui, nedum illorum, quae eo magis latent, quo maiora sunt. **6** Leuis aliquem motiuncula decipit ; sed cum creuit et uera febris exarsit, etiam duro et perpessicio confessionem excipit. Pedes dolent, articuli punctiunculas sentiunt : adhuc dissimulamus et aut talum extorsisse dicimus nos aut in exercitatione aliqua laborasse. Dubio et incipienti morbo quaeritur nomen, qui ubi u*el* talaria coepit intendere et utrosque d*isto*r*t*os pedes fecit, necesse est podagram fateri. **7** Contra euenit in his morbis, quibus afficiuntur anim*i* : quo quis peius se habet, minus sentit. Non est quod mireris, Lucili

5 non *codd. Mentel. Érasme*^{2} : *om. Auen. secl. Ruhkopf* || nausiam : *ex* nusiam *b* nausean [*ex* -iam] Q^2 || effugere :-gire *p* || collegi : *ex* cole- *L* recollegi *Hense dub. coll.* 4, 37, 1 || subinde : s. non [non *supra u.*] *V* || admonent L^1VP : ammoneret [r *fort. expunct.*] *p* ammonem *b* || nedum : *ex* nud- p^2 || quo : cum *Auen.* || maiora : -res *p*.

6 aliquem *codd. Auen. Muret* : -am *p* aliquam *per compend. b* aliquando *Mentel.* saltem *Érasme*^{2} || motiuncula [moci-*Q*] *QVPb* : -lum *L* mociunculam *p* || perpessicio : perpes scio *p* perpessitio *Pb Érasme*^{2} perpesso sui *Auen.* || excipit *codd. Mentel. Auen. Érasme*^{2} *in adn. Hense* [*coll. sup.* decipit] : -cepit *QL* exprimit *R. Agricola Summers* accepit *Érasme*^{2} -ipit [*coll. sup.* decipit] *Lipse* extorquet *Muret Fickert* excutit *prop. Haase* || punctiunculas : *ex* -gulas P^2 -gulas *QLVb* pugtiung- *p* || aut : *ex* ut *b* || talum : ca- *p* talium *b* || dicimus : *ex* didi- *Q* || incipienti : *sic* [i *extr. i. r.*] *P* -te *p Auen. Érasme*^{2} *alii* || ubi uel *Rossbach* : ubi ut *pQLbV* ubi [*ante* ū *eras.*] *P Mentel.* ubi iam *mg.* V^2 *Auen.* ubi et *dett. Ruhkopf* ut *Érasme*^{2} ubi ad (— coepit tendere) *Muret* ubi uelut [« *so to speak* »] *Barker* || talaria *codd. Érasme*^{2} : talaa [ri *supra u.*, la *ex* li] *V* calcaria *Mentel. Auen.* || et utrosque — fecit *om. Muret* | et : *ex* ec *V* | utrosque : *ex* -rusque p^2 ultrosque *b* | distortos *Toup Chatelain cf.* 67,3 *De Ira* 3,33,3 : dextros *codd.* [dest- *aliqui teste Lipsio*] *Érasme*^{2} aegros *Summers alii alia* || fecit *codd.* [faec- *P*] *Érasme*^{2} *in adn. Muret* : fac-*p* forierit *Érasme*^{2} *dub.* || podagram : *ex* podragam *b*.

7 morbis : *ex* -bos p^2 || afficiuntur *Qb* : adficiuntur *pPV* [ur *i. r. ut uid. V*] || animi *dett. Auen. Érasme*^{2} : -mo *pQLVPb sic* [*post* adficimur] *Rossbach* || peius : *om. P* || se habet *QVP Mentel. Érasme*^{2} : h. s. [*add. transponendi signo*] *L* habet *pb Auen.* || minus : *post* nim *erasum b* || carissime : Kar- *Q*.

L'homme légèrement assoupi perçoit des apparences tandis qu'il repose, et parfois en dormant il se rend compte qu'il dort. Un sommeil profond éteint jusqu'aux rêves ; il absorbe l'âme au point d'abolir en elle la conscience. 8 Pourquoi nul n'avoue-t-il ses vices ? C'est qu'on est encore engagé sous leur empire. Conter son rêve, c'est être revenu à l'état de veille. Avouer ses vices, c'est l'indice qu'on en est guéri [1].

Éveillons-nous donc, afin de pouvoir confondre nos erreurs [2]. Or, la philosophie seule nous réveillera [3]; seule elle dissipera un sommeil accablant. Consacre-toi tout à elle. Tu es digne d'elle ; elle est digne de toi. Jetez-vous dans les bras l'un de l'autre. Refuse ton affection à tout autre objet, bravement, ouvertement. Tu n'as pas à être philosophe à titre révocable [4]. 9 Si tu étais malade, tu aurais interrompu bien vite la surveillance de tes intérêts ; les tracas judiciaires te seraient sortis de la tête ; il n'y a pas une personne dont tu fasses tellement de cas que tu consentirais, même allant mieux, à sortir de chez toi [5] pour l'assister dans un procès. Tu t'appliquerais de toute ton âme à t'affranchir du mal au plus vite. Eh ! bien, aujourd'hui encore n'agiras-tu pas de même ? Écarte tous les embarras ; consacre-toi à la santé de ton esprit. Nul ne parvient jusqu'à elle surchargé d'affaires. La philosophie est maîtresse dans son empire. Elle fixe son heure, n'accepte pas

1. Ambr. *De Inst. uirg.* 4, 27 *erroris medicina — confessio* ; Plut. *De recta rat. audiendi* c. 11.

Cf. Sen. *Ep.* 89, 19 *incipit medicina proficere ubi in corpore alienato dolorem tactus expressit* ; 28, 9 *deprehendas te oportet, ante quam emendes.*

2. *Coarguere :* 28, 10 *te ipse coargue* (vol. I, p. 124, n. 1) ; 68, 6. V. aussi p. 87, n. 3.

3. V. supra p. 50, n. 2.

4 Cf. infra § 9 : *omnia inpedimenta dimitte et uaca bonae menti* ; 72, 3 *non cum uacaueris philosophandum est, sed ut philosopheris uacandum est ; omnia alia neglegenda* ; 106, 1 *uacant qui uolunt* : 62, 1 *Vaco, Lucili.*

5. *Descenderes* cf. vol. I, p. 24, n. 3.

carissime. Nam qui leuiter dormit, et species secundum quietem capit et aliquando dormire se dormiens cogitat : grauis sopor etiam somnia extinguit animumque altius mergit, quam ut in ullo intellectu sui *sit*. **8** Quare uitia sua nemo confitetur ? Quia etiamnunc in illis est : somnium narrare uigilantis est, et uitia sua confiteri sanitatis indicium est. Expergiscamur ergo, ut errores nostros coarguere possimus. Sola autem nos philosophia excitabit, sola somnum excutiet grauem : illi te totum dedica. Dignus illa es, illa digna te est : ite in conplexum alter alterius. Omnibus aliis rebus te nega, fortiter, aperte : non est quod precario philosopheris. **9** Si aeger esses, curam intermisisses rei familiaris et forensia tibi negotia excidissent nec quemquam tanti putares, cui aduocatus in remissione descenderes : toto animo id ageres, ut quam primum morbo liberareris. Quid ergo ? non et nunc idem facies ? Omnia inpedimenta dimitte et uaca bonae menti : nemo ad illam peruenit occupatus. Exercet philosophia regnum suum ; dat tempus, non acci-

dormit et : *ex* -mitet*P* || leuiter : illud ter *p* || capit et *p Haase* : capit *LPb Mentel. Auen. Érasme*[2]... *Beltrami* || sopor : sor *p* || somnia : sonn- *b* || ut in ullo intellectu sui *Schultess et sic P* : u. i. u. intellectus s. *QL* hut i. nullo intellectu s. *p* uti nullo intellectu sui *b* ut uti ullo intellectu (sinat.) *Érasme*[2] || sit *Schultess* : est *codd.* [est/*p*].

8 narrare : narra *p* || uigilantis : *ex* -tes *b* || Expergiscamur : *sic* [i *ex* e] *QVP* [is/*ante 2 litt. erasas*]*b* -gescamur *L* -gisquammur *p* || sola somnum : solas omnium *p* || grauem : -emur *uel* -emus *p* || te : *om. b* || illa es : *ex* illes *p*[2] || digna te est *QLVb* : -nata te [te *add.*] est *P*[2] dignitatem est *p* || conplexum *Q* : compl- *pLVPb* || omnibus aliis : omnibus [*add.* aliis *mg.*] *p* o. aliif *ut uid. b* o. illis *Auen.* || rebus : *om. Érasme*[2] || nega : *ex* negra *P*[2] negra *b* || aperte : -arte *b* || precario : -carie [*ex* -cari] *P*[2] -cari *b*.

9 aeger esses : egeres es *p* || intermisisses : *ex* -ississes *b* -issises *p* -ississes *QP* || quemquam : quemqu [am *fort. euan.*] *V* quenquam *P* || cui : sui *p* || remissione : -nem *P* || descenderes : disc- *L* || ageres : *ex* geres *P* || primum : -mo *pV* || liberareris : *ex*/libereris *p* || facies : -ias *p* || inpedimenta *pPb* : imp- *ut uid.* [*ex* inp-] *Q* || uaca : uoca *p* || accipit : -pitur *p*.

la nôtre. Elle n'est pas l'emploi des moments perdus ; elle l'est de tous les instants ; elle est la maîtresse : elle ordonne qu'on soit là.

10 Alexandre, parlant à une cité qui lui offrait une partie de son territoire et la moitié de tous ses biens : « Je ne suis pas venu en Asie, dit-il, pour recevoir ce que vous me donneriez, mais pour que vous ayez ce que je vous laisserais [1]. » La philosophie dira de même à toutes les occupations : « Je ne suis pas faite pour recevoir le temps qui vous sera de reste ; vous aurez celui dont je n'aurai pas voulu [2]. » **11** Qu'elle soit donc l'objet de toutes tes pensées ; tiens-toi en sa présence, vénère-la. Il se fera un intervalle immense entre toi et le reste des hommes. Tu dépasseras de beaucoup toutes les créatures mortelles ; les dieux ne te dépasseront pas de beaucoup [3]. Tu veux savoir quelle sera la différence entre eux et toi ? Ils dureront davantage. Mais, en vérité, c'est le propre d'un grand artiste d'avoir su enfermer le tout dans un espace insignifiant [4]. Le sage est aussi à l'aise dans son existence que Dieu dans la suite des siècles. Et il est un point par où le sage dépasse Dieu : celui-ci doit à sa nature de ne point connaître la crainte ; notre sage le doit à lui-même. **12** Quelle grande chose, de joindre à la faiblesse d'un mor-

1. Nous ignorons la source de cette chrie. Nous savons seulement qu'à Darius, lui proposant de partager l'Asie avec lui, Alexandre aurait répliqué : Curt. 4, 5, 7 (*Darium*) *quod totum amiserit uelle partiri... Leges autem a uictoribus dici, accipi a uictis... Se — cum transiret mare — Persepolim, caput regni, — ultimique Orientis oram imperio suo destinasse* ou (Plut. *Reg. et imp. Apophth.* : *Alex.* 11) μήτε τὴν γῆν ἡλίους δύο μήτε τὴν Ἀσίαν δύο βασιλεῖς ὑπομένειν.

2. V. p. 51, n. 4. — § 11 *Cole :* V. p. 46, n. 1.

3. Ainsi s'achève cette éloquente et orgueilleuse exhortation à la philosophie. Sur la conclusion v. 73, 13 ; *De Prou.* 1, 5 ; *De Const.* 8, 2 ; Cic. *De N. deor.* 2, 153.

4. *Totum in exiguo.* Cf. *Ep.* 101, 8 et 10 *cui uita sua cotidie fuit tota ;* vol. I p. 142 n. 4 ; Chrysippe supra p. 32, n. 1 *f.* ; Bossuet « La grâce, cette excellente ouvrière, se plaît quelquefois à renfermer en un jour la perfection d'une longue vie. » (Lebarcq-Urbain V, 678).

L'antiquité vantait le sculpteur Myrmécide dont l'aurige, en marbre ou en ivoire, tenait avec son char sous les ailes d'une mouche (Plin. *N. h.* 36, 43 ; 7, 85) et dont le navire en ivoire disparaissait sous celles d'une abeille (Plin. 7, 85). V. d'autres ouvrages

pit. Non est res subsiciua ; ordinaria est, domina est, adess*e* iubet. **10** Alexander cuidam ciuitati partem agrorum et dimidium rerum omnium promittenti : « Eo, inquit, proposito in Asiam ueni, ut non id acciperem, quod dedissetis, sed ut id haberetis, quod reliquissem. » Idem philosophia rebus omnibus : « Non sum hoc tempus acceptura, quod uobis superfuerit, sed id uos habebitis, quod ipsa reiecero. » **11** Totam huc conuerte mentem, huic asside, hanc cole : ingens interuallum inter te et ceteros fiet ; omnes mortales *multo* antecedes, non multo te dii antecedent. Quaeris, quid inter te et illos interfuturum sit ? Diutius erunt. At mehercules magni artificis est clusisse totum in exiguo : tantum sapienti sua, quantum deo omnis aetas patet. Est aliquid, quo sapiens antecedat deum : ille naturae beneficio non timet, suo sapiens. **12** Ecce res magna,

subsiciua : subsequens *mg. Q. mg. L* || domina : *ex* doom- *p* || adesse iubet *Haase* : adest et iubet *pLVPb Mentel. Auen. Érasme*[1] *Muret Barker* [*« is a sovereign present and peremptory »*] a. e. lubet [*ex* iu-] *m. rec. Q* a. ut libet *Summers.*

10 ciuitati : -tem *p* || inquit : *ex* -id *P* -id *pb* || dedissetis : diss- *p* || id haberetis *LVPb* : idem h. *p* || Idem [*ex* idest *Q*] *pQ*[2] : id *LVPb* || rebus *pLVPb Mentel. Auen. Érasme*[1] *Hense*[2] *Bourgery* : nobis *Wolters* regibus *Buecheler* || hoc *dett. Mentel. Auen. Schweighaeuser* : hic *pQLVPb* id *Érasme*[1] || uos *codd. Mentel. Auen. Fickert* : uobis *b om. Érasme*[2] *Schweighaeuser* || habebitis : - betis *p* || reiecero *Lipse cf. Axelson*[3] *p.* 88 : re aegero *p* re egero *QL* reeg- *P* regero [*ex* reeg-] *V* erogauero *b Mentel. Auen. Muret uulg.* redegero erogaueroque *Érasme*[1] erogaro *Haase* relegaro *H. Mueck.*

11 Totam : tantum *p* || huc : *sic uel* hac *p* || mentem : -te *p* || asside [*ex* -due *b*] *Qb* : adside *pP* || ceteros : alios *Auen.* || fiet : fiat *bAuen. Érasme*[2] || multo *dett. Érasme*[2] : auito *pQLVb* [uel aucto *supra scr. V*] uita [*ex* auito] *P Fickert* auitio [*ex* -ito] *Q*[2] || antecedes : *ex* -das *p* || dii *QLVP* : di *p* dum *b* || antecedent : -dentur *p* || inter te et : /inte et *b* || interfuturum : fut- *Q* || At *pV* : *ex* ad *QP*[2] Ad *b* an *L* || artificis : *ex* -ces *Q*[2] || clusisse *codd.* : claus- *Mentel. Auen. Érasme*[2] *alii* || sapienti : -tia *pV*[1] || deo : *ante 1 litterulam erasam V* deeo [*ex* de o] *m. recentissima b* || omnis : *ante ras. Q* || quo : *supra u. P*[2] *ex* quod *Q* quod *b* || antecedat : *ex* ante/dced- *p.*

12 Ecce : Ecee *p.*

tel la tranquillité d'un Dieu ! On ne saurait croire combien la philosophie a de force pour émousser tous les coups de force du hasard. Pas un trait ne l'entame ; elle offre un front de défense inébranlable ; elle lasse certaines attaques et les esquive comme des javelots légers qui se perdent dans les plis de sa robe [1] ; il en est qu'elle secoue et qu'elle renvoie jusqu'à celui qui les a lancées.

LETTRE 54 *

1 Un congé de longue durée m'avait été accordé par la maladie ; elle m'a soudain donné l'assaut. « Quel genre de mal ? » dis-tu. La question est tout à fait pertinente : tant s'en faut que j'en ignore un seul [2] ! Il en est un toutefois auquel je suis comme voué ; je ne sais pourquoi je l'appellerais de son nom grec ; « *suspirium* » [respiration forte] exprime assez bien ses effets. C'est une crise rapide qui prend en bourrasque : elle passe généralement en moins d'une heure. Peut-on en effet être longtemps à expirer ? **2** Toutes les incommodités physiques, toutes les crises ont passé sur moi ; aucune ne me paraît plus

* *Sommaire.* — Pour faire diversion à une pénible crise d'asthme (1-2), Sénèque a médité profondément le problème de la mort (3-5). Il donne à son ami l'assurance qu'il ne fléchira pas au moment suprême. A peu de chose près, il aura l'attitude du sage (6-7).

de μικροτεχνία ap. Ael. *V. h.* 1, 17 ; Plut. *Adu. stoic.* 14, 5 ; Plin. *N. h.* 7, 85.

1. Cf. *De Const.* 7, 4 *opposita ueste* ; Catull. 116, 7 *amictu* ; Petr. 80, 2 *intorto circa brachium pallio.*

2. Asthmatique (54, 1, 2, 6), catarrheux jusqu'à la consomption (78, 1), névralgique à ne pouvoir quitter sa chambre (Tac. *Ann.* 15, 45), sujet à des évanouissements (77, 9), il connut toutes les incommodités. Après une enfance maladive que les soins d'une tante dévouée préservèrent d'une fin prématurée (*Ad Helu.* 19, 2), toujours fragile, il songea à s'ôter la vie (78, 2). Caligula cessa de le jalouser (V. supra p. 29 n. 3) quand il le jugea moribond (Dion Cass. 59, 19). A présent chez S. vieux un malaise n'attend pas l'autre : 55, 2 *bilis* (= *pituita*) ; 65, 1 *diem diuisi cum mala ualetudine* ; 104, 1 *febrem — subrepentem.*

habere inbecillitatem hominis, securitatem dei. Incredibilis philosophiae uis est ad omnem fortuitam uim retundendam. Nullum telum in corpore eius sedet, munita est, solida est : quaedam defetigat et uelut leuia tela laxo sinu eludit, quaedam discutit et in eum usque, qui miserat, respuit. VALE.

SENECA LVCILIO SVO SALVTEM 54

1 Longum mihi comm*ea*tum dederat mala ualetudo; repente me inuasit. « Quo genere ? » inquis. Prorsus merito interrogas : adeo nullum mihi ignotum est. Vni tamen morbo quasi adsignatus sum, quem quare Graeco nomine appellem nescio; satis enim apte dici suspirium potest. Breuis autem ualde et procellae similis est impetus; intra horam fere desinit : quis enim diu exspirat ? 2 Omnia corporis aut incommoda aut pericula per me transierunt : nullum mihi uidetur mo-

inbecillitatem *QPb* : *sic* [*ex* inucc-] *p* || dei : dī *VPb* || Incredibilis : *ex* -les *p*[2] || retundendam : *ex* -dandam *p*[2] || solida est [est *supra u.*] *P ego* : solida *codd. Érasme*[2] *uulg.* solidaque *Muret* et solida *Mentel. Auen.* || defetigat *pVP* [et *i. r. P*] *Hense* : defat- *QLb* || uelut leuia tela laxo *codd.* [uelud *p P*] *edd. plerique Rossbach* : ut alia [*super* leuia] tela *det.* ueluti euitata laxo *Haupt* ueluti e uia delata *Hense dub. cf. Suppl. Quir. p. IV s.* || eludit *codd. uulg.* : excludit *Muret* || quaedam : *sic* [quae *ex corr.*] *L* || discutit : *ex* discunt *L*[2] decutit *Summers coll. Aen.* 10,718 || respuit : res pui *p* | *cf.* tela respuit LVCAN. 3, 483 *ss.*

Ep. 54. **1** commeatum *Muret Lipse* : comitatum *pQLVPb* || ualetudo : ualit- *pQPb de cett. codd. dubito* || repente : *ex* -petente *P* -petente *b* || Prorsus : *ex* prorsus *iterato in fin. u. p* || ignotum : inn- *Q* || quem : *ex* quam *Q*[2] || quare : *sic* [uel quali *supra scr.*] *V* || Graeco : -ce *pL* || appellem : apelem [*ex* -elam] *p* appellent *Castiglioni coll.* 95, 65 || procellae : -lle *Q* || impetus *QPb* : *sic* [*non* inp-] *p* || intra : ant- *p* || fere desinit : *ex* f. desiit *Q* ferende sinit [nit *ex* nt] *p* || diu exspirat [exsp- *QP* exp- *LVOb*] *codd.* : audi [*ex* -dis] / uexsperat *p* diu uix spirat *Gertz.*

2 corporis aut : *ex* c. ait *Q* || incommoda : *ex* -de *b*[2] || pericula : -lae *ut uid.* [*ex* inper-] *b* || transierunt : *ex* -seerunt *p*.

pénible. La raison est simple : dans toutes les autres affections, on est malade ; dans celle-ci, on rend l'âme. C'est pourquoi les médecins la dénomment « l'apprentissage de la mort ». Une fois ou l'autre en effet ce souffle vital réalise ce qu'il a tenté maintes fois.

3 Tu penses peut-être que je t'écris ceci tout à la joie de m'être tiré d'affaire. Si je m'applaudis de cet arrêt du mal comme d'un retour à la santé, mon attitude est aussi ridicule que celle du premier plaideur venu qui s'imagine avoir cause gagnée parce qu'il a reculé une assignation. De fait, au milieu même de mes étouffements, j'ai cherché sans relâche mon assurance en de réjouissantes et courageuses pensées[1]. 4 « Qu'est-ceci ? » me disais-je. « La mort me met tant de fois à l'épreuve ? Libre à elle. J'ai fait, moi, pendant longtemps l'épreuve de la mort. » « Quand cela ? » dis-tu. Avant ma naissance même. La mort, c'est le non-être ; ce qu'est le non-être, je le sais déjà. Il en sera après moi ce qu'il en était avant moi. Si cet état comporte souffrance, nous avons fatalement souffert avant de venir au monde. Cependant nous n'avons alors aucunement pâti[2]. 5 Je le demande : ne parlerait-on pas d'aberration complète, si quelqu'un supposait la lampe éteinte en pire état qu'avant d'être allumée ? L'homme, lui aussi, on l'allume, on l'éteint : dans la période intermédiaire il a quelque chose à souffrir, mais, des deux côtés, la tranquillité est profonde. Si je ne m'abuse, Lucilius, notre erreur est de croire que la mort ne vient qu'à la suite

1. Ainsi Épicure mourant : D. L. 10, 22 ἀντιπαρετάττετο δὲ πᾶσι τούτοις (i. e. *doloribus*) τὸ κατὰ ψυχὴν χαῖρον ἐπὶ τῇ τῶν γεγονότων ἡμῖν διαλογισμῶν μνήμῃ.

2. Cf. Lucr. 3, 830 ss. *Nihil igitur mors est — /Et uelut anteacto nil tempore sensimus aegri/.. Sic ubi non erimus*... 972. *Respice — quam nil ad nos anteacta uetustas/Temporis aeterni fuerit quam nascimur*... ; Cic. *Tusc.* 1, 91 *ut nihil pertinuit ad nos ante ortum, sic nihil post mortem pertinebit ; Axiochos* 365 d ὡς οὖν ἐπὶ τῆς Δράκοντος ἢ Κλεισθένους πολιτείας οὐδὲν περὶ σὲ κακὸν ἦν..., οὕτως οὐδὲ μετὰ τὴν τελευτὴν γενήσεται · σὺ γὰρ οὐκ ἔσῃ περὶ ὃν ἔσται ; Telet. 61,2 Hense[2] οὐκέτι ἔσται (*amicus tuus*). Οὐδὲ γὰρ ἦν μυριοστὸν ἔτος ; Sen. 69 *f.* ; *Ep.* 77, 11 *haec paria sunt : non eris, nec fuisti* ; *Troad.* 407 *Quaeris quo iaceas post obitum loco ? /Quo non nata iacent.*

lestius. Quidni ? Aliud enim quicquid est, aegrotare est, hoc animam egerere. Itaque medici hanc « meditationem mortis » uocant : facit enim aliquando spiritus ille, quod saepe conatus est. **3** Hilarem me putas haec tibi scribere quia effugi ? Tam ridicule facio, si hoc fine quasi bona ualetudine delector, quam ille, quisquis uicisse se putat cum uadimonium distulit. Ego uero et in ipsa suffocatione non desii cogitationibus laetis ac fortibus adquiescere. **4** « Quid hoc est ? inquam : tam saepe mors experitur me ? Faciat : [at] ego illam diu expertus sum. » « Quando ? » inquis. Antequam uel nascerer. Mors est non esse. Id quale sit, iam scio : hoc erit post me, quod ante me fuit. Si quid in hac re tormenti est, necesse est et fuisse, antequam prodiremus in lucem ; atqui nullam sensimus tunc uexationem. **5** Rogo, non stultissimum dicas, si quis existimet lucernae peius esse, cum extincta est, quam antequam accenditur ? Nos quoque et extinguimur et accendimur : medio illo tempore aliquid patimur, utrimque uero alta securitas est. In hoc enim, mi Lucili, nisi fallor, erramus, quod mortem iudicamus se-

Quidni : Quidnil *b* || quicquid : quidq- *p* || egerere *Chatelain* : *supra scr. m. ut opinor incerta V* egere *p* agere *QLVPb Beltrami sed u. Axelson*[3] *p.* 90 *n.* 5 || facit : -ciet *Lipse* || spiritus : sps/[*alter.* s *i. r.*] *b*.

3 effugi : *ex* -ge *b* || tam ridicule facio [*ex* fatio *b*] : *post* delector *transpos. b Mentel. Auen. Érasme*[2] || si *dett.* : sic *pQLVP* sit *b* || ualetudine : *ex* -lit- *b* -lit- *pQP* || uicisse se *codd. Auen. Schweighaeuser* : uicisse *pb* se uicisse *Érasme*[2] *P. Thomas* [(quisquis) s. u. *Érasme* (qui) s. u. *Thomas*] || distulit : *post. ras.* [*ubi* d] *b* || adquiescere : adquesc- *P*.

4 inquam tam : in quanta *p* || experitur : expertum [*ex* -eritum] *Q* [*ex* -eritur] *VL*[2] || at *secl. Gertz* || ego : dego *p* || expertus sum : *ex* -rtasum *p*[2] || uel *ego cum b* [*supra u.*] : *om. cett.* || nascerer : *ex* nesc- *P*[2] *ex* nescir- *b*[2] nasceretur/*p* || quale : -les [*ex* -lis] *p* || post me : postcme *p* || fuit : *ex* fugit *Q* || antequam : tamquam *p* || prodiremus : proder- *QL* || nullam : -a *p*.

5 extincta : exst- *pV* || et extinguimur : et exst- [st *i. r.*] *V* extinguimur [*ex* -gumur *P*[2]] *pP*[2]*b* || accendimur : *ex* accet- *b* || utrimque : *ex* utrumque *Q* Vntrumque *b* utrumque *m. rec. rursus Q* || uero : -re *p* || secutura *b* : -ta *pQLVP*.

alors qu'elle a précédé, comme elle suivra. Tout ce qui fut avant nous, c'est la mort. Qu'importe, en effet, de ne point commencer ou de finir, puisque l'un et l'autre a pour aboutissant l'état de non-être ?

6 Ces encouragements et d'autres de même sorte, muets bien entendu, les paroles n'étant pas de mise, je me les suis sans relâche adressés. Là-dessus, peu à peu, cette suffocation, devenue simple essoufflement, m'a laissé de plus longs intervalles, n'a reparu que de loin en loin et enfin en est restée là. Mais, maintenant même que c'est fini, le souffle n'a pas chez moi son jeu naturel ; je sens quelque chose qui l'embarrasse et le retarde. Comme il voudra ! pourvu que l'essoufflement ne gagne pas l'âme. 7 Reçois ce que je vais te dire comme un remède qui t'est destiné : je ne tremblerai pas à l'instant suprême ; dès maintenant je suis préparé [1], mes projets ne vont pas jusqu'à la fin du jour [2], Loue, imite celui-là qui ne répugne pas à mourir, bien qu'il se plaise à vivre. L'homme que l'on chasse, quel courage a-t-il à sortir ? Dans mon cas encore, malgré tout, il y a du courage. On me chasse, c'est vrai, mais j'ai bien l'air de sortir. Le sage, jamais on ne le chasse, pour la raison que celui qu'on chasse se voit exclu [3] d'une place dont il se retire à son corps défendant. Le sage ne fait rien à son corps défendant. Il échappe à la nécessité, parce qu'il veut ce à quoi elle contraindra [4].

1. Comme il s'est préparé à la mort pendant une crise d'asthme il philosophait sans doute aussi à l'occasion de son catarrhe (v. p. 53 n. 2) : *N. q.* 6, 2, 4 s. *Vult ille imbecillitatis suae conscius timere pituitam ?... Ego timeam terras trementes quem crassior saliua suffocat ?* Sur le bon usage de la maladie v. 78, 20 s., cf, *De Rem.* 6, 1.

2. *Ad Marc.* 10, 4 *nihil de hodierna nocte promittitur : — nihil de hac hora ; Ep.* 101, 5 *ipsam quam premimus horam casus incidit ;* 12, 9 *in somnum ituri dicamus : Vixi ;* vol. I, p. 63, n. 2 *f.* ; supra p. 32 n. 2 ; infra p. 93, n. 3.

3. *Inde expelli...* cf. Favorin. *ap.* Stob. vol. 3, p. 1072, l. 10 ss. (*Alii*) εὐγνώμονες ταχέως ἐξίασιν, οἱ δὲ μὴ βουλόμενοι πρὸς βίαν.

4. Cf. 61, 3 *quicquid necesse futurum est repugnanti, id uolenti necessitas non est ;* 107, 7 *naturae consentiamus,* 9 *deum — sine murmuratione comitari* (*optimum est*) ; la maxime *deos* ou *deum sequi* 16, 5 *f.* ; 90, 34 ; 96, 2 ; 16, 5 ; *De V. b.* 15, 5 ; M. Antonin. 12, 27 θεοῖς ἑπόμενον, Epict *Diss.* 2, 19, 26. ὁμογνωμονῆσαι τῷ θεῷ ; 2, 14, 7 Il faut, dira le Faust de Gœthe, substituer aux acceptations

qui, cum illa et praecesserit et secutura sit. Quicquid ante nos fuit, mors est : quid enim refert, non incipias an desinas, cum utriusque rei hic sit effectus, non esse ? **6** His et eiusmodi exhortationibus, — tacitis scilicet, nam uerbis locus non erat, — alloqui me non desii : deinde paulatim suspirium illud, quod esse iam anhelitus coeperat, interualla maiora fecit et retardatum est ac remansit. Nec adhuc, quamuis desierit, ex natura fluit spiritus : sentio haesitationem quandam eius et moram. Quomodo uolet, dum modo non ex animo suspirem. **7** Hoc tibi de me recipe : non trepidabo ad extrema, iam praeparatus sum, nihil cogito de die toto. Illum tu lauda et imitare, quem non piget mori, cum iuuet uiuere : quae est enim uirtus, cum eiciaris, exire ? Tamen est et hic uirtus : eicior quidem, sed tamquam exeam. Et ideo numquam eicitur sapiens, quia eici est inde expelli, unde inuitus recedas : nihil inuitus facit sapiens. Necessitatem effugit, quia uult quod coactura est. VALE.

Quicquid : *ex* quidq- V^2 *ut uid.* || mors est : *ex* mor est P^2 || quid enim refert : *hic rursus incipit Erasme*[1] || utriusque : ultr- *b.*

6 eiusmodi : ceiusm- *p* || scilicet : *ex* -liet *b* || erat : *ex* -it P^2 || alloqui : *ex* adl- P^2 adl- *pb* || illud : *ex* ille Q^2 || retardatum : record- *b* || ac remansit *codd.* [e *i. r. V*] : ac emansit *Gronov* atque em- *Madvig* At rem- *Barker* ac remisit *Beltrami dub.* || fluit : fuit *b* || quandam *pQPb* : quamd- *V* || moram : *ex* -rem *p* || uolet dum : *ex* uolet [dum *mg.*] *p* || modo non : modo *p.*

7 nihil : -hi *b* || de die toto *codd.* [/dedietoto *P*] *Mentel. Auen. Érasme*[2] : de die tuto *dett. Érasme*[1] d. d. ultimo *Koch* d. d. noto *C. Landi* de die *Muret Lipse* || Illum tu lauda : « *haec non cohaerent cum superioribus, ita ut multa deesse constet* » *Muret non recte* | tu *codd. Auen. Muret in adn.* : *om. det. Mentel. Érasme*[1-2] || imitare : immi- *p* in mi- *b* || quem non : quod non *p* || cum : *ex* cu L^2 *ut uid.* || iuuet : iuua *b* -at *dett.* || et hic : et hec *Auen.* || tamquam : tanq- *b* || numquam : nunq- *uel* numq- [*compendiose*] *b* || sapiens : *ex* pap- p^2 || eici est : *ex* eiciens *m. rec. Q* || inde expelli *pQLPb uulg.* : *ex* i. ut e. *V* i. ui e. *Gertz* || unde inuitus *Qb* : *add.* P^2 *in extr. u.* ut i. [ut in/ui- *p* unde *super add. V*] *pLV* || facit : *ex* -ci *b* || uult quod : uulquod *p.*

Lettre 55 *

1 Je reviens tout juste d'une promenade en chaise, aussi las que si j'avais fait sur mes jambes le trajet que j'ai fait sur mon séant [1]. Même à être longtemps porté il y a une fatigue, et d'autant plus prononcée peut-être qu'elle est contre la nature, qui nous a donné des pieds pour marcher par nous-mêmes, des yeux pour voir par nous-mêmes. Notre mollesse nous a infligé l'impotence ; nous avons cessé de pouvoir ce que nous avons été longtemps sans vouloir. **2** Il m'était, à vrai dire, indispensable de secouer l'organisme, soit, si de la bile [2] logeait dans ma gorge, pour la faire tomber, soit, si par quelque motif l'air même était trop dense <dans mes poumons>, pour qu'il y fût raréfié par un ballottement dont je me suis trouvé bien.

C'est ainsi que j'ai prolongé une sortie à laquelle le rivage même m'invitait : entre Cumes et la villa de Servilius Vatia il s'infléchit et la mer d'un côté, le lac de l'autre l'enserrent comme une étroite chaussée. En effet, une récente tempête avait affermi la grève : comme tu le sais, le battement assidu des vagues l'égalise, de même qu'après un trop long calme elle se désagrège, lorsque l'humidité qui lie les sables leur a retiré son suc. **3** Cepen-

* *Sommaire.* — Sénèque s'est fait porter en chaise le long de la mer (1) ; il a revu la villa autrefois habitée par un riche oisif, étranger à toute philosophie, dont le vulgaire avait pris les façons pour celles d'un sage (2-5). Ce que la villa laisse voir du dehors (6-7). L'influence de la résidence sur nos dispositions morales ne doit pas être exagérée ; non plus que les dangers de l'éloignement pour l'amitié ; l'absence a au contraire d'heureux effets (8-11).

partielles une acceptation totale. V. Epict. 2, 2, 21 et 25 τούτου — τοῦ καθολικοῦ μέμνησο.

1. Sur ces promenades en chaise v. *Ep.* 15, 6 et vol. I, p. 61 ; cf. *De Tr. an.* 17, 8. Sur l'effet des différentes sortes de *gestatio* v. Cels. 2, 15.

2. *Bilis* v. p. 53 n. 2 *s. f.* — Servilius Vatia devait descendre de P. Servilius Vatia Isauricus, consul en 48 et 41 av. J.-C. Il n'est pas autrement connu.

SENECA LVCILIO SVO SALVTEM 55

1 A gestatione cum maxime uenio non minus fatigatus, quam si tantum ambulassem, quantum sedi. Labor est enim et diu ferri, ac nescio an eo maior, quia contra naturam est, quae pedes dedit, ut per nos ambularemus, oculos, ut per nos uideremus. Debilitatem nobis indixere deliciae, et quod diu noluimus, posse desîmus. **2** Mihi tamen necessarium erat concutere corpus, ut siue bilis insederat faucibus, discuteretur, siue ipse ex aliqua causa spiritus densior erat, extenuaret illum iactatio, quam profuisse mihi sensi. Ideo diutius uehi perseuerau inuitante ipso litore, quod inter Cumas et Seruili Vatiae uillam curuatur et hinc mari, illinc lacu uelut angustum iter clauditur. Erat enim a recenti tempestate spissum : fluctus enim illud, ut scis, frequens et concitatus exaequat, longior tranquillitas soluit, cum harenis, quae umore alligantur, sucus

Ep. 55. **1** gestatione [-cione *V*] *pPV* : -nem *b* egestati- *QL* [Aeg- *L*] || cum : *sic* [*super scr.* sum] *V* || uenio : *sic* [*super scr.* nauigio] *V* || ambulassem : anb- *b* || Labor est : Laborem *b* || ferri : *ex* -rre *b* || dedit : *ex* dedi *P* || nos : *om. b* || ambularemus : anb- *b* || oculos *codd. Érasme*[1-2] : sicut o. *P. Thomas* et o. *Mentel. Auen.* || indixere *codd. Mentel. Auen. Pinc.* « *ex uet. lect.* » *Muret* : induxere *Érasme*[1-2] || deliciae *Vb* : dil- *Q p* delitiae [*ex* dil-]*P*[2] [*ex* -ltiae] *L* || quod diu : *ex* quodiu *P*[2] quod nobis [nobis *eras.*] diu *b* || desimus [= -îmus] *pQLPb Fickert* : -sinimus [*ex* -simus] *V Mentel. Auen. Érasme*[1] -siuimus *m. rec. P Érasme*[2] *alii.*

2 siue : sibi *V* || insederat : insid- *P* insideret [*ex* insed-] *V* || faucibus : /facci- *p* || siue : /sue *b* || aliqua : -ica *p* || extenuaret : *ex* -nuearet *p* || sensi *pLPb* : sciebam [*supra u.*] *V* || inuitante : -tate *p* || litore : litt- [*ex* lit- *Q*] *m. rec. Qb* || Seruili : *ex* -lii *P* || Vatiae : uaciae *QL* || curuatur : r *fin. incert. V* || mari : *ex* et mari *P* || lacu : *ex* leacu *p* || angustum : *ex* /-tus *b* || iter : inter *P* || clauditur *QL Auen. Érasme*[1-2] : clud- *pPb Schweighaeuser* includitur *Mentel.* || enim *Pb Érasme*[1-2] : autem *pQL* || a recenti *pPL* : *ex* erec- *Q*[1] arcenti *b* e rec- *Beltrami* || enim *pQLD. Godefroi Haase* : autem *VPb Mentel. Auen. Érasme*[1-2] *Hense sed u. Axelson*[3] *p.* 78 || ut : *om. p* || scis : *sic* [c *super scr.*] *L* || concitatus : *ex* -atas *V* || harenis : ar- *pQP* || umore *QV Hense* : hum- *pLPQ*[2]*b* || alligantur : alig- *L* || sucus : sec- *p*,

dant, selon mon habitude, je m'étais mis à regarder à l'entour si je ne trouverais pas quelque chose dont je pusse tirer profit, et mes yeux se portèrent sur la maison qui a été naguère celle de Vatia. C'est ici que cet ancien préteur, ce riche personnage, sans autre titre à la notoriété que son loisir, a vieilli et cela suffisait pour qu'on vît en lui un heureux. Chaque fois que l'amitié d'Asinius Gallus [1], chaque fois que la haine et plus tard l'affection de Séjan [2] avait coulé tel et tel (à l'avoir heurté, à l'avoir aimé le risque fut le même), chacun s'écriait : « O Vatia, il n'y a que toi qui saches vivre. » 4 L'homme savait se cacher, non pas vivre [3] : c'est qu'il y a grande différence à vivre dans le loisir ou dans la paresse [4]. Jamais je ne passais, du vivant de Vatia, le long de cette villa sans dire : « Ci-gît Vatia. » Mais, mon cher Lucilius, une idée si sainte [5], si vénérable s'attache à la philosophie que, si quelque apparence la rappelle, on se laisse prendre même à la contrefaçon. Un homme qui vit retiré passe dans l'opinion vulgaire pour être de loisir, affranchi des soucis, se suffisant à lui-même, vivant pour soi, tous privilèges qui ne sont départis qu'au sage. Seul, le sage sait vivre pour soi ; en effet, il sait vivre [6], ce qui est le premier point. 5 Tel a fui les affaires et les hommes , que la faillite de ses ambitions a exilé du monde , qui n'a pas supporté de voir à d'autres plus de

1. Célébré autrefois dans la IVe églogue de Virgile, ce fils d'Asinius Pollion épousa Vipsania Agrippina, répudiée par Tibère sur l'ordre d'Auguste. Déjà celui-ci avait discerné chez Asinius Gallus l'ambition du pouvoir suprême. En l'an 30 Tibère le fit incarcérer ; Gallus mourut en 33. Plusieurs de ses amis avaient été enveloppés dans sa disgrâce.

2. Favori et ministre de Tibère, il détint la réalité du pouvoir pendant le séjour de l'empereur à Caprée. Mais le prince en prit ombrage et le fit arrêter et mettre à mort en 31. Sa famille, ses amis furent persécutés. — *Amor merserat :* Tac *Ann.* 4, 74 *infaustae amicitiae grauis exitus* cf. *De Br. u.* 15, 1 *f.* les *amicitiae capitales.* — *Odium Seiani :* cf. le bannissement d'Attalus (vol. I, p. 27, n. 3).

3. *Latere — non uiuere :* ingénieuse reprise du λάθε βιώσας *Epic.* Us. 551.

4. *Otiosa — an ignaua :* V. le vrai loisir *De Br. u.* 14, 1 ; Cic. *De Rep.* 1, 27 s. ; *De off.* 3, 1 ; le faux loisir : paresse *Ep.* 3, 5 ou affairement infra p. 94 n. 2. — *Hic situs*, v. vol. I p. 43 n. 1.

5. *Sacrum*, v. supra p. 46, n. 1.

6. *Viuere* : V. vol. I. p. 4 n. 1 et 2 ; p. 52 n. 1 ; p. 142 n. 4.

abscessit. **3** Ex consuetudine tamen mea circumspicere coepi, an aliquid illic inuenirem, quod mihi posset bono esse, et direxi oculos in uillam, quae aliquando Vatiae fuit. In hac ille praetorius diues, nulla alia re quam otio notus, consenuit et ob hoc unum felix habebatur. Nam quotiens aliquos amicitiae Asinii Galli, quotiens Seiani odium, deinde amor merserat, — aeque enim offendisse illum quam amasse periculosum fuit, — exclamabant homines : « O Vatia, solus scis uiuere. » **4** At ille latere sciebat, non uiuere : multum autem interest, utrum uita tua otiosa sit an ignaua. Numquam aliter hanc uillam Vatia uiuo praeteribam, quam ut dicerem : « Vatia hic situs est. » Sed adeo, mi Lucili, philosophia sacrum quiddam est et uenerabile, ut etiam, si quid illi simile est, mendacio placeat. Otiosum enim hominem seductum existimat uulgus et securum et se contentum, sibi uiuentem, quorum nihil ulli contingere nisi sapienti potest. Ille so*l*us scit sibi uiuere : ille enim, quod est primum, scit uiuere. **5** Nam qui res et homines fugit, quem cupiditatum suarum infelicitas relegauit, qui alios feli-

abscessit : *ex* -cesit *P*.

3 posset : -it *QL* || bono : *ex* -num *p*[2] -num *P* bene *Auen.* || direxi *pQLVPb uulg.* : der- *Hense* || Vatiae : uit- [*ex* uat-] *V* || In hac — consenuit *om. p* || quotiens : quociens [*ex* -cies] *p*[2] -ties *QL et sic mox* || amicitiae *codd. Érasme*[1-2]*... Hense* : -tia *dett. Auen. Pincia « ex uet. lect. » Muret* || Seiani : *ex* seigani *P* || merserat : *sic* [*ex* mors-] *Q* [a *ex corr.*] *V* || quam : *ex* quem *Q*[1] || Vatia : -cia *p* -tiam *b*.

4 uita : uitia *P* || sit : sint [*ex* sit] *m. rec. P* || Vatia : *ex* uitia *V et sic mox* -tiam *b* || est et : esset *b* || illi : *i. r. b* || simile : *sic post ras. ubi* simile *fuisse uid. b* || existimat : -ma *b* || uulgu s : *ante 1 lit*[t]*. erasam V* || securum : *ex* -rus *b ante ras. L* || solus [*ex* sollicitus] *P Madvig cf. Axelson*[2] *p.* 17, *n.* 2 : sollicitus *pQLb sic* [*super add.* solus] *V* nulla re sollicitus *Auen. Érasme*[1-2] solus non sollicitus [= μόνος ἀτάρακτος ὤν] *prop. dub. Hense cf. Suppl. Quir., alii alia* || scit : *ex* sciat *p* sit *Q*.

5 homines : *sic* [s *supra u.*] *Q* || quem : quam *p* || cupiditatum : *ex* -tium *Q* -tium *LV* || infelicitas : *ex*-/lictiatis *b* || relegauit [*ex* relig-] *PV Auen. Érasme*[1-2] : relig- *pQLb* || alios *codd. uulg.* : alias res [*ex* alio res] *Q*[2] *Beltrami*[1].

bonheur, qui, tel un animal timide et paresseux, s'est terré par peur[1] : celui-là ne vit pas pour lui-même, il vit, suprême honte, pour son ventre, pour le sommeil, pour la débauche. Il ne s'ensuit pas que l'on vive pour soi de ce qu'on ne vit pour personne. Et pourtant la constance, la persévérance dans ses résolutions est chose si grande que même la paresse en impose, quand elle est obstinée.

6 Sur la villa même[2] je ne saurais t'écrire rien de positif : je n'en connais que la façade et les dehors, ce qu'elle montre au simple passant. Il y a deux grottes, ouvrage considérable ; pareilles en dimension à l'atrium le plus large, elles sont de main d'homme ; l'une ne reçoit pas le soleil, l'autre le garde jusqu'à son coucher[3]. Un ruisseau, qui se déverse d'un côté dans la mer, de l'autre dans le lac Achéruse, passe au milieu d'un bois de platanes ; cet euripe, même si l'on y puisait journellement, serait encore poissonneux ; mais, quand la mer est libre, on le ménage. Le mauvais temps oblige-t-il les pêcheurs à chômer ? On n'a qu'à étendre la main pour prendre[4]. **7** Malgré tout, le principal avantage de la propriété, c'est qu'elle a Baïes à sa porte : elle n'en a pas les inconvénients et elle jouit de

1. Cf. Vitellius : Tac. *Hist.* 3, 36 *umbraculis hortorum abditus ut ignaua animalia... — Non... sibi... qui nemini* : v. 48, 2 et p. 24 n. 2. — *Habeat auctoritatem inertia :* v. d'autres contrefaçons dans l'ordre moral *Ep.* 45, 7.

2. Sise au Sud de Cumes sur la bande de terre séparant le lac Achéruse (*Lago della Collucia*) de la mer.

Les réflexions du moraliste suivront la description. *Ep.* 86, les deux parties s'entremêlent.

3. *Altera — tenet :* ceci décèle la main de l'homme, cf. Plin. *Ep.* 2, 17 (*occidentem*) *retinet.*

Ces « grottes » au centre d'un bois de platanes, au bord d'un ruisseau d'eau courante, sont les nymphées en rocailles alors à la mode, l'œuvre en pierre ponce par excellence, dit Pline l'Ancien (36, 154 ; v. Grimal, *Les jardins Romains...* 1943, p. 324). — *Platanona — euripi :* v. grotte et euripe dans un jardin pompéien (Grimal, p. 316) ; *platanon* et euripe chez Pline *Ep.* 1, 3, 1. Dans ces « euripes » flux et reflux étaient produits tantôt par une vanne, tantôt par le refoulement, à la marée montante, du courant d'eau allant vers la mer (Sen. *Ep.* 90, 15 ; Grimal, p. 315 ss.).

4. *Ad parata* : cf. 90, 7 les *uiuaria*, Mart. 10, 30, 20 la *piscina* remédiant aux privations imposées par la tempête.

ciores uidere non potuit, qui uelut timidum atque iners animal metu oblituit, ille sibi non uiuit, sed, quod est turpissimum, uentri, somno, libidini : non continuo sibi uiuit, qui nemini. Adeo tamen magna res est constantia et in proposito suo perseuerantia, ut habeat auctoritatem inertia quoque pertinax. **6** De ipsa uilla nihil tibi possum certi scribere : frontem enim eius tantum noui et exposita, quae ostendit etiam transeuntibus. Speluncae sunt duae magni operis, cuiu*i*s laxo atrio pares, manu factae, quarum altera solem non recipit, altera usque in occidentem tenet. Platanona medius riuus et a mari et ab Acherusio lacu receptus euripi modo diuidit, alendis piscibus, etiam si assidue exhauriatur, sufficiens. Sed illi, cum mare patet, parcitur : cum tempestas piscatoribus dedit ferias, manus ad parata porrigitur. **7** Hoc tamen est commodissimum in uilla, quod Baias trans parietem habet : incommodis illarum caret, uoluptatibus frui-

uidere : *post ras.* *P* || uelut : -ud *P* || timidum : *sic* [*ante* inhers *eras.*] *p* || animal : *sic* [*ex* anilm-] *p* || uentri somno : *ex* uentris homo p^2 -tris omni *Q* uentri sonno *b* || libidini : *ex* -nius [us *per compend.*] ? *p* || qui : quia [*ex* qui] *V* || nemini : *ex* memi- *b* || tamen : tam [*ex* tamen] *P* || magna : et magna *ut uid.* [*super add.* et] P^2.

6 De ipsa : *ex* diipsa/*b* || certi : *supra u.* p^2 || enim : *om.* *L* || et exposita *pPb* : *sic* [et *ex corr.*] *V* exposita *QL* || exposita quae : -taque [*ex* ta quae *Qb*] *QLb* || transeuntibus : *ex* -tis P^2 || cuiuis *Lipse* : cuius *pQLPb* erquius [q *ex* c *et expunct.*, er *add.*] *V* quamuis *Summers om.* *Erasme*$^{1-2}$ *Muret* || laxo : lu- *p* || pares *codd.* *mg.* *Erasmi*$^{1-2}$ *Muret* : paries *b* *Mentel.* *Auen.* *Érasme*$^{1-2}$ || factae *codd.* *mg.* *Erasmi* *Muret* : -te *p* -tē [ē *i. r.*] *V* -ta *b* factus *Mentel.* *Auen.* *Érasme*$^{1-2}$, *u. supra* || quarum : Aequa- *b* || non : *i. r.* *P* || occidentem : -te *P* -tem innocentem *p* -tem nocentem *V* || tenet *codd.* *Mentel.* *Érasme*^{1} : -netur [ur/ *per compend. ut uid.* *p*] *pPb* *Auen.* *Érasme*^{2} torretur *Muret et* [« *ex Ambiani scholio* »] *Opsopoeus* || Platanona : *sic* [*super add.* uel plateam] *V* *ex* Platona *P* Prata noua *Auen.* *Érasme*^{2} Prata bona *Mentel.* *Érasme*^{1} || medius : *sic* [*ex* -diu] *p* [dius *i. r.*] *P* -diis [*ex* -dius] *m. rec.* *Q* || Acherusio : *ex* acch- *Q* acch- *L* *Th. Birt* ahach- *b* || euripi : *ex* eiu- *p* || diuidit : -ditur *P* || adsidue : assiduae *b* || illi cum : illiricum *QL* || patet : petet *p* || parcitur : pasc- *QL* || ad parata *codd.* *Mentel.* *Érasme*$^{1-2}$: ad prata *Auen.* *u. supra*.

7 Baias : *sic* [ai *ex corr.*] *L* || parietem : *sic* [ripam *supra scr.*] *V*.

ses agréments. Tels sont les mérites de la villa, d'après ce que j'en connais. Je la crois de toute saison, car elle est exposée au vent d'ouest et le cueille au passage si bien qu'elle en prive la ville de Baïes. Vatia paraît n'avoir pas agi sottement en faisant choix de ce séjour pour y apporter un loisir désormais consacré à la paresse et à la vieillesse.

8 Quoi qu'il en soit, le lieu n'apporte pas à la paix morale une contribution bien grande [1] : c'est l'âme qui confère à toutes choses le prix qu'elles ont pour elle [2]. J'ai vu, moi, dans une riante et pittoresque maison de campagne des hôtes chagrins ; j'ai vu, en pleine solitude, des affairés [3]. Tu aurais donc tort de croire que, si ta vie intérieure n'est pas bien en ordre, c'est que tu n'es pas en Campanie. Au fait, pourquoi n'y-es-tu pas ? Viens jusqu'ici en pensée. **9** La société de ses amis absents, on peut l'avoir, à vrai dire, aussi souvent, aussi longtemps qu'on le veut [4]. Et même, ce plaisir, le plus grand de tous, est plus complet dans l'absence. L'habitude du tête-à-tête fait qu'on se blase ; parce que, de temps à autre, on cause, on se promène, on est assis ensemble, séparés, nous ne pensons plus à ceux que tout à l'heure nous voyions. **10** Une raison encore pour que nous devions supporter patiemment l'absence, c'est que, même si les amis sont là, on vit beaucoup loin de leur compagnie. Compte ici les nuits

1. Cf, *Ep.* 2, 1 et vol. I, p. 5 n. 2 ; *Ep.* 28, 1 à 5 et vol. I, p. 121, n. 1 et 2, p. 123, n. 2.

2. V. n. 1.

3. Cf. *De Br. u.* 12, 2 *Quorundam otium occupatum est : — in media solitudine, quamuis ab omnibus recesserint, sibi ipsi molesti sunt* (*N. q.* 4 a *pr.* 2 *nobis — molesti sumus*) ; *Ep.* 82, 4 *multa* (*mala*) *intus* (*sunt*) *quae in media solitudine exaestuant.*

4. Ces mots (v. aussi infra le § 11 et supra p. 29, n. 1) traduisent l'expérience de Sénèque ; ils rappellent aussi sa théorie de l'amitié :

De Amic. fr. 93 Haase *fugientem memoriam* (*amici*) *reducamus : utamur — animi uelocitate, neminem a nobis amicum abesse patiamur, in animum subinde nostrum reuertantur.* 94... *imago effingatur animo notabilis et e uiuo petita...* 95 *Et si plures eodem tempore absunt, uelut sparsa pluribus locis membra familiaritatis nostrae colligamus...*

tur. Has laudes eius ipse noui ; esse illam totius anni credo : occurrit enim Fauonio et illum adeo excipit, ut Bais neget. Non stulte uidetur elegisse hunc locum Vatia, in quem otium suum pigrum iam et senile conferret. **8** Sed non multum ad tranquillitatem locus confert : animus est, qui sibi commendet omnia. Vidi ego in uilla hilari et amoena maestos, uidi in media solitudine occupatis similes. Quare non est quod existimes ideo parum bene co*n*positum esse te, quod in Campania non es. Quare autem non es ? Huc usque cogitationes tuas mitte. **9** Conuersari cum amicis absentibus licet, et quidem quotiens uelis, quamdiu uelis : magis hac uoluptate, quae maxima est, fruimur, dum absumus. Praesentia enim nos delicatos facit, et quia aliquando una loquimur, ambulamus, consedimus, cum diducti sumus, nihil de îs, quos modo uidimus, cogitamus. **10** Et ideo aequo animo ferre debemus absentiam, quia nemo non multum etiam prae-

illam *codd. Auen.* : illas *det. Mentel. Érasme*[1-2] uillam *Muret Lipse* || totius anni *codd. Mentel. Muret* : totius amoenitatis *mg. Erasmi*[1-2] totius animi *Auen.* || enim : *om. P* || Fauonio : fauo/tuo *b* || Bais : baias *p* || elegisse *QPb* : egisse *L* || hunc : *sic* [h *ante ras.*] *p ex* huno *P*[2] || locum : *ex* loco *ut uid. P* || Vatia *QLVb* : *ex* uit- *P*[2] uit- *p* || senile : *ex* sin- *P* || conferret : -eret *p*.

8 tranquillitatem : -ilitate *p* || commendet : -edet *p* || ego : ergo *QLb* || uilla hilari et amoena : uillamiliariae tamoena *p* || media : *ex* mod- *p ex* medio *b* || occupatis : *sic* [*ex* -ti] *m. rec. Q* -ti *L* -tes/*p* || conpositum *Beltrami* : cōp- *Qb* comp- *pVP* [-sitem *p*] || esse te *codd. uulg.* : te esse *b cum signo transponendi* || Campania : *ex* -pinia *b* || quare autem non es : *om. p* || huc : hoc *p*.

9 Conuersari : -re *p* || quotiens : *ex* -ies *Q* -ies *L* cociens *p* || uelis : *ex* uellis *p* || quamdiu : quād- *b* quandiu *p* || absumus : ass- *Q* || delicatos : -igatos *p* || quia aliquando : quial- *Q Auen.* || ambulamus : -emus *p* || consedimus *codd. Auen. Érasme*[2] *Hense* : *sic* [se *ex* si, di *ex* de] *m. rec. V* cun *uel* cumsed- *b* cum sidimus [si *ex* se] *P*[2] cum sed- *Mentel. Érasme*[1] considemus *mg. Erasmi*[1] *Muret* || diducti : ded- *pb Mentel. Auen. Érasme*[1-2] || de is [deis *P*] *P Hense*[2] : deiis [*ex* deis] *p*[2] de his *QLbV Mentel. Auen. Érasme*[1-2] de iis *Haase*.

10 aequo : *sic* [*incipiente pag., post interuall. uacuum*] *b* || animo : *ante 2 litt. erasas V* || absentiam : ads- *p*.

passées séparément, les occupations opposées, l'étude solitaire, les villégiatures en banlieue[1] : le temps que nous ravit un déplacement lointain est, tu le reconnaîtras, peu de chose. **11** En amitié, c'est par le cœur que s'assure la possession. Or, le cœur n'est jamais absent. Il voit qui il veut, et tous les jours. Mets-moi donc de moitié avec toi aux heures d'étude, aux repas, dans les promenades. Nous serions bien étroitement logés dans l'existence, si l'essor de nos pensées rencontrait quelque part une barrière. Je te vois, mon cher Lucilius, à cet instant même je t'entends ; je suis tellement avec toi que je me demande toujours si ce n'est pas un petit mot <de porte à porte>, et non une lettre, que je vais t'écrire.

Lettre 56 *

1 Que je meure, si le silence est aussi nécessaire qu'il le paraît au recueillement et à l'étude. Me voici au milieu d'un vrai charivari. Je suis logé juste au-dessus d'un établissement de bains ; et maintenant représente-toi tout ce que peut la voix humaine pour exaspérer les oreilles. Quand les champions du gymnase s'entraînent[2] en remuant leurs haltères de plomb, quand ils peinent ou font comme s'ils peinaient, je les entends geindre ; chaque fois qu'ils renvoient le souffle retenu, ce sont des sifflements, un halètement des plus aigres. Si je suis tombé sur quelque baigneur passif qui ne veut rien de plus que la friction populaire, j'entends le bruit de la main claquant sur les épaules avec un son différent, selon qu'elle arrive à creux

* *Sommaire.* — Les multiples bruits qui montent d'un bain tout proche n'empêchent pas Sénèque de travailler (1-4). Qu'importent toutes les clameurs du monde, si les passions ne grondent pas en nous ? A quoi bon, à l'heure du sommeil, tant chercher le silence, du moment que le calme intérieur assure seul le vrai repos ? (5-10). Ce calme intérieur, l'homme étranger à la sagesse ne le connaît pas (11-15).

1. Autre avis sur l'avantage de voisiner 35, 2 s. Semblable avis sur la conversation à distance (§ 11) : 67, 2 et vol. I p. 157 n. 1, p. 161 n. 1 et 2. — § 11, cf. p. 59 n. 4.

2. *Exercentur :* les uns avec mesure 15, 4, les autres en s'épuisant Juv. 6, 454 ; Mart. 14, 49.

sentibus abest. Pone hic primum noctes separatas, deinde occupationes utrique diuersas, deinde studia secreta, suburbanas profectiones : uidebis non multum esse, quod nobis peregrinatio eripiat. **11** Amicus animo possidendus est : hic autem numquam abest ; quemcumque uult, cotidie uidet. Itaque mecum stude, mecum cena, mecum ambula : in angusto uiuebamus, si quicquam esset cogitationibus clusum. Video te, mi Lucili ; cum maxime audio : adeo tecum sum, ut dubitem, an incipiam non epistulas, sed codicellos tibi scribere. VALE.

SENECA LVCILIO SVO SALVTEM **56**

1 Peream, si est tam necessarium quam uidetur silentium in studia seposito. Ecce undique me uarius clamor circumsonat : supra ipsum balneum habito. Propone nunc tibi omnia genera uocum, quae in odium possunt aures adducere : cum fortiores exercentur et manus plumbo graues iactant, cum aut laborant aut laborantem imitantur, gemitus audio, quotiens retentum spiritum remiserunt, sibilos et acerbissimas respirationes ; cum in aliquem inertem et hac

utrique *codd. Mentel.* : utique *Q* utrinque *Auen. Érasme*[1-2] utriusque *dett. Schweighaeuser* || secreta : *sic* [s *ex corr.*] *V* || uidebis : -ebimus *p* || peregrinatio : -atione *p*.

11 animo : *ex* ammo *Q* || numquam : *ex* namque (?) *P*[2] || quemcumque : *ex* quemque *Q*[1] || uiuebamus *codd. Fickert* : -eremus *Mentel. Auen. Érasme*[1-2] || si : *ex* sic *Q* Sic *b* || esset : *ex* esse *p*[2] || clusum *codd. Schweighaeuser* : clausum *Mentel. Auen. Érasme*[1-2] || ut *QLVPb* : aut *p* || incipiam : -cupiam *b* || epistulas *p* : -olas [*ex*-ulas *P* aep- *b*] *LPb* eplas *Q* || sed : *ex* se *V* || codicellos *pQLVPb Hense* : -cillos *uulg.*

Ep. 56. **1** Peream : -eum *L* || tam : tamen *p* || uocum quae in : uocumcumque que in *p* || fortiores : *ex* -ris/*ut uid. b* || iactant : *sic* [i. *i. r.*] *P* || gemitus : Gem- [*ex* Cem-] *P* || quotiens : *ex* -ies *Q* -ies *L* quociens *p* || retentum *codd. Auen. mg. Erasmi*[2] *Muret* : recentem *Mentel. Érasme*[1-2] || remiserunt : emis- *dett.* || acerbissimas : *ex* acerui- *QV* acerui- *pQLP* accerbissima *b* || in : *om. p* || aliquem *codd. Mentel. Auen. Érasme*[1-2] : alipten *Muret Lipse.*

ou à plat. Mais qu'un joueur de balle survienne et se mette à compter les points qu'il fait [1], c'est le coup de grâce.
2 N'oublie pas le chercheur de querelles [2], le filou pris sur le fait [3], l'homme qui trouve que dans le bain il a une jolie voix. N'oublie pas la piscine et l'énorme bruit d'eau remuée à chaque plongeon. Outre ces gens qui, à défaut d'autre chose, ont des intonations naturelles, figure-toi l'épileur poussant d'affilée un glapissement en fausset [4], afin de signaler sa présence, et ne se taisant que pour écorcher les aisselles [5] et faire crier un autre à sa place. Puis, c'est le marchand de boissons avec ses appels sur diverses notes, le marchand de saucisses, le confiseur et tous ces garçons de taverne qui ont chacun pour crier leur marchandise [6] une modulation caractéristique.

3 « Tu es de fer, vas-tu me dire, ou tu es sourd, si tu ne perds pas la tête parmi tant de clameurs variées, dans un pareil tintamarre ; vois notre ami Chrysippus, à qui

1. La vogue du jeu de paume (*De Br. u.* 13,1) était grande dans les bains publics (*C. I. L.* 6, 9797) comme dans les bains privés (Plin. *Ep.* 2, 17, 12 ; 5, 6, 27 ,etc.). Un texte de Stace (*S.* 1, 5, 57 s. *strata solo — tabulata crepantis / Auditura pilas*) montre que le parquet du σφαιριστήριον était de bois (V. Frère, éd. « Budé » des Silves, p. 45, n. 3). Le joueur « comptait les balles » jetées sans chute (Petr. 27 ; *C. I. L.* IV, 1936). Il s'agit du jeu de balle à trois.

2. *Scordalus*, terme populaire de la latinité impériale, sans doute mot d'argot grec : allusion à l'ail (σκόρδον), nourriture des coqs de combat (Ernout, *Dict. Etym.*).

3. Le détrousseur qui s'habille aux dépens des baigneurs. D'où le jeu de mots de Diogène demandant à l'un de ces filous s'il est venu chercher massage ou manteau : D. L. 6, 52 ἐπ' ἀλειμμάτιον ἤ ἐπ' ἄλλ' ἱμάτιον.

Ce larcin était sévèrement puni.

4. Il « glapissait » en faisant le tour de l'établissement portant son outil ou *uolsella.*

5. Le nom *ali-pilus* disait le strict nécessaire de l'épilation (114, 14 *hic ne alas quidem*). Le luxe commençait « aux jambes » (ibid. *ille et crura*, Ov. *A. a.* 1, 521) ou au bas des reins (Juv. 8, 16) ; l'excès, à la friction de la peau avec la pierre ponce (id. et Ov. *A. a.* 1, 504), ou à « l'arrachement des aisselles ! ». D'où les cris. Parfois on pouvait ouïr les protestations de quelque baigneuse qu'un garçon de bain maladroit échaudait pour l' « éclaircir »(Lesquier, *Papyr. de Magdola*, 1912, p. 180 s.).

6. V. l'un d'eux dans *Civilisation hellénistique et Romaine* par Baumgarten-Poland-Wagner p. 103 fig. 57.

plebeia unctione contentum incidi, audio crepitum inlisae manus umeris, quae prout plana peruenit aut concaua, ita sonum mutat. Si uero pilicrepus superuenit et numerare coepit pilas, actum est. **2** Adice nunc scordalum et furem deprehensum et illum, cui uox sua in balineo placet : adice nunc eos qui in piscinam cum ingenti inpulsae aquae sono saliunt. Praeter istos, quorum, si nihil aliud, rectae uoces sunt, alipilum cogita tenuem et stridulam uocem, quo sit notabilior, subinde exprimentem nec umquam tacentem, nisi dum uellit alas et alium pro se clamare cogit : iam biberari uarias exclamationes et botularium et crustularium et omnes popinarum institores mercem sua quadam et insignita modulatione uendentis. **3** « O te, inquis, ferreum aut surdum, cui mens inter tot cla-

et hac plebeia *codd. Érasme*$^{1-2}$: et hac plebia *p* et plebeia [et *ante ras.*] *P Mentel.* ac pl. *Auen* || unctione *codd. Muret* : funct- *Auen. Érasme*$^{1-2}$ || contentum : conuen- *Q* || inlisae : *ex* inillis ae *Q* || umeris *p Hense* : hum- *QLVPb* [*ex* um- *VP*^{2}] *uulg.* || prout : *sic* [pro *i. r.*] *P* || sonum : *ex* somn- *QP* || pilicrepus *Coelius Rhodiginus cf. adn. Erasmi*^{2} : *ex* peli- *VL*^{2}*P* peli [epus *ex* ipus *b*] *pb Auen. Mentel. Érasme*^{1} pelli- crep- *Érasme*^{2} pilicrepitus [*ex* pilicrepus] *Q*^{2} || et numerare : enum- *Q* || pilas : -los [*ex* -las *uel* -lus] *P*^{2} *Mentel. Auen. Érasme*^{2} -lus *b* plus *Érasme*^{1}.

2 scordalum *Érasme*^{2} *dub. in adnot. Muret* : sord- *pQLPb Mentel. Auen. Érasme*$^{1-2}$ [*mg.* scordulum] sordidum [id *ex* al *ut uid.*] *V* || furem : -rum *p* || deprehensum *codd.* : deprensum *pVMP*^{2} *Hense* || cui uox : ciuox *p* || balineo placet : balneo [*ex* balin- *QVP*] placet *QVPb* balineplacet *p* || in piscinam : inspi [pi *ante ras.*] nam *p* || inpulsae : -su [*ex* -se] *m. rec. Q* || aquae : atque *L* || sono : *ex* -nos *Q* -na *p* || alipilum *codd. mg. Erasmi*^{2} *iam Coelius Rhodiginus cf. Érasme*^{2} *in adnot.* : *ex* -lu, *dein in* altum *mutatum V*/apilum *P* alipidum *b Mentel. Érasme*$^{1-2}$ cf. -pedum *Auen.* || tenuem : -uam *QL* || stridulam : *ex* -lem *b* || sit : *si/b* || uellit : *ex* uelit *Q*^{2}*L*^{2} || biberari *pQLM Hense*^{2} : -rii [*ex* -ri *quod ipsum ex* -re] *V* liberarii *P* -ri *b Mentel.* libarii *Coelius Rhodiginus cf. Érasme*^{2} *in adnot. uulg.* librarii *Auen.* librare (uarias exclamationes) *Érasme*^{1} || botularium et *Pb* : b. ex *pQLV* || crustularium *dett. Mentel. Érasme*$^{1-2}$: clust- *pQLV* dust- *Pb* || popinarum : -innarum *p* || institores : *ex* instut- ? *V* || sua *Érasme*^{2} : -am *QLVPb Auen. Érasme*^{1} || insignita : *ex* -te *p* || uendentis : -tes [*ex* -tis] *P*.

3 ferreum : *ex* ferrum *b* || inter : per *V*.

la salutation journalière fait endurer la mort [1]. » Pour moi, je le garantis, ce brouhaha ne me trouble pas plus que la vague ou une chute d'eau, encore que, si j'en crois l'histoire, certain peuple ait déplacé sa ville principale, pour cette unique raison qu'il ne pouvait supporter le fracas d'une cataracte du Nil [2]. **4** A mon sens, l'accent de la voix distrait plus que le bruit : elle tire l'attention ; le bruit ne fait que remplir et frapper l'oreille. Dans ce qui résonne autour de moi sans me distraire je compte les voitures passant au galop [3] et le charpentier mon locataire et le serrurier mon voisin ou ce marchand qui, près de la Meta Sudans, essaie ses trompettes [4] et ses flûtes, ne musiquant pas, piaillant. Plus encore que le son continu je trouve gênant celui qui cesse par intervalles [5].

5 Au reste, je me suis dorénavant si bien aguerri à toutes ces misères que j'endurerais jusqu'à la voix terriblement stridente d'un chef de manœuvre marquant aux rameurs la mesure [6]. Je force mon âme à se concentrer sur elle-même, sans diversion vers l'extérieur. Tout peut bien retentir au dehors, pourvu que le dedans soit sans

1. On ne sait qui est ce Chrysippus.

2. Cf. *N. q.* 4, 2, 5 *Quem* (*Nili strepitum in Cataractis*) *perferre gens ibi a Persis collocata non potuit, — ob hoc sedibus ad quietiora translatis.* V. Cic. *De Rep.* 6, 19 *ea gens quae illum locum adcolit propter magnitudinem sonitus sensu audiendi caret.* Les anciens ont exagéré ce fracas fluvial et ses effets.

3. Sid. Apoll. *Ep.* 2, 10, v. 24 *stridentum — essedorum.*

4. La lettre a beau être écrite à Baïes, la fameuse *Meta sudans*, borne-fontaine conique d'où l'eau jaillissait par le sommet et latéralement, nous transporte, comme l'a vu Muret, dans la IVe Région de Rome, en bordure de la Voie Sacrée. Un marchand de flûtes habitait effectivement dans ces parages : *P. Curius Eupor. tibiarius de Sacra Via* (Dessau *Inscr. lat. sel.* 7645).

5. Cette observation amène naturellement l'allusion au *pausarius* (§ 5) qui *requiemque modumque / Voce dabat remis* (Ov. *M.* 3, 618 s).

6. Les rameurs tiraient en cadence sur les avirons tandis que le garde-chiourme de sa « voix stridente » et de son maillet, les esclaves *symphoniaci* de leur chant répété par la chiourme, rythmaient le mouvement (V. *ap.* Sid. Apoll. *Ep.* 2, 10, 25-27 le refrain des rameurs chrétiens). M. Aurèle jeune, lui, eut l'oreille mieux que patiente : aux jours fériés quand le temps était beau, il gagnait

mores tam uarios, tam dissonos constat, cum Chrysippum nostrum assidua salutatio perducat ad mortem. » At mehercules ego istum fremitum non magis curo quam fluctum aut deiectum aquae, quamuis audiam cuidam genti hanc unam fuisse causam urbem suam transferendi, quod fragorem Nili cadentis ferre non potuit. **4** Magis mihi uidetur uox auocare quam crepitus : illa enim animum abducit, hic tantum aures implet ac uerberat. In his, quae me sine auocatione circumstrepunt, essedas transcurrentes pono et fabrum inquilinum et serrarium uicinum, aut hunc, qui ad Metam Sudantem *tu*bulas experitur et tibias, nec cantat, sed exclamat : etiamnunc molestior est mihi sonus qui intermittitur subinde quam qui continuatur. **5** Sed iam me sic ad omnia ista duraui, ut audire uel pausarium possim uoce acerbissima remigibus modos dantem. Animum enim cogo sibi intentum esse nec

dissonos : sdiss- *p* || Chrysippum *VLPb Auen. Érasme*$^{1-2}$ *Buecheler* : *ex* chys- [r *supra u.*] *L* crhys- *pQ* Crisipum *Mentel.* Crispum *Lipse coll. Sen. Epigr.* [*Anth. lat.* 405 *R.*] *et sic Schweighaeuser* || nostrum *M Mentel. Auen. Erasme*$^{1-2}$ *Muret* : uestrum *pQLVPb* || assidua *QLb* : ads- *pP* || perducat : -uxit *Auen.* || At mehercules : *ex* ad m. P^2 ad m. *pQb* || audiam : *ex* audaciam *Q ex* audio *b* || ferre : *ex* fere *p*.

4 uidetur uox auocare *codd. Hense* : uox a. u. *VPb Auen. Érasme*$^{1-2}$ *Haase* uox aduocare u. *Mentel.* || crepitus : *ex* crei- *V ex* cle- *ut uid. P* || illa *LVPb* : *ex* ille P^2c illa *p* || abducit *P* [*ex* add-] *Érasme*^{2} : add- *pQLb* [*uerbum uirgula subnot. b*] *Mentel. Auen. Érasme*^{1} *Fickert* || hic : hac *Q* || quae me sine : que me/*p* || essedas *QLVPb Mentel. Auen. Érasme*$^{1-2}$ *uulg.* : eredas *p* raedas *Buecheler sed u. Axelson*^{3} *p.* 39 || transcurrentes : *sic* [trans *ante 3 uel 4 litt. erasas*] *P* [*ex* -curentes] *p* -rrentis [*ex* trasc-] *V* || serrarium *PMb Mentel. Érasme*$^{1-2}$ *Muret alii* : sorsa- *p* sera- *L* fera- [*ex* sera-] *m. rec. Q* ferra- *V Auen. Pinciani « uet. lect. » Ruhkopf alii* || qui ad Metam : *ex* quia Metam P^2 || tubulas *Gruter* : tab- *pQLVPb Mentel. Auen. Érasme*$^{1-2}$ tubas *Muret* tubulos (experitur ut tibias) *Summers* scabilla *Barker dub.* || nec : ne *pL* || cantat *VP* : *ex* -tas *b* -tant *pL* || quam : *ex* quum *Q*.

5 pausarium : *sic* [paus- *ex* pas-] b^2 *ut uid.* [au *ex corr., add.* uel pul] *V* -riam [*ex* -rium] *m. rec. Q* || acerbissima *pb* : *ex* aceru- *QVP* aceru- *L* || enim *codd. Mentel. Muret* : non *b Auen. Érasme*$^{1-2}$.

tumulte, pourvu que le désir et la crainte ne se gourment pas, pourvu que l'avarice et le faste fassent bon ménage et se laissent l'un l'autre en paix. A quoi bon le silence de tout le quartier, dès lors que grondent les passions ?

6 « Le monde reposait dans le calme apaisant de la nuit [1]. »

C'est faux ! Il n'est point de calme apaisant si la raison n'y a présidé [2]. La nuit n'enlève pas le chagrin ; elle le suspend et ne fait que changer nos soucis. Les songes du dormeur même sont aussi tumultueux que sa journée [3]. La vrai tranquillité est celle où l'esprit en bonne santé s'étend à l'aise. **7** Considère cet homme, pour qui on cherche du sommeil moyennant le silence d'une vaste maison, dont tout le personnel d'esclaves, de crainte que quelque bruit n'effarouche son oreille, est devenu muet, tandis qu'on n'approche tant soit peu que sur la pointe du pied. Eh ! bien, il se tourne et se retourne [4], à l'affût d'un léger somme entrecoupant ses ennuis. Rien ne bouge, et il se plaint qu'on ait bougé. **8** Comment expliques-tu ce malaise ? C'est son âme qui lui fait du bruit [5]. Il importe

en bateau le large afin d'écouter le bruit régulier des rames et du maillet (Fronton. *Ep.* 1, 3 *De Feriis Alsiensibus* ed. Mai 1816, p. 177).

1. Citation de Varron d'Atax (*Carm. fr.* 8 Morel), qui traduit les *Argonautiques* d'Apollonius de Rhodes.

Celui-ci avait dit, *Argon.* 3, 749 s. : οὐ θρόος ἦεν/ Ἠχήεις σιγὴ δὲ μελαινομένην ἔχεν ὄρφνην.

2. S. chicane Varron en moraliste ; Ovide l'avait critiqué en poète : il eût fallu, disait-il, terminer la phrase à *noctis erant* (Sen. *Contr.* 7, 1, 27).

3. Au point que nos rêves, d'après Zénon, donnent la mesure de nos progrès dans la sagesse, cf. Plut. *De Profect. in uirtute sentiendis* 12 *init.* (Arnim I, 234) :

Ἀπὸ τῶν ὀνείρων ἕκαστον ἑαυτοῦ συναισθάνεσθαι προκόπτοντος, εἰ μήτε ἡδόμενον αἰσχρῷ τινι ἑαυτὸν μήτε τι προσιέμενον ἢ πράττοντα των δεινῶν καὶ ἀτόπων ὁρᾷ κατὰ τοὺς ὕπνους ἀλλ', οἷον ἐν βυθῷ γαλήνης ἀκλύστου καταφανεῖ, διαλάμπει τῆς ψυχῆς τὸ φανταστικὸν καὶ παθητικὸν ὑπὸ τοῦ λόγου διακεχυμένον.

4. 90, 41 *Sollicitudo nos (noctu) in nostra purpura uersat et acerrimis excitat stimulis.* V. *De Tr. an.* 2, 6 et 2, 12 la comparaison avec le sommeil d'Achille.

5. *Obstrepit*, ingénieux rappel de *circumstrepunt* (§ 4).

auocari ad externa : omnia licet foris resonent, dum intus nihil tumultus sit, dum inter se non rixentur cupiditas et timor, dum auaritia luxuriaque non dissideant nec altera alteram uexet. Nam quid prodest totius regionis silentium, si affectus fremunt ?

6 Omnia noctis erant placida composta quiete.

Falsum est : nulla placida est quies, nisi quam ratio composuit : nox inhibet molestiam, non tollit, et sollicitudines mutat. Nam dormientium quoque insomnia tam turbulenta sunt quam dies : illa tranquillitas uera est, in quam bona mens explicatur. 7 Aspice illum, cui somnus laxae domus silentio quaeritur, cuius aures ne quis agitet sonus, omnis seruorum turba conticuit et suspensum accedentium propius uestigium ponitur : huc nempe uersatur atque illuc, somnum inter aegritudines leuem captans : quae non audit, audisse se queritur. 8 Quid in causa putas esse ? Animus illi

ad externa : externa *p* || foris : -as *QL*. || tumultus sit : *ex* -ltis sit *P* resonent multum sit *p* || rixentur : *ex* ris- *b* || cupiditas : cupiditates *p* || luxuriaque : luxor- *L* || alteram : *ex* -um *Pb* || uexet : *ex* -it *P* || si *ex* sed L^2 || affectus *Qb* : adf- *pP*.

6 omnia — quiete VARR. ATAC. *Argon.* 3, *fr.* 1 *R.* | placida *P Muret cf. Sen. Rh. Contr. VII*, 16, 27 *et quae seq.* : tacita *codd. edd. uett. Érasme*[1-2] | composta *QL* : conp- *VP* composita *p* conpesta *b* | quiete : quiaetae *b* || nisi : *supra u.* *L* || quam *codd. uulg.* : qua *Gemoll sed u. Axelson*[3] *p.* 178 || composuit *pQb* : conp- *P* || nox : *sic* [x *i. r.*] *V* Nec *Q* || inhibet *P* [*ex* hi/bet] *cf.* 78,22 *u. Prooem. p.* XVI *n.* 1 : exhibet *pQLbV* [exi- *p*, ex *i. r. V*] *edd.* || non : *sic* [n *alt. i. r.*] *V* || tollit : *ex* tulit *b* || mutat : *ex* non m. *p* || Nam *pVPb* : non *QL* || dormientium *codd.* [on *ante ras. p*] : -ientum [um *i. r.*] *P* -ienti *b* || turbulenta : *ex* -alenta P^2 || quam dies : *sic* [quam *ante 1 litt. eras.*] *V*.

7 Aspice *QLPb* : *sic* [*non* adsp-] *p* || somnus : -um *QL* || silentio : *ex* -iu ? *p* || turba : cur- [*ex* tur-] *b* || conticuit : *sic* [u *ante ras.*] *p* || accedentium : *ex* accid- P^2 accenden- *L* || propius : *ex* -pitius *Q* -pitius *L* || atque : adq- *P* || somnum *Q* : son- *codd.* || inter : inte *L* || audisse : *ex* ad- *V*.

8 putas *codd. Mentel. Auen. Érasme*[1-2] : *ex* -tat *Q* -tes *Pb* || Animus : an mus *p* || illi : *ex* ille P^2 ille *p*.

de la calmer, de réfréner sa révolte, sans la supposer en paix parce que le corps gît au repos. Par moment s'introduit dans la quiétude l'inquiétude. Et voilà pourquoi il faut que nous soyons aiguillonnés à l'action et tout occupés du maniement des vertueux principes, chaque fois que nous travaille une paresse impatiente d'elle-même [1].

9 Les grands chefs d'armée, s'ils voient le soldat mal obéir, le matent par quelque bonne besogne [2] et le maintiennent en contact avec l'ennemi. Les gens toujours en haleine n'ont pas de temps pour les folâtreries, et il n'est que d'ouvrer (rien n'est plus certain) pour dissiper les vices du désœuvrement [3]. Souvent, à ce qu'il semble, le dégoût de la politique, le regret d'occuper une position stérile et ingrate nous ont fait chercher une définitive retraite. Toutefois, au fond de cette cachette, où la crainte et la lassitude nous ont jetés, l'ambition, de temps à autre, se ravive : on ne l'avait pas extirpée ; elle n'était que harassée ou encore irritée d'une médiocre réussite. **10** J'en dis autant de la sensualité ; elle semble, une fois pour toutes, avoir quitté la place ; puis, quand nous avons bien fait profession de tempérance, elle nous tente et, au milieu même de l'abstinence, vise des plaisirs non condamnés, simplement quittés : poussée, à vrai dire, d'autant plus véhémente qu'elle est plus secrète [4]. Le vice qui se laisse voir est toujours plus bénin : ainsi la maladie tend vers la guérison lorsqu'une éruption la tire de l'ombre et qu'elle se déclare

1. Cf. Pittacus : ἀνιαρὸν ἀργία ; Enn. *trag. fr.* 187 R. *Otioso in otio animus nescit quid uelit* ; Sen. *De Tr. an.* 2, 10 *taedium — et otii sui tristis atque aegra patientia...*

2. Tel Alexandre (Curt. 7, 1, 4) percevant le cri séditieux de son armée oisive.

3. Déjà Curt. 1. 1. avait dit : *satis — prudens otii uitia negotio discuti* V. *De Tr. an.* 4, 8 : *optimum est miscere otium rebus quotiens actuosa uita impedimentis fortuitis — prohibebitur* ; supra p. 59 n. 3. Cf. à la fois la maxime stoïcienne *esse in actu* (vol. I, p. 23 n. 1, *De Tr. an.* 4, 8 *actuosa uita*) et le lieu commun des *otii uitia* (Soph. *fr.* 288, Lucan. 4, 704 ; infra p. 142 n. 3).

4. Il y a § 9 *f.* et § 10 comme une psychologie du « mal du siècle » ; cf. 55, 5 ; vol. I, pp. 109 n. 4, 110 n. 2. § 9 *f. Rebus parum sibi cedentibus* : cf. *De Tr. an.* 2, 7, *cupiditatibus — parum prosperis.*

obstrepit : hic placandus est, huius conpescenda seditio est, quem non est quod existimes placidum, si iacet corpus. Interdum quies inquieta est : et ideo ad rerum actus excitandi ac tractatione bonarum artium occupandi sumus, quotiens nos male habet inertia sui inpatiens. **9** Magni imperatores, cum male parere militem uident, aliquo labore compescunt et expeditionibus detinent : numquam uacat lasciuire districtis nihilque tam certum est quam otii uitia negotio discuti. Saepe uidemur taedio rerum ciuilium et infelicis atque ingratae stationis paenitentia secessisse : tamen in illa latebra, in quam nos timor ac lassitudo coniecit, interdum recrudescit ambitio. Non enim excisa desiit, sed fatigata aut etiam obirata rebus parum sibi cedentibus. **10** Idem de luxuria dico, quae uidetur aliquando cessisse, deinde frugalitatem professos sollicitat atque in media parsimonia uoluptates non damnatas, sed relictas petit, et quidem eo uehementius, quo occultius. Omnia enim uitia in aperto leniora sunt : morbi quoque tunc ad sanitatem inclinant, cum ex abdito

obstrepit : *ex* ostr- *b* || quem : quae *L* Quam *Q* || iacet : *ex* -ceo *ut uid. p* || tractatione : *ex* tractione *b* tractione *p* || quotiens : *ex* -ies *Q* -ies *L*.

9 parere : *ex* parare *P*[2] || aliquo : -qua *p* || compescunt *QLP* : conp- *pb* || districtis : *ex* dest- *P*[2] dest- *p* || tam : *supra u. Q*[1] tan *b* || uitia : uatia *b* || discuti : -tit *p* || secessisse : *ex* seiess- *b* || in quam : in qua *L* || ac *codd. ed. Rom.* 1475 *Ven.* 1492 : et *det. Mentel. Auen. Érasme*[1-2] *Muret Fickert* aut *Castiglioni* || lassitudo : lascit- *Q* lasit- *P* || excisa : scissa [*ex* scisa] *P*[2] || desiit *QL uulg.* : *sic* [*ex* desic *ut uid. quod ipsum ex* desit] *P*[2] desit *b* desít * [*superpos.* i] *V* dęs *p* desît *Hense* || obirata *QV Mentel. Fickert*: ober- [e *ex* i] *L*[2] obrata *p* irata *ex* abir- *P* abiecta *b Auen. Érasme*[1-2] *Muret Schweighaeuser.*

10 Idem : *ex* idest *Q* || aliquando : *sic* [al- *ex* ab-] *V* || cessisse : ceci- *b* || frugalitatem : *ex* frugil- *Q*[1] || professos : -a [*ex* -os] *P* || sollicitat : -ta *P* -tae/*b* || in media : media [*ex* in m.] *P* || parsimonia : *ex* -oia *ut uid. b* || relictas : -iquas *p* || petit : repet- *Castiglioni* || quo : *ex* qui *V* || occultius : *ex* -ltus` *V* || leniora *codd. Hense* : leui- *b Mentel. Auen. Érasme*[1-2] *et uulg. ante Hensium.*

dans toute sa force. La cupidité, par conséquent, l'ambition, toutes les autres maladies de l'âme humaine ne sont jamais plus pernicieuses, sachons-le, que lorsqu'elles y séjournent sous un semblant de santé. **11** On nous croit dans l'état de repos et nous n'y sommes pas.

Oui, si nous y allons de bonne foi, si nous avons sonné la retraite, si, comme je le disais plus haut, nous avons atteint au mépris des apparences, rien ne nous divertira de notre objet : voix humaines, voix d'oiseaux, nul concert ne rompra le cours de nos bonnes pensées, désormais fermes et bien arrêtées [1]. **12** C'est un esprit léger et qui ne s'est pas encore ramené au-dedans [2], que celui que dressent aux aguets un son de voix, des faits accidentels. Il a un fonds d'inquiétude, il a quelque chose de cette peur préconçue qui rend l'homme prompt aux alarmes, comme dit notre Virgile :

« Et moi que n'intimidaient naguère ni les traits dardés contre moi ni les Grecs jaillissant en essaims de leurs bataillons meurtriers, maintenant tous les souffles m'épouvantent, tout bruit me tient en suspens et je tremble également pour celui qui m'accompagne et pour mon fardeau [3]. »

13 Je vois d'abord ici le sage que le sifflement des traits, le froissement des armes au fort de la mêlée, le fracas d'une ville qui tombe sous la sape laissent impassible [4]. L'autre est celui que la philosophie n'a point formé.

1. S. le sait d'expérience ; v. § 1 et cf. 83, 7 *Ecce Circensium obstrepit clamor. Subita aliqua et uniuersa uoce feriuntur aures meae. Nec cogitationem meam excutiunt ne interrumpunt quidem.*

2. *Introrsus* : cf. vol. I p. 22 n. 4 ; p. 98 n. 3 *s. f.*

3. Virgile, *En.* 2, 726-729 : Énée tremble pour son frère qu'il porte, pour son fils qu'il tient par la main.

4. Cf. Hor. *C.* 3, 3, 7s *Si fractus illabatur orbis/Inpauidum ferient ruinae* : *S.* 2, 2, 88 (*Fortis...*) *in quem manca ruit semper fortuna* ; Sen. *De V. B.* 27, 2 s. Socrate sous les coups du sort, semblable à un roc ; *Ep.* 95, 71 *constantiam uiri* (i. e. *Catonis*) *inter publicas ruinas non labantis.*

erumpunt ac uim sui proferunt. Et auaritiam itaque et ambitionem et cetera mala mentis humanae tunc perniciosissima scias esse, cum simulata sanitate subsidunt. **11** Otiosi uidemur, et non sumus. Nam si bona fide sumus, si receptui cecinimus, si speciosa contempsimus, ut paulo ante dicebam, nulla res nos auocabit, nullus hominum auiumque concentus interrumpet cogitationes bonas solidasque iam et certas. **12** Leue illud ingenium est nec sese adhuc reduxit introrsus, quod ad uocem et accidentia erigitur. Habet intus aliquid sollicitudinis et habet aliquid concepti pauoris, quod illum curiosum facit, ut ait Vergilius noster :

Et me, quem dudum non ulla iniecta mouebant
Tela neque aduerso glomerati ex agmine Grai,
Nunc omnes terrent aurae, sonus excitat omnis
Suspensum et pariter comitique onerique timentem.

13 Prior ille sapiens est, quem non tela uibrantia, non arietata inter <se> arma agminis densi, non urbis inpulsae fragor territat : hic alter imperitus est, rebus suis timet ad omnem crepitum expauescens,

erumpunt : *ex* -pant *p* || sui *p Axelson*^{3} *p.* 69 : suam *codd. uulg.* || perniciosissima : *ex* -mo *P* || sanitate : -atem *b.*

11 uidemur : *ex* -etur *p*^{2} *ex* -entur *b* || cecinimus : *ex* cenimus *P* || speciosa : -ci/sa *p* || contempsimus [-msimus *Q* mp *ex* mi *L*] *QVPLb Mentel. Auen. Érasme*$^{1-2}$ *Muret alii* : -mnimus *p Haase* || hominum : homo *p* || concentus *Auen. Érasme*$^{1-2}$: *ex* contentus *m. rcc. VP*^{2} *ex* contemptus *L*^{2} contemptus *pQ* contentus *b* || iam et certas *codd. Auen. Fickert* : et iam certas *Érasme*$^{1-2}$ *alii.*

12 nec : *ex* ne *V* || sese : se [*ex* esse] *P* || introrsus *QLPb* :-osus *p* || et habet *codd. Mentel. Auen. Érasme*$^{1-2}$: habet *P. Thomas* et *Muret Lipse* || concepti : -ntempti *P* || pauoris : timoris *Auen.* || illum curiosum : c. i. *b* || Vergilius *p* : uirg- *QLVPb* || et me — timentem Verg. *Aen.* 2, 726 *ss.* | me : ine *ut uid. L* | ulla : nulla *b* | iniecta : *ex* ingec- *V* | mouebant : *ex* -bat *b* | comiti : *ex* commiti *V.*

13 uibrantia : *sic* [*alt.* a *ex corr.*] *p* || inter se *Érasme*^{2} : inter *pQLPb* interim [*ex* inter] *V* || fragor : *sic* [*ex* flag-] *b*^{2} || imperitus *pQV* : inp- *Pb* || est *codd. Mentel. Érasme*$^{1-2}$: *om. Auen.* || rebus suis timet : *secl. P. Thomas* || ad omnem : *ex* adeo nempe *Q.*

Tremblant pour ce qu'il possède, un craquement l'épouvante ; le moindre bruit de voix devient un murmure menaçant qui le décontenance ; l'agitation la plus légère le fait défaillir. Le paquetage dont il est chargé entretient ses alarmes. **14** Prends qui tu voudras de ces prétendus heureux qui traînent à leur suite, qui transportent sur leur personne beaucoup de choses ; tu le verras :

« tremblant pour ce qui l'accompagne et pour son fardeau. »

Ainsi donc, tu sauras que l'ordre règne en toi, le jour où ne t'atteindra nulle clameur, le jour où ne viendra t'arracher à toi-même aucune voix, qu'elle caresse, qu'elle menace, qu'elle assiège l'oreille du bruit creux de ses mensonges.

15 « Mais quoi ! N'est-il pas dans certains cas plus commode de pouvoir échapper aussi au vacarme ? » J'en conviens. Et voilà pourquoi, moi, je délogerai d'ici. C'est une épreuve, un exercice que je voulais faire. Quelle nécessité de prolonger la torture, quand il est un remède si simple, inventé par Ulysse pour ses compagnons contre les Sirènes elles-mêmes [1] ?

Lettre 57 *

1 Devant quitter Baïes et regagner Naples, je me laissai volontiers persuader que le gros temps menaçait, pour ne pas tâter derechef du navire [2] ; or, d'un bout à l'autre du chemin, ce fut un tel lit de boue, qu'on pourrait tout aussi bien dire que j'ai fait une traversée. Il m'a

* *Sommaire.* — Sénèque, qui a traversé le tunnel du Pausilippe (1-2), philosophe délibérément sur cet incident de route. Cf. Lettre LV, 3. Certaines réactions physiques, que ne surmontent pas les plus forts, sont naturelles et à distinguer des effets de la peur, qui n'est qu'absurde (3-6). Les stoïciens ont tort de penser que si le corps est écrasé l'âme se disperse : celle-ci peut encore survivre au corps ; son immortalité est donc présumable (7-9).

1. V. vol. I, p. 137 n. 1 et ss.
2. V. *Ep.* 53.

quem una quaelibet uox pro fremitu accepta deiecit, quem motus leuissimi exanimant : timidum illum sarcinae faciunt. **14** Quemcumque ex istis felicibus elegeris, multa trahentibus, multa portantibus, uidebis illum « comitique onerique timentem ». Tunc ergo te scito esse compositum, cum ad te nullus clamor pertinebit, cum te nulla uox tibi excutiet, non si blandietur, non si minabitur, non si inani sono uana circumstrepet. **15** « Quid ergo ? non aliquando commodius est et carere conuicio ? » Fateor : itaque ego ex hoc loco migrabo. Experiri et exercere me uolui : quid necesse est diutius torqueri, cum tam facile remedium Vlixes sociis etiam aduersus Sirenas inuenerit ? VALE.

SENECA LVCILIO SVO SALVTEM **57**

1 Cum a Bais deberem Neapolim repetere, facile credidi tempestatem esse, ne iterum nauem experirer : et tantum luti tota uia fuit, ut possim uideri nihilomi-

quem *p* : *ex* qum P^2 cum *QLVb an ex* quom « *in libro antiquiore* » *pos. fluxerit dub. Hense* || deiecit *QLVPb uulg.* : deicit *p Hense sed u. Axelson*[3] *p.* 83 || exanimant : examinant *p* || faciunt : *ex* -iant V^2P^2 -iant [*ex* -iunt *p*] *pQLb*.

14 quemcumque *PQ* : quemqum- *p* quaecum- *L* || istis : istibus *b* || elegeris : *ex* elig- L^2 || comitique : *ex* commi- *L* commi-*P* || onerique : honeri qui *p* || scito : *ex* scio *V* || compositum *pQVP* : conp- *b* || ad : *ex* at *V* || clamor : *supra u. V* || uana *codd. Auen. mg. Erasmi*[2] : uaria *Mentel. Érasme*[1-2] *Muret* || circumstrepet *Mentel. Auen. Érasme*[1-2] : *ex* -pit P^2 -pit *pQLVb*.

15 conuicio *Mentel. Auen. Érasme*[1-2] : -itio *L* -icto [uel conflictu *super add. P*] *pQPb* conuictu [*ex* -icto] *V* || experiri *codd. Mentel. Pincia* : et exp- *Auen. Érasme*[1-2] || et exercere : *sic* [et *supra u.*] *V* || uolui *codd. Mentel. Auen. Pincia ex* « *uet. lect.* » : uolens *Érasme*[1-2] *et sic Pinciani* « *alia uet. lect.* » || Vlixes : *ex* uil- *L* || Sirenas *b Mentel. Auen. Érasme*[1-2] : syr- *pQLVP*.

Ep. 57. **1** a : *post ras. b om. Érasme*[2] || Bais : bagis [*ex* bais] *m. rec. Q* || nauem : -im *b* || et : sed *Pinciani* « *uet lect.* » || possim : *ex* -um *L*.

fallu subir ce jour-là, de point en point, tout le destin des athlètes : après le liniment onctueux, nous avons reçu l'aspersion de poussière fine une fois arrivés dans le tunnel de Naples[1]. 2 Rien d'interminable comme ce boyau de prison, rien de sombre comme ces torches qui servent à faire voir non dans les ténèbres, mais les ténèbres mêmes. Au reste, quand l'endroit aurait la lumière, la poussière l'éclipserait, chose en plein air déjà incommode et pénible. Que ne fait-elle là-bas, tourbillonnant dans un milieu clos, où tout appel d'air manque, et retombant droit sur ceux qui l'ont soulevée ! Deux inconvénients opposés nous ont été infligés à la fois : sur le même chemin, le même jour, nous avons connu l'épreuve et de la boue et de la poussière.

3 Toutefois, l'obscurité du lieu m'a fourni un thème à réflexions. J'ai éprouvé vraiment un coup à l'âme, et, sans mélange de peur, un ébranlement, produit par l'étrangeté d'une chose inaccoutumée, autant que par son repoussant aspect. Je ne te parle pas pour le moment de moi, homme bien au-dessous du passable, à plus forte raison, de l'état parfait ; mais du sujet idéal sur lequel la fortune a perdu ses droits : lui aussi aura l'âme frappée, le teint altéré. 4 Il est, en effet, mon cher Lucilius, des impressions auxquelles n'échappe nulle vertu : c'est un rappel de sa mortalité que lui adresse la nature. Ses traits se crisperont donc devant une scène de tristesse ; il frissonnera devant l'inattendu ; sa vue se brouillera, si, établi au rebord d'un gouffre, il en regarde la profondeur désolée. Ce n'est pas l'effet de la peur, mais d'une

1. Cf. Strab. 246 bc : « Une voie souterraine existe (à Naples) comme à Cumes, percée à travers la montagne qui sépare Naples de Pouzzoles ; elle a plusieurs stades de long » (environ 700 m.) « et assez de largeur » (environ 9 m.) « pour que deux chars s'y puissent croiser » (et 16 m. de haut). « On a pratiqué sur le flanc de la montagne de nombreuses ouvertures : ainsi la lumière par places y pénètre malgré l'extrême profondeur du souterrain. » Certains de ces jours étaient-ils obstrués ? L'obscurité du tunnel (§ 2) le laisserait croire ; Alphonse d'Aragon en devra percer d'autres. La poussière est engendrée par le tuf volcanique. — Cette excursion allait contre les principes de S. touchant les promenades : *De Tr. an.* 17, 8 *in ambulationibus apertis uagandum, ut caelo libero et multo*

nus nauigasse. Totum athletarum fatum mihi illo die perpetiendum fuit : a ceromate nos haphe excepit in crypta Neapolitana. **2** Nihil illo carcere longius, nihil illis facibus obscurius, quae nobis praestant non ut per tenebras uideamus, sed ut ipsas. Ceterum etiam si locus haberet lucem, puluis auferret, in aperto quoque res grauis et molesta : quid illic, ubi in se uolutatur et, cum sine ullo spiramento sit inclusus, in ipsos, a quibus excitatus est, recidit ? Duo incommoda inter se contraria simul pertulimus : eadem uia, eodem die et luto et puluere laborauimus. **3** Aliquid tamen mihi illa obscuritas, quod cogitarem, dedit : sensi quendam ictum animi et sine metu mutationem, quam insolitae rei nouitas simul ac foeditas fecerat. Non de me nunc tecum loquor, qui multum ab homine tolerabili, nedum a perfecto absum, sed de illo, in quem fortuna ius perdidit : huius quoque ferietur animus, mutabitur color. **4** Quaedam enim, mi Lucili, nulla effugere uirtus potest : admonet illam natura mortalitatis suae. Itaque et uultum adducet ad tristi*a* et inhorrescet ad subita et caligabit, si uastam altitudinem in crepidine eius constitutus despexerit : non est hoc timor, sed

nauigasse : *ex* -ssem *V* || athletarum *pPb* : *sic* [*una litt. post* e *eras.*] *V* atletarum [*ex* adle-] L^2 adle- *Q* militum *mg.* L^2 || fatum : fact- *p* || nos haphe : nohaphe/*b* || in crypta : *ex* etcry- Q^1.

2 facibus *codd. Mentel. Schweighaeuser* : fuc- *ex* fac- *V* faucibus/*b Auen. Érasme*$^{1-2}$ *alii* || obscurius : *ex* -ris p^2 || ut *codd. Mentel. Érasme*^{2} : ut nos *Auen. Érasme*^{1} || locus : *ex* locu p^2 || haberet : *ex* l hab- *b* -ered *p* || lucem : *supra u. L* || aperto : op- *ex* ap- *V* || molesta : -tiam *b an* molesta iam*?* || quid : quod [*ex* quid] *V* || ubi : quibusque*?* [*ex* ubi] *m. rec. V* || ullo : illo *p* || excitatus : ex er citatus *p* || recidit : *ex* recedit *P* reccidit *p* || simul : -mus *b*.

3 obscuritas : *ex* oscu- *V* || ictum : ictiam *p* || insolitae : -to *QL* || nunc : *ex* nuc *V* || ab : *supra u.* P^2 || homine tolerabili : *ex* -nem -lo P^2 -ne -le/*b* || de : *om. b*.

4 quaedam enim *LVPb* : quendam *p* || nulla : *ex* -llu *b* || effugere : -gire *p* || potest : post- *p* || admonet : amm- *Q* || natura : -ram *pb* || ad tristia *Gruter* : ad stricticiam [*ex* -stiam] *V* ad tristitiam [*ex* tristiam P^2] *QLP*^{2}*b Mentel. Auen. Érasme*$^{1-2}$ atristiciam *p* || inhorrescet : horr- *QL* || caligabit : colli- *p* || crepidine : -nem || despexerit : disp- *QLP*.

réaction naturelle inexpugnable à la raison. **5** C'est ainsi que des braves, parfaitement prêts à verser leur sang, ne sauraient voir le sang des autres. Certains devant une blessure fraîche, certains devant une plaie ancienne et purulente, que l'on débride et que l'on visite, s'effondrent et s'évanouissent ; d'autres reçoivent plus facilement le coup d'épée qu'ils n'en supportent la vue. **6** J'ai donc éprouvé, comme je disais, non pas du bouleversement, mais un ébranlement. Par contre, au premier regard sur la lumière rendue, j'eus un retour de gaîté irréfléchie, que rien ne commandait.

Là-dessus j'entrai avec moi en propos sur l'extrême sottise qui nous fait appréhender plus ou moins telle ou telle chose, alors qu'elles aboutissent toutes à une même fin. Car où est la différence, que ce soit une simple loge qui s'écroule sur quelqu'un, ou une montagne[1] ? Tu ne la trouveras pas. On en verra néanmoins qui appréhenderont davantage la chute de la montagne, bien que la mort soit également fatale dans les deux cas : tant ce n'est pas aux effets, mais aux circonstances efficientes que la peur regarde[2].

7 Supposes-tu que je m'inspire ici des Stoïciens selon qui l'âme de l'homme broyé sous une masse pesante ne peut subsister et se disperse[3] instantanément, faute d'une issue libre ? Ce n'est pas mon cas, la thèse me paraissant fondée sur une erreur. **8** Comme on ne peut écraser la

spiritu augeat attollatque se animus. — Sur l'*ictus animi* inévitable (§ 3), la *naturalis affectio* (§ 4), l'αἴσθησις φυσική (M. Antonin. 5, 26) cf. *Ep.* 11, 1 à 7 ; 85, 29 ; *De Ira* 2, 2, 1 ; Gell. 19, 1, 6 ; 15 ; 21. Une réciprocité d'action s'exerce entre l'âme et le corps (Arnim I 518 p. 116).

1. *N. q.* 6, 1, 8 *tamquam non omne fatum ad eundem terminum ueniat !...* 9 *Nihil — interest utrum me lapis unus elidat an monte toto premar ; utrum supra me domus unius onus ueniat et sub exiguo eius tumulo ac puluere exspirem an totus caput meum terrarum orbis abscondat...* 2, 4 *Vult ille imbecillitatis sibi suae conscius timere pituitam ?...* 2, 5 *Vnguiculi nos et ne totius quidem dolor — conficit !... crassior saliua —, potio male lapsa per fauces...* ; 6, 32, 5 *quid ad me quam magna sint quibus pereo ? Ipsum perire non magnum est.*

2. V. vol. I, p. 106 l'effet produit sur nous par les objets terrifiants, par la « montre » dont parfois s'environnent les bourreaux.

3. *Spargi :* donc se résoudre d'abord en ses éléments constitutifs

naturalis affectio inexpugnabilis rationi. 5 Itaque fortes quidam et paratissimi fundere suum sanguinem alienum uidere non possunt ; quidam ad uulneris noui, quidam ad ueteris et purulenti tractationem inspectionemque succidunt ac linquuntur animo ; alii gladium facilius recipiunt quam uident. 6 Sensi ergo, ut dicebam, quandam non quidem perturbationem, sed mutationem : rursus ad primum conspectum redditae lucis alacritas rediit incogitata et iniussa. Illud deinde mecum loqui coepi, quam inepte quaedam magis aut minus timeremus, cum omnium idem finis esset. Quid enim interest, utrum supra aliquem uigil*a*rium ruat a*n* mons ? Nihil inuenies. Erunt tamen, qui hanc ruinam magis timeant, quamuis utraque mortifera aeque sit : adeo non effectus, sed efficientia timor spectat. 7 Nunc me putas de Stoicis dicere, qui existimant animam hominis magno pondere extriti permanere non posse et statim spargi, quia non fuerit illi exitus liber ? Ego uero non facio : qui hoc dicunt, uidentur mihi

affectio *Qb* : adf- *P* adfectione *p* || rationi : -ne [*ex* ni] *m. rec. Q*.
5 uidere : *ex* -ri *V* || quidam ad uulneris : *ex* -dem a. u. *P*[2] || purulenti : *sic* [r *ex corr.*] *V* || tractationem : traxt- *p* || inspectionemque : *ex* -nem quae *Q* || succidunt : *ex* succed- *p* || linquuntur : lincuntur *P*[2] ling- *p* || facilius : *sic* [s *ex corr.*] *V* || quam uident : quem -dunt *p*.
6 quamdam : quadan *b* || rursus : risus *P* || rediit : redd- *p* rodit *Auen.* || iniussa *codd. Auen. Érasme*[2] : inuisa *Érasme*[1] || Illud : -uc *P* || supra aliquem : *ex* supraliquem *Q* || uigilarium « *uet. lect.* » *Pinciani cf., duce Fickert, Not. tiron.* [*p.* 63, 68 *Schmitz*] : -liarium [*ex* -larium *V ex* -liarum *L*] *LPVb Érasme*[1-2] *Muret cf., duce Fickert, CIL* [14, 527] -lliarium [*ex* -larium *ut uid.*] *Q* -liarum *p* iugularium *Auen.* speculatorium *Mentel.* [*gloss. dicas*] || an *dett. Érasme*[1-2] *Muret*: aut *pQLVPb Auen.* ut [*pro* uel *per compend.* ?] aut *Mentel.* || mons *codd. Auen.* : mons aut turris *Mentel. Érasme*[1-2] m. an turris *Muret* || timeant : teneant *p* || quamuis : quauis *p* || efficientia *codd. Muret praeeunte Érasme*[2] *in append.* : -tiam *V Érasme*[1-2] effitientiam [*ex* effititiam] *b* efficienciam *Mentel.* efficaciam *Auen.*
7 putas : -es *p* || de Stoicis : *ex* dei st- *Q* || qui : quid *p* || animam : *ex* -um *L*2uel3 || hominis : *mg. p* [*om. p*] || pondere : pend- *Q* ponderis [*ex* -re] *p* || extriti : exterri- [*ex* extriti] *Q*] *m. rec. Qb* extincti *Mentel.* || permanere : permeare *prop. Pincia* || statim : tat- *pb*.

flamme, vu qu'elle s'échappe tout autour de l'objet qui la comprime ; comme l'air, frappé du plat ou de la pointe, n'est pas blessé ni même divisé, mais revient envelopper l'instrument qui le refoulait ; de même l'âme, composée d'une substance infiniment déliée, ne saurait être ni appréhendée, ni broyée à l'intérieur du corps ; grâce à sa subtilité [1], elle se fait jour au travers des objets mêmes qui la compriment. Tout comme la foudre, après avoir cependant labouré de ses feux un très vaste espace, se retire par une mince ouverture [2], ainsi pour l'âme, encore plus ténue que le feu, il n'est pas de corps au travers duquel elle ne fuie.

9 Une question se pose donc : peut-elle être immortelle [3] ? Tiens tout au moins ceci pour certain : si elle survit au corps, rien ne saurait l'écraser, précisément parce qu'elle ne périt pas, puisqu'une immortalité sous réserve n'est pas concevable et que rien ne fait tort à ce qui est éternel [4].

(Epict. *Diss.* 3, 13, 4). L'âme serait, en effet, selon un dogme stoïcien, substance corporelle (D. L. 7, 156). Selon Panétius, elle périt avec le corps : Cic. *Tusc.* I, 79.

1. V. *ep.* 50,6 et p. 35 n. 6, sur la nature subtile de l'âme ; cf. D. L. 7, 156 τὸ συμφυὲς ἡμῖν πνεῦμα ; 157 (d'après Posidonius) πνεῦμα ἔνθερμον.

2. *N. q.* 2, 53, 2 (*fulmen*) *subtilissimus ignis* ; 52, 1 *teneris et rarioribus parcit* —, *quia transitu patente minus saeuit... Ignis tenuissimus per foramina occulta transcurrit* ; Lucr. 6, 225 ss. *Hunc tibi subtilem cum primis ignibus ignem/Constituit natura minutis mobilibusque/Corporibus, cui nil omnino obsistere possit./Transit enim ualidum fulmen per saepta domorum,/Clamor ut ac uoces : transit par saxa, per aera* ; 330 ss. *e paruis et leuibus est elementis/Nec facile'st tali naturae obsistere quicquam./Inter enim fugit ac penetrat per rara uiarum.* 348 ss. *Incolumisque uenit per res atque integra transit/Multa. foraminibus liquidus quia transuiat ignis.*

3. Toute âme est immortelle d'après Cléanthe ; seulement celle du sage d'après Chrysippe (D. L. 7, 157). De toute manière l'âme ne survit que jusqu'à la conflagration universelle.

4. Le mot final *aeterno* confère une singulière majesté à la conclusion du philosophe : cf. 58, 27 *aeterna* ; 102, 26 *aeterni natalis*. La pensée même de l'éternité (*aeternitatem proponere*) est singulièrement fortifiante : *quam qui mente concepit, nullos horret exercitus, non terretur tuba, nullis ad timorem minis agitur* (102, 29).

errare. **8** Quemadmodum flamma non potest obprimi, nam circa id diffugit, quo urguetur ; quemadmodum aer uerbere atque ictu non laeditur, ne scinditur quidem, sed circa id, cui cessit, refunditur : sic animus, qui ex tenuissimo constat, deprehendi non potest nec intra corpus effligi, sed beneficio subtilitatis suae per ipsa, quibus premitur, erumpit. Quomodo fulmini, etiam cum latissime percussit ac fulsit, per exiguum foramen est reditus, sic animo, qui adhuc tenuior est igne, per omne corpus fuga est. **9** Itaque de illo quaerendum est, an possit inmortalis esse. Hoc quidem certum habe : si superstes est corpori, pro*teri* illum nullo genere posse, propter quod non perit, quoniam nulla inmortalitas cum exceptione est nec quicquam noxium aeterno est. VALE.

8 Quemadmodum : Quom amm- *Q* || flamma : -ama *p* || obprimi *QV* : oprimi *p* depr- [*ex* obpr-] *L* oppr- *Pb* || id diffugit [difu- *Q ex* difu b^2] *QLVP*b^2*O Mentel. Auen. Érasme*[1-2] : id effugit *p Haase alii sed u. Axèlson*[3] *p.* 85 || urguetur [*ex* -getur *p*] *pQLV* : -getur *Pb* || Quemadmodum : Quemamm- *Q* || ictu : -ti *b* || ne : nec[*ex* ne *V*] *QL m. rec. V Mentel. Auen. Érasme*[1-2] || effligi *pV Hense* : affl- [*ex* effl- LP^2] LP^2 *b uulg.* || fulmini : fulmen [*ex* -mini] L^2 || latissime : laet- *L* || percussit *codd. Mentel. Érasme*[1-2] : percurrerit *Auen.* percucurrit *mg. Erasmi*[2] || fulsit : *ex* fulg- Q^1 fluxit *b Auen.* || est : *ex* st P^2 || reditus : *ex* sedit- *p* || tenuior : te auior *b* || est igne : igne *Q*.

9 De illo : *om. p* || possit : *ex* -is Q^2 || inmortalis *QLPb* : imm- *p* || quidem : quidem est *QL* || superstes : su/sup- *L* || proteri *Haupt* : preter [*ex* propter *V*] *pV* propter *QLPb Mentel. Auen. Érasme*[1-2] opteri *Madvig* praeteri *Buecheler sed u. infra* || nullo : *ex* -um *Q supra u. add. b* || genere : genere perire [perire *supra u.*] *V cf.* genere mori *cod. Ambian. teste Opsopoeo unde* (propter hoc illum nullo) genere (posse) perire *Érasme*[1-2] *Muret* (propter illud nullo) genere mori (posse) *Mentel. Auen.* || propter quod non perit : *post* corpori *transposuit Prechac abiecit Summers* || non perit *QLVPb* : poterit *p* || noxium : nocx- *p*.

Lettre 58 *

1 Que notre vocabulaire est pauvre, pour tout dire, indigent[1] ! Jamais je ne l'ai compris comme aujourd'hui. A tout bout de champ, tandis que nous parlions par hasard de Platon, se rencontraient des nuances qui exigeaient chacune un terme approprié et ne le possédaient pas ; dans certains cas, le mot avait existé, mais notre délicatesse l'avait laissé perdre. Faire le délicat dans l'indigence, est-ce tolérable ?

2 La mouche que les Grecs appellent *oestros* [le taon], qui pourchasse le bétail et l'éparpille sur toute l'étendue des ravins, nos pères l'appelaient *asilus*. On peut en croire Virgile :

« Proche le bois sacré du Silare et l'Alburne que verdissent les yeuses, voltige en innombrables essaims l'insecte que les Romains appellent *asilus* et dont les Grecs ont traduit le nom par *oestrus* : âpre bestiole, au bourdonnement aigu, qui fait fuir à travers les forêts, pleins d'effroi, des troupeaux entiers de bœufs. »

On entend bien, je pense, qu'il s'agit là d'un terme disparu. 3 Pour ne pas te faire trop attendre, certains mots étaient usités au simple, comme dans l'expression : « décider [*cernere*] une querelle le fer à la main. » **Ici encore Virgile t'apportera son témoignage :**

* *Sommaire.* — Sénèque, en s'entretenant de Platon avec des amis, a constaté la grande pauvreté du vocabulaire latin (1-5). Résumé du système platonicien. Les six modes de l'être. L' « idée » et l' « eidos » ; une comparaison artistique à l'appui de la définition (6-24). La métaphysique de Platon n'est pas sans profit moral, puisqu'on trouve chez lui cette essentielle leçon que rien de ce qui relève des sens n'existe véritablement (25-28). D'autre part, à l'exemple du Dieu-Providence platonicien, chacun de nous s'efforcera d'être à lui-même sa providence, de manière à prolonger la vie du corps dans les meilleures conditions possibles, comme, pour son compte, Platon l'a fait (29-31). Convient-il d'accepter la vieillesse ou de se délivrer d'elle ? (32-37).

1. Cf. vol. I p. 26 n. 2 ; *Ep.* 117, 5 ; *De Ira* 1, 4, 2 ; *De Ben.* 2, 34, 4. — § 2 Verg. *G.* 3, 146-150.

SENECA LVCILIO SVO SALVTEM **58**

1 Quanta uerborum nobis paupertas, immo egestas sit, numquam magis quam hodierno die intellexi. Mille res inciderunt, cum forte de Platone loqueremur, quae nomina desiderarent nec haberent, quaedam uero <quae> cum habuissent, fastidio nostro perdidissent. Quis autem ferat in egestate fastidium ? **2** Hunc quem Graeci oestron uocant pecora peragentem et totis saltibus dissipantem, asilum nostri uocabant. Hoc Vergilio licet credas :

Est lucum Silari iuxta ilicibusque uirentem
Plurimus Alburnum uolitans, cui nomen asilo
Romanum est, oestrum Grai uertere uocantes,
Asper, acerba sonans, quo tota exterrita siluis
Diffugiunt armenta.

Puto intellegi istud uerbum interisse. **3** Ne te longe differam, quaedam simplicia in usu erant, sicut « cernere ferro inter se » dicebant. Idem Vergilius hoc probabit tibi :

Ep. 58. **1** hodierno *pb* [ho *post ras. b*] : *ex* od- *P*^{2} || loqueremur : -rimur *ut uid.* [*ex* -remur] *P*^{2} || < quae > cum *Koch et Gemoll, et sic Hense Beltrami* : cum *pLPb Auen. Érasme*$^{1-2}$ *Buecheler dub.* tum [t *ex d*] cum *V*.

2 Graeci oestron : greci oestron [oestr- *ex* ostr- *ut uid.* *P*^{2}] *pPb* graecio estron *Q* || peragentem : *ex* peragenda *p* || asilum *Pb V* [*quod utrum ex* asyl- *an* asyl- *ex* asil- *habeat V non liquet*] *Mentel. Auen. Lipse* : asyl- *QpL Érasme*$^{1-2}$ || Vergilio : uirg- *Pb* || credas : *ex* crod- *p* || Est — armenta VERG. *G.* 3, 148 *sq.* || lucum : *ex* loc- *ead. m. Q unde m. rec. ibid.* lucus *fecit* locum *p* lucos VERG. || Silari : syl- *P* || iuxta : circa VERG. || ilicibusque *pb* : ill- *QL* licibusque *P* || plurimus [m *ex* b] *V Érasme*^{2} : -ibus *pLPb Mentel. Auen. Érasme*^{1} || uolitans : uelans *p* || cui nomen : *bis p* || asilo VERG. *Mentel. Auen.* : asylo *QVPbL*^{2} [*ex* asil- *L*^{1}] iasylans *p* || est : *ex* ist *p* est *semel* [*non bis*] *P* || grai : *ex* gai *Q* greci *b* || acerba *b* : *ex* -rua *VP et m. rec. Q* -rua *pL* || sonans : -ant *b* || diffugiunt : -iant *P* || intellegi : -igi *pQLb et sic infra* || istud : -tut *prius V* || interisse : *sic* [-isse *ex corr.*] *V*.

3 dicebant *Mentel. Érasme*$^{1-2}$: -bantur *pQLVPb* || Vergilius : uirg- *Pb*.

« Ces guerriers gigantesques, nés en des zones opposées du monde, en présence l'un de l'autre décident leur querelle le fer à la main[1]. »
Nous disons maintenant : *decernere*. Le primitif emploi de la forme simple s'est perdu. **4** Les anciens disaient : *si jusso*, pour *si jussero* ; ce n'est pas moi qu'il faut en croire là-dessus, mais toujours Virgile :

« Le reste de l'armée devra se porter avec moi où je l'aurai ordonné (*jusso*) »[2].

5 Si j'apporte une telle minutie à ces citations, ce n'est pas que je cherche à montrer tout ce que j'ai perdu de temps chez le grammairien, c'est pour te faire ainsi comprendre à combien de termes, chez Ennius et chez Accius, s'est mise la rouille[3] puisque, même chez le poète que nous dépouillons journellement, il en est que l'usage nous a retirés.

6 « Que signifie, dis-tu, ce préambule ? Où vise-t-il ? » Pas de mystère avec toi ! Je désire, autant que possible avec le consentement de ton oreille, employer le terme *essentia*, « essence »[4] ; au pis-aller, je l'emploierai en la révoltant. Cicéron m'offre un précédent à l'égard de ce mot : bon garant, je suppose. Tu veux un moderne ? J'ai Fabianus[5], disert, élégant, d'un style bien poli[6], même pour

1. Énéide 12, 708-709.
2. Id. 11, 467.
3. On dirait un souvenir d'Hor. *Ep.* 2, 2, 116 ss. : *speciosa uocabula rerum / Quae priscis memorata Catonibus atque Cethegis / Nunc situs informis premit et deserta uetustas.*
4. V. supra p. 70, n. 1. — *Ciceronem auctorem* : cf. Sid. Ap. *Prooem. ad. C.* 14 *scias hoc ipsum* (i. e. *essentiam*) *dixisse Ciceronem.* N'est-ce pas Cicéron qui a créé la langue philosophique latine ? Mais le passage visé par S. n'a pas subsisté. — Le nom de Fabianus est comme ci-dessous, associé à celui de Cicéron *Ep.* 100, 9. — Selon Lipse, il serait invoqué, pour couvrir le néologisme *essentia*, par Quint. 2, 14, 2 ; 3, 6, 23 : on cherche vainement là le nom de Fabianus. — S., 107, 10 pour autoriser sa traduction des vers de Cléanthe sur le *fatum*, 111, 1-2 pour justifier *cauillatio* (= σόφισμα), se réclamera encore de Cicéron.
5. Cf. 40, 12 et vol. I p. 166 n. 1.
6. Cf. 100, 11 et vol. I p. 166 n. 2. Cet éloge rappelle les qualités de style que S. reconnaît à Cicéron : cf. *Ep.* 40, 11.

Ingentis, genitos diuersis partibus orbis,
Inter se coiisse uiros et cernere ferro.

Quod nunc decernere dicimus : simplicis illius uerbi usus amissus est. **4** Dicebant antiqui « si iusso », id est iussero : hoc nolo mihi credas, sed *e*idem Vergilio :

Cetera, qua iusso, mecum manus inferat arma.

5 Non id ago nunc hac diligentia, ut ostendam, quantum tempus apud grammaticum perdiderim, sed ut ex hoc intellegas, quantum apud Ennium et Accium uerborum situs occupauerit, cum apud hunc quoque, qui cotidie excutitur, aliqua nobis subducta sint. **6** « Quid sibi, inquis, ista praeparatio uult ? Quo spectat ? » Non celabo te : cupio, si fieri potest, propitiis auribus tuis « *es*sentiam » dicere ; si minus, dicam et iratis. Ciceronem auctorem huius uerbi habeo, puto locupletem : si recentiorem quaeris, Fabianum,

Ingentis — ferro : VERG. *Aen.* 12, 709 || genitos : -to *p* || coiisse VERG. : coisse *QLVPb*[2] coise *pb*[1] || simplicis : *ex* -ci *Q*.

4 iusso : *ex* -ssio *Q* -ssu *p* || id est : *ex* idem *m. rec. Q* || iussero : *ex* iussere *P*[2] si iussero *Mentel. Auen. Érasme*[1-2] « *fort. recte* » *Hense* || eidem *cod. Patau.* 913 *et sic Haase cf. Axelson*[3] *p.* 184 *n.* 32 : fidem *pQLVPb Mentel. Beltrami*[2] *dub.* fideli *Érasme*[1-2] fide *Auen. sic* [*auctore Lipsio*] *Beltrami*[1] *dub. u. Axelson*[3]*p.* 184, *n.* 33 || Vergilio : uirg- *Pb* || Cetera — arma VERG. *Aen.* 11, 467 || cetera qua iusso : caeteraque/iusso *p*.

5 hac : *sic sed* c *i. ras. m. rec. P* || diligentia : *ex* -lengentia *b*[2] || ut ostendam : ut *et* ost- *post singulas litt. erasas V* || grammaticum : gramat- *p* || ex hoc : hoc *p* || intellegas : *ex* intill- *p* intelligas *b* || Ennium : *ex* enmum *b* eninium [i *prior eras.*] *L* || Accium : actium *p* atcium *L* || situs : *ex* sit *Q* sit *L* || quoque : *sic sed pr.* u *ex* o *p* || qui : quia *QL* || excutitur : excud- *p* || inquis : -id *Q*[1] [s *supra* d].

6 Quid : *ex* qui *P*[2] || ista : *sic* [st *e corr.*] *V* || quo : *ex* quos *Q* || spectat : s. sl [= scilicet ?] *P* || cupio, si : copiose [*ex*-si] *P* || propitiis : -iciis *Pp et ex*-cius *V* || essentiam *Muret* : quid sentiam *codd.* || Ciceronem : *fr. inc.* 10 *p.* 412 *Muell. cf. auctore Lipsio Sid. Apoll. c.* 14 *ep. dedic.* [*p.* 233, 9 *Luetjoh.*] || auctorem : act- *p* || habeo : ab/abeo || *p*.

notre délicatesse. Et, en vérité, mon cher Lucilius, que se passera-t-il ? Comment sera rendu le concept d'οὐσία, de réalité nécessaire, de substance où réside le fondement de toutes choses ? Je t'en prie donc ; concède-moi l'emploi du terme. Je ne manquerai pas pour cela d'exercer avec la discrétion la plus grande[1] le droit que tu m'auras donné ; peut-être me suffira-t-il d'avoir obtenu permission.
7 Mais à quoi servira ta complaisance, puisque je suis dans l'impossibilité de traduire en Latin la notion qui a déterminé ma sortie contre notre langue ? Oui, tu condamneras plus vivement la pénurie de l'idiome romain quand tu sauras qu'il s'agit d'une syllabe unique, à laquelle je ne puis rien substituer. Tu demandes : quelle est-elle ? τὸ ὄν. Je te parais d'une intelligence bien dure : la traduction est à la portée de tout le monde ; je n'ai qu'à dire : *quod est*, « ce qui est. » Mais j'y vois beaucoup de différence, me trouvant obligé de mettre à la place d'un nom un tour verbal. Pourtant, s'il le faut, je mettrai : « ce qui est ».

8 Platon emploie ce terme en six acceptions différentes, disait aujourd'hui notre ami, fort savant homme. Je te les énoncerai toutes[2], quand j'aurais montré qu'il y a ce qu'on appelle le genre, qu'il y a aussi l'espèce. Pour le moment, nous cherchons ce premier genre à qui sont subordonnées toutes les espèces, de qui émane toute division, qui comprend l'universalité des choses. Or, il sera trouvé, si

1. Quand S. n'use pas d'un néologisme (V. ses scrupules in vol. I p. 26 n. 2), trouvant dans le fonds latin un terme équivalent au terme grec, mais constitué autrement, il définit avec grand soin le mot latin.

Un remarquable exemple s'en trouve dans le *De Tr. an.* 2, 3 s : *Hanc stabilem animi sedem* (= *non concuti*) *Graeci euthymian uocant, de qua Democriti uolumen egregium est, ego tranquillitatem uoco. Nec enim imitari et transferre uerba ad illorum formam necesse est ; res ipsa de qua agitur aliquo signanda nomine est quod appellationis graecae uim debet habere, non faciem. Ergo quaerimus quomodo animus semper aequali secundoque cursu eat propitiusque sibi sit et sua laetus aspiciat et hoc gaudium non interrumpat sed placido statu maneat nec attollens se umquam nec deprimens : id tranquillitas erit.*

2. Au § 16.

disertum et elegantem, orationis etiam ad nostrum fastidium nitidae. Quid enim fiet, mi Lucili ? Quomodo dicetur οὐσία res necessaria, natura continens fundamentum omnium ? Rogo itaque permittas mihi hoc uerbo uti. Nihilominus dabo operam, ut ius a te datum parcissime exerceam : fortasse contentus ero mihi licere. **7** Quid proderit facilitas tua, cum ecce id nullo modo Latine exprimere possim, propter quod linguae nostrae conuicium feci ? Magis damnabis angustias Romanas, si scieris unam syllabam esse, quam mutare non possum. Quae sit haec, quaeris ? τὸ ὄν. Duri tibi uideor ingenii : in medio posit*um*, posse sic transferri, ut dicam « quod est ». Sed multum interesse uideo : cogor uerbum pro uocabulo ponere : sed si ita necesse est, ponam « quod est ». **8** Sex modis hoc a Platone dici amicus noster, homo eruditissimus, hodierno die dicebat : omnes tibi exponam, si ante indicauero esse aliquid genus, esse et speciem. Nunc autem primum illud genus quaerimus, ex quo ceterae species suspensae sunt, a quo nascitur omnis diuisio, quo

disertum : diss- *QL* || elegantem : *ex* elig- *p L*[2] elig- *ex* eleg- *V* || ad : *ex* et ad *p* [*ut pr. uerbum ex parte eras. legi possit*] et *V* || nitidae : *sic* [*supra scr.* mitte] *V* nitide *Q* || lucili : *sic* [*an* lutili *?*] *p* || οὐσία *L et mg. Q Auen. Érasme*[2] : usia *QVPb Mentel. Érasme*[1] *Via *p* || natura *b* : *ex* -ram *P* -ram *pQLV* || permittas : -mutas *b* || a te : adte *Q* ad te *L* || contentus *QLP* : *ex* -temptus *V* -temptus *pb*.

7 id *pVPb Auen. Érasme*[1-2] : hic *QL unde* hoc *Beltrami* [*conl.* § 20 hic idos *QL pro* hoc idos] *Axelson*[2] *p.* 98 *sed u. quae de cod. p principatu praefati sumus* illud *Mentel.* || Romanas : rem- *p* romonas *b* || scieris : *ex* sciris *p* || quae sit haec : quem sit hec *p* quae scit haec *Q* || τὸ ὄν : to on *fere pQLVPb* [*uirgula supra* n *p, graeco uerbo in mg. add. Q*] || positum *Muret* : -tam *pQLVPb* || transferri : *ex* -irri *p* transferri uideo [trans *i. r.* uideo *superscr.*] *V* || uideo : *ex* -eor *b*[1] -eor *V* || cogor : -cogo *VPb* || uerbum : *sic* [m *i. r.*] *b* umbo *P* || sed si ita : sed ita *P* sed ite *b*.

8 dicebat : -tur *QL* docebat *coni. Volkmann* || esse et speciem *codd. Érasme*[2] : et speciem *Mentel. Auen. Érasme*[1] || diuisio : *ex* diuicie *p*.

nous remontons de terme en terme ; ainsi serons-nous finalement conduits à l'élément premier. **9** L'homme est espèce, comme le déclare Aristote ; le cheval est espèce, le chien est espèce. Il faut donc chercher à toutes ces espèces un lien commun qui les embrasse et les domine. Quel est-il ? Le genre animal[1]. Ainsi se constitue le genre de toutes les espèces ci-dessus mentionnées, homme, cheval, chien : le genre animal. **10** Mais certaines choses possèdent un principe animal et ne sont pas animaux. On convient, en effet, que ce principe animal existe dans les plantes, dans les arbres ; aussi disons-nous et qu'ils vivent et qu'ils meurent. Par conséquent, les êtres « animés » viendront en tête de la série, puisque, comme les animaux, les végétaux figurent dans cette classe. D'autre part, certaines choses sont dépourvues du principe animal, par exemple, la pierre. Il y aura donc une catégorie antérieure à la catégorie des êtres animés : évidemment celle du corps. Je la diviserai en disant : tous les corps sont animés ou inanimés. **11** Quelque chose paraît à son tour, qui est au-dessus du corps ; car nous distinguons le corporel et l'incorporel. Quel sera donc le principe d'où devront découler respectivement ces deux derniers groupes ? Celui que nous avons assez improprement caractérisé tout à l'heure : « ce qui est ».[2]

1. Cf. Aristot. *Cat.* 5, 2ª 11 :
῾Ο τὶς ἄνθρωπος ἐν εἴδει μὲν ὑπάρχει τῷ ἀνθρώπῳ, γένος δὲ τοῦ εἴδους ἐστὶ τὸ ζῷον (cf. infra § 12) ;
D. L. 7, 61 :
Εἶδος δέ ἐστι (*ad stoicorum disciplinam*) τὸ ὑπὸ τοῦ γένους περιεχόμενον, ὡς ὑπὸ τοῦ ζῴου ἄνθρωπος περιέχεται.
Ce long exposé de la théorie des genres et des espèces, préambule aux divisions de l'être, laisserait-il entrevoir une culture philosophique insuffisante chez celui à qui il s'adresse ou quelque fatigue chez celui qui parle ?

2. V. p. 74, n. 3 ce que pensait un lecteur du haut moyen âge au sujet de cet exposé. Du moins est-il conforme à la doctrine de l'École. Heinemann (*Les écrits métaphysiques de Posidonius* p. 201 ss.) pense qu'un écrit de Posidonius s'y retrouve en abrégé.

uniuersa conprensa sunt. Inuenietur autem, si coeperimus singula retro legere ; sic enim perducemur ad primum. **9** Homo species est, ut Aristoteles ait ; equus species est ; canis species est. Ergo commune aliquod quaerendum est his omnibus uinculum, quod illa complectatur et sub se habeat. Hoc quid est ? Animal. Ergo genus esse coepit horum omnium, quae modo rettuli, hominis, equi, canis, animal. **10** Sed <sunt> quaedam quae animam habent nec sunt animalia. Placet enim satis et arbustis animam inesse : itaque et uiuere illa et mori dicimus. Ergo animantia superiorem tenebunt locum, quia et animalia in hac forma sunt et sata. Sed quaedam anima carent, ut saxa : itaque erit aliquid animantibus antiquius, corpus scilicet. Hoc sic diuidam, ut dicam corpora omnia aut animantia esse aut inanima. **11** Etiamnunc est aliquid superius quam corpus : dicimus enim quaedam corporalia esse, quaedam incorporalia. Quid ergo erit, ex quo haec diducantur ? Illud, cui nomen modo parum proprium inposuimus, « quod est ». Sic enim in species

conprensa : conpraen- *p* sunt [*expunct.*] conpensa *b* compressa *Q* [*mg. ead. m.* aliter comprensa] conprensa *P* [en *per compend.*] || perducemur : *post ras. complurium litt. b.*

9 Aristoteles ait : *ex* aristotelestit *ut uid. p* || equus : /aequus *ex* -qus *p* || aliquod : *ex* -id *V* -id *Q* || complectatur *pQV* : conpl- *P* cōpl- *b* || quid est *pVPb* : quidem *QL* || omnium : *ex* hominum *p* || modo : *om. L* || rettuli *pV* : retu- *QLPb* [*ex* rett- *P*] || animal : -alis QL^2.

10 sed < sunt > quaedam quae P^2 *Auen. Érasme*[2] *uulg.* : sed quaedam quae *pQLVPb* [s. q./que *p*] *sic Érasme*[1] [s. q. q. (non)] sed quedam sunt que *Mentel.* sed quaedam *Hense*[2] || animam : -mum *L* || uiuere : uere [ui *supra u.*] *Q* || et sata : sata *p* [et *superscr.*] || ut saxa : et saxa *P* || aliquid : aliquid et *Hense dub.* || antiquius : -iquis *b* || sic : *ex* sit P^2 sit *b* si *p quod edd. fugit* || animantia *det.* : -alia *pr. QLVPb* animata Q^c *dett.* || inanima : inanimalia *b.*

11 aliquid : *ex* aliqua *VP* [*alia m. ? P*] aliqua *pQLb* || dicimus : di/[*ex* de] cimus *p* || corporalia : *sic post duas litt. erasas V* || diducantur *pQLV Érasme*[1-2] *et deinceps edd. ante Fickert* : deducantur *Pb. Mentel. Auen. Fickert* || quod est : quod sest [t *ex corr. ante eras.* u] *p.*

Le sectionnant en deux espèces, nous dirons : « Ce qui est » est corporel ou incorporel [1].

12 Voilà donc ce premier genre, le genre le plus ancien, celui que j'appellerai le « genre général » [2]. Tous les autres sont bien des genres, mais des « genres spéciaux » ; ainsi le genre homme. Il comprend, l'espèce peuples : Grecs, Romains, Parthes ; l'espèce couleurs : blancs, noirs, blonds ; il comprend les individus : Caton, Cicéron Lucrèce [3]. En tant qu'il renferme des êtres multiples, il est genre ; en tant que subordonné à un autre genre, il est espèce. Mais le genre « ce qui est », est « général », il n'a rien au-dessus de lui [4] ; il est le principe des choses ; tout lui est subordonné.

13 Les stoïciens veulent encore lui superposer un autre genre plus primitif : j'en parlerai tout à l'heure [5], quand j'aurai établi que celui dont je viens de traiter est mis à bon droit le premier, comme enveloppant toutes choses. **14** « Ce qui est », je le divise en deux espèces, qui représenteront le corporel ou l'incorporel. Une tierce espèce n'existe pas. Et pour le corps, comment le divisons-nous ? Je dis : il y a des êtres animés ; il y a des êtres inanimés. Derechef comment divisons-nous les êtres animés ? Je dis : certains êtres ont une âme ; d'autres n'ont que le principe animal ; ou bien : certains agissent par impulsion propre, marchent, se déplacent ; certains, implantés dans le sol, se nourrissent, s'accroissent par leurs racines.

1. Cf. Sext. Emp. *Math.* 10, 234 τοὺς ἀπὸ τῆς Στοᾶς — φάσκοντας τῶν τινῶν τὰ μὲν εἶναι σώματα, τὰ δὲ ἀσώματα, et p. 75, n. 1.

2. D. L. 7, 61 γενικώτατον δέ ἐστιν ὃ γένος ὂν γένος οὐκ ἔχει, οἷον τὸ ὄν.

3. D. L. *ibid.* εἰδικώτατον δέ ἐστιν ὃ εἶδος ὂν εἶδος οὐκ ἔχει, ὥσπερ ὁ Σωκράτης. A peu près en face des mots *genera — specialia* un lecteur du ve ou vi^e siècle avait écrit dans la marge ou l'interligne d'un manuscrit de ces Lettres : *furit* [= « Sénèque déraisonne »]. (Le copiste du manuscrit *p* transcrivit ce mot pour l'incorporer au texte, puis l'effaça : V. l'appar. crit.).

Mot sévère : n'oublions pas que S. parle le langage de l'École et que d'ailleurs il reproduit un entretien ; qu'enfin il pense peut-être que ces considérations « métaphysiques » ennobliront les pensées de Lucilius ; cf. 65, 16 s. et 23 ; et supra le sommaire (§§ 25-28).

4. V. supra, n. 2.

5. Au § 15.

secabitur, ut dicamus : « quod est » aut corporale est aut incorporale. **12** Hoc ergo est genus primum et antiquissimum et, ut ita dicam, generale ; cetera genera quidem sunt, sed specialia : tamquam homo genus est. Habet enim in se nationum species, Graecos, Romanos, Parthos ; colorum, albos, nigros, flauos : habet singulos, Catonem, Ciceronem, Lucretium. Ita qua multa continet, in genus cadit ; qua sub alio est, in speciem. Illud genus « quod **est** » <est> generale, supra se nihil habet ; initium rerum est ; omnia sub illo sunt. **13** Stoici uolunt superponere huic etiamnunc aliud genus magis principale : de quo statim dicam, si prius illud genus, de quo locutus sum, merito primum poni docuero, cum sit rerum omnium capax. **14** « Quod est » in has species diuido, ut sint corporalia aut incorporalia : nihil tertium est. Corpus quomodo diuido ? Vt dicam : aut animantia sunt aut inanima. Rursus animantia quemadmodum diuido ? Vt dicam : quaedam animum habent, quaedam tantum animam, aut sic : quaedam impetum habent, incedunt, transeunt, quaedam solo adfixa radicibus aluntur, crescunt. Rur-

incorporale : *ex* -porare P^2.

12 genus : genus est *VPb* || quidem : *sic p* [quid *ex* furit *quod fort. i. mg. exemplaris occurrebat*] || Graecos Romanos : grecoromanos *p* || Parthos : *ex* pathos *per maiusc.* R *p* || ita qua *pLb* : ita quia [*ex* qua] *QV* itaque *P* || cadit : *sic* [quo alia continet *superscr. m. rec.*] *P ex* -det *p* || qua sub *LPb* : quia [*ex* qua] sub *QV* s qua sub *p* || in speciem : /speciem *p* || quod est < est > generale *temptaui* : quod est generale *codd. edd. durius ut uid.* || generale : -abile *p* || supra : *ex* super *p* || nihil : *sic post duas litt. eras. p* || sub illo : illo *b*.

13 Stoici : Sthoici *ex* Sithoici *Q* || superponere : superpone *Q* [re *supra u.*] || aliud : *ex* -ut *Q* -ut *p* || principale : -ali *p* || si prius *QLVPb* : spirius *p* || primum : -mam *ex* -mum *p* || sit *QLPb* : se *p*.

14 aut incorporalia : *om. P* [uel non *superscr. secund. fort m.*] || quomodo : comodo/*p* || inanima *pQVP* : inanimantia *L* -imata *b* || Rursus : Rusus *b* || quaedam animum : quaedum an- *p* || animam : *ex* anmam/*p* || aut sic : aut si *b* || impetum *pQLVP* : inp- *Hense* || incedunt : incaed- [*non* incend- *ut ed. Hense*] *p* incend- *b* || adfixa : aff- *b ex* adf- L^2 || crescunt *codd. Beltrami* : *secl. Haase perperam*

Derechef, pour les animaux, en quelles espèces les sectionner ? Ils sont ou mortels ou immortels.

15 Le premier genre, dans l'opinion de certains stoïciens, c'est *quid*, « quelque chose »[1]. Voici sur quoi ils fondent leur opinion : « Dans la nature, disent-ils, il y a des choses qui sont, des choses qui ne sont pas. Or, la nature embrasse les choses mêmes qui ne sont pas : visions de l'esprit, comme les Centaures, les Géants[2] ; produits de faux concepts, affectant déjà forme d'image, et cependant dépourvus de substance. »

16 Je reviens à la question que je t'ai promise[3] : comment Platon distingue six degrés dans la totalité des êtres. Le premier élément, qui a été dénommé « ce qui est », ne peut être saisi ni par la vue, ni par le toucher, ni par aucun sens : il n'est que concevable. Ce qui est d'une manière générale, le genre homme, par exemple, échappe au regard, mais le regard distingue la forme spéciale, l'individu : Cicéron, Caton. Le genre animal ne se voit point : il se conçoit. D'autre part on voit les espèces du genre : un cheval, un chien. **17** Au second degré, dans l'ordre des êtres, Platon place l'être supérieur et dominateur, celui qu'il appelle l'Être par excellence. On dit communément : un poète ; c'est le nom de quiconque compose des vers. Le voilà passé chez les Grecs en attribut distinctif d'un homme entre tous. On comprend : Homère, quand on entend dire : le Poète. Eh ! bien, qui

1. Alex. Aphrod. *Top.* 301, 19 Wallies : Τὸ τὶ οἱ ἀπὸ τῆς Στοᾶς γένος τοῦ ὄντος τίθενται... Διὰ τοῦτο τὸ τὶ γενικώτερον αὐτοῦ (i. e. τοῦ ὄντος) φασιν εἶναι κατηγορούμενον οὐ κατὰ σωμάτων μόνον, ἀλλὰ καὶ κατὰ ἀσωμάτων.

Phil. Alex. *Leg. Alleg.* 3, § 175, τὸ γὰρ μάννα ἑρμηνεύεται « τί ». τοῦτό ἐστι τὸ γενικώτατον τῶν ὄντων.

2. Êtres conçus par « combinaison » de choses diverses : D. L. 7, 53 κατὰ σύνθεσιν δὲ ἐνοήθη Ἱπποκένταυρος. Quand aux *Gigantes*, depuis le IVe siècle (V. bas-reliefs de la frise du temple d'Athéna Polias à Priène, hauts-reliefs de la frise du grand autel de Pergame), ils ont forme anguipède et sont ailés. Cf. les Géants représentés sur un sarcophage du Vatican qui sert aujourd'hui de piédestal à la statue d'Ariane endormie ; sur un camée du musée de Naples (Furtwaengler, *Gemmes antiques*, 57, 2).

3. Les divisions de l'être, annoncées au § 8. — *Cogitabilis*, qui

sus animalia in quas species seco ? Aut mortalia sunt aut inmortalia. **15** Primum genus Stoicis quibusdam uidetur « quid » : quare uideatur, subiciam. « In rerum, inquiunt, natura quaedam sunt, quaedam non sunt, et haec autem, quae non sunt, rerum natura complectitur, quae animo succurrunt, tamquam Centauri, Gigantes et quicquid aliud falsa cogitatione formatum habere aliquam imaginem coepit, quamuis non habeat substantiam. » **16** Nunc ad id, quod tibi promisi, reuertor, quomodo quaecumque sunt, in sex modos Plato partiatur. Primum illud « quod est » nec uisu nec tactu nec ullo sensu conprenditur : cogitabile est. Quod generaliter est, tamquam homo generalis, sub oculos non uenit ; sed specialis uenit, ut Cicero et Cato. Animal non uidetur : cogitatur. Videtur autem species eius, equus et canis. **17** Secundum ex his, quae sunt, ponit Plato quod eminet et exsuperat omnia : hoc ait per excellentiam esse. Poeta communiter dicitur, — omnibus enim uersus facientibus hoc nomen est, — sed iam apud Graecos in unius notam cessit : Homerum intellegas, cum audieris poetam. Quid ergo hoc

et crescunt *uulg.* crescunt decrescunt *Buecheler* crescunt arescunt *Hense*[2] *uterque ad tripartitionem efficiendam sed superuacuo* || Rursus : Rusus *b* || quas : *ex* qua *V*.

15 Quid : *ex* quod *ut uid.* P^2 quod *ex* -id *V* || uideatur : *ex* -detur *b* || in rerum : iterum *P* || natura quaedam : naturam quaedam *Q* || complectitur *QV* : conpl- *pPb alii* || quicquid : quidq- [*ante alt.* quid *una litt. eras.*] *V* || aliud *LVPb* : aliquid *p* || formatum : -tu *p* || imaginem : magnem *P* || substantiam : sust- *p*.

16 modos : -dis *P* || partiatur [parciatur *pQ*] : pratiatur *ex* plat- b^2 || nec uisu : *ex* ne uisu *L* || conprenditur *pVP* : comprehend- *L* con [*uel* com] praehend- *O* conpre- *uel* conpraehend- *Qb* [*per compend.*] || cogitatur : set *uel* sed [*per compend.*] cogit- *QP*.

17 exsuperat : exup- *p* || ait : agit Q^1L || excellentiam : excillent- *ex* icilent- *p* || Poeta : ut poeta [*ex* poeta] *P fort. recte* || omnibus enim : omnibus *b* || uersus : uer s us [r *ante ras.*, s *ante* i *eras.*] *p* || hoc : oc *supra uers.* *p* || in : *om.* P^1 in *ex* id *supra scr.* P^2 || unius : uni us [ni *ante unam litt. eras.*] *p* || Homerum : hum- *b* || intellegas : intelli- QP^2 [*ex* intelle- P^2] || hoc : homo *Q*.

est cet Être ? Évidemment Dieu, plus grand, plus puissant que tous les êtres ensemble. **18** Le troisième genre est celui des êtres qui possèdent une existence propre. Innombrables, ils sont établis hors du champ de notre regard. Qui sont-ils ? Tu le demandes ? C'est la batterie d'ustensiles dont se sert Platon. Il dénomme « idées » ce qui est à l'origine de toutes les choses que nous voyons, ce sur quoi tout absolument se façonne. Elles sont immortelles, immuables, inviolables.

19 Ce qu'est l'idée, c'est-à-dire, ce qu'elle paraît être à Platon, apprends-le. « L'idée est des œuvres de la nature le modèle éternel. » Je joindrai l'explication à la définition, de manière à te rendre la chose plus claire. Je veux faire ton portrait. Le modèle de la peinture, c'est toi que j'ai devant moi ; de ce modèle mon esprit tire un certain caractère qu'il compte faire passer dans son ouvrage. Ainsi, cette figure qui m'instruit et me documente, à qui j'emprunte mon imitation, est une idée. Eh ! bien, la nature possède en nombre infini ces types modèles, homme, poisson, arbre, d'après lesquels elle exprime la forme de tout ce qu'elle doit créer.

20 L'*eidos* occupera le quatrième degré. Si tu veux savoir ce que c'est que l'*eidos*, fais bien attention et ne t'en prends pas à moi, mais à Platon de la difficulté présente. Au reste, la finesse des pensées ne va jamais sans difficultés. J'employais plus haut la comparaison du peintre. Quand il voulait avec ses couleurs représenter Virgile [1], il portait les yeux sur lui. L'idée, c'était la figure

traduit νοητός (v. infra), ne se rencontre pas avant S. — § 16 *Quod generaliter est — animal — cogitatur. Videtur — species eius :* τὸ μὲν γενικὸν — νοητόν, τὸ δὲ εἰδικὸν — αἰσθητόν (Arnim *fr. uet. stoic.* II, p. 28, 1 s.).

1. Un portrait de Virgile authentique nous a été conservé par la mosaïque en couleur, de Sousse, qu'on voit au Musée du Bardo. Le poète, vieilli, est assis dans une *cathedra* entre Melpomène et Clio. Il médite, un rouleau de papyrus à demi déplié sur les genoux ; on y peut lire le vers 8 du poème et les deux premières syllabes du suivant :

Musa, mihi causas memora quo numine laeso,
Quidue (*Mon. Piot* IV, 223, pl. 20).

Le regard vague, il semble suivre son génie intérieur sans écouter

est ? Deus scilicet, maior ac potentior cunctis. **18** Tertium genus est eorum quae proprie sunt : innumerabilia haec sunt, sed extra nostrum posita conspectum. Quae sint, interrogas ? Propria Platonis supellex est : ideas uocat, ex quibus omnia, quaecumque uidemus, fiunt et ad quas cuncta formantur. Hae inmortales, inmutabiles, inuiolabiles sunt. **19** Quid sit idea, id est, quid Platoni esse uideatur, audi : « Idea est eorum quae natura fiunt, exemplar aeternum. » Adiciam definitioni interpretationem, quo tibi res apertior fiat : uolo imaginem tuam facere. Exemplar picturae te habeo, ex quo capit aliquem habitum mens nostra, quem operi suo imponat : ita illa quae me docet et instruit facies, a qua petitur imitatio, idea est. Talia ergo exemplaria infinita habet rerum natura, hominum, piscium, arborum, ad quae quodcumque fieri ab illa debet, exprimitur. **20** Quartum locum habebit idos. Quid sit hoc idos, adtendas oportet et Platoni inputes, non mihi, hanc rerum difficultatem : nulla est autem sine difficultate subtilitas. Paulo ante pictoris imagine utebar : ille cum reddere Vergilium coloribus uellet, ipsum intuebatur. Idea erat Vergilii facies, fu-

deus : *sic* [u *i. r.*] *V* deis *P* de his *b* || ac : *ex* a *P*².

18 nostrum : -stra *P* || sint *pQ Hense* : sunt *b uulg.* || supellex : suppellex *Q* supplex *pL*¹ sup/plaex *b* subplex *PL* [el *superscr. P*² *et L*²] || ideas : idaeas *P* idieas *b* || et ad quas cuncta : *bis scr. P alterum expunct.* | ad : at *p* | cuncta : *ex* cunta *b*² || Hae *QLVb* : *ex* haec *P*² hec *p*.

19 id est : idem *QL* || quid Platoni : *ex* qui platoni *P*² || eorum : *sic* [o *ex corr. ut uid.*] *V* || quae : *ex*/qui *p* || Adiciam : -iciem *p* || definitioni : *ex* -tione *P*² -cioni *Q* || quo : *ex* quod *Q* quod *L* || imaginem : in ma/ginem *b* || nostra : -tram *b* || imponat *pQVP* : inp- *b Hense* || et : *om. QL* || a qua : *ex* e qua *p* || imitatio : *ex* -one *b* || idea : idaea [*ex* idae *P*²] *P*²*b* || ad quae : *ex* atque *P*² atque *QL*¹*b*.

20 idos *pLVPb et sic infra usquequaque* : εἶδος *uulg.* || hoc *pVPb* : hic *QL* || adtendas- *QLO* : att- *pPb Hense* || inputes *pQPb* : imp- *V* || est : *per compend. superscr. p* || sine : si [ne *supra u.*] *Q* || subtilitas : supt- *p* || Vergilium *p* : uirg- [*ex* uerg- *QV*] *QLVPb* || uellet *p* : *ex* uelet *P*² || Vergilii : *post unam litt. eras. p* uirg- *ex* uerg- *V* uirg- *Pb*.

de Virgile, modèle de l'œuvre future. Ce que l'artiste tire de cette figure, ce qu'il en a fait passer dans son ouvrage, c'est l'*eidos*. **21** Tu veux savoir où gît la différence ? L'un est le modèle, l'autre est la forme prise au modèle et passée dans l'œuvre. L'artiste imite l'un ; l'autre est son ouvrage. La statue présente une certaine figure : c'est l'*eidos*. Mais le modèle[1] lui-même sur lequel le sculpteur a tenu les yeux pour façonner sa statue[2], présente une certaine figure : c'est l'idée. Veux-tu encore une autre distinction ? L'*eidos* est dans l'œuvre, l'idée hors de l'œuvre, et non seulement hors de l'œuvre, mais antérieure à l'œuvre.

22 Le cinquième genre comprend les êtres qui existent communément, et ceci commence à nous concerner : tout s'y rencontre, hommes, bêtes, objets inanimés. Dans le sixième genre on classe ce qui n'a qu'une quasi-existence, comme le vide, comme le temps.

Tout ce qui est visible ou palpable, Platon refuse de le compter au rang des êtres auxquels il attribue une existence propre. Ces choses ne sont, en effet, qu'une masse flottante, sans cesse diminuée, sans cesse grossie. Nul d'entre nous, devenu vieux, n'est l'homme qu'il fut dans sa jeunesse. Nul d'entre nous, au réveil, n'est l'homme qu'il fut la veille. Nos corps sont emportés d'un mouvement pareil à celui des fleuves. Tout ce que tu vois court au rythme du temps. Rien de ce que nous voyons ne demeure. Le temps que je dise que cela change, moi-même j'ai changé. **23** C'est ce que dit Héraclite :

ses deux inspiratrices. Ce groupe reproduit peut-être quelque miniature tracée au frontispice de l'épopée dans sa primeur. Il pouvait donc être célèbre au temps de S.

1. C'est le mot par lequel Sénèque a coutume d'exprimer l'Idée platonicienne : il y joint par scrupule, ici (§ 20) et deux fois 65, 7, le terme grec latinisé. Cicéron (*Or.* 10) emploie *forma* ; (Ac. 1, 30 ; *Tusc.* 1, 58 etc.) *species*. Le premier de ces 2 termes définit l'eidos, § 21, chez S.

2. *Exemplar ipsum quod intuens opifex statuam figurauit :* Cf. 65, 7 (*idea*) *hoc est — ad quod respiciens artifex id quod destinabat effecit*. Ce mécanisme de l'idée est rappelé — et formulé — de même par Cicéron lorsqu'il évoque Phidias sculptant son Zeus ou sa Pallas : *Or.* 9 *Ipsius in mente insidebat species pulchritudinis eximia quaedam, quam intuens in eaque defixus — manum dirigebat ;*

turi operis exemplar : ex hac quod artifex trahit et operi suo imposuit, idos est. **21** Quid intersit, quaeris ? Alterum exemplar est, alterum forma ab exemplari sumpta et operi inposita : alteram artifex imitatur, alteram facit. Habet aliquam faciem statua : haec est idos. Habet aliquam faciem exemplar ipsum, quod intuens opifex statuam figurauit : haec idea est. Etiamnunc si aliam desideras distinctionem, idos in opere est, idea extra opus, nec tantum extra opus est, sed ante opus. **22** Quintum genus est eorum, quae communiter sunt ; haec incipiunt ad nos pertinere ; hic sunt omnia, homines, pecora, res. Sextum genus eorum, quae quasi sunt : tamquam inane, tamquam tempus. Quaecumque uidemus aut tangimus, Plato in illis non numerat, quae esse proprie putat : fluunt enim et in assidua deminutione atque adiectione sunt. Nemo nostrum idem est in senectute, qui fuit iuuenis ; nemo nostrum est idem mane, qui fuit pridie. Corpora nostra rapiuntur fluminum more. Quicquid uides, currit cum tempore : nihil ex his, quae uidemus, manet : ego ipse, dum loquor mutari ista, mutatus sum. **23** Hoc

exemplar : *ex* -par *p* || trahit : traxit *mauult Gemoll* || imposuit *pQVP* : inposuit *b Hense.*

21 et operi inposita : *om. Q add. i. mg. inf.* Q^1 | Habet — est idos *om. b* || (statua) haec : hae *Q* || aliquam : *ex* -quem *b* || faciem exemplar : faciam ex- *p* faciem exeplar *b* || intuens : -tus *Q* || aliam : -ia *p* || distinctionem : -ntionem *b* || idea : idaea *b* || est : *ex* lest *ut uid.* *p* || extra : extral *p*.

22 Quintum : Quinct- *b* || haec incipiunt : inci/piunt *p* || pecora res : *sic* [pec *ex* pecc-] *P* peccatores *p* || tamquam inane : ineane tamquam ineane *p* || enim et in assidua : enim in asidua [*ex* -dia] *p* || deminutione : dim- *Pb* || Nemo nostrum : Nemo nemo nostrum *O* *fort. uere cf. monente Hense Ep.* 68, 8 « *Nolo nolo* » || idem est : idem esse *Q* || fuit *codd.* [u *et* it *post ras. p*] || est idem : idem est *Pb* || more *QLVPb* : -ro *p ante tres litt. eras.* || Quicquid *QLPb* : *ex* quidq- *V* quidquid *p* || his *QLOb* : is [*ex* his *uel* iis] *P* [« *fort. recte* » *Hense*] iis *alter.* i *uirg. superscr.* *p* || nihil : ** nihil [ni *eras ?*] *b* || uidemus : -dimus *Q* || manet : *ex* mane [t *supra u.*] *Q* || ego : et ego *p*.

« Deux fois dans le même fleuve nous descendons, et ne descendons pas. [1] »

Le fleuve a conservé son nom, l'eau a passé. Ce changement est plus manifeste en une rivière que dans l'homme, mais le courant qui, nous aussi, nous mène outre, n'est pas moins rapide. Voilà pourquoi j'admire cette folie qui nous attache d'un tel amour à la chose la plus fugitive, au corps, et nous fait appréhender de mourir un jour, alors que chaque moment est la mort de l'état qui précède. Veux-tu bien ne pas craindre qu'une fois se produise ce qui jour par jour se produit [2] ! **24** J'ai parlé de l'homme, matière flasque et caduque, soumise à toutes les causes de maladie. L'univers lui aussi, dans son éternité invincible, a ses changements et ne demeure pas le même : quoiqu'il conserve tous ses éléments primitifs, il les conserve autrement que dans leur primitif état : il en change l'ordre [3].

25 « A quoi, dis-tu, ces finesses me serviront-elles ? » Puisque tu me le demandes, à rien ! Mais, de même que le ciseleur donne à ses yeux, fatigués d'une application trop longue, relâche et distraction, de quoi, comme on dit, les ragaillardir ; ainsi devons-nous de temps à autre détendre notre esprit et le récréer par quelque divertissement. Mais que le divertissement lui-même soit un travail. De cela aussi, en y regardant bien, tu tireras chose qui puisse devenir une salutaire leçon. **26** Lucilius, c'est ce que moi j'ai coutume de faire. Il n'est connaissance, même si elle n'a pas avec

par St Ambroise lorsqu'il évoque la conception platonicienne de Dieu créateur : *Hex.* 1, 1, 1 *Deum — tamquam artificem ad exemplar, hoc est ideam intendentem fecisse mundum* (cf. 1, 2, 5), v. Plat. *Tim.* 28 ac, 29 a.

1. Heracl. *fr.* 49ª Diels : ποταμοῖς τοῖς αὐτοῖς ἐμβαίνομέν τε καὶ οὐκ ἐμβαίνομεν. Cf. Plut. *Quaest. conuiu.* 19, 11 ; *De « si » ap. Delph.* 18.

2. *Quod quotidie fit* : cf. 4, 9 et vol. I, p. 12, n. 1 et 2 ; 26, 4 et vol. I, p. 115, n. 4.

V. aussi *Ep.* 120, 17 s. *cotidie — propius ab ultimo stamus... Quod futurum dico, cum maxime fit, et pars eius magna iam facta est... Erramus — qui ultimum timemus diem, cum tantumdem in mortem singuli conferant... Ad mortem dies extremus peruenit, accedit omnis* ; *Ad Marc.* 21, 6.

3. V. *Ep.* 36, 10 s. ; vol. I p. 134 n. 1, p. 154 n, 2 et 5 ; *Ep.* 30, 11 *f.* : *quicquid composuit* (*natura*), *resoluit, et quicquid resoluit, componit iterum* ; M. Antonin. 2, 17 *s. f.* ; 5, 13 ; 7, 23 ; 8, 6 etc.

est, quod ait Heraclitus : « In idem flumen bis descendimus et non descendimus. » Manet enim idem fluminis nomen, aqua tran^missa est. Hoc in amne manifestius est quam in homine : sed nos quoque non minus uelox cursus praeteruehit, et ideo admiror dementiam nostram, quod tantopere amamus rem fugacissimam, corpus, timemusque, ne quando moriamur, cum omne momentum mors prioris habitus sit : uis tu non timere, ne semel fiat, quod cotidie fit ! **24** De homine dixi, fluuida materia et caduca et omnibus obnoxia causis : mundus quoque, aeterna res et inuicta, mutatur nec idem manet. Quamuis enim omnia in se habeat, quae habuit, aliter habet quam habuit : ordinem mutat. « Quid ista, inquis, mihi subtilitas proderit ? » **25** Si me interrogas, nihil : sed quemadmodum ille caelator oculos diu intentos ac fatigatos remittit atque auocat et, ut dici solet, pascit, sic nos animum aliquando debemus relaxare et quibusdam oblectamentis reficere. Sed ipsa oblectamenta opera sint : ex his quoque, si obseruaueris, sumes, quod possit fieri salutare. **26** Hoc ego, Lucili, facere soleo : ex omni notione, etiam si a

23 ait *ex corr.* *Q* || Heraclitus : -thus *p* eraclitus *QLP* | HERACLITVS *fr.* 49[a] Diels[3] || idem : *ex* dem *p* || descendimus *pQ* : *ex* desced- P^2 *ex* discend- *V* disc- *L* [n *superpos.* *VL*] disced- *b* || descendimus : *ex* disc- VP^2 disced- [n *superpos.*] *L* || aqua : a quo *p* || in amne : *ex* inane Q^1 || manifestius : *ex* -tum [i *superscr.*] *L* manefestius *Q* || cursus : currus *QL* || admiror : amdmiror [am *per compend.*] *L* ammiror *Q* || tantopere : *ex* tanopere P^2 || amamus : amanus *pb* || rem fugacissimam : refugacissimam *Q* || corpus : *om.* *Q.*

24 fluuida *pQLVPb* || quae : *ex* quod Q^2 *ex* qui *ut uid.* *V* || aliter : alter *Q* || ista : ista *supra u.* *L* *ex* -ti Q^1 || inquis mihi : mihi inquis [-quis *ex* -quid] *Q* || subtilitas : supt- *ex* subt- *V.*

25 quemadmodum : quemamm- *Q* || caelator : cel- *pb* || oculos : occu- *b* || diu intentos : i. d. *b* || dici : *ex* duci *L* || pascit :/spacit *b* || sic : *ante ras.* *P* || sint : *sic* [in *i. r.*] *V* || oblectamenta : *ex* -tis b^2 || his *QLVb* : is *p* hiis *P* || sumes : *ex* saem- P^2 sam- *b.*

26 notione *de Ian* : nat- *pQLPb* [*non* not- *P*] rat- [r *ex* n] *V* orat- *dett.*

la philosophie le plus lointain rapport, dont je ne tâche d'extraire quelque chose pour l'approprier à nos besoins [1]. Quoi de plus étranger à notre redressement moral que ces questions que nous avons tout à l'heure traitées ? Comment les idées platoniciennes auraient-elles la vertu de me rendre meilleur ? Que retirerai-je de tels raisonnements qui serve à refouler mes passions ? Au moins cette donnée même, que tout ce qui se tient asservi aux sens, tout ce qui nous enflamme et nous irrite, Platon ne veut pas qu'il soit de l'ordre des choses qui sont véritablement. **27** Ce ne sont donc rien que des êtres imaginaires, porteurs pour un temps d'une certaine figure; ici rien de permanent, de solide. Et cependant nous sommes pleins de désirs, comme si les objets en devaient être toujours, comme si nous devions les posséder toujours. Créatures débiles et sans consistance, nous sommes arrêtés parmi les illusions. Élançons notre âme vers les réalités éternelles ! Admirons, planant au plus haut de l'espace, les formes idéales de toutes choses ; Dieu séjournant au milieu de ces êtres, la Providence qui, si elle n'a pu donner aux créatures une immortalité à laquelle la matière s'opposait, veille à les garder de la mort, à surmonter l'imperfection corporelle par la raison [2]. **28** En effet, le monde demeure, non parce qu'il est éternel [3], mais parce qu'il est sous la sauvegarde du curateur qui le régit. Or, d'un tuteur des êtres immortels n'auraient pas besoin. Notre monde se conserve

1. V. ses réflexions sur la villa de Vatia *Ep.* 55, 3 ; sur le tunnel du Pausilippe 57, 2 s. ; cf. 62, 1 *f. Quocumque constiti loco, — aliquid in animo salutare conuerso. Quid istis* v. 109, 17 pareille réflexion à propos de disputes scolastiques de philosophie morale.

2. Cette « élévation » platonicienne s'ajoute à la série variée et belle, encore qu'hétérogène, des méditations « religieuses » de Sénèque (autant d'élévations cf. 117. 19).

V. par ex. celles esquissées *Ad Helu.* 20, *Ad Pol.* 9, 3 et 8 : celles développées *Ad Marc.* 25 s., *N. q.* 1 *pr.* 3 *Equidem — rerum naturae gratias ago — cum secretiora eius intraui, cum disco quae uniuersi materia sit, quis auctor aut custos, quid sit deus...* 5 *O quam contempta res est homo nisi supra humana surrexerit...* 6 *Virtus — quam affectamus magnifica est, — quia animum laxat et praeparat ad cognitionem caelestium dignumque efficit qui in consortium deo ueniat...*

3. Cf. § 24.

philosophia longissime auersa est, eruere aliquid conor et utile efficere. « Quid istis, quae modo tractauimus, remotius a reformatione morum ? Quomodo meliorem me facere ideae Platonicae possunt ?. Quid ex istis traham, quod cupiditates meas comprimat ? » Vel hoc ipsum, quod omnia ista, quae sensibus seruiunt, quae nos accendunt et irritant, negat Plato ex his esse, quae uere sint. **27** Ergo ista imaginaria sunt et ad tempus aliquam faciem ferunt, nihil horum stabile nec solidum est : et nos tamen cupimus, tamquam aut semper futura aut semper habituri. Inbecilli fluuidique inter uana constitimus : ad illa mittamus animum, quae aeterna sunt. Miremur in sublimi uolitantes rerum omnium formas deumque inter illa uersantem et hoc prouidentem quemadmodum quae immortalia facere non potuit, quia materia prohibebat, defendat a morte ac ratione uitium corporis uincat. **28** Manent enim cuncta, non quia aeterna sunt, sed quia defenduntur cura regentis : inmortalia tutore non egerent. Haec

longissime : *ex* congi- *ut uid.* *P* alongissimae [lo *ex* le] *p* || aliquid : -qui *p* || et utile : *ex* et/titule P^2 || quae modo *dett.* : *ex* quo modo P^2 *ex* quod modo V^2 quod modo *QLb* quae quomodo *p* || tractauimus : *ex* tractamus *p* || remotius *Madvig* : remo/tis *p et sic QLVPb* || a reformatione : *ex* areformantione *p* ad reformationem *ex* a reformatione V^2 || ideae : idaeae [*ex* ideae P^2] P^2b || quid : *ex* qui V^2 || ex istis : *ex* existimes *ut uid.* Q^1 || comprimat *pQL* : com *uel* con [*per compend.*] pr- *VPb* conpr- *Hense* || accendunt : accid- *p* || irritant QL^2b [*ex* inr- L^2] : inr- *pP* || negat : nega [t *supra u.*] *Q* || his : hiis *P* is *p* iis « *malit* » *Hense*.

27 imaginaria : -nari *p* || faciem : -iam *p* || fluuidique : fluuidiqui *Q* || inter uana : inter ualla *pQb* interualla *LP* per interualla P^2 || constitimus *Gertz* : -stituimus *pQLVb om. P* || ad illa : *om. P* || animum : a. in ea [*ex* animum] *P* || quae aeterna : queaet- *p* quaaet- *P* || in : *sic* [i *ex* s] *p* || sublimi : -me *p* || uolitantes : uolut- *p* uoluntates *P* || quemadmodum : quemamm- *Q* || quae : *supra u. Q* || quia : *bis p* || ac ratione : acreatione *P*.

28 regentis : *sic* [*inter* re *et* g *duabus litt.*, ge *ut uid.*, *erasis*] *P* || inmortalia : imm- *p* || tutore : *ex* toto- *p* || non egerent : regerent/*p*.

par son ouvrier dont l'énergie surmonte la fragilité de la matière. Méprisons un ensemble d'objets qui sont à ce point sans valeur qu'on se demande si seulement ils sont.

29 En même temps réfléchissons à ceci : si l'univers lui-même, tout aussi mortel que nous, a une Providence pour le soustraire aux périls [1], nous pouvons en quelque mesure, devenant providence à notre tour, faire bénéficier d'un sursis ce pauvre corps, à condition qu'aux plaisirs, qui tuent la majorité des hommes, nous ayons su imposer une direction et un frein.

30 Platon lui-même par une exacte hygiène s'est prolongé jusqu'à la vieillesse. Il était, à vrai dire, d'une constitution solide et vigoureuse ; à l'ampleur de sa poitrine il devait son nom [2], mais les voyages sur mer [3], les périls courus avaient beaucoup réduit ses forces : néanmoins la tempérance, l'usage modéré de tout ce qui éveille les appétits, une exacte tutelle de lui-même l'ont fait arriver à la vieillesse malgré bien des obstacles. **31** Car tu sais, je suppose, ce qu'a valu à Platon l'exactitude de son régime : il est mort à la date de son jour natal, sa quatre-vingt-unième année entièrement révolue [4]. Et c'est pourquoi des mages [5], de passage à Athènes, sacrifièrent au défunt, dans la conviction qu'il avait été favorisé d'une destinée plus qu'humaine pour avoir pleinement réalisé le nombre parfait entre tous, le nombre neuf multiplié

1. V. le § 28 *Manent — cuncta non quia aeterna sunt sed quia defenduntur cura regentis*. Il va de soi qu'on ne saurait voir dans ce passage la négation de l'*exustio* universelle.

2. Il pratiqua la gymnastique sous la direction d'Ariston, lutteur d'Argos. A cause de sa robustesse, son maître le dénomma Platon (il s'appelait auparavant Aristoclès du nom de son grand-père)... Le mot Platon, d'après Néanthès, rappelait la largeur de son front (D. L. 3, 4).

3. Trois voyages : à Cyrène, en Italie, en Égypte d'après D. L. 3, 6 ; en Égypte, en Italie, en Sicile d'après Cic. *De Rep.* 1, 16 ; *De Fin.* 5, 87. Trois séjours en Sicile d'après D. L. 3, 18.

4. Dans la 1re année de la 108e Olympiade (347 av. J.-C.), d'après Hermippos, à un banquet nuptial (D. L. 3, 2). Il écrivait encore des livres (Hier. *Ep.* 52, 3 Migne 22, col. 529) : *scribens mortuus est*.

5. *Magi :* ils seront venus en Grèce après le règne de Xerxès.

conseruat artifex fragilitatem materiae ui sua uincens. Contemnamus omnia, quae adeo pretiosa non sunt, ut an sint omnino, dubium sit. **29** Illud simul cogitemus, si mundum ipsum, non minus mortalem quam nos sumus, prouidentia periculis eximit, posse aliquatenus nostra quoque prouidentia longiorem prorogari huic corpusculo moram, si uoluptates, quibus pars maior perit, potuerimus regere et coercere. **30** Plato ipse ad senectutem se diligentia protulit. Erat quidem corpus ualidum ac forte sortitus et illi nomen latitudo pectoris fecerat, sed nauigationes ac pericula multum detraxerant uiribus : parsimonia tamen et eorum, quae auiditatem euocant, modus et diligens sui tutela perduxit illum ad senectutem multis prohibentibus causis. **31** Nam hoc scis, puto, Platoni diligentiae suae beneficio contigisse, quod natali suo decessit et annum unum atque octogesimum impleuit sine ulla deductione. Ideo magi, qui forte Athenis erant, inmolauerunt defuncto, amplioris fuisse sortis quam humanae rati, quia consummasset perfectissimum numerum,

fragilitatem : -gilitem *L* || quae adeo : *sic ex* quae ado [*litterae* o *uirg. superpos.*] *Qb* || sint : *ex* sit *p*.

29 Illud : *ex* Illus *P* || quam nos : quem nos *p* || posse *codd. Haase* : Potest tamen *b Auen. Érasme*^{2} *Schweighaeuser* || nostra : nostram *b* nos nostra *Rossbach, u. infra* || longiorem prorogari : longiore / prorogari *p* longiorem prorogare *Ob Auen. Érasme*$^{1-2}$ *Schweighaeuser Rossbach* || corpusculo : *ex* -uculo *b*^{2} || uoluptates : *ex* -tis *L*^{2} -tis *Q* || perit *dett. edd.* : periit *codd.* || coercere : *ex* cercere *p*.

30 Plato : *ex* -tu *p* || se : si *P*^{1} sic *b* || diligentia : -iam *p* || ac : *ex* hoc *L*^{2} *teste Hense, ex* hac *Q* || multum : *ex* -tam *p* || parsimonia : *ex* -iam *P* || et eorum : eorum *L* [et *supra u. superscr.*] || modus : mund- *p* || sui tutela : suit ut tela *p*.

31 Contigisse : *ex* conteg- *P* || decessit : *sic* [e *pr. i. r. ut uid.*] *ex* decissit *P* || octogesimum *QVb* : *ex* -gensimum *LP* -gensimum *p* || impleuit *pQLVP* : inp- *b* || deductione : *ex* dedutione *P*^{2} -io/nem *p* || magi *ex* -gis *b* || inmolauerunt *Hense et sic Q ut uid. ex Beltrami apparatu* : imm- *pP* || amplioris fuisse : ampliori fuis / se *p* || humanae rati : -na erati *p* -naerrati *QL* || consummasset : consummaset [*alt.* m *per compend. ut uid.*] *p* -sumaset et *QL*.

par neuf. Je ne doute pas que tu ne t'accommodes volontiers d'un déficit de quelques jours sur ce beau total, avec dispense du sacrifice.

32 La sobriété peut allonger la vieillesse, que j'estime chose à ne pas convoiter, à ne pas refuser non plus. Il est doux de séjourner avec soi-même [1] le plus longtemps possible, quand on s'est rendu digne d'être pour soi-même un objet de jouissance. Nous prononcerons donc notre arrêt sur le point de savoir s'il faut faire fi des jours derniers de la vieillesse et ne pas attendre le terme, mais d'un geste le déclencher [2]. C'est un état voisin de la peur que d'attendre paresseusement l'heure fatale ; comme c'est aimer le vin au delà de la mesure que de mettre l'amphore à sec et d'avaler jusqu'à la lie. **33** Nous nous demanderons toutefois si cette suprême portion de l'existence est de la lie [3] ou quelque chose de plus limpide et de plus pur que tout, à condition que l'intelligence demeure indemne, que les sens intacts aident l'âme [4], que le corps ne soit pas déficient et mort par avance. Toute l'affaire est là : est-ce la vie que l'on allonge ou la mort ?

34 Oui, mais si le corps est inhabile à ses fonctions, pourquoi ne pas tirer hors l'âme à la gêne ? Et peut-être

1. État supérieur de l'âme : v. *Ep.* 2, 1 *f.* vol. I p. 5, n. 2 *s. f.* ; *De Ot.* 6, 3 *secum esse* ; 1, 1 *meliores erimus singuli* ; *N. q.* 4 a *pr.* 2 *quod est miserrimum, nunquam sumus singuli* ; *Ep.* 105, 6 *loqui plurimum secum* ; 78, 10 *uir magnus ac prudens — multum cum meliore ac diuina parte (sui) uersatur* (Et cela conduit le sage à converser avec Dieu *fr.* 57 Haase). Cf. 9, 22 *f. omnis stultitia laborat fastidio sui.*

On se rappelle le mot d'Antisthène : « L'avantage que j'ai retiré de la philosophie c'est de m'entretenir avec moi-même » (D. L. 6, 6) ; celui de S. *Ep.* 6, 7 *Quaeris — quid profecerim ? Amicus esse mihi coepi.* Lucilius est parvenu à cet état : 10, 1 *Audeo te tibi credere* et 2 *f.* ; *N. q.* 4 a *pr.* 1 : il « fait très bon ménage avec lui-même ».

2. *Manu facere :* cf. Zen. *ap.* D. L. 7, 130 ; Sen. *Ep.* 12, 10 ; 26, 10 ; 70, 7 ; 70, 20 s ; 77, 14 ; *Phoen.* 103 s. Mais la règle n'est pas absolue, au témoignage de Zen. l. l., de Sen. 78, 2 *aliquando — et uiuere fortiter facere est*, cf. 98, 15 à 18, Mart. 11, 56, 15 s.

3. *Faecem* cf. *Ep.* 1 *f.* ; Antiphan. *incert.* 68 Meineke vol. III, p. 155 : Σφόδρ' ἐστὶν ἡμῶν ὁ βίος οἴνῳ προσμερής./ Ὅταν ᾖ τὸ λοιπὸν μικρόν, ὄξος γίγνεται.

4. On se rappelle le jugement porté sur le commencement de

quem nouem nouies multiplicata conponunt : non dubito quin parat*us sis* et paucos dies ex ista summa et sacrificium remittere. **32** Potest frugalitas producere senectutem, quam ut non puto concupiscendam, ita ne recusandam quidem. Iucundum est secum esse quam diutissime, cum quis se dignum, quo frueretur, effecit : itaque de isto feremus sententiam, an oporteat fastidire senectutis extrema et finem non opperiri, sed manu facere. Prope est a timente, qui fatum segnis exspectat, sicut ille ultra modum deditus uino est, qui amphoram exsiccat et faecem quoque exsorbet. **33** De hoc tamen quaeremus, pars summa uitae utrum [ea] *faex* sit an liquidissimum ac purissimum quiddam, si modo mens sine iniuria est et integri sensus animum iuuant nec defectum et praemortuum corpus est : plurimum enim refert, uitam aliquis extendat an mortem. **34** At si inutile ministeriis corpus est, quidni oporteat educere animum laborantem ? Et

quem : quam *p* || nouies : / nouias *p* || conponunt *Hense et sic Q ut uid. ex Beltrami appar.* : comp- *pVP* conp- *uel* comp- [*per compend.*] *b* || dubito : dubio *p* || paratus sis et *Madvig* : parat auset *p* parat ausisset *QL* parata / xusset *ut uid.* *V*[1] sabsata [*aut* falsata] xisset *V*[2] parat et [4 *litt in interuallo eras. quarum prima* a] *P* parat auisset [parat *in extrema pagina*] *b* paratus esset *Mentel. Auen. Érasme*[1-2] *Rossbach H. Georges* paratus et *coni. Haupt* paratus tu sis et *Beltrami dub.* || remittere : -ret *ex* -re *ut uid.* *V*[2].

32 frugalitas : fragili- *b* || producere : *sic ex* perd- [*per compend.*] *Q* || puto *b* : *ex* tuto *m. rec.* *VP* tuto *pQLV* || concupiscendam : *ex* cumcup- *b*[2] || iucundum : ioc- *QL prius Pb* || effecit : -icit *p* || feremus : *ex* fecore- mus *VP* || finem : *ex* in f- *P* infinem *p* || opperiri *QVL*[2] : operiri *LPb* -rire *p* || fatum *p* : *ex* fact- *P* fact- *b* || exspectat *QL* : exp- *pPb* || ultra : -tro *P* || deditus : *ex* ditus [de *add.*] *V* || amphoram : *ex* ampho / rem *Q*[1] -rem *L* || exsiccat *QLVb* : exiccat [*ex* -icat] *p* exsicat [*ex* exicat] *P* || exsorbet *QL* : *ex* exorbet *P* exorb- *pb*.

33 quaeremus : quaerimus *P* || utrum faex sit *Haase et sic dett.*, *cf. Axelson*[3] *p.* 184 *n.* 33 : utrum/eahaec sit *p et sic QLVPb* u. ea fex sit *iam Auen. Érasme*[2] u. f. uitae haec sit *Érasme*[1] || ac : *ex* a *p* || defectum : *sic* *V*[1] : defet- *m. rec.* *V* || praemortuum : pm- *per compend.* *QP* || corpus est *p* : est corpus *VPb*.

34 animum : anmum *p* || laborantem : -anten *b*.

faut-il le faire un peu avant que d'y être obligé, par crainte de ne le pouvoir, quand l'obligation s'imposera : enfin, vu qu'il y a un risque plus grave à mal vivre qu'à mourir tôt, il y a déraison à ne pas s'exonérer, contre un mince sacrifice de temps, des hasards d'un grand enjeu. Rares sont ceux qu'une très longue vieillesse achemina vers la mort sans leur faire injure ; beaucoup ont croupi dans les langueurs d'une existence qui ne fait d'elle-même nul usage [1]. Après cela estimes-tu que l'abandon d'un peu de notre vie soit tellement plus cruel que l'abandon du droit d'y mettre fin ? **35** Ne m'écoute pas à contre-cœur, comme si l'arrêt que je te soumets t'atteignait déjà, et pèse mes paroles. Je ne renoncerai pas à la vieillesse, si elle doit me conserver tout entier à moi-même, tout entier, veux-je dire, dans le meilleur de mon être. Mais si elle vient à ébranler mon intelligence, à l'abattre morceau par morceau ; si elle me laisse non plus la vie, mais l'existence physique, je bondirai hors d'un édifice délabré et ruineux [2]. **36** Je ne me sauverai point par la mort de la maladie, dans la mesure où elle est curable et ne nuit pas à l'âme. Je n'armerai point mes mains contre moi en raison de mes souffrances ; mourir de la sorte est une déroute [3]. Cependant, si je me sais condamné à pâtir sans relâche, j'opérerai ma sortie, non en raison de la souffrance même, mais parce que j'aurai en elle un obstacle à tout ce qui est raison de vivre. Faible et lâche,

la vieillesse, *Ep.* 26, 2 : *Viget animus... Exsultat et mihi facit controuersiam de senectute, hunc ait esse florem suum...*

1. Consolation de celui qui « meurt jeune » : *De Rem.* 4, 2 *Fortasse alicui malo subducit me fortuna, ut nulli alii, certe senectuti* ; mais critique aussi de vies inutiles et croupissantes (60, 4).

2. Cf. Sen. *De Ira* 2, 28, 4 *f.* ; *Ep.* 120, 17 ; Gorgias dans une chrie d'Aristote : comme on lui demandait s'il mourait avec plaisir : Ἥδιστα, εἶπεν, ὥσπερ δὲ ἐκ σαπροῦ καὶ ῥέοντος συνοικιδίου ἀσμένως ἀπαλλάττομαι (Stob. vol. 3 H. p. 1072, l. 16 s.).

S. est hanté par l'idée de la décrépitude, dont il remarque les effets en lui et dans les choses : *Ep.* 12, 1 *argumenta senectutis meae uideo... Quid mihi futurum est si tam putria sunt aetatis meae saxa ?* 26, 1 *inter decrepitos me numera* ; *N. q.* 6, 10, 1 *omnia uetustate labuntur nec quicquam tutum a senectute est...* 2 *In aedificiis ueteribus quaedam non percussa tamen decidunt.*

3. *Sic mori uinci est* : cf. *Ep.* 78, 2 citée p. 81, n. 2.

fortasse paulo ante quam debet, faciendum est, ne, cum fieri debebit, facere non possis : et cum maius periculum sit male uiuendi quam cito moriendi, stultus est, qui non exigua temporis mercede magnae rei aleam redimit. Paucos longissima senectus ad mortem sine iniuria pertulit, multis iners uita sine usu sui iacuit : quanto deinde crudelius iudicas aliquid ex uita perdidisse quam ius finiendae ? **35** Noli me inuitus audire, tamquam ad te iam pertineat ista sententia, et quid dicam aestima : non relinquam senectutem, si me totum mihi reseruabit, totum autem ab illa parte meliore ; at si coeperit concutere mentem, si partes eius conuellere, si mihi non uitam reliquerit, sed animam, prosiliam ex aedificio putri ac ruenti. **36** Morbum morte non fugiam, dumtaxat sanabilem nec officientem animo. Non afferam mihi manus propter dolorem : sic mori uinci est. Hunc tamen si sciero perpetuo mihi esse patiendum, exibo, non propter ipsum, sed quia impedimento mihi futurus est ad omne, propter quod uiuitur. Inbecillus est et ignauus, qui propter dolorem moritur, stultus, qui doloris causa

ante : *ex* auto *p* || maius : *ex* magius *p* || periculum : *ex* particulum *Q*[1] || mercede : mecede *p* || aleam : aliam *pQL* || redimit : *ex* rediit *V* redemit *P* || Paucos : *ex* Paulcos *b*[2] || uita : *suspect. hab. immerito Io. Mueller* || sine : *ex* siue *m. fort. rec. L* || usu sui iacuit : usu iasui iacuit *b* || quanto [*i. e. « quantulo »*] : *ex* quando *ut uid. L*[2] quoto *uel* quotocuique *temptauit Hense superuacuo cf. Axelson*[3] *p.* 179 || crudelius *pQLVPb uulg.* : leuius *coni. Madvig* utilius *Gertz* || quam ius *Madvig et sic pQP sine interuallo* : quamuis *LVb* quam uim *Io. Mueller* || finiendae [-de *pP*[1]*b*] *p QLP*[1]*b* : -da *VP*[2].

35 ista : isto *Qpr.* || quid : quidquid *p* || reseruabit : *ex* rerer- *p* reseruauit *V* ser / uabit *Q* || coeperit : -ri *b* || concutere *p* : contut- *b* || conuellere : /conualere *p* -uaelle *b* || reliquerit : -linquerit *p* || sed *QLVPb* : si *p* || ex aedificio : exaedifitio *L sic* [*ex* etaedificatio] *m. rec. Q* exedifitio *b* ex hedificio [*ex* -ico] *p* || putri : puri *P*.

36 morbum : -bom *p* -be *P* || morte : -tem *P* || fugiam : -ia *p* || afferam *Qb* : adf- *pP* || sic : *ex* si *uel* sit *p* || uinci : *ante ras. unius litt. P* || exibo : *ex* exhi- *P* || impedimento *Q* : inp- *Pb* inpedimentums *p* || Inbecillus *pQPb* : imb- *V*.

qui a pour raison de mourir la souffrance ; insensé, qui vit pour souffrir.

37 Mais le propos traîne en longueur. J'ai de la matière encore à pouvoir prolonger le jour. Et qui ne peut finir une lettre, comment pourra-t-il mettre fin à sa vie ? Allons ! Bonne santé. La formule sera plus de ton goût que ma rhapsodie funèbre.

Lettre 59 *

1 Ta lettre m'a causé un grand plaisir. Oui, permets-moi d'employer le vocabulaire de tout le monde, et ne ramène pas les mots à l'acception stoïcienne. Nous tenons le plaisir pour un vice ; c'est un axiome pour nous : il faut l'admettre. Toutefois, nous écrivons couramment « le plaisir », pour exprimer la gaîté de l'âme. **2** Je sais, encore une fois, que le plaisir, si nous ajustons les mots à l'esprit de notre code, est chose infamante, et aussi que le sage seul a la joie en partage [1]. En effet, qu'est-ce que la joie ? L'exaltation d'une âme sûre de la possession des vrais biens, qui sont son apanage. Toutefois, dans le langage ordinaire,

* *Sommaire.* — Au « plaisir » grossier, effet de la sensibilité, le stoïcisme oppose « la joie », toute raisonnable. Sénèque ne se croit pas suffisamment avancé dans la voie de la raison pour oser appeler « joie » le sentiment qu'a éveillé en lui une lettre de Lucilius (1-4 jusqu'à *sed ut ad propositum...*). Celui-ci a un style qui est l'exacte peinture de sa pensée ; et puis il sait combien peut être utile l'emploi de l'image dans l'exposé des idées (4-6). Le tableau d'une armée en campagne n'a-t-il pas fourni à Sextius une comparaison saisissante entre le sang-froid du sage et le désarroi de la masse ignorante ? (7-9 jusqu'à *ne ab alia imagine...*) Pourquoi l'ignorance tient-elle notre âme en lisière ? Nous manquons d'élan ; nous sommes envers nous-mêmes pleins d'indulgence (9-13). Lamentables divertissements où s'épuisent les hommes. Le sage perpétuellement en joie (14-18).

1. V. *Ep.* 23, 2 ; 3 ; 4 et vol. I, p. 98, n. 1 et 2 ; *Ep.* 59, 17 ; 72, 4 ; *De Const.* 9, 3 ; *De Ira* 2, 6, 2 ; *De Cl. uulg.* 2, 5, 4.

uiuit. **37** Sed in longum exeo : est praeterea materia, quae ducere diem possit : et quomodo finem inponere uitae poterit, qui epistulae non potest ? Vale ergo : quod libentius quam mortes meras lecturus es. VALE.

SENECA LVCILIO SVO SALVTEM **59**

1 Magnam ex epistula tua percepi uoluptatem : permitte enim mihi uti uerbis publicis nec illa ad significationem Stoicam reuoca. Vitium esse uoluptatem credimus. Sit sane : ponere tamen illam solemus ad demonstrandam animi hilarem affectionem. **2** Scio, inquam, et uoluptatem, si ad nostrum *album* uerba dirigimus, rem infamem esse et gaudium nisi sapienti non contingere : est enim animi elatio suis bonis uerisque fidentis. Vulgo tamen sic loquimur, ut dicamus magnum gaudium nos ex illius consulatu aut nuptiis aut ex partu uxoris percepisse, quae adeo non sunt gaudia, ut saepe initia futurae tristitiae sint : gaudio

37 praeterea : pret- *pQP* [*ex* -ria *p*] pt [*per compend.*] *b* || inponore : *ex* -rit *Q* imponero *V* || epistulae : aepistole *P* eplae *Q* epistolae *b* || quod : qud *ex* quo *p* || mortes meras *pVL*^{1} *Mod. Muret* : -tis moras *QL*^{2}*b* [moras *ex corr. b*] mortem eras [*ex* mortes meras] *P uel P*^{2} [*ras. in interuallo*] || lecturus : l cturus [*ras. in interuallo*] *P* luct- *b*.

Ep. 59. *Mentel. Auen. inter hanc et superiorem epistulam inserunt Ep.* 75.

1 Magnam : -um *p* agra *b*^{1} || ex : *om. b*^{1} *add. m. recentissima* || epistula *p* : -stola *LVPb* [aep- *P*] epla *per compend. Q* || percepi : -cipi *p* || uti : ut *P* || uerbis : *ex* uer *L*^{2} || illam : -a *p* || Sit sane : sitsanem / *p* [em *per compend.*] || demonstrandam : -dum *QL* || affectionem [*ex* adf- *L*^{2}] *L*^{2}*b* : adf- *pP*.

2 Scio : Sio *p* || nostrum : *ex* -am *p* nostram *QP*^{2} [*ex* nostrum *P*^{2}] || album *R. Agricola* : aluum *pQLVP sic ex* alium *b*^{2} || dirigimus *codd.* : der- *Hense* || gaudium : glad- *b* || uerisque fidentes : uerisquedfidentis *p* uiribusque fidentis [*ex* uerisquae f.] *b*^{2} *Mentel. Auen. Érasme*$^{1-2}$ [confidentis *Mentel.*] *Constans Mél. Boissier* 1903 *p.* 134 || Vulgo : Vulgu *b* || sic loquimur : si eloquimur *p* || illius : *ex* ilius *P*^{2} ilius *p* || consulatu : *ex* consol- *p* || aut : au *b* || nuptiis *p Haase* : ex nuptiis *QLVPb uulg. ante Haasium* || percepisse : precipisse *pr. Q* || uxores : -ris *p* || gaudia ut saepe : gaudia saepae *p* || sint : *ex* sunt *b*^{2}.

nous disons, par exemple, avoir appris « avec beaucoup de joie » qu'un tel a le consulat, qu'il se marie, que sa femme est accouchée, toutes circonstances qui sont en elles-mêmes si peu des joies qu'elles ne font souvent que préparer du chagrin. Or, un des attributs de la joie est de ne pas cesser, de ne pas se tourner en un état contraire. **3** Notre Virgile parle des « mauvaises joies de l'âme »[1]. Le tour est expressif, mais peu exact, car il n'y a pas de joie mauvaise. Il appelle joies les plaisirs, et la pensée qu'il voulait rendre s'entend bien : il avait en vue les insensés ravis de ce qui fait leurs maux. **4** A tout prendre, l'homme que je suis ne péchait point par abus en disant que ta lettre lui avait fait grand plaisir. Si honorable que puisse être la cause pour laquelle l'homme peu éclairé se réjouit, il ne laisse pas d'obéir à une certaine impulsion désordonnée, destinée à tendre promptement vers son contraire[2], et cette impulsion, je l'appelle plaisir : mouvement né de l'idée d'un faux bien[3], sans règles ni mesure[4].

Pour revenir à mon propos, je te dirai ce qui m'a charmé dans ta lettre. Les mots sont à ton service. Tu résistes à l'élan du style et il ne t'entraîne pas plus loin que tu ne le voulais. **5** Beaucoup se laissent aller à développer ce qu'ils n'avaient pas d'abord en tête, à cause d'un joli mot, qui fait bien[5]. Cela n'est pas ta manière. Tes pensées sont toujours concises et en rapport avec le sujet. Tu dis tout juste ce que tu veux et tu suggères plus que tu ne dis. Ceci est l'indice d'un autre mérite encore plus grand : on voit bien que ton âme ne connaît pas, elle non plus, la redondance et l'enflure. **6** Je trouve chez toi, il est vrai,

1. Parmi les monstres qui sont à l'entrée des Enfers (*Aen.* 6, 278 s.).
2. *In diuersum* cf. § 2 *f.* ; 23, 6 *in contrarium.*
3. *Opinione — boni* cf. 16, 9 ; 23, 6 *f.* ; 90, 34.
4. *Immoderatam* cf. 23, 6 *nisi modum tenuit,* 39, 5, *ad Helu.* 10, 11.
V. « démesure » et précipice 23, 6, Epict. *Man.* 39 *f.*, ou « peine » *Ep.* 27, 2 ; 83, 27.
5, Cf. Cic. *De Or.* 2, 256 *ea quae sint frigidiora uitemus* ; *est enim cauendum ne arcessitum dictum putetur.*

autem iunctum est non desinere nec in contrarium uerti. **3** Itaque cum dicit Vergilius noster

et mala mentis
Gaudia,

diserte quidem dicit, sed parum proprie : nullum enim malum gaudium est. Voluptatibus hoc nomen inposuit et quod uoluit expressit : significauit enim homines malo suo laetos. **4** Tamen ego non inmerito dixeram cepisse me magnam ex epistula tua uoluptatem : quamuis enim ex ho*ne*sta causa imperitus homo gaudeat, tamen adfectum eius inpotentem et in diuersum statim inclinaturum uoluptatem uoco, opinione falsi boni motam, inmoderatam et inmodicam. Sed ut ad propositum reuertar, audi, quid me in epistula tua delectauerit : habes uerba in potestate, non effert te oratio nec longius quam destinasti trahit. **5** Multi sunt, qui ad id, quod non proposuerant scribere, alicuius uerbi placentis decore uocentur, quod tibi non euenit : pressa sunt omnia et rei aptata, loqueris quantum uis et plus significas quam loqueris. Hoc maioris rei indicium est : apparet animum quoque nihil habere superuacui, nihil tumidi. **6** Inuenio tamen

desinere : *ex* -nire P^1.

3 VERG. *Aen.* 6.278 s. | Vergilius : uirg- *Pb* || diserte : *ex* des- *P*.

4 inmerito : imm- *b* || cepisse *V* : coep- *QLP* caep- *pb* percepisse *Hense dub. sed superuacuo* || magnam : *ex* -um *p* || epistula *p* : -stola *LVPOb* epla *per compend. Q et sic mox* || quamuis — inclinaturum uoluptatem : *om. P* || honesta *Lipse* : homine ista *pQLOb* homi iniusta [*super* m *uirg.*, iniu *i. r.*] *V* non iniusta *uel* non inhonesta *Rossbach* || imperitus *QLVp* : inp- *b* || adfectum : aff- *Qb ex* adf- L^2 || diuersum : -sam *b* -sa *Mentel. Érasme*[1] || statim : -tum *Auen. mg. Erasmi*[1] || uoluptatem : *bis b* || opinione : *ex* -oni P^2 || motam : not- *ex* mot- *P* || epistula : -ola *Pb* || effert te : -erite *p* || nec : *ex* ne *Q* non *p*.

5 Multi : muti *p* || proposuerant : *ex* -rat *p* || alicuius uerbi : alicu / cuius uebi *p* || uocentur : euocentur *Schweighaeuser* auoc- *Haase* || non euenit : nonneuenit *p* || pressa : *sic* [es *i. r.*] *V* || aptata : apta *p* || apparet : *sic p* [*non* adp-, *ut ed. Hense*] aparet *b post ras. ubi* apar... *dispicio* || tumidi : -dum *m. rec Q*.

des métaphores qui, sans offrir rien de trop hardi, ont couru bravement leur chance. Je trouve des comparaisons. Veut-on nous les interdire, comme un privilège concédé seulement aux poètes ? Ce serait avouer qu'on n'a lu aucun des maîtres anciens, qui étaient d'un temps où l'on ne se piquait pas encore d'une éloquence à grand effet. Ils s'énonçaient simplement, avec l'unique ambition de se faire comprendre ; et pourtant ils fourmillent de comparaisons, que j'estime nécessaires, non pour les mêmes raisons que les poètes, mais afin qu'elles servent de point d'appui à l'humaine faiblesse et mettent l'orateur comme l'auditeur en contact avec la réalité [1].

7 Je lis pour le moment Sextius : esprit pénétrant, ce philosophe expose en langue grecque une morale de Romain. Voici une image qui est de lui et qui m'a frappé [2]. Une armée avance en formation carrée, quand de tous les côtés une surprise est à craindre, prête au combat. « Ainsi, dit-il, doit faire le sage. Qu'il mette toutes ses vertus en ligne de tous les côtés, afin que, partout où il y aura danger d'agression, il ait là ses troupes de défense, prêtes à obéir, dans un ordre parfait, au moindre signe du chef. » Et il ajoute que, si dans les armées que de grands capitaines rangent en bataille, on voit la volonté du général se communiquer du même coup à toutes les formations, de telle façon que le mot d'ordre, venu de lui seul, touche dans

1. S. justifie les comparaisons philosophiquement ici et *De Ben.* 4, 12, 1, comme ailleurs (id. 7, 23, 1 s.) les hyperboles (V. Burnier, *La Pédag. de S.* p. 57). Les premières servent à rendre les idées plus sensibles au lecteur et à l'auditeur (cf. Marouzeau, *Traité de stylist.* p. 135 s.).

2. La diatribe était familière à S. Son maître vénéré Fabianus l'y avait initié (v. sur lui vol. I p. 166 n. 1 et 2), non sans le faire remonter jusqu'aux sources de la diatribe romaine, à ce Sextius qui enseignait en grec (cf. 64, 2) et de qui Sotion, autre maître de S., l'avait, lui aussi, parfois entretenu (108, 17). V. 64, 2, un bel éloge des leçons de Sextius ; des citations de lui 73, 12 et 15 ; *De Ira* 2, 36, 1 et 3, 36, 1 ; *fr.* 84 Haase ; des traits de sa sagesse hautaine (*Ep.* 98, 13) et pratique (108, 17 s.). V. aussi Oltramare, *Les orig. de la diatr. rom.* p. 153 ss. ; Pitet, *Vocab. philos. de S.* p. 17.

translationes uerborum ut non temerarias ita quae periculum sui fecerint ; inuenio imagines, quibus si quis nos uti uetat et poetis illas solis iudicat esse concessas, neminem mihi uidetur ex antiquis legisse, apud quos nondum captabatur plausibilis oratio : illi, qui simpliciter et demonstrandae rei causa eloquebantur, parabolis referti sunt, quas existimo necessarias, non ex eadem causa qua poetis, sed ut inbecillitatis nostrae adminicula sint, ut et dicentem et audientem in rem praesentem adducant. **7** Sextium ecce cum maxime lego, uirum acrem, Graecis uerbis, Romanis moribus philosophantem. Mouit me imago ab illo posita : ire quadrato agmine exercitum, ubi hostis ab omni parte suspectus est, pugnae paratum. « Idem, inquit, sapiens facere debet : omnes uirtutes suas undique expandat, ut ubicumque infesti aliquid orietur, illic parata praesidia sint et ad nutum regentis sine tumultu respondeant. » Quod in exercitibus iis, quos imperatores magni ordinant, fieri uidemus, ut imperium ducis simul omnes copiae sentiant, sic dispositae, ut signum ab

6 ita quae *V* [it *ex corr.*] : itaque *pQLPb* || inuenio : inuon- *p* || poetis : *ex* -tas *pL²* || illas : *i. mg.* uel illis *L* || solis : *ex* -las *p* || concessas : *ex* -essa *p* || quos : cos *p* || plausibilis : *ex* paus- *b* || illi qui : illis qui *p* || demonstrandae : -da *p* || causa eloquebantur [-quaebantur *P*] *VPb* : causa loq- *QL* causa quapo eliso [*ex* etiso] quebantur *p* *uerbis* causa qua poetis *quae paulo infra occurrebant praepostere exscriptis* || parabolis : parabolis loquebantur *QL* || referti : *ex* refecti *V* || existimo : *ex* est istimo *p* || sint : sunt *Q* || ut et *pQL* [*Q sine intervallo*] : et ut *VPb* sot ut et *Hense dub.* || et audientem : *bis scr. P alterum transfod.* || in rem praesentem : in re pres- *p* in remihi praesente [*ex* -tem] *QL* [*Q sine interuallis*] || adducant : -antur *QL*.

7 acrem : *ex* atrem *ut uid. p* || romanis : romaronis [*alt.* ro *expunct.*] *p* || moribus : *om. V* || mouit : moui *b* || ire : irent *p* || hostis : hosti *b²* [*ex* osti *add. signo litterae* h *in codd. frequenti*] || inquit : *ex* -id *V²P* -id *pQb* || omnes : -is [*ex* oms *per compend. Q¹*] *pQ¹* oms *per compend. P et sic infra* || expandat : -dit *Q* || iis *pP* : his *QLb* [*ante rasuram b*] || imperatores : inp- *b* || imperium : inp- *b* || sentiant : -tient *pQL* [*ex* -tiunt *Q* sencient *p*] || sic : sicut *per compend. b* || dispositae [-te *QP*] *codd.* : dep- *p*.

son vol, à la même minute, le fantassin et le cavalier, cette tactique nous est à nous autres sensiblement plus nécessaire. **8** On a souvent vu le soldat craindre l'ennemi sans motif[1] et il arrive que l'étape qu'il suspectait le plus se trouve être la plus sûre qu'il ait jamais faite. Pour la déraison, point de zone pacifiée. Au-dessus d'elle, au-dessous d'elle le risque est pareil. A droite et à gauche règne la panique ; par derrière, en avant, les périls surgissent. Elle tremble à la moindre alerte ; toute préparation lui manque et ses auxiliaires mêmes lui font peur. Mais le sage ? Muni contre toute attaque, bien en garde, si la pauvreté, le deuil, l'ignominie, la souffrance fondent sur lui[2], il ne reculera pas. Intrépide, il affrontera ces forces mauvaises et passera au travers. **9** Pour nous, que de liens à subir ! Et quels éléments de faiblesse ! Trop longtemps nous avons croupi dans le vice ; il est difficile de s'en laver. Ne parlons pas de salissure : nous sommes infectés à fond.

Au lieu de multiplier les images, je préfère introduire une question sur laquelle je médite souvent : pourquoi, dans ces conjonctures, la déraison nous tient-elle si obstinément ? D'abord, nous ne la rembarrons pas avec courage ; nous ne tendons pas de tout notre élan au salut. Et puis nous ne croyons pas assez aux vérités trouvées par les sages, notre cœur ne s'ouvre pas à elles avidement, nous passons légèrement sur une aussi importante matière[3], **10** Or, comment apprendra-t-il tout ce qu'il faut pour

1. Cf. *Ep.* 13, 8 *Trepidamus et sic uertimus terga quemadmodum illi quos puluis motus fuga pecorum exuit castris... 9 Magis uana perturbant... Nulli — tam irreuocabiles quam lymphatici metus sunt... ;* Montaigne, I, 18 *s. init.* (éd. Plattard I, p. 101) « Parmi les soldats même — combien de fois a-t-elle (= la peur panique) change un troupeau de brebis en esquadron de corselets ? »

2. Cf. la liste de telles épreuves, vol. I, p. 53, n. 1 ; p. 107, n. 3 ; *De Rem.* 11, 1 *Pecuniam perdidi*, 15, 2 *Amicum*, 13, 1 *Amisi liberos*, 7, 2 *Male de te loquuntur*, 9, 1 *Dolor imminet*, 3, 1 *Saepe ferieris* Epict. *Diss.* 2, 19, 24 δεῖξατέ μοί τινα νοσοῦντα — ἀδοξοῦντα...

3. Le devoir : 64, 7 *Mihi ista* (*inuenta sapientiae*) *adquisita sunt... Faciamus ampliora quae accepimus...* La réalité : *N. q.* 7, 32, 1 (*nequitiae*) *omnes operam damus...* (*sapientiam*) *quis dignam iudicat, nisi quam in transitu nouerit ? Quis philosophum — respicit ?* 2 *Itaque tot familiae philosophorum sine successore deficiunt....*

uno datum peditem simul equitemque percurrat : hoc aliquanto magis necessarium esse nobis ait. **8** Illi enim saepe hostem timuere sine causa, tutissimumque illis iter quod suspectissimum fuit : nihil stultitia pacatum habet. Tam superne illi metus est quam infra : utrumque trepidat latus. Secuntur pericula et occurrunt : ad omnia pauet, imparata est et ipsis terretur auxiliis. Sapiens autem ad omnem incursum munitus, intentus, non si paupertas, non si luctus, non si ignominia, non si dolor impetum faciat, pedem referet : interritus et contra illa ibit et inter illa. **9** Nos multa alligant, multa debilitant. Diu in istis uitiis iacuimus, elui difficile est : non enim inquinati sumus, sed infecti. Ne ab alia imagine ad aliam transeamus, hoc quaeram, quod saepe mecum dispicio, quid ita nos stultitia tam pertinaciter teneat ? Primo quia non fortiter illam repellimus nec toto ad salutem impetu nitimur, deinde quia illa, quae a sapientibus uiris reperta sunt, non satis credimus nec apertis pectoribus haurimus leuiterque tam magnae rei insistimus. **10** Quemadmo-

equitemque : equitemque [*ex* aeq-] qui *Q* || esse nobis : esse nobis esse *b*.

8 timuere sine : timueres / inae *p* || pacatum *QLP* : *ex* pecca- (?) *V* pecca- *pb* || habet : -bent [*ex* -buit] *p* || superne : -ni *p* || secuntur : sequuntur *Vb* || imparata : *ex* imper- *Q* inparata *pP* || auxiliis : auiliis [*superscr.* x *ex corr.*] *V* || munitus intentus *pPb* : munitur intentus *QL* intentus munitus *V* [*addito transp. signo*] munitus est et intentus *Auen. Schweighaeuser* munitus et intentus *mg. Erasmi*[1] *Érasme*[2] || si paupertas : *post duas litt. eras.* [(n)e s *ut uid.*] *P* || non : *ex* hon *p ut uid.* || ignominia : ignomia *P* || impetum : inp- *pb* || interritus : *ex* interi- *Q* ihter ritus *p* || contra illa : illa *superscr.* *V* || ibit et : ibit [*superscr.* et] *p*.

9 Nos multa : nos muta *p* || debilitant : *ex* deibitant *ut uid.* *Q* || diu in : de [*ex* deniq *ut uid.*] *P* || iacuimus : in quibus iacuimus [*ex* iacuimus] *P* || difficile : deficile *p* || ne : *ex* nec *P* nec *pb* || ab alia : ab illia [*ex* illa] *p* || dispicio *pQ*: desp- *LVP* despitio *b et sic* [i *quidem supra* de] *L*[2] || ita *codd. Érasme*[1-2] *P. Thomas* : ista *dett. Mentel. Auen.* || toto : *ex* tota *L*[2] tota *Q* || impetu : inp- *p* || nitimur : *ex* nititur *p* || pectoribus : peccatoribus *p* || leuiter : laeui- *P* || rei insistimus : reinsistimus *p* rei insitimus *b*.

résister aux vices, l'homme qui n'a, pour l'apprendre, que toutes les heures où ses vices lui accordent congé ? Nul d'entre nous ne va jusqu'au fond des choses ; nous n'en prélevons que la croûte première. On a consacré à la philosophie quelques pauvres instants[1] : c'est suffisant, se dit-on, c'est plus qu'il n'en faut, avec tant d'occupations sur les bras ! **11** L'empêchement principal, c'est que l'on est content de soi à trop bon compte. Trouvons-nous quelqu'un qui nous dise hommes de bien, éclairés, de mœurs irréprochables : nous acquiesçons. L'éloge mesuré ne nous suffit pas. Tout ce que la flatterie entasse sur nous au mépris de toute pudeur[2], nous l'encaissons comme chose due. On nous proclame les plus honnêtes gens du monde, des modèles de sagesse ; nous en tombons d'accord, sans ignorer pourtant que nous avons affaire à des menteurs invétérés. Mais voici le chef-d'œuvre de notre complaisance pour nous-mêmes : on veut être loué en considération de principes au rebours desquels on dirige précisément ses actions. Celui-là entend, au milieu des supplices, célébrer sa parfaite douceur ; sa générosité absolue, tandis qu'il vole et pille ; dans les scènes d'ivresse et de lubricité, sa tempérance admirable. Et la conséquence ? On refuse de se réformer, parce qu'on s'estime parfait[3].

12 Alexandre circulait dans l'Inde, portant la guerre et la désolation chez des peuples à peine connus même de

Sextiorum (cf. supra § 7) *secta extincta est.* 4 *Philosophiae nulla cura est. Itaque adeo nihil inuenitur ex his quae parum inuestigata antiqui reliquerunt, ut multa quae inuenta erant oblitterentur...*

1. Par ex. (*N. q.* 7, 32, 1) *cum ludi intercalantur, cum aliquis pluuius interuenit dies quem perdere libet.* — *Occupatis* : v. supra p. 57 n. 4, l'affairement.

2 Notamment dans les hyperboles officielles : v. infra *Mitissimum audit.* S. avait écrit au sujet de Claude, l'auteur de son bannissement : (*Ad Pol.* 13, 2) *diuinae manus usus moderatione ;* 17, 3 *principis mitissimi clementia* ; 16, 6 *discat ab illo* (*Fortuna*) *clementiam fiatque mitissimo omnium principum mitis* (cf. 13, 3 ; 13, 4) ; au sujet du Néron de l'an 63 : *Ep.* 7, 5 *f. eum docetis esse crudelem qui non potest discere* (v. vol. I p. 20, n. 2 ; cf. p. 35 n. 1).

3. 28, 10 *Te ipse coargue — offende ;* Epict. *Gnom.* Schenkl. p. 463, 8 Εἰ βούλει ἀγαθὸς εἶναι, πρῶτον πίστευσον ὅτι κακὸς εἶ. En fait *quis sibi uerum dicere ausus est ?* (*De Tr. an.* 1, 17). Au fond *cito*

dum autem potest aliquis, quantum satis sit, aduersus uitia discere, qui quantum a uitiis uacat, discit ? Nemo nostrum in altum descendit ; summa tantum decerpsimus et exiguum temporis impendisse philosophiae satis abundeque occupatis fuit. **11** Illud praecipue impedit, quod cito nobis placemus : si inuenimus, qui nos bonos uiros dicat, qui prudentes, qui sanctos, agnoscimus. Non sumus modica laudatione contenti : quicquid in nos adulatio sine pudore congessit, tamquam debitum prendimus. Optimos nos esse, sapientissimos adfirmantibus adsentimur, cum sciamus illos saepe multa mentiri ; adeoque indulgemus nobis, ut laudari uelimus in id, cui contraria cum maxime facimus. Mitissimum ille se in ipsis suppliciis audit, in rapinis liberalissimum et in ebrietatibus ac libidinibus temperantissimum. Sequitur itaque, ut ideo mutari nolimus, quia nos optimos esse credimus. **12** Alexander cum iam in India uagaretur et gentes ne finitimis

10 Quemadmodum : Quem ammo- *Q* || uitia : utia *p* || uitiis : uit [*mg.* iis *add. m., ut uid., ead.*] *P* || discit : non *superscr. V* || impendisse *P* : *ex* imped- Q^2V^2 imped- *pQL* inped- *b*.

11 impedit : inped- *b* || quod cito : quod dicito *p* || placemus : *ex* -mur *m. rec, V* || inuenimus : in ueminus *b* || agnoscimus *QV* : adgn- *pP Hense* adn- *b* || quicquid *QP b* : quidq- [c *supra* d *pr. add. m. paulo post., ut uid., V*] *pV* || adulatio : *ex* adol- *V*[2] *ut uid. et P* adol- *QL* || prendimus : *ex* pred- *p* pend- *Q* || Optimos : obt- *p* || adfirmantibus : *ex* adfirmantes *p* affirmantibus *ex* adf- *L*[2] || adsentimur : *unde* -mus *m. rec. V* assentimur *b* || illos saepe : illosepe *p* || adeoque : atque / *p* adeo quoque *Pb* || indulgemus : *ex* -gimus *p* -gimus *L*[2] || laudari : -re *p* || in id : in nobis id *prop. Koch* in eo *Gemoll* || cum : *ex* tum *P* tum *pQLVb* || mitissimum : /mitti- *p et sic Pb* || suppliciis : subp- *p* supl- *P* || audit : autdit *Q* || rapinis : *ex* -nas *p* || liberalissimum : liberariss- *Q* || et in *codd. Fickert* : in *Mentel. et sic ante Fickert edd., nuper etiam Hense* || libidinibus : -bidibus *Q* || temperantissimum *codd. Érasme*[2] *Schweighaeuser* : temperat- *p Mentel. Auen. Érasme*[1] teperant- *b* || ut ideo : uti/ideo *P desin. pag.* || optimos : obt- *P* apitimos *p ex quo ne* opitimos *faciamus recte monet Hense* || credimus : -didicmus *p* -didimus *V retinet Axelson*[3] *p.* 71 *metri causa uim perfecti illustrare conatus coll.* 23, 6 ; 78, 13 ; 82, 16.

12 cum iam : cum tam *pQL*.

leurs voisins [1], quand, au siège d'une place dont il faisait le tour pour en reconnaître les points faibles, une flèche l'atteignit. Il se refusa néanmoins à descendre de cheval et poursuivit longtemps sa manœuvre. A la fin, comme le sang, ne coulant plus, s'était figé dans la plaie, la douleur augmentait ; la jambe [2], pendant au flanc de la bête, s'engourdit peu à peu et Alexandre dut s'arrêter. « Tout le monde, fit-il alors, me jure que je suis fils de Jupiter, mais ma blessure me crie : tu n'es qu'un homme. » **13** Comportons-nous comme lui. L'adulation rend fou chacun des hommes dans sa sphère respective. Disons donc : « Vous vantez mes lumières, mais moi je vois vers combien de choses inutiles se portent mes désirs [3], que de vœux je fais dont l'accomplissement me serait funeste. Je ne me rends même pas compte de ce que la satiété apprend aux animaux : une juste mesure dans le manger et le boire. La capacité de mon ventre, je l'ignore encore [4]. »

14 Je vais là-dessus t'enseigner à quels indices tu te rendras compte que tu n'es pas un sage. Le sage idéal est plein de joie, gai et paisible, inébranlable ; il vit de pair avec les dieux. Et maintenant examine-toi. Jamais tu n'es d'humeur chagrine ? Nulle espérance n'éveille dans ton âme la préoccupation de l'avenir [5] ? Au cours des jours et des nuits

nobis placemus (§ 11) ; *uitia nostra quia amamus defendimus* (*Ep.* 116, 8).

1. Cf. *De Ben.* 1, 13, 3 *a pueritia latro gentiumque uastator* : *N. q.* 3 *pr.* 5 *pestis mortalium*...

2. V. Curt. (8, 10, 27 à 29), qui localise la blessure au mollet ; anecdote et mot semblables chez Plut. *Mor.* 180 e : « Du sang coule, comme vous voyez, dit Alexandre, et non cette eau que laisse échapper le corps des dieux. » Cf. *ap.* Sen. *ad Pol.* 15, 3 le mot d'Auguste voyant mourir ceux qu'il avait marqués pour lui succéder : *Nemo magis ex omnibus mortalibus hominem esse se sensit.*

3. Sur l'objet décevant de nos souhaits v. *Ep.* 60, 1 ; 61, 1 ; *infra* p. 91, n. 3 ; Diog. *ap.* D. L. 6. 42 αἰτεῖσθαι (*homines*) — ἀγαθὰ τὰ αὐτοῖς δοκοῦντα καὶ οὐ τὰ κατ'ἀλήθειαν.

4. Cf. 47, 2 *Est ille plus quam capit*... ; 60, 3 *insatiabilem — aluum*... ; 95, 24 *quantum hominum unus uenter exercet* ; 19 *quantum rerum per unam gulam transiturarum* ; 16 *distentus uenter*... ; *Ad Helu.* 10, 2-10 *etc.*

5. *Nulla spes — sollicitat* : sur la crainte inséparable de l'espérance v. vol. I, p. 15, n. 3 ; Ov. *Her.* 6, 38.

quidem satis notas bello uastaret, in obsidione cuiusdam urbis, *dum* circumit muros et inbecillissima moenium quaerit, sagitta ictus diu persedere et incepta agere perseuerauit. Deinde cum represso sanguine sicci uulneris dolor cresceret et crus suspensum equo paulatim obtorpuisset, coactus absistere, « Omnes, inquit, iurant esse me Iouis filium, sed uulnus hoc hominem esse me clamat. » **13** Idem nos faciamus. Pro sua quemque portione adulatio infatuat. Dicamus : « Vos quidem dicitis me prudentem esse, ego autem uideo, quam multa inutilia concupiscam, nocitura optem. Ne hoc quidem intellego, quod animalibus satietas monstrat, quis cibo debeat esse, quis potioni modus : quantum capiam, adhuc nescio. » **14** Iam docebo, quemadmodum intellegas te non esse sapientem. Sapiens ille plenus est gaudio, hilaris et placidus, inconcussus ; cum dis ex pari uiuit. Nunc ipse te consule : si numquam maestus es, nulla spes animum tuum futuri expectatione sollicitat, si per dies noctesque par et

in obsidione : et in obs- *Q ut uid.* [et *eras.*] || urbis : *ex* urbu / *p* || dum *supra scr. P Mentel. Erasmc*$^{1-2}$: *om. pQLVb Auen.* cuius *Rossbach* ubi *Hense dub.* || circumit : circuit *b et* [*ex* circumit] *P* circumiuit (m. et cum) *Auen.* || inbecillissima : -mam *p* inbecilissima *Q* || quaerit : quer- *ex* querii *p* || persedere *QLV*^{1}*b* : persidere *p m. rec. V* per sedem re *P* || perseuerauit : *ex* perseuerat *p* || deinde : deiNde *ex* deit *p* || cresceret : *ex* crescerit *p* || crus *LVb* : acrus *p* crux *P* || suspensum : sup- *b* || obtorpuisset *QL uulg.* : opt- *pPb Hense* || coactus : *ex* cumactus *corr. pQ*^{2} || absistere *QLV*^{2}*P* [*ex* aps- *ut uid. V*^{2}] : apsistenere *p* [*unde* apsistere *Hense*] assistere *b* || inquit : *ex* -id *P* -id *pV* || uulnus : uoln- *VO* || faciamus : facimus *ex* -iamus *P*.

13 adulatio : *ex* adol- *ut uid. V*^{2}*Q*^{2}*P*^{2} adol- *pL* || infatuat dicamus : -ad / dicamus *p* || Vos quidem : quidem uos *L add. traiectionis signo* || prudentem esse : esse prudentem *b* || inutilia : *ex* utilia *V* || nocitura : *ex* natitura *ut uid. P*^{1} noscit- *p* || Ne : *ex* Nec *b*^{2} || intellego : -igo *QP* [*ex* -ego *P*] || modus : *ex* -dis *p ex* -dius *Q*.

14 quemadmodum : quemmo- *Q* || intellegas : -igas *QPp* [*ex* -egas *P*] || plenus : penus *b* || dis : diis *QL* || es nulla : es si nulla *Koch superuacuo cum prioris* si *uis per* numquam — nulla *ad membrum utrumque pertineat* || expectatione *pQVPb Beltrami* : exsp- *Hense* || noctesque : *ex* -teque *V*.

remarques-tu en toi cette égalité permanente, cette tenue d'une âme qui plane haut, dans la satisfaction de soi-même ? Alors tu es parvenu au comble du bonheur humain. Mais, si tu vas cherchant partout le plaisir, tous les plaisirs, sache qu'il te manque en sagesse exactement ce qui te manque en vraie joie. Tu aspires à ce dernier état, mais tu fais fausse route, toi qui comptes y atteindre au milieu des richesses, au milieu des honneurs ; autant dire : toi qui quêtes la joie au milieu des soucis. Les biens trompeurs dont tu attends liesse et plaisir n'engendrent que la souffrance [1]. **15** Je le répète : tous tendent à ce but : la joie. Mais comment posséder la joie durable, la joie profonde ? C'est ce qu'ils ignorent [2]. L'un la demande aux festins [3], à la débauche ; l'autre, à l'ambition, aux assiduités d'innombrables clients [4] ; celui-ci, à une maîtresse [5] ; celui-ci, aux occupations ostentatoires et vaines de l'homme d'étude, au travail littéraire [6] qui ne guérit de rien : amusements trompeurs et courts, dont tous sont les dupes, comme l'ivresse à qui nous payons par de longues rancœurs une heure d'allégresse et de folie, comme la faveur des applaudissements, des ovations populaires, laquelle, acquise au prix de notre quiétude, s'expiera au même prix.

16 Songes-y donc : l'effet de la sagesse, c'est une joie constante. Il en est de l'âme du sage comme

1. Cf. *Ep.* 59, 4 ; p. 84, n. 2 *in diuersum.*

2. Ceux qui la cherchent dans l'amour « manquent leur but » (ἀτυχεῖν) : Diog. *ap.* D. L. 6, 67, *f.* La joie profonde, continuelle est le privilège du sage (p. 83, n. 1, p. 90 n. 1). Sur les passions et les plaisirs humains v. vol. I p. 119 n. 1 et p. 99 n. 4.

3. Tel Pacuvius gouverneur de Syrie, *Ep.* 12, 8.

4. Tel Lucilius autrefois, 22, 9 et vol. I, p. 69, n. 4.

5. V. supra n. 2 ; *fr.* 81 ; *De Br. u.* 3, 2 ; *De Ben.* 1, 9, 4... ; *Ep.* 74, 2 ; 29, 5 (les amours de certains philosophes).

6. Lucilius est pourtant un écrivain (19, 3 ; 21, 2 ; 46, 1 s. ; *N. q.* 4a *pr.* 1). Et S. lui-même dira, 82, 3 : *Otium sine litteris mors est.* En réalité c'est surtout l'écrivain-philosophe qu'il loue chez Lucilius (*Ep.* 46, 1 ; 59, 4) ; et les lettres qu'il vénère lui-même sont « les saintes lettres » (v. vol. I, p. 56, n. 1). L'érudition dans l'ordre littéraire ou historique lui semble oiseuse (88, 37 ; *De Br. u.* 13, 1 à 9). — *Nihil sanantibus* : cf. ibid 13, 9 *cuius ista errores minuent ?* S. en viendra à exhorter Lucilius au mépris du style, et de celui-là même qu'il louait (46, 2) en lui : 115, 18 *eant* (*uerba*) *ut*

aequalis animi tenor erecti et placentis sibi est, peruenisti ad humani boni summam. Sed si appetis uoluptates et undique et omnes, scito tantum tibi ex sapientia quantum ex gaudio deesse. Ad hoc cupis peruenire, sed erras, qui inter diuitias illuc uenturum esse te speras, inter honores ; id est, gaudium inter sollicitudines quaeris. Ista, quae sic petis tamquam datura laetitiam ac uoluptatem, causae dolorum sunt. **15** Omnes, inquam, illo tendunt ad gaudium, sed unde stabile magnumque consequantur, ignorant : ille ex conuiuiis et luxuria, ille ex ambitione et circumfusa clientium turba, ille ex amica, alius ex studiorum liberalium uana ostentatione et nihil sanantibus litteris : omnes istos oblectamenta fallacia et breuia decipiunt, sicut ebrietas, quae unius horae hilarem insaniam longi temporis taedio pensat, sicut plausus et adclamationis secundae fauor, qui magna sollicitudine et partus est et expiandus. **16** Hoc ergo cogita, hunc esse sapientiae effectum, gaudii aequalitatem. Talis est sa-

aequalis : *sic* [-lis *ex* -les] *p* || erecti *Pb* : -tis *QL* (tenor)i recti *p* || placentis sibi : -tis tibi *ex* -tis ibi *V* || appetis *pQPL*[2] [*ex* ape- *Q ex* adpe- *L*[2]] : adpe -*b*, *Hense* || et undique et omnes : et undique / *p* [*om.* et omnes] || qui inter *LVPb Mentel. Auen. Érasme*[1-2] *Hense* [*coll.* 68, 9 erras qui] : uix inter *p unde* [*coll. fort. Verg. Aen.* 2, 739] uia inter *Haase*] || illuc : illud *p QL* || esse te : te esse *b* te (uenturum) esse *Auen.* || honores : *en* honeres *P*[2] || id est : idem *QP* idē *b quod est aut pro* idem *aut pro* id est || uoluptatem : uoluptate *p* uoluptem *L* [*suprascr.* ta *L*[2]].

15 illo"*p* [= *ad gaudium*] *recte, ut putat Axelson*[2] *p.* 71 *sq., per redundantiam annaeanam* : illi *codd. uulg.* || unde : qua *i. r. ubi* unde *fuit V* || stabile : -lem *p* || magnumque : magnumque malum *V* || conuiuiis *Q* : -uiuis *pL* -uiis *b* || circumfusa : *ex* circum fulsa *uel* -fussa *b*[2] -fusam *LQ* [m *extrem. expunct. m. rec. Q*] || clientium : -ntum *P* || turba : -am *L* || ille : illa *p* || alius : illius *p* || studiorum *pV* [u *ct* orum *i. r. V*] : *ex* tud- *P* tud- *b* || liberalium : liberarium *Q* || ostentatione : ostentione *V* [*quid supra* i *add. sit non liquet*] || litteris : lite- *p* || unius : hunius *ex* hunous *p* || horae : hore *p* ore *P* || hilarem : -are *p* || sollicitudine : -nem *Q* || expiandus : *ex* expandus *V*.

16 hunc : *ex* huc *V* || sapientiae : -ti*ae *V* || aequalitatem : equalitate *p* qualitatem *VPb*.

du ciel au-dessus de la lune [1] : sérénité continuelle là-haut. Tu as une raison ici encore de désirer la sagesse, du moment qu'elle ne va jamais sans la joie. Cette joie naît uniquement de la conscience que nous avons de nos vertus. Seul l'homme courageux, l'homme juste, l'homme tempérant peut avoir de la joie. « Eh ! quoi, n'y a-t-il pas de joie pour les déraisonnables, pour les mauvais ? » **17** Pas plus que pour le lion en présence de sa proie. Fatigués de vin et de turpitudes, quand la nuit les a laissés à leur orgie, quand les plaisirs, démesurément accumulés dans leur corps trop étroit, tournent en vidange, alors ils soupirent, les malheureux ! ce vers de Virgile :

« Et de fait, comment nous passâmes dans de fausses joies notre suprême nuit, tu le sais » [2]

18 Les débauchés passent dans les fausses joies toutes leurs nuits, et comme si chacune était pour eux la nuit suprême [3]. Mais la véritable joie, privilège des dieux et de leurs émules, est sans intermission, sans fin. Elle finirait,

uolent, dum animo compositio sua constet. Il vantera Fabianus *non — neglegens in oratione, sed securus* (100, 5). — *Ebrietas* : cf. 83, 18 à 26. — *Plausus* : v. comment finirent les succès de S. au barreau (supra p. 29, n. 2).

1. Cf. Montaigne 1, 26, (éd. Plattard I, p. 30) : « La plus expresse marque de la sagesse, c'est une esjouissance constante : son état est comme des choses au-dessus de la lune, toujours serein. » Quel texte lisait Montaigne ? celui d'Érasme *qualis mundi status super lunam* ? — Notre texte par sa simplicité rappelle *Ep.* 92, 3 *qualis deum deceat.* L'expression *mundus super lunam* est faite, d'ailleurs, comme celle qui y correspond dans le « Songe de Scipion » *Rep.* 6, 17 *supra lunam sunt aeterna omnia,* dans le commentaire de Macrobe au passage de Cicéron : 1, 21, 33 *omnia haec quae de summo ad lunam usque perueniunt* (*sacra, incorrupta, diuina sunt quia in ipsis est aether semper idem...*), et elle équivaut à *De Ira* 3, 6, 1 *pars superior mundi...* La leçon *qualis* (*animus*) *mundi super lunam* paraît plus simple et meilleure à Cardô, à Beltrami². Mais le concept de l'âme du monde se surajoute ainsi à la pensée qui n'en a pas besoin. — La sérénité du ciel et la sérénité du sage, se trouvent encore rapprochées par S. non seulement *De Ira* 3, 6, 1, mais *Ep.* 66, 46 (cf. M. Antonin. 8, 28 αἰθρίαν). Sur la continuité de ce calme v. 72, 4 *semper — tranquillus* (cf. M. Antonin. ibid. γαλήνην).

2. Énéide 6, 513 s. : Déiphobe raconte à Énée la liesse des Troyens et la sienne, — la perfidie d'Hélène devenue sa femme, — quand le cheval de Troie pénétrait dans la place.

3. Comme Pacuvius 12, 8 (V. vol. I, p. 43, n. 1).

pientis animus, qualis mundus super lunam : semper illic serenum est. Habes ergo et quare uelis sapiens esse, *s*i numquam sine gaudio est. Gaudium hoc non nascitur nisi ex uirtutum conscientia : non potest gaudere, nisi fortis, nisi iustus, nisi temperans. « Quid ergo ? » inquis, « stulti ac mali non gaudent ? » **17** Non magis quam praedam nancti leones : cum fatigauerunt se uino ac libidinibus, cum illos nox inter uitia defecit, cum uoluptates angusto corpori ultra quam capiebat ingestae suppurare coeperunt, tunc exclamant miseri uergilianum illum uersum :

> Namque ut supremam falsa inter gaudia noctem
> Egerimus, nosti.

18 Omnem luxuriosi noctem inter falsa gaudia et quidem tamquam supremam agunt : illud gaudium, quod deos deorumque aemulos sequitur, non interrumpitur, non desinit. Desineret, si sumptum esset

mundus *p* [us *ut uid. per compend. cf. Prooem. p.* xv, 4.] *V*^{2}*P*^{2} *Mentel. Auen. Schweighaeuser* : mundi *QLVPb*^{2} [*ex* mundus *b*^{1}] *Cardó Beltrami*^{2} *quem textum frustra conati sunt edd. explanare aut emendare* (m. < status > *Érasme*$^{1-2}$ < facies > *uel* < pars > m. *Hense, Alexander etc.*) || illic [*ex* illi *Q*] : illuc *p* || et *Haase* : ut *pQLV* [*expunct. V*] *om. Pb et edd. ante Haasium* || uelis : uellis *pQL* || si *Haase* : et si *p* quia [*gloss. particulae* si *?*] si *QLVb O* [is *pro* si *O*] **quia *P* quia *Mentel. Auen. Érasme*$^{1-2}$ *alii* || est *codd. edd.* : es *p* || Gaudium : *ex* Gaudio *p m. antiqua* || hoc : *ex* hoo *b*^{2} || nisi ex : *ex* nisrex *ut uid. p* || uirtutum : -tute *p* || gaudere nisi : gauderenis *p* || nisi iustus : *ex* ni iustus *P*^{2} || inquis stulti : inquistulti *Q*.

17 nancti *QLVO* [n. *alt. expunct. V*] : nacti *pPb* || fatigauerunt : -rint *P* || ac libidinibus : alibi/dinibus *Q* || illos nox inter : il / los nocinter *p* || defecit : deficit *ex* -fecit *m. rec. V* || uoluptates : *ex* -*ta* *** *b* || corpori : *ex* -re *p ex* -ris *b*^{2} || ingestae : -tas *ex* -tae *V*^{2} || suppurare : subpulrare *p* superare *P* || uergilianum : uirg- *Pb* | VERG. *Aen.* 6,513 s. | supremam : suppre- *L* | egerimus : erigerimus *ex* erigimus *p*.

18 omnem : -ne *p* || luxuriosi : *ex* luxor- *L*^{2} luxor- *ex* luxur- *Q*^{2} luxuriari *b* || falsa : *ex* fassa *P* || quidem : -dam [*ex* -dem] *Q*^{1} || tamquam : tanq- *b* || supremam *V*^{2}*P* : supraema *p* suprema *V*^{1}*b* supprema *QL* || desinit : -net *QL* || si : *supra u. Q*^{1}.

si elle était empruntée aux choses du dehors[1]. Comme nous ne tenons ce bonheur de personne, personne n'en peut disposer à son gré. Ce qu'elle n'a pas donné, la fortune ne le retire pas [2].

Lettre 60 *

1 Je gémis, je gronde, je me mets en colère. A ton âge tu souhaites ce qu'ont souhaité pour toi ta nourrice, ton pédagogue, ta mère ? Tu ne conçois pas encore tout le mal qu'ils souhaitaient [3] ? Ah ! comme les vœux des nôtres nous font du tort, d'autant plus de tort qu'ils ont eu meilleur succès ! Je ne m'étonne plus si tous les maux s'attachent à nous dès la première enfance : nous avons grandi parmi les malédictions de nos parents.

Que les dieux entendent donc enfin, issue de notre bouche, une prière désintéressée. 2 Jusqu'à quand demanderons-nous aux dieux un secours, tout comme si, dans notre condition présente, nous demeurions incapables de nous sustenter nous-mêmes ? Pendant combien de temps nos semis couvriront-ils des plaines qui feraient vivre de grandes cités ? Combien de temps emploierons-nous tout un peuple à moissonner pour nous ? Combien de temps une multitude de navires, et de plus d'une mer, apportera-t-elle l'approvisionnement d'une seule table ? Très peu

* *Sommaire.* — Lucilius a mal agi en formant des vœux d'accroissement matériel, pareils à ceux du vulgaire insatiable (1-2). Revenons à la nature qui a proportionné nos besoins à notre structure chétive, et qui nous fait une loi d'être utiles aux autres comme à nous-mêmes (3-4).

1. Cf. vol. I, p. 22, n. 4.
2. *Minimum eripit fortuna cui minimum dedit* (Publil. Syr. 352 R.).
3. Cf. *Ep.* 31, 2 *f.* et vol. I, pp. 137 n. 6 et 138 n. 2 ; *Ep.* 115, 11 et 17. — § 2 *implebimus campos* : cf. les signes extérieurs du capitalisme vol. I, p. 7, n. 1. *Populus* 89,20 : cf. Boissier *La Rel. rom.* II, p. 308 ss. Sur les *latifundia* en Sicile et ailleurs au 1er siècle de notre ère v. Carcopino *op. cit.* p. 290 et *Ep.* 89, 20. — *Vnius mensae* cf. *Ep.* 95, 19.

aliunde : quia non est alieni muneris, ne arbitrii quidem alieni est. Quod non dedit fortuna non eripit. VALE.

SENECA LVCILIO SVO SALVTEM 60

1 Queror, litigo, irascor. Etiamnunc optas, quod tibi optauit nutrix tua aut paedagogus aut mater ? Nondum intellegis, quantum mali optauerint ? O quam inimica nobis sunt uota nostrorum ! eo quidem inimiciora quo cessere felicius. Iam non admiror, si omnia nos a prima pueritia mala secuntur : inter execrationes parentium creuimus. Exaudiant di qu*and*oque nostram pro nobis uocem gratuitam. **2** Quousque poscemus aliquid deos, quasi ita nondum ipsi alere nos possimus ? Quamdiu sationibus implebimus magnarum urbium campos ? Quamdiu nobis populus metet ? Quamdiu unius mensae *in*strumentum multa nauigia et quidem non ex uno mari subuehent ?

non est : non *p* || alieni : aliunde [*ex* alieni / unde] *b* || ne : *ante duas litt. crasas V* || arbitrii : -tri *p unde* -trî *Rossbach* || dedit *QLVPb* : uidedit *ex* uidet *p*.

Ep. 60. **1** nutrix : nu * trix *p* [*non* nu / trix || quantum mali : quantumalii *pQL* || intellegis : -igis *b* || optauerint : obt- *Q* || inimiciora : -citiora *LP* || cessere : -ssare *p* || mala : *ex* si mala *p* || secuntur *pQP* : -quuntur *LVb* || parentium : -ntum *b* || creuimus : craeuimus *ex* craiui- *p* || di : dii *QLb* || quandoque nostram *Muret recte ut opinor cf. Axelson*[3] *p.* 73 *n.* 18 : quoque nostram *pQLVb* q. nostra *P* nostram quoque *Buecheler* || nobis : *bis b* [*alterum deleuit*].

2 quasi ita *QLVPb Érasme*[1-2], *cf.* ita 59,9 : ita *p* ita quasi *Haase quae locutio nusquam ap. Sen.* [*Axelson*[3] *p.* 73] *apparet* quasi *Muret* | deos ? ita [*om.* quasi] nondum — possumus ? *Axelson* || sationibus : *ex* rat- *P*[2] rat- *b* sac- *p* || implebimus *VPb* [inpl- *b*] : impleuimus *pQL* || mensae [-se] instrumentum *m. rec. P* : mensa estrumentum *p* mensae [-se *P*] strum *VLP* mensae frum- *b* mensae strumenta *Q*.

d'arpents suffisent à un taureau pour se bien repaître ; une famille d'éléphants se contente d'une seule forêt : il faut la terre et la mer [1] pour repaître l'homme. **3** Comment ! Après octroi d'un corps si médiocre, la nature nous aurait octroyé un estomac à ce point insatiable qu'il passe les exigences du plus énorme animal et du plus glouton ? Rien de tout cela. Nous sommes obligés à si peu envers la nature, on s'arrange avec elle à si bon compte ! Ce n'est pas la faim de notre ventre qui nous coûte beaucoup [2], mais l'ambition.

4 Mettons donc ces malheureux, que Salluste appelle « les esclaves de leur ventre [3] », au rang des animaux, non des hommes ; certains, non pas même au rang des animaux, mais des morts. Vivre, c'est profiter à beaucoup ; vivre, c'est profiter de soi. Quant à ceux qui végètent tapis à l'écart, ils sont dans leur demeure comme dans un tombeau. Juste au pas de la porte de ces gens, on peut inscrire leur nom sur du marbre. Ils ont anticipé leur mort.

Lettre 61 *

1 Cessons de vouloir ce que nous avons voulu. Pour mon compte personnel, je veille à ce que mes volontés de vieillard se distinguent bien de mes volontés d'enfant [4].

* *Sommaire.* — La vie de Sénèque n'est maintenant plus qu'une méditation de la mort. Il communique à son ami les réflexions dont il se soutient. Cf. Lettre LIV.

1. Cf. 95, 19 *luxuria terrarum marisque uastatrix.* — *Modica* cf. *Ad Helu.* 10, 6. — La comparaison avec le taureau, l'éléphant rappelle 59, 13 *f.* ; mais aussi Epict. *Diss.* 2, 9, 4 s.
2. Cf. 21, 11 (*Venter*) *paruo dimittitur ; Ad Helu.* 10, 5 *f.* ; *Ep.* 16, 8 *init.* ; 119, 13 et 14 ; vol. I, p. 12 n. 4, p. 13 n. 2, p. 74 n. 4, p. 89 n. 5.
3. Sall. *Catil.* 1, 1. — *Viuit is qui multis usui est :* cf *Ep.* 48, 2 *f.* et p. 24 n. 2. — *Mortem*, cf. vol. I, p. 43, n. 1 ; Cic. *De Rep.* 6, 14.
4. Cf. *Ep.* 60, 1. — *Quae puer uolui* : cf. 27, 2 *Clamo mihi ipse :*

Taurus paucissimorum iugerum pascuo impletur ; una silua elephantis pluribus sufficit : homo et terra et mari pascitur. **3** Quid ergo ? tam insatiabilem nobis natura aluum dedit, cum tam modica corpora dedisset, ut uastissimorum edacissimorumque animalium auiditatem uinceremus ? Minime : quantulum est enim, quod naturae datur ? Paruo illa dimittitur : non fames nobis uentris nostri magno constat, sed ambitio. **4** Hos itaque, ut ait Sallustius, « uentri oboedientes » animalium loco numeremus, non hominum, quosdam uero ne animalium quidem, sed mortuorum. Viuit is, qui multis usui est, uiuit is, qui se utitur ; qui uero latitant et torpent, sic in domo sunt, quomodo in conditiuo. Horum licet in limine ipso nomen marmori inscribas : mortem suam antecesserunt. VALE.

SENECA LVCILIO SVO SALVTEM **61**

1 Desinamus, quod uoluimus, uelle : ego certe id ago, senex *ne* eadem uel*im*, quae puer uolui. In hoc unum

Taurus : -ros *p* || iugerum : *ex* -ro *p* || pascuo : -cuao *p* || impletur *pQLVPb* [inpl- *b*] : inpl- *Hense* || elephantis : elephantibus [*ex* elef-] *p* || et terra et mari pascitur *pQL Hause* : et terra pascitur et mari *VPb uulg.*

3 insatiabilem : -le *ex* -li *Q* || nobis *superscr. Q* || aluum : *ex* alium *p* b^2 || ut : *ex* et L^2 et *QL* || auiditatem *pQ* : *ex* audit- *V ex* auiditate *b* auiditate [*ex* -tem *ut uid.*] *P* || est : *post rasuram P* || dimittitur : *ex* -ttimur *b*.

4 SALLVSTIVS *Catil.* 1, 1 uentri oboodientia (*scil.* pecora) || Sallustius *pQ* : salust- *LVPb* || loco : cum *p* || quosdam : *ex* quod- *p* || ne : *ex* non L^2 || is : his *b* || qui multis — uiuit is *om. VPb* || multis : *ex* -ti *p* || sic : *inter 2 lacunas b* || conditiuo : -ductiuo [*ex* -ditiuo] *V* || limine : *ex* lum- *P* lum- *b* || antecesserunt : cesseirunt *p*.

Ep. 61. **1** uoluimus *QL Schweighaeuser* : -lumus *pVPb Mentel. Auen. Érasme*[1-2] || ego : ergo *pQ et* [r *eras.*] *L* || senex ne eadem uelim *Hense ex Madvigii corr.* : senex eadem uelle *pQLVPb* [uel nolle *mg.* L^2 *ut uid.*] senex ne eadem uelle uidear *dett. Auen.* ne senex eadem uelim *Madvig* senex : ea desii uelle *prop. Schultess*

Le but tant de mes jours que de mes nuits, mon ouvrage, ma pensée, c'est de mettre fin aux erreurs anciennes. Je tâche qu'une de mes journées équivaille à une vie entière [1] ; et en vérité je ne m'en saisis pas comme si c'était la dernière [2] ; mais je l'envisage comme si elle pouvait bien être la dernière [3]. **2** Je t'écris aujourd'hui dans l'état d'esprit d'un homme que va peut-être assigner la mort au moment même où il écrit. Je suis prêt à partir, mais je continuerai à jouir de la vie, parce que je ne m'inquiète pas trop du temps que durera cette jouissance. Avant de vieillir, je me suis préoccupé de bien vivre ; vieux [4], je songe à bien mourir ; et bien mourir, c'est mourir de bonne grâce.

3 Garde-toi de rien faire jamais à contre-cœur. Ce qui doit nécessairement advenir à qui résiste n'est jamais, pour la volonté consentante, nécessité [5]. Eh ! oui, eh ! oui, en se soumettant avec bonne grâce aux ordres reçus on échappe à la plus cruelle obligation de la servitude, qui est de faire ce que l'on ne voudrait pas. Le malheur n'est pas de faire quelque chose sur ordre, mais de le faire contre son gré. Par conséquent disposons notre âme à vouloir tout ce que chaque circonstance exigera [6], mais surtout apprenons à considérer sans tristesse la fin de notre être.

Numera annos tuos et pudebit eadem (in senectute) uelle quae uolueras puer.

1. Cf. vol. I, p. 142, n. 4 ; supra p. 52, n. 4.

2. Cf. *Ep.* 12, 8 ; vol. I, p. 42, n. 4.

3. Cf. *Ep.* 15, 11 *f.* ; 54, 7 et supra p. 55, n. 2 ; 93, 6 ; *De Br. u.* 3, 4 *fortasse ille ipse dies — ultimus sit* ; Cic. *C. M.* 74 *Moriendum — et incertum an hoc ipso die* ; Eur. *Alcest* 783 s.

4. V. vol. I p. 39 n. 2.

5. Cf. *Ep.* 54, 7 *f. Nil inuitus facit sapiens. Necessitatem effugit quia uult quod coactura est* ; *De Ira* 3, 16. 1 *f. pati et necessitatibus suis obsequi* ; la maxime *sequi deum* ou *deos* supra p. 55, n. 4.

6. Cf. le mot de Diogène *ap.* D. L. 6, 63 ἐρωτηθεὶς τί αὐτῷ περιγέγονεν ἐκ φιλοσοφίας ἔφη « εἰ καὶ μηδὲν ἄλλο, τὸ γοῦν πρὸς πᾶσαν τύχην παρεσκευάσθαι » V. aussi Sen. *Ep.* 59, 8 *sapiens — ad omnem incursum munitus*, 113, 27 *omnis casus, antequam exciperet, meditando praedomuit* ; *De Form. hon. uit.* Haase 2, 9 *qui nihil de futuro praemeditatur in omnia incautus incidit* ; et vol. I, p. 49 n. 1 ; infra p. 140, n. 6 *f. paratus* ; supra p. 55, n. 4 *f.* — *Finem nostri*, cf. 54, 7.

eunt dies, in hoc noctes, hoc opus meum est, haec cogitatio, inponere ueteribus malis finem : id ago, ut mihi instar totius uitae dies sit. Nec mehercules tamquam ultimum rapio, sed sic illum aspicio, tamquam esse uel ultimus possit. **2** Hoc animo tibi hanc epistulam scribo tamquam me cum maxime scribentem mors euocatura sit : paratus exire sum et ideo fruar uita, quia quam diu futurum hoc sit, non nimis pendeo. Ante senectutem curaui, ut bene uiuerem, in senectute, ut bene moriar : bene autem mori est libenter mori. **3** Da operam, ne quid umquam inuitus facias : quicquid necesse futurum est repugnanti, *id* uolenti necessitas non est. Ita dico : qui imperia libens excipit, partem acerbissimam seruitutis effugit, facere quod nolit. Non qui iussus aliquid facit, miser est, sed qui inuitus facit. Itaque sic animum componamus, ut quicquid res exiget, id uelimus et in primis ut finem nostri sine tristi-

(id ago) : senex ea desii uello *Gummere* || inponero : inpen- *p* || finem : fidem *ex* fin- *p* || mehercules : -le [s *eras.*] *L* || aspicio : patio [*ex* spa/tio *ut uid.*] *P* aspitio *b* || uel ultimus : ueltimus [uel *superscr. antiqua aut ead. m.*] *Q*.

2 epistulam *p* : aepistol- *LP* epistol- *V* eplam *per compend.* *Qb* || me *om.* *Érasme*[1-2], *post* maxime *habet Mentel.* || cum *om.* *b* *Auen.* || mors euocatura : morie uocatura *p* || exire : *ante ras.* *p* || ideo : *ex* idio *p* || quam diu : quand- *b* || non nimis : non minimis *p* nominis *b* || pendeo : -do [*ex* -deo] *V* || uiuerem : *ex* ueuerem *P*[2] ui / ueorem *p* [o *expunct.*] || in senectute : *ex* et in s. *Q*.

3 Da operam : daop- *ex* deop- *Q* || quicquid *QPb* : quidquid *pVL*[1] [*unde* quicq- *L*[2] *ut uid.*] || est repugnanti *QL* : est repugnati *p* cst pugnanti *VPb* [*suprascr.* uel cogitanti *V*] || id uolenti *det. teste Fickert et sic Haase P. Thomas* : inuolenti *pQVb* [*supra scr.* id est *V*] *Fickert* [in *cum adiectiui ablatiuo*] in uolente *Érasme*[1-2] uolenti *LP* [in *eras. LP,* immo *ut uid. mg. L*[2]] (repugnanti) uol- *Hense* innuenti *M* annuenti *Rossbach* in eo uolenti *Busche* || imperia : inp- *b* || libens : -bes *p* || acerbissimam : *ex* aceru- *Q* [*m. aliquanto post.*] *et V* accerbissima *p* || qui iussus : *ex* que iussus *p* || aliquid : -quod *b* || sed [*ex* et] *V* : *sic sed duae litt. eras.* [et *per compend. ut uid.*] *P* set *Lb* [*ex* et *L*] et *Qp* || facit : *expunct. L* || itaque sic : ita qui sic *p* || componamus *pQLP* : cop- *b* conp- *Hense* || quicquid : *ex* quidq- *V* quidq- *p* || exiget : exiet *p* exigit *P* || uelimus : uellimus *pV* [l *prior. eras. V*] || in primis : impr- *V* || ut *Gemoll et sic* [*ex* ui] *L* : ui *pQV* [*expunct. V* (inprimi(s) ui *Q*] *om. Pb*

4 La préparation à la mort doit précéder la préparation à la vie. La vie est approvisionnée à suffisance, mais nous, nous n'avons jamais assez de cet approvisionnement ; il nous semble et il nous semblera toujours que quelque chose nous manque. Que nous ayons suffisamment vécu, cela ne dépend ni des années ni des jours, mais de notre âme. J'ai eu, très cher Lucilius, une durée de vie suffisante : j'attends, convive rassasié [1], l'heure de mourir.

Lettre 62 *

1 Ils mentent, les gens qui veulent nous faire croire qu'une foule d'affaires les empêche de s'adonner à l'étude. Ils font semblant d'être surchargés d'obligations, ils les exagèrent et ils se surchargent eux-mêmes [2]. Ma liberté, Lucilius, est pleine et entière : quelque part où je sois, je suis à moi [3] ; je ne me livre pas aux choses, je me prête à elles et ne cours pas après les prétextes à gaspiller mon temps. En quelque lieu que je séjourne, je brasse mes réflexions, je rumine en mon esprit une vérité salutaire [4]. 2 Quand je me donne à mes amis, je ne m'absente pas pour cela de moi-même. Je ne me laisse pas retenir par les personnes avec qui une occasion ou une obligation sociale m'a mis en rapport : j'appartiens exclusivement aux plus vertueux. Où que

* *Sommaire.* — Au milieu des plus absorbantes occupations Sénèque sait se conserver libre, méditant à part lui quelque vérité morale, conversant avec ses plus chers amis, les belles et bonnes âmes de tout siècle et de toute contrée (1-2). Le Cynique Démétrius, son contemporain, est sans cesse présent avec lui (3).

1. Cf. 30, 12 *satiatus ad requiem — perductus est* ; 98, 15 *uitae plenus* (*senex*). C'est d'après Cic. *Tusc.* 5, 118 l'image « épicurienne » du convive rassasié, Cf. Lucr. 3, 938 *ut plenus — conuiua* ; Hor. *S.* 1, 1, 118, *Ep.* 2, 2, 214 ; La Fontaine *F.* 8, 1 « Je voudrais qu'à cet âge /On sortît de la vie ainsi que d'un banquet. »
2. Sur ces *occupati*, v. *De Br. u.* 12 ; 14, 3 ; *Ep.* 19, 8 ; 59, 15.
3. Cf. *suum esse* p. 4, n. 2.
4. Cf. supra p. 79, n. 1.

tia cogitemus. **4** Ante ad mortem quam ad uitam praeparandi sumus. Satis instructa uita est, sed nos in instrument*a* eius auidi sumus ; deesse aliquid nobis uidetur et semper uidebitur : ut satis uixerimus, nec anni nec dies faciunt, sed animus. Vixi, Lucili carissime, quantum satis erat : mortem plenus expecto. VALE.

SENECA LVCILIO SVO SALVTEM **62**

1 Mentiuntur, qui sibi obstare ad studia liberalia turbam negotiorum uideri uolunt : simulant occupationes et augent et ipsi se occupant. Vaco, Lucili, uaco et ubicumque sum, ibi meus sum. Rebus enim me non trado, sed commodo, nec consector perdendi temporis causas : et quocumque constiti loco, ibi cogitationes meas tracto et aliquid in animo salutare conuerso. **2** Cum me amicis dedi, non tamen mihi abduco nec cum illis moror, quibus me tempus aliquod congregauit aut causa ex officio nata ciui*li*, sed cum optimo quoque sum : ad illos, in quocumque loco, in

Mentel. Auen. Érasme[1-2] *alii* || cogitemus : *ex* cogitem- *ut uid. b*.

4 satis — auidi sumus *om. P* || instructa : *ex corr. exeuntis uerbi V* || in instrumenta *Fickert* : *ex* in -tum *p ut uid.* in instrumento *QLVPb* || aliquid nobis *codd. Auen. et sic* [*non* nobis aliquid] *p* : nobis aliquid *Mentel. Érasme*[1-2] || ut *LVPb* : et *p* || faciunt *p Mentel. Érasme*[1-2] *Haase* : -cient *QLVPb* [*ex* -ciente *Q*] *uulg. Beltrami* || uixi Lucili *codd.* [*ex* uix *b*] : uix lucili *pP* || satis : *ex* sit- *b*[2] *ut uid.* || carissime : Kar- *Q* || plenus : -nius *QL* || expecto *pQLPb*.

Ep. 62. **1** Mentiuntur *codd. et sic* [*non ex* -entur] *P* || liberalia : *ex* -aria *Q* || turbam : -ba *P* || Vaco — uaco : *ex* Voco — uoco *Q* || commodo : *sic* [c *ex* i] *p* commendo *b* || perdendi : *ex* perdidi *p* || consector : *sic* [q *superscr. litteris* ct] *b* || temporis causas : causas *QL* || conuerso : *ex* -sor *ut uid. b*.

2 tamen : *ex* ta *p ex* tam *L* || tempus aliquod : tempus aliquid *Q* tempus ad aliquid *L*[c] || ciuili *dett. uulg. nuper Axelson*[3] *p.* 142 *coll. et metrica ratione et De tr. an.* 3, 1 : ciui *codd. Hense Beltrami parum commode* ciuis *Haase non multo commodius* || optimo : obt- *P* || quoque *LPVb* : quoquo *V*[2] *ut uid.* quocumque *p* || ad : *ex* at *L*[3] *infra ras.* At *QLprius* || loco : -ca *p*

soit leur patrie, en quelque siècle qu'ils aient vécu, c'est vers eux que je reporte ma pensée [1].

3 Démétrius est la vertu même [2] : je le mène partout avec moi et, laissant les empourprés en plan, je converse avec ce dépenaillé, je l'admire. Car il me faut l'admirer : j'ai constaté qu'il n'a manque de rien. Tel est en état de mépriser tout ; nul n'est en état de tout posséder. Pour se faire riche, le mépris des richesses est la plus courte voie. Notre Démétrius, lui, vit non comme un homme qui aurait le mépris de tous biens, mais en homme qui en aurait abandonné aux autres la possession.

1. Par la pensée il a commerce avec qui il lui plaît (*Fr.* 57 Haase), notamment avec les philosophes du passé, qui nous frayèrent le chemin de la sagesse (*De Br. u.* 14, 1, 2 et 5 ; *Ep.* 39, 2), avec les poètes de la Grèce et de Rome, qui ont frappé tant de belles maximes (*Ep.* 8, 8 ; 33, 2 et vol. I p. 144 n. 2), avec tels héros de l'histoire (V. par ex. *Ep.* 24, 3 à 11 ; 33, 2 ; 70, 22 ; 120, 6 et 7 ; infra p. 138 n. 5 *f.*).

2. Sur Démétrius v. *Ep.* 20, 9 et vol. I, p. 84, n. 1 ; *Ep.* 67, 14 ; 91, 19 ; *De Ben.* 7, 8,2 - 11,1. — *Conchyliati* : les étoffes de pourpre n'étaient pas encore réservées à l'empereur (v. *Ep.* 69, 4 ; 94, 60). — *Seminudus* : ailleurs (20, 9) *nudus*, par une hyperbole usuelle — et permise (*De Ben.* 5, 13, 3).

quocumque saeculo fuerunt, animum meum mitto. **3** Demetrium, uirorum optimum, mecum circumfero et relictis conchyliatis cum illo seminudo loquor, illum admiror. Quidni admirer ? Vidi nihil ei deesse. Contemnere aliquis omnia potest, omnia habere nemo potest : breuissima ad diuitias per contemptum diuitiarum uia est. Demetrius autem noster sic uiuit, non tamquam contempserit omnia, sed tamquam aliis habenda permiserit. VALE.

mitto : / mitte *p incip. pag.*

3 optimum : *ante 1 litt. eras. V* obt- *Q* || conchyliatis : conclyli- *pP* conchili- *QLb* || ei deesse : / deis esse *p*· eidem esse *b* || omnia habere : oīnā h. *P* || ad diuitias : *ex* adiuiciis *p* addiutias *b* || contemptum : -tentum *b* || noster : noster est *VP* [est *per compend. eras. P*] || sic uiuit : sic est *cod. Vniu. Patau. n.* 913 *teste Landi* non sic uiuit *p* || non tamquam : non tanq- *b* tamquam *p* || contempserit : -tenserit *b* || tamquam : tanq- *b* || aliis : *sic* [is *ex corr.*] *V* || permiserit : -runt *p*.

LIVRE VII

LIVRE VII

Lettre 63 *[1]

1 La mort de ton ami Flaccus me fait de la peine et cependant je ne veux pas t'en voir affligé toi-même outre mesure. T'interdire entièrement l'affliction, je ne l'oserai guère, et je sais pourtant que cela vaudrait mieux ; mais à qui sera donnée une pareille fermeté d'âme, sinon à l'homme qui domine déjà de très-haut la Fortune ? Cet homme sentira lui-même au cœur une piqûre, mais ce ne sera qu'une piqûre. Nous, nous sommes excusables de nous être laissés aller aux larmes, si elles n'ont pas coulé trop nombreuses, si nous avons pris sur nous de les refouler. Il ne faut, pour un ami perdu, ni que les yeux soient secs ni qu'ils fondent en eau. On doit pleurer, non sangloter. **2** Tu trouves dure la loi que je t'impose, quand le plus grand parmi les poètes de la Grèce accorde juste pour un jour le droit de pleurer, quand il dit que Niobé même a pensé à se nourrir ? Tu veux savoir d'où viennent les lamentations, les gémissements immodérés ? Nous demandons aux larmes de fournir la preuve de nos regrets : on ne se plie pas à la douleur, on en fait parade. Ce n'est jamais pour son compte propre qu'on s'afflige. O misérable aveuglement ! Jusqu'à la douleur qui veut paraître ! **3** « Eh ! quoi, dis-tu, oublierai-je mon ami ? » Tu lui

* *Sommaire.* — Lucilius ne doit pas s'affliger sans mesure de la mort de Flaccus, son ami (1-3). Que nos regrets soient empreints de cette douceur que nous goûtions dans l'amitié même. On doute d'une affection qui ne se révèle qu'après la disparition de l'ami (4-9). S'en tenir à une affection unique n'est pas un parti raisonnable ; remplaçons le disparu par d'autres amis d'un pareil mérite (10-11). Ne nous laissons pas prévenir dans nos douleurs par l'action du temps (12-13). Sénèque a lui-même supporté bien mal naguère une affection brisée (14-16).

1. Une des « consolations » écrites par S. à l'occasion d'une mort (V. *Ep.* 99 ; *Ad Marc.* ; *Ad Pol.*). — § 1 Nous ne savons qui était Flaccus. — *Vt non doleas :* c'était là le stoïcisme dans sa rigueur :

LIBER VII

SENECA LVCILIO SVO SALVTEM 63

1 Moleste fero decessisse Flaccum, amicum tuum, plus tamen aequo dolere te nolo. Illud, ut non doleas, uix audebo exigere : et esse melius scio. Sed cui ista firmitas animi continget nisi iam multum supra fortunam elato ? Illum quoque ista res uellicabit, sed tantum uellicabit. Nobis autem ignosci potest prolapsis ad lacrimas, si non nimiae decucurrerunt, si ipsi illas repressimus. Nec sicci sint oculi amisso amico nec fluant : lacrimandum est, non plorandum. **2** Duram tibi legem uideor ponere, cum poetarum Graecorum maximus ius flendi dederit in unum dumtaxat diem, cum dixerit etiam Niobam de cibo cogitasse ? Quaeris, unde sint lamentationes, unde inmodici fletus ? Per lacrimas argumenta desiderii quaerimus et dolorem non sequimur, sed ostendimus. Nemo tristis sibi est :

Ep. 63, **1** moleste : *ex* -ta p^2 || fero *codd. Érasme*[1] : fers *Auen. Érasme*[2] *et* (Grauiter f.) *Lipse* || tamen : -mem *b* || dolere : *ex* -lore L^3 -lore *p* || *post* scio *aliquid eras. V* || continget : *ex* -tiget *V* || elato : *ex* -atum *p* || illum : *ex* illud *L* || ignosci : -nosu *b* || prolapsis : -lapis *p* || ad lacrimas : *ex* all- *p* || non nimiae : non nimie *LP* nominime *p* || decucurrerunt *QL* : decurr- *pPb*.

2 maximus : *sic* [us *i. r.*] *V* -mu [*ex* -mis *ut uid.*] *P* || in unum — diem Hom. *Il.* 19, 229 || ius *VPb* : *ex* uis Q^2 uis *L* cuius *p* || Niobam : Hom. *Il.* 24,602 | Niobam : mobam *b* Nioben *Erasme* [1,2]. -bem *Mentel.* || inmodici : *sic* [ci *supra u.*] *Q* imm- *VP* || quaerimus : querimus [*ex* -ismus] *p* || sequimur *QLVPb* : querimur *p* || tristis sibi : tristis ibi *QL* sibi tristis *Auen.*

ménages en toi un souvenir bien court, s'il y doit durer autant que ta douleur. Ce front, n'importe quel incident va le faire passer au sourire ; et je ne t'ajourne pas à une période un peu éloignée, par où tout regret s'adoucit, par où les plus véhéments chagrins s'apaisent[1]. Dès que tu cesseras d'avoir l'œil ouvert sur toi-même, cette ombre de tristesse se dissipera. En ce moment tu couves ta douleur, mais on a beau la couver : elle échappe, et plus elle est véhémente, plus vite elle finit. 4 Aussi travaillons à nous rendre douce la mémoire des êtres disparus, car personne n'aime à revenir sur une pensée qui ne peut que réveiller des tourments. Même en gagnant cela sur nous, il sera impossible que nous évoquions sans un serrement de cœur le nom des disparus qui ont eu notre affection, mais ce serrement de cœur même a en soi son plaisir.

5 Suivant le mot de notre cher Attale, « le souvenir des amis défunts est doux comme certains fruits d'une âpreté suave, comme le vin trop vieux dont l'amertume nous flatte. Mais, quand un peu de temps a passé là-dessus, la dure impression s'amortit et le plaisir nous arrive sans

cf. *Ad. Pol.* 18, 5 *inueniri quosdam — qui negent doliturum esse sapientem.* Mais l'Académicien Crantor avait prêché « la mesure » dans l'affliction et Panétius le stoïcien voulait qu'on apprît son livre par cœur (Cic. *Ac.* 2, 135). Déjà Chrysippe avait déclaré (Stob. *Anth.* vol. 1 H., p. 314, l. 14 s.) : ἀλγεῖν μὲν τὸν σοφόν, μὴ βασανίζεσθαι δέ. Sénèque non plus n'exige point du sage l'insensibilité (*De Const.* 10, 4, *Ad Helu.* 16, 1 *s. f.*). — § 2 *In unum — diem* : Hom. *Il.* 19, 228 s. ; cf. Simonide, iambographe, ed. Bergk *P. L. G.* II p. 441 — *Cibo* : *Il.* 24, 602. L'exemple de Niobé en pareille circonstance était invoqué au IVe siècle avant J. C. (V. le poète comique Timoclès *ap.* Athen. 6, 223) ; il le sera encore au IIe de notre ère (Lucian. *De Luctu* 24). — *Ostendimus. Nemo tristis sibi* : cf. 99, 16 *ostentatio — Quotus quisque sibi tristis est ? De Tr. an.* 15, 6 ; Mart. 1, 33 *dolet uere qui sine teste* ; Stat. *T.* 6, 68 *afflictae — ambitus aulae.*

1. Cf. infra § 12 ; *Ad Marc.* 8, 3 ; *Ad Pol.* 8, 4 ; Sulpicius à Cic. *Fam.* 4, 5, 6 ; Cic. *Fam.* 5, 16, 5. — *Mulcetur* cf. Eur. *Alcest.* 1085 χρόνος μαλάξει ; Cic. *Ad Att.* 3, 15, 2 *leuat.* — *Citius* : cf. (sur la douleur physique) *Ep.* 78, 7. — § 4 *Nemo libenter — redit* cf. 99, 23 ; *Ad Marc.* 3, 2 ; *Ad Pol.* 18, 7. — *Morsus* cf. 99, 4 ; Plut. *Ad Apollon.* 3 δάκνεσθαι. — § 5 Attale : v. vol. I, p. 27, n. 3. — *In uino — ueteri* cf. Catull. 27, 1-2 *uetuli — Falerni — calices amariores.*

o infelicem stultitiam ! est aliqua et doloris ambitio. **3** « Quid ergo ? inquis, obliuiscar amici ? » Breuem illi apud te memoriam promittis, si cum dolore mansura est : iam istam frontem ad risum quaelibet fortuita res transferet. Non differo in longius temporis, quo desiderium omne mulcetur, quo etiam acerrimi luctus residunt. Cum primum te obseruare desieris, imago ista tristitiae discedet : nunc ipse custodis dolorem tuum ; sed custodienti quoque elabitur eoque citius, quo est acrior, desinit. **4** Id agamus, ut iucunda nobis amissorum fiat recordatio : nemo libenter ad id redit, quod non sine tormento cogitaturus est. Sic et illud fieri necesse est, ut cum aliquo nobis morsu amissorum, quos amauimus, nomen occurrat, sed hic quoque morsus habet suam uoluptatem. **5** Nam, ut dicere solebat Attalus noster, « sic amicorum defunctorum memoria iucunda est, quomodo poma quaedam sunt suauiter aspera, quomodo in uino nimis ueteri ipsa nos amaritudo delectat : cum uero interuenit spatium, omne, quod angebat, extinguitur et pura ad nos uoluptas uenit. »

stultitiam : stultitia *P* sibi stulticiam *p* [-tiam] *Haase.*

3 apud : -ut *P* || si cum : secum *p* || frontem : *ex* frun- *p* fronten *b* || res : *ex* ris *P* || transferet : *ex* -erret *Q* transet feret [*ex* transeat feret] *p* || temporis [*ex* -puris] *p* [*non* tempus] *lectio difficilior cf. De Br. u.* 1, 1 ; 1, 3 : -pus *codd. uulg.* || quo (desiderium) *QLP* : qo [o *ex* d] *V* quod *pb* || omne : *ex* -nem *Q* || quo etiam : quod e. *p* || acerrimi : acce- *b* || desieris : -seris *p* || imago : inm- *p* || tristitiae *b* : -titie [*ex* -tetie] *p* -titia *QLP de V dubito* || citius [cici- *P*] : *sic* [ci *ex corr.*] *L* || acrior : *post rasuram Q* agr- *p* || desinit : -nt *P*.

4 iucunda : ioc - *QLB* || amissorum : *ex* -rem *P*[2] | ut iucunda fiat nobis amissorum recordatio *Mentel. Érasme*[1-2] || ad id : addid *p* || tormento : -ta *P* || sic et *Hense* : sicut *pQL* sic [*ex* sicut *V*] *VPb Mentel. Auen.* || illud : -uc *Auen.* || ut cum aliquo *uulg.* : ut cum aliqua *p* et cum aliquo [/et *P*] *VPb* et cum aliqua *QL* || hic : id *P*.

5 defunctorum : *ex* defuc - *p*[2] || iucunda : ioc- *QLPb* || *post* quomodo *aliquid eras. b* || quaedam : quad *P* || in uino : *ex* in uno *b*[2] || omne : *sic* [ne *ex corr.*] *L*[3] || angebat : ag-*p* || extinguitur : -gitur *p*.

6 Si : *ex* Sed *Q*[1] Sic *p* || illi : *ex* ulli *b* || incolumes : *ex* -lomes *b*[2] -lomes *pQLVP*.

mélange. » **6** Si nous croyons le philosophe, « penser aux amis bien portants, c'est miel èt friandise. A se rappeler ceux qui ne sont plus, on éprouve une sorte d'amer réconfort [1]. Or, on ne contestera pas que les condiments acides et de quelque âpreté sont à leur manière des stimulants de l'appétit. »

7 Je ne suis pas du même sentiment. La mémoire de mes amis défunts m'est douce et plaisante[1]. Je les avais comme si un jour je devais les perdre [2] ; je les ai perdus, et c'est comme si je les avais toujours.

Fais donc, mon cher Lucilius, ce qui convient à ton équité. Cesse d'interpréter à mal un bienfait de la Fortune : elle a repris, mais elle avait donné. **8** Jouissons à plein cœur de nos amis, puisque la durée d'un pareil bonheur échappe aux prévisions humaines. Songeons que de fois nous les avons laissés en quittant notre logis pour quelque lointain voyage : que de fois, même en séjournant au même lieu, nous sommes restés sans les voir : nous comprendrons que nous avions plus d'instants perdus pour eux durant qu'ils vivaient.

9 Cependant peut-on souffrir ces hommes qui traitent le plus négligemment leurs amis, pour les pleurer ensuite le plus lamentablement et qui ne vous aiment qu'à la condition de vous avoir perdu ? Qu'est-ce qui les pousse à ces regrets débordants ? Ils appréhendent que l'on ne mette en doute leur affection : c'est s'aviser d'en donner des marques un peu tard.

10 Avons-nous d'autres amis ? Nous les traitons bien

1. Epic. 213 Us. Ἡδὺ πανταχόθεν ἡ φίλου μνήμη τεθνηκότος. Nul hédonisme ici ; au contraire chez Métrodore visé par S. 99, 25.

2. Cic. *Tusc.* 1, 93 ; Sen. *Ad Marc.* 10, 3 *amet ut recessura* ; *Ep.* 8, 10 *dari bonum quod potuit auferri potest* ; *Ad Pol.* 10, 4 *rerum natura* (*fratrem*) — *non mancipio dedit* (cf. *Ep.* 72, 7). Tantôt les faveurs de la Fortune « reine » (*Ad Marc.* 10, 6 ; *De Br. u.* 10, 4) ressemblent à celles des souverains : *Ep.* 98, 13 (*Sextius*) *intellegebat — quod* (*a Caesare*) *dari posset, et eripi posse* ; tantôt il est dit que toute richesse nous est seulement « prêtée » par elle : Men. 598 K. ; Sen. *Ad. Pol.* 10, 4 (*fratrem rerum natura*) *commodauit* ; *Ep.* 120, 18 ; cf. 87, 7 *f.* ; 88, 12 ; *Ad Marc.* 10, 1 s. ; Ambr. *De Exc. fr. S.* 1, 3 ; 2, 9 ; Hier. *Ep.* 118, 4. — *Tamquam habeam* : *Ep.* 98, 11 *Rem nobis eripit casus, usum fructumque apud nos relinquit* ; *Ad Marc.* 12, 2 *ipsum quod habuisti* (*filium*), *quod amasti, fructus est* ; 16, 3 ;

6 Si illi credimus, « amicos incolumes cogitare melle ac placenta frui est : eorum, qui fuerunt, retractatio non sine acerbitate quadam iuuat. Quis autem negauerit haec acria quoque et habentia austeritatis aliquid stomachum excitare ? » **7** Ego non idem sentio : mihi amicorum defunctorum cogitatio dulcis ac blanda est. Habui enim illos tamquam amissurus amisi tamquam habeam. Fac ergo, mi Lucili, quod aequitatem tuam decet, desine beneficium fortunae male interpretari : abstulit, sed dedit. **8** Ideo amicis auide fruamur, quia quamdiu contingere hoc possit, incertum est. Cogitemus, quam saepe illos reliquerimus in aliquam peregrinationem longinquam exituri, quam saepe eodem morantes loco non uiderimus: intellegemus plus nos temporis in uiuis perdidisse. **9** Feras autem hos, qui neglegentissime amicos habent, miserrime lugent, nec amant quemquam, nisi perdiderunt, ideoque tunc effusius maerent, quia ueren-

melle : *ex* mella *Q* -lla [*ex* -lle] *ut uid.* *L* || placenta *PbV* : *ex* -tia *Q* -tia [*ex* -ta] *L* placent *p* || qui : qui /qui *p* || retrac- tatio : retractio *QLb* || acerbitate : *ex* acerbot- p^2 aceruit- *QL* || iuuat : /lunat *b* || haec : hac *Q* || austeritatis [haust- *Q*] : ust- *p* || quoque : coque *p* || excitare : *ex* -tacre p^2.

7 non idem : non id *Mentel.* || amicorum : -corium *ex* -corum *p* || ac blanda : et bl- *Auen.* || illos : *ex* -llo *V* || amissurus : -isurus *p* || amisi : -issi *p* || tamquam : taq- *p* || beneficium fortunae [-ne *p*] *codd. uulg.* : b. naturae *Érasme*$^{1-2}$ || interpretari : -praetari *ex* -pratari p^2 || abstulit : *sic* [*supra scr.* non] *V*.

8 amicis : -cus *p* || quamdiu : *ex* quamdium *p* quandiu *b* || reliquerimus [-quaerimus *P*] : *ex* relinq- *Q* requiri- *p* || aliquam : -qua *p* || peregrinationem : -ne *ex* -nae [pere /*ante rasuram ubi* g** *supra stante uirg, dispicitur*] *p* || intellegemus : *ex* -llemus *V* -lligimus *QL* -lligemus *b* || nos : nobis *p* || in uiuis perdidisse *codd.* : perdidisse in uiuis *Mentel.* *Érasme*$^{1-2}$.

9 hos : os *P* || neglegentissime [-mae *P*] : necleg- *p* neglig- *b* cum negl- *edd. ante Fickert* || habent *p* *Fickert* : -beant *QLPb* *et* [e *ante rasuram*] *V* *uulg. ante Fickert* || lugent : lugent *non* lugent *p* || nisi *pQLVPb* : nisi cum L^2 *dett.* nisi si *Buecheler* || perdiderunt : -rint *Auen.* *Mentel.* *Érasme*$^{1-2}$ || effusius : -si *p* || maerent [mer- *P*] : *ex* -rint *p*.

mal et les estimons bien peu, incapables qu'ils sont de nous consoler à eux tous d'une seule perte [1]. N'en avons-nous pas d'autres ? La Fortune nous a fait moins de tort que nous-mêmes : elle nous a enlevé une amitié ; nous, toutes celles que nous n'avons pas acquises [2]. **11** Et puis, cet ami unique, si on n'a pas été capable d'en aimer plus d'un, l'a-t-on lui-même tellement aimé ? Si un homme qu'on a dépouillé, laissé sans sa tunique, son unique vêtement, gémissait plutôt que de regarder aux moyens d'éviter le froid et de se procurer de quoi protéger ses épaules, ne te paraîtrait-il pas un grand fou ? Celui que tu aimais, tu l'as conduit à sa tombe : cherche qui aimer. Il y a mieux à faire qu'à pleurer : répare ta perte.

12 Je vais ajouter une vérité bien rebattue ; tout le monde l'a dite, mais je ne l'écarterai pas pour cela de mon propos. Toute douleur a un terme et, quand la raison ne l'impose pas, le temps nous y conduit. Or pour l'homme de bon sens, dans le chagrin la plus honteuse manière de guérir, c'est de guérir par lassitude. Si tu me crois, laisse la douleur, plutôt que d'être laissé par elle. Renonce au plus vite à un chagrin qui, même si tu le veux, ne pourra durer longtemps. **13** Nos pères ont prescrit aux femmes un

fr. 77 Haase *Valeria amisso Seruio uiro — ait sibi semper maritum uiuere ; De Br. u.* 10, 2 *quod egimus (tempus) certum : ... in quod fortuna ius perdidit : Ep.* 99, 4 *f.* ; *Ad Pol.* 10, 2 *certiora quae abierunt,* 10, 6 *iucundissimum esse quod habuisti.* Tout subsiste dans le souvenir : *Ep.* 98, 11 *Memoria teneamus amissa ; De Ben.* 3, 2, 3, *Ad Pol.* 10, 3. D'où *Ep.* 98, 11 *habere eripitur, habuisse numquam* ; 81, 24. — *Sed dedit : Ad Helut.* 16, 6 (*Cornelia*) *flentibus — interdixit ne fortunam accusarent, quae sibi filios Gracchos dedisset ; Ad Pol.* 18, 3 *ipsum hoc quod abstulit, ipsa dederat tibi* ; 10, 1 à 4 ; *Ep.* 98, 11 *Peringratus est qui, cum amisit, pro accepto nihil debet ;* Ambr. *De Exc. fr. S.* 1, 3 ; Hier. *Ep.* 10, 7 ; 118, 4 ; 108, 1 s. — § 8 *Quam saepe non uiderimus* cf. 55, 9 ss. ; *Ad Marc.* 19, 1.

1. Cf. Octavie pleurant Marcellus *non sine contumelia omnium suorum* (*Ad Marc.* 2, 5) ; S. exilé *ad Helu.* 18, 1 *Respice fratres meos...*

2. *De Rem.* 15, 2 « *Perdidi amicum* »... *Erubesce si unicum.* C'est un art connu du sage, de se faire des amis, *Ep.* 9, 5 ; 81, 12 (77, 17 *scis — amicus esse ?*) et vol. I, p. 149, n. 2 ; *De Amic. fr.* 97 Haase. Il a sa recette 9, 6 *ama,* sait où les trouver 47, 16, *De Rem.* 15, 2 ; où on ne les trouve pas *De Rem.* ibid., *Ep.* 19, 11 ; on veut plus d'un 9, 15 *quam plurimos, De Amic. fr.* 95 *plures, De Rem.* 15, 1 *amicos.*

tur, ne dubium sit, an amauerint ? Sera indicia adfectus sui quaerunt. **10** Si habemus alios amicos, male de his et meremur et existimamus, qui parum ualent in unius elati solacium : si non habemus, maiorem iniuriam ipsi nobis fecimus quam a fortuna accepimus : illa unum abstulit, nos, quemcumque non fecimus. **11** Deinde ne unum quidem nimis amauit, qui plus quam unum amare non potuit. Si quis despoliatus amissa unica tunica conplorare se malit quam circumspicere, quomodo frigus effugiat et aliquid inueniat, quo tegat scapulas, nonne tibi uideatur stultissimus ? Quem amabas, extulisti : quaere, quem ames. Satius est amicum reparare quam flere. **12** Scio pertritum iam hoc esse, quod adiecturus sum, non ideo tamen praetermittam, quia ab omnibus dictum est : finem dolendi etiam qui consilio non fecerat, tempore inuenit. Turpissimum autem est in homine prudente remedium maeroris lassitudo maerendi : malo relinquas dolorem quam ab illo relinquaris, et quam primum id facere desiste, quod etiam si uoles, diu facere non poteris. **13** Annum feminis ad lugendum

ne : nei• *P* || sit : *ex* sint *P*[2] || indicia : in̥dicia *p* || adfectus : aff- *Pb*.

10 his *QLb Mentel. Auen.* : iis [*ex* his *ut uid. V*] *pV* hiis *P* || meremur : *ex* -retur *p*[2] || existimamus : -istimus [-mus /*P*] *Pb* estimamus *Mentel.* || qui *codd. Haase* : quia *Pb Mentel. Auen. Érasme*[1-2] *alii* || nobis : *sic* [bis *i. r.*] *V* || unum : unam *b et b*[2].

11 despoliatus *codd.* [e *i. r. p*] : disp- *QL* || unica : *ex* unaca *Q* || tunica : *ex* ton- *Q*[1] *ut uid.* || conplorare : compl- *V* || aliquid : -quod *b* || quo tegat : coteg- *p* || scapulas : *ex* -lis *L*[2] || tibi uideatur : u. t. *Auen.* || extulisti : *ex* -istis *b*[2] || quem : *ex* quam *Q* || est : *om. b.*

12 Scio : stio *b* scio quidem *Auen. Gronov* || hoc : *ex* ho *V* || esse : *ex* est *Q* || ideo tamen *codd. Schweighaeuser* : tamen ideo *Mentel. Érasme*[1-2] *alii* || praetermittam : *ex* premitt- *Q* || quia : qui• *p* || omnibus : homini- *Pb* || autem est : autem *p* || prudente *pQLVPb* || maerendi : mer- *p* || relinquas : *ex* reliq- *V* || quam : *sic* [q *i. r.*] *V* || desiste quod : d. id quod *p* || etiam : *ex* setiam *p*[2] || poteris : *ex* potest *b*[2].

deuil d'une année [1]. C'était les inviter non à pleurer pendant tout ce temps, mais à ne pas pleurer plus longtemps. Pour les hommes, la loi ne prescrit aucun délai, parce qu'aucun n'est séant à la dignité virile. Eh ! bien parmi ces faibles femmes que l'on a eu tant de peine à écarter du bûcher, à séparer du cadavre, montre-m'en une dont les larmes aient duré tout un mois. Il n'y a rien qui rebute plus vite que la vue de l'affliction. Récente, elle trouve un consolateur, elle s'attire des sympathies ; ancienne, elle prête au ridicule, non sans raison : ou elle est feinte ou elle est folle.

14 Voilà ce que je t'écris, moi qui ai pleuré mon bien cher Annéus Sérénus avec si peu de mesure que je mérite, à mon très grand déplaisir, de passer en exemple parmi ceux qui ont succombé à la douleur. Aujourd'hui je réprouve ma conduite et je comprends ce qui, plus que tout, m'a porté à de pareils regrets : jamais je n'avais pensé qu'il pouvait mourir avant moi. Je ne voyais qu'une chose, qu'il était le plus jeune, de beaucoup le plus jeune, comme si l'ordre logique comptait dans les décisions du destin ! **15** N'oublions donc pas un instant que nous sommes, nous et ceux que nous chérissons, voués à la mort. Moi, j'aurais dû dire dans le moment : « Ce Sérénus que j'aime est plus jeune que moi. Qu'est-ce que cela signifie ? Il devrait mourir après moi, mais il peut mourir le premier. » Je ne l'ai pas fait et la Fortune m'a pris au dépourvu en m'assénant le coup. Et c'est maintenant seulement que je me fais ces réflexions : « Le monde est soumis à la mortalité, les lois de la mortalité sont incertaines. Tout ce qui peut arriver jamais, peut arriver aujourd'hui même [1]. » **16** Il faut

— *Stultissimus* cf. id. 15, 2 *Quid ? tu in tanta tempestate ad unam ancoram stabas ?* — *Satius reparare :* cf. id. 15, 2 *Alium quaere.* Sur ces remplacements, v. *Ep.* 9, 5 ; 104, 11 *f.* — § 12 *Pertritum — tempore* cf. *Ad Marc.* 8, 3, *Ad Pol.* 4, 1 s. ; *Agam.* 130 *quod ratio non quit, saepe sanauit mora* ; Cic. *Fam.* 5, 16, 2 (*consolatio peruulgata — maxime*) ; 4, 5, 2 ; *Ad Att.* 12, 10 ; Diphil. *fr.* 117 K.

1. *Ad Helu.* 16, 1 *decem mensium spatium,* Ov. *F.* 1, 35 ; 3, 134. — *Ne diutius lugerent : Ad Helu.* 16, 1 *paene concessum est immoderatum in lacrimas ius.* — *Nullum honestum :* v. pourtant *Ad. Pol.* 15, 5 ; 16. Sur le deuil « viril », de certaines femmes v. *Ad. Marc.* 16, 3-4 ; *Ad Helu.* 16, 6. — *Mulierculis :* comme la matrone d'Éphèse

constituere maiores, non ut tam diu lugerent, sed ne diutius ; uiris nullum legitimum tempus est, quia nullum honestum. Quam tamen mihi ex illis mulierculis dabis uix retractis a rogo, uix a cadauere reuulsis, cui lacrimae in totum mensem durauerint ? Nulla res citius in odium uenit quam dolor, qui recens consolatorem inuenit et aliquos ad se adducit, inueteratus uero deridetur, nec inmerito : aut enim simulatus aut stultus est. **14** Haec tibi scribo is, qui Annaeum Serenum, carissimum mihi, tam inmodice fleui, ut, quod minime uelim, inter exempla sim eorum, quos dolor uicit. Hodie tamen factum meum damno et intellego maximam mihi causam sic lugendi fuisse, quod numquam cogitaueram mori eum ante me posse. Hoc unum mihi occurrebat, minorem esse et multo minorem, tamquam ordinem fata seruarent. **15** Itaque assidue cogitemus tam de nostra quam omnium, quos diligimus, mortalitate. Tunc ego debui dicere : « Minor est Serenus meus : quid ad rem pertinet ? Post me mori debet, sed ante me potest. » Quia non feci, inparatum subito fortuna percussit. Nunc cogito omnia et mortalia esse et incerta lege mortalia : hodie fieri

13 tam diu : tandiu *b* || lugerent : *ex* lege- *Q* lege- *ex* luge- *ut uid.* *L* || legitimum : -ittimum *p* || tempus est : est tempus *V* || dabis uix : dabis uis *b* || a rogo : arrogo *p* « *fuitne* ab rogo ? » *Rossbach* || uix : *ex* uix et *Q* || mensem : *ex* -sum *p* || consolatorem : *ex* consul- *p* || inuenit : *ex* uenit *p* || et aliquos : alicos *p* || simulatus : -tur *P* || stultus : -ulltus *p*.

14 is : his *b* || qui Annaeum : quannaeum *p* quia anneum *QL* qui amicum *Mentel. Auen.* || carissimum : Kar- *Q* || inmodice : *ex* mod- *V* || uelim : uell- *p* || exempla : ex /sempla *p* || tamen *QVPb* *Érasme*[1-2] : autem *p* *Haase Hense* tamem *L* || meum : eum *P* || intellego : -igo *Q* || maximam mihi : maximanichi / *p* || numquam : nunq- *b* numqua *p* || occurrebat : -urebat /*p* || multo : *ex* -tum *Q* || fata : *ex* facta *Q ut uid. et b* facta *p*.

15 assidue [*ex* ads- *L*[2] -duae *b*] *QL*[2]*b* : ads-*pP* || omnium *codd.* : de omnium *Auen.* || mortalitate : -te* *V* || ego : ergo *p* || debui dicere : dicere debui *Érasme*[1-2] || Serenus : *ex* senen- *V* || post : pos *p* || quia non feci : quos quia n. f. *Auen.* || cogito *codd. Auen.* *Érasme*[1-2] : -tn *det. Hense* || (lege) mortalia : -ali [*ante ras.*] *P* *Érasme*[1-2]

donc songer, très cher Lucilius, que nous arriverons bientôt nous-mêmes là où nous regrettons si fort que notre ami s'en soit allé. Et puis peut-être, s'il faut admettre comme vrai le dire des sages, s'il est quelque part un lieu où nous aurons notre demeure, celui que nous croyons perdu n'a fait que nous devancer là-bas.

Lettre 64 *

1 Tu étais hier avec nous. Tu pourrais te plaindre si ce n'était qu'hier. Aussi ai-je ajouté : avec nous, puisque, à toute heure, tu es avec moi. Il m'était venu des amis, pour lesquels il fallait plus grande fumée, non de ces nuages qui s'échappent des riches cuisines et mettent les pompiers en alarme, mais un modeste filet, de quoi indiquer qu'on a des hôtes. **2** L'entretien a pris tous les tons, comme cela se passe à table, amorçant les questions sans jamais conclure et voletant d'une chose à l'autre. Ensuite on lut un livre, un livre grec de Quintus Sextius le père, un grand homme je te prie de le croire, et, quoi-

* *Sommaire.* — Éloge du philosophe Q. Sextius le père, qui met en si belle lumière la vie parfaite sans la présenter jamais comme un idéal inaccessible (1-5). C'est dans un sentiment tout pareil de vénération et de confiance que Sénèque s'applique à la sagesse. Le progrès moral, comme le progrès scientifique, ouvre à l'homme un champ d'action sans limites. Si les sages du passé ont beaucoup fait, ils ont inévitablement laissé beaucoup à faire ; néanmoins leur intrépide continuateur n'oubliera jamais ce qu'il leur doit (6-10).

Petr. 111 ss. V. toutefois les déclarations sincères d'une fille de Caton *ap.* Sen. *fr.* 73 Haase. — § 14 *Inmodice fleui :* excès commun (*Ad Marc.* 1, 1 *uiri quoque libenter* (*dolori*) — *incubant*). Sérénus, prête-nom lors des amours de Néron et d'Acté ; préfet des vigiles ; catéchumène de S. aux progrès lents mais par étapes discernables (Albertini, p. 28 à p. 31). — *Nunquam cogitaueram :* Cf. Ambr. *De Exc. fr. S.* 1, 35. V. pourtant Sen. *Ep.* 12, 6 et vol. I, p. 41, n. 3 s., *Ad Marc.* 9, 2, et un écrit perdu de lui « sur la mort prématurée ». Cf. Ambr. *op. cit.* 1 *init.*

1. Cf. 101, 7 *quid — stultius quam mirari id ullo die factum quod omni potest fieri ?* 78,29; 98, 14 ; *Ad Marc.* 9, 5 ; *De Tr. an.* 11, 8 et 10. — § 16 *Recipit nos* : cf. *Ep* 79, 12. V. d'ailleurs Axelson[3] p.

potest, quicquid umquam potest. **16** Cogitemus ergo, Lucili carissime, cito nos eo peruenturos quo illum peruenisse maeremus. Et fortasse, si modo uera sapientium fama est recipitque nos locus aliquis, quem putamus perisse, praemissus est. VALE.

SENECA LVCILIO SVO SALVTEM **64**

1 Fuisti here nobiscum. Potes queri, si here tantum ; ideo adieci « nobiscum » : mecum enim semper es. Interuenerant quidam amici, propter quos maior fumus fieret, non hic, qui erumpere ex lautorum culinis et terrere uigiles solet, sed hic modicus, qui hospites uenisse significet. **2** Varius nobis fuit sermo, ut in conuiuio, nullam rem usque ad exitum adducens, sed aliunde alio transiliens. Lectus est deinde liber Quinti Sextii patris, graecus, magni, si quid mihi credis,

quicquid : quidq- *p*.

16 Lucili : -lii *ex* -li p^2 || carissime : *sic* [*ex* -ssimi] p^2 Karissime *Q b* || uera : -re *p* || uera sapientium *codd.* : s. u. *Mentel. Érasme* $^{1-2}$ || praemissus [prem- *p*] : *ex* perm- *Q*.

Ep. 64, **1** here *P Fickert* : -res *p* -ri [*ex* -rc *V*] *QLV Érasme* $^{1-2}$ || potes *Muret* : -est *pQLVPb Auen. Mentel. Érasme* $^{1-2}$ || queri *pb Muret* : quaeri *QLVP edd. uet.* || ideo : *om. p* || quidam : *ex* quidem p^2 *ex* quadam *P* quidem *Auen.* || ex : ex * *V* || lautorum : *ex* lauct- *V* || uigiles : ** uigiles *p* || modicus : medius *ex* medicus *P* || uenisse : *ex* -isset *Q* || fuit sermo : s. f. *Érasme* $^{1-2}$ *Muret alii.*

2 Quinti : -tii *p* || Sextii *pVP* : xestii *b* secti *QL* s /extri *p* || graecus, magni *ego* = g, *ex* $\overline{\text{g}}$, [*quod edd. fugit et nos ipsos in prooem.*] Magni *p cf.* 59, 7 graecis uerbis *et notam* $\overline{\text{g}}$ *ap. Lindsay pp.* 427, 498, 500 : magni *cett. codd. edd.* || credis : -das *Mentel.* || (licet neget) stoici *ed. Matthiaei* [*cf. De Ben.* 7, 8, 2 l. n. ipse] : *sine parenthesi codd.* (l. negent) stoici *Érasme* $^{1-2}$ *et sic sine parenthesi Mentel. Auen.*

qu'il s'en défende, vrai stoïcien [1]. 3 Dieux bons ! quelle vigueur, que d'âme chez lui ! c'est ce que tu ne rencontreras pas chez tous les philosophes. Les écrits de tel et tel, porteurs d'un nom illustre, sont sans vie. Ils dressent des arguments, disputent, chicanent, incapables de donner du cœur, n'en ayant pas. Tu diras au contraire, si tu lis Sextius : « Vivant, riche de sève, possédant la liberté, dépassant l'homme, il me laisse plein d'une ardente confiance » 4 Voici, franchement, à chaque lecture, la disposition d'esprit où je me trouve : j'affronterais volontiers tous les hasards : volontiers je m'écrierais : « Fortune, que tardes-tu ? Mesure-toi avec moi : tu vois, je suis prêt. » Je revêts l'âme du généreux qui, cherchant où s'essayer, où montrer sa vaillance,

« souhaite ardemment qu'au milieu de ce lâche bétail lui soit donné un sanglier écumant ou que descende de la montagne un lion fauve. »

5 J'ai besoin d'une victoire à gagner, d'une lutte qui exerce ma résistance. Car il faut accorder encore à Sextius un mérite éminent. En te révélant les grandeurs de la vie heureuse, il ne t'ôtera pas l'espoir d'y atteindre. Tu te convaincras qu'elle a son lieu dans une sphère sublime, mais accessible à qui sait vouloir. 6 Du même coup la pure vertu te mettra en mesure de révérer cette vie supérieure et néanmoins de l'espérer. Pour moi du moins je laisse prendre beaucoup de mes heures à la simple con-

169 n 4. — *Praemissus* cf. *Ep.* 99, 7 ; *Ad Marc.* 19, 1 *f.* ; *Ad Pol.* 9, 9 ; Antiphan. *fr.* 53 K. ; Ambr. *op. cit.* 1, 71 ; Augustin. *Ep.* 92, 1

1. § 2 *s. init.*, « lecture » par un *anagnostes* de l'ouvrage que tous ne possédaient pas. — Sur Q. Sextius v. supra p. 85 n. 2 et *Prosopogr.* Il florissait sous la dictature de César, qui, lui ayant offert le laticlave, essuya un refus (98, 13, Plut. *Mor.* 77 e). Romain d'origine, son nom le prouve (cf. Plin. *N. h.* 18, 274, Plut. ibid.). Stoïcien, S. en témoigne. Il s'abstenait d'aliments carnés (*Ep.* 108, 17) comme les pythagoriciens, pratiquait l'examen de conscience (*De Ira* 3, 36, 1) et donnait d'utiles recettes aux irascibles (2, 36, 1). Il eut pour disciples Fabianus, maître de S. (Sen. *Contr.* 2 *pr.* 4), le grammairien L. Crassicius (Suet. *Gr.* 18) et son propre fils (Sen. *N. q.* 7, 32, 2, Claudian. Mamert. *De St. an.* 2, 8). Dans un effort grandiose, il avait fondé une école que S. cite avec celles de Platon et de Pythagore (*N. q.* ibid.), mais qui ne survécut pas à son fondateur (id. ibid.). S. en garde pieusement le souvenir; l'encyclo-

uiri et, licet neget, Stoici. **3** Quantus in illo, di boni, uigor est, quantum animi ! Hoc non in omnibus philosophis inuenies : quorundam scripta clarum haben*tium* nomen exsanguia sunt. Instituunt, disputant, cauillantur, non faciunt animum, quia non habent : cum legeris Sextium, dices : « Viuit, uiget, liber est, supra hominem est, dimittit me plenum ingentis fiduciae. » **4** In qua positione mentis sim, cum hunc lego, fatebor tibi : libet omnis casus prouocare, libet exclamare : « Quid cessas, fortuna ? Congredere : paratum uides. » Illius animum induo, qui quaerit, ubi se experiatur, ubi uirtutem suam ostendat,

Spumantemque dari pecora inter inertia uotis
Optat aprum aut fuluum descendere monte leonem.

5 Libet aliquid habere, quod uincam, cuius patientia exercear. Nam hoc quoque egregium Sextius habet, quod et ostendet tibi beatae uitae magnitudinem et desperationem eius non faciet : scies esse illam in excelso, sed uolenti penetrabilem. **6** Hoc idem uirtus tibi ipsa praestabit, ut illam admireris et tamen speres. Mihi certe multum auferre temporis

3 uigor est : uigoren [*ex* -rem] *P* || non in *pQL Auen. Érasme* [1-2] : *ex* non *m. rec. V* non *Pb Mentel.* || philosophis : -phiis *p Q* || scripta *bis b* || clarum : cla /*p* || habentium *Bickel cf. Axelson* [3] *p. 86, n. 1* : -ent tum *p* -ent tantum *QLVPb Érasme* [1-2] *uulg.* || nomen : n. cetera [caet- *VP*] *VPb Érasme* [1-2] || exsanguia : et sanguia *P* exanguia *b Érasme* [1-2] *uulg.* || cauillantur : *ex* caluill- b^2 cauilantur *pP* || animum : -mo *Qpr.* || dimittit me : -itte /me *p* -itti nẹ *b* || fiduciae : fud- *P.*

4 casus : *ex* cassus b^2 || prouocare : *ex* -ri P^2 || animum induo : *ex* sanimusnduo *p* || spumantemque — leonem Verg. *Aen. IV, 158 s.* spumantemque : -tem quo *p* || pecora : pateram [*ex* pecoram L^2] QL^2 || optat [obt- *p*] aprum : *ex* opta aprum *Q* optata parum *b* || monte : *ex* -tem *Q* -tem *b.*

5 uincam : -cat [*ex* -cam] *m. rec. V* || exercear *Pb* : ceatur *pQL* || Sextius : sexcius [cius *ex* eius *ut uid.*] *P* || et ostendet : hostendet [*ex* -dit] p^2 [*om.* et] ostendet *Mentel.* -dit *Auen.* || illam : *ex* illum p^2 || in : *om. p* || uolenti : -ent *Q* || penetrabilem : penatr- *ex* penictr- b^2.

6 praestabit : dabit *Auen.* || admireris : *sic* [a *infra ras.* d *supra ras.*] *V* ammi- *Q* || certe : -tum *p* || auferre : *ex* /auterre *P* afferre [*ex* auf-] *dub.* V^2.

templation de la sagesse. Je l'embrasse du même regard émerveillé [1] que j'ai à d'autres moments pour le monde, ce monde que je vois bien des fois en spectateur tout neuf.

7 Ainsi donc je révère les découvertes de la sagesse et ceux qui les ont faites. Je me saisis des premières avec joie y voyant l'héritage de beaucoup d'aïeux. C'est pour moi qu'elles ont été procurées, pour moi qu'elles ont coûté de la peine. Cependant agissons comme le bon père de famille : augmentons le capital reçu ; que, passant par moi, cet héritage arrive plus riche à la postérité. Il reste encore beaucoup de besogne, il en restera beaucoup. Après mille siècles révolus, l'occasion ne sera close pour personne d'apporter encore du sien. 8 Même si les anciens ont tout découvert, ce qui sera toujours neuf, c'est l'expérience et la connaissance, l'organisation de ce que les autres ont découvert.

Suppose que nous devions à nos précurseurs une thérapeutique des yeux. Je n'ai pas à chercher d'autres moyens curatifs, mais à bien adapter ceux que je connais au cas et à la circonstance. Tel ingrédient réduit l'inflammation de l'œil ; tel autre atténue l'enflure des paupières ; celui-ci écarte une poussée soudaine d'humeurs ; celui-ci rendra la vue plus perçante. Il faut broyer ces drogues, choisir le moment et rectifier la dose pour chaque malade. Les remèdes de l'âme ont été trouvés par les anciens ; étudier

pédiste Celse « suivit » les *Sextii* dans la section philosophique de son œuvre (Quint. 10, 1, 124). — § 4 *Congredere :* sur cette lutte v. vol. I, p. 46, n. 1, *Ep.* 78, 16 *f.*, *Oed.* 86. — § 5 *Spumantemque — leonem*, Verg. *Aen.* 4, 158 s, propos d'Ascagne équipé pour la chasse au pays de Didon. — § 6 *Desperationem — non faciebat :* cf. § 3 *f. dimittit me plenum — fiduciae* (« *Hac itur ad astra...* », disait-il 73, 15, ajoutant peut-être comme S. (ibid.) : *Admittunt (di) et ascendentibus manum porrigunt*). V. aussi Fabianus prêchant (100, 12) et S. parlant à son frère Novatus : *De Ira* 2, 12, 3 ; 13, 1 *sanabilibus aegrotamus malis.*

1. Cf. 66, 7 s. ; 115, 4 *Siquis uiderit* (= *animum boni uiri*) — *uelut numinis occursu obstupefactus resistat* (V. Cic. *De Off.* 1, 15 d'après Plat. *Phaedr.* p. 250 d ; *De Fin.* 2, 52) ; cf. M. Antonin. 6, 48 Ὅταν εὐφρᾶναι σεαυτὸν θέλῃς.. Le sage, pouvait contempler la sagesse en lui-même : *Ep.* 4, 1 ; cf. *De Cl. init.* l'image de la vertu se dégageant d'actes humains ; *Ep.* 120, 5 ss. (*aliqua — facta — nos obstupefecerant*) ; 8 ; 11. — *Spectator nouus* cf. *De Ben.* 4, 23 ; *De Ot.* 5, 1 à 3. — § 7 *mihi acquisita* cf. p. 95, n. 1. — *Occasio aliquid — adiciendi* cf. *Ep.* 38 *f.* ; 33, 11 ; les obstacles, p. 86, n.

solet contemplatio ipsa sapientiae : non aliter illam intueor obstupefactus quam ipsum interim mundum, quem saepe tamquam spectator nouus uideo. **7** Veneror itaque inuenta sapientiae inuentoresque : adire tamquam multorum hereditatem iuuat. Mihi ista adquisita, mihi laborata sunt. Sed agamus bonum patrem familiae, faciamus ampliora, quae accepimus : maior ista hereditas a me ad posteros transeat. Multum adhuc restat operis multumque restabit, nec ulli nato post mille saecula praecludetur occasio aliquid adhuc adiciendi ; **8** sed etiam si omnia a ueteribus inuenta sunt, hoc semper nouum erit, usus et inuentorum ab aliis scientia ac dispositio. Puta relicta nobis medicamenta, quibus sanarentur oculi : non opus est mihi alia quaerere, sed haec tamen morbis et temporibus aptanda sunt. Hoc asperitas oculorum conleuatur ; hoc palpebrarum crassitudo tenuatur ; hoc uis subita *umorum* auertitur ; hoc acuetur uisus : teras ista oportet et eligas tempus, adhibeas singulis modum. Animi remedia inuenta sunt ab

intueor : -ueder *p* || obstupefactus : *sic* [-us *i. r.*] *V* || quem : quam *p* que [*ex* quae] *L* || tamquam : tanq- *b*.

7 tamquam : ta q- *b* || multorum : ult- *p* || iuuat : lunat *b* || ista adquisita *QLVPb* : i. acq- *ex* i. adq- L^2 ita atq- *p* || laborata : elab- *P*. *Thomas* ista laborata *Auen.* || a me : ad me *pQL* || operis : -ribus *p* || restabit : *ex* -auit *V* || nato : *sic* [n *i. r.*] *V* || saecula : scla *b* sacula *P* || praecludetur : precl- *ex* procl- *Q* || adhuc adiciendi : ad hec adiiciendi *Auen.*

8 a ueteribus : *ex* au /teribus b^2 || inuenta sunt : s. i. *Auen.* || nouum : -uum ille *QL* « *fort.* -uum illi *legendum* » *Hense, sed u. Axelson* [3] *p.* 98 || ac : *ex* hac *L* et *Mentel. Auen. Érasme* [1-2] || dispositio [-cio *p*] : -osotio *b* || temporibus :-oralibus *b* || aptanda *L Pb* : *sic* [nda *supra u.*] *V* abt- *p* || crassitudo : crasit- *p* || tenuatur : *ex* -neatur P^2 || uis subita umorum [*ex archet.* uis subita umorū ?] *temptaui coll. in signaculis medic. ocul.* « *impetu lippitudinis* » *Dessau Inscr. lat. sel. II p. 984 s.* (*medicinali uoce hic uti noluit Sen. eodem modo quo supra* asperitatem *pro* aspredine *uel* aspritudine *dixit*) : uis subita et umor [hum- *QLV*] *QLVPb* uis sub ** ite timor *p* uis subita et tumor *Cornelissen* || auertitur : (umor)a / uertitur *b* || acuetur *codd. Mentel. Schweighaeuser* : acuitur *Auen. Érasme* [1-2] || uisus : *ex* uirtus *p* || teras *LVPb* : te * ras *V* terras *p* || ista : *ex* -tas *Q* || eligas : eleg- *P* || remedia : *ex* -dium b^2.

de quelle manière, dans quelles circonstances il faut les appliquer, c'est notre besogne[1].

9 Si nos devanciers ont beaucoup fait, ils n'ont pas achevé l'ouvrage. Il n'en faut pas moins les admirer et leur rendre les mêmes honneurs qu'aux dieux. Pourquoi les grands hommes n'auraient-ils pas, eux aussi, chez moi leur image, objet à m'exalter l'âme ? Pourquoi ne fêterais-je pas le jour de leur naissance ? Pourquoi ne pas les nommer toujours pour leur marquer mon respect ? La même vénération reconnaissante que je dois à mes premiers maîtres[2], je la dois à ces premiers maîtres du genre humain de qui nous sont venus les débuts d'un bien si précieux. 10 Si j'aperçois un consul ou un préteur, je leur rendrai tout l'honneur que les charges honorifiques ont accoutumé de recevoir : je sauterai à bas de mon cheval, je me découvrirai la tête, je cèderai le passage. Et quand je songe aux deux Marcus Caton, Lélius le Sage, Socrate sans compter Platon, Zénon, Cléanthe, je ne leur ferais pas accueil en mon âme en leur témoignant tous les respects ? Oui, je les vénère et me lève en toute occurrence devant ces grands noms.

Lettre 65 *

1 J'ai partagé ma journée d'hier avec la maladie. Elle

* *Sommaire.* — Une discussion philosophique entre amis vient d'avoir lieu chez Sénèque. Elle portait sur le problème des causes. Lucilius doit en être l'arbitre (1-2), jusqu'à « *dicunt, ut scis...* »). Exposé de la théorie des causes d'après le stoïcisme (2-3). Aristote (4-6), Platon (7-10). Critique des vues d'Aristote et de Platon (11-14). Utilité de ces récréations métaphysiques, qui contribuent à libérer l'âme de toute préoccupation vulgaire (15-24).

3. — § 8 *medicamenta :* indiqués sur les cachets d'oculistes (Dessau *Inscr. lat. sel.* II, p. 984 s.). Noter 85, 5 et 94, 19 *f.* sur l'ophtalmie ; 58, 25 et 65, 17 sur l'hygiène de la vue ; 115, 6 sur les remèdes encore. De fait, la dernière période de la vie est sans doute la plus « pure » *si modo — integri sensus animum iuuant* (58, 33).

1. V. S. à l'œuvre ici et dans les traités dédiés à divers.

2. Le langage qu'il tient parfois sur ses maîtres (Fabianus, Attale, Sotion, Démétrius), telle assertion générale 73, 4 (*ille uir — purus*) *praeceptores suos ueneratur ac suspicit* — annoncent avec plus d'éloquence certain chap. de Marc-Aurèle (M. Antonin.

antiquis : quomodo autem admoueantur aut quando, nostri operis est quaerere. **9** Multum egerunt, qui ante nos fuerunt, sed non peregerunt : suspiciendi tamen sunt et ritu deorum colendi. Quidni ego magnorum uirorum et imagines habeam incitamenta animi et natales celebrem ? Quidni ego illos honoris causa semper appellem ? Quam uenerationem praeceptoribus meis debeo, eandem illis praeceptoribus generis humani, a quibus tanti boni initia fluxerunt. **10** Si consulem uidero aut praetorem, omnia, quibus honor haberi honori solet, faciam : equo desiliam, caput adaperiam, semita cedam. Quid ergo ? Marcum Catonem utrumque et Laelium Sapientem et Socraten cum Platone et Zenone*m* Cleanthenque in animum meum sine dignatione summa recipiam ? Ego uero illos ueneror et tantis nominibus semper adsurgo. VALE.

SENECA LVCILIO SVO SALVTEM **65**

1 Hesternum diem diuisi cum mala ualetudine :

autem : *om. b* || admoueantur : *ex* -eatur *p*[2] -eatur *b* adhibeantur *Auen.* [*fort. ex praeced.* adhibeas].

9 qui ante : quante *p* || suspiciendi : suscipiendi *Q* || ritu deorum : *ex* ritu [*om.* d.] *b* | deorum : d * eor- *L* || Quidni ego (magnorum) : Quid nego [n *ex* ni] *P* || magnorum : maiorum *Auen.* || incitamenta : *ex* incitamente *Q* incitamenti [*ex* inciam-] *p* || semper appellem : s. adpellem *b* seper apellem *p* senper [*ex* semp-] appellem *P* || illis praeceptoribus : praeceptoribus *Auen.*

10 praetorem : ptor- *P* || haberi : *ex* -biri *p* || honori *codd. Schweighaeuser* : -neri *p om. Mentel. Auen. Érasme* [1-2] *alii* || faciam : -iem *p* || desiliam : -leam *P* || caput : -ud *p* || semita : *ex* semeta *p* semitam *QL.* || Laelium Sapientem *codd.* [Lel- *Q*] : saipentem lel- *Mentel.* || Socraten : -tem *V Mentel. Auen.* -te *b* || Platone : *ex* -nem *P* -nem *p* || et Zenonem *uulg* : et zenone *QLVPb* et zenone et *p* Zenona *Aem. Hermes* || Cleanthenque *b* : -tenque *p* cleantithenque [-ti /then- *V*] *VP* cleantithen. que [*ex.* quae] *L* cleantithen quae *Q* || summa : sumam *Q* || ueneror : -ror * *V* || adsurgo : abs- *V* ass- *b.*

Ep. 65,**1** diuisi : *ex* -sit *Q* diiuisi *p* || ualetudine *p Hense* : ualit- *QLPb*

a pris pour elle la matinée [1] ; l'après-midi, elle a fait place nette, et je me suis d'abord essayé l'esprit à la lecture ; comme il s'en arrangeait, je me résolus à lui commander ou plutôt à lui permettre davantage. Je me mis à écrire, poussant, ma foi ! l'effort plus à fond que d'ordinaire : aux prises avec un sujet difficile, je ne voulais pas me voir battu. Là-dessus des amis se présentèrent pour me faire renoncer de haute lutte à ce qu'ils appelaient une frasque de malade. **2** L'écritoire mis de côté, la conversation s'engagea. Je ne t'en rapporterai qu'un point, celui qui est en litige. Nous t'avons constitué arbitre : tu as une tâche plus compliquée que tu ne l'imagines : la cause met en présence trois parties [2].

Nos stoïcien disent, comme tu le sais, qu'il y a dans la nature deux principes générateurs de tout ce qui existe : la cause et la matière. La matière, gisante et inerte, toute passive [3], chômerait, si quelqu'un ne lui imprimait le mouvement. La cause, autrement dit la raison, façonne la matière, la tourne dans le sens qui lui plaît, se sert d'elle pour toute sorte d'ouvrages. Il y a donc nécessairement le substrat dont est faite la chose, et l'agent qui la fait : celui-ci est la cause ; l'autre, la matière. **3** Tout art est une imitation [4] de la nature : applique [5] donc ce que je constatais dans l'univers à ce qui doit être fait par l'homme. La statue suppose à la fois une matière soumise à l'action de l'artisan, et un artisan disposé à prêter figure à cette matière. Ainsi donc dans la statue, c'est le bronze qui

1,5 à 16) ; même piété (Capitolin. 3, 5). S. a une haute idée de la fonction professorale (*De Ben.* 6, 15, 16 et 17). — § 10 *adsurgo* : cf. vol. I, p. 56 n. 1 ; supra § 9 *init.*

1. V. supra p. 53, n. 2.

2. Avec le stoïcisme, le péripatétisme et le platonisme — leurs tenants respectifs.

3. *Ad omnia parata :* opinion de Zénon, Cléanthe, Chrysippe, Posidonius (D. L. 7, 134 et 150 ; Arnim I, 85, 86). — *Causa — ratio — producit :* D. L. 7, 134.

4. *Imitatio* : formule péripatéticienne (Ritter-Preller 402 et 433 ; Theophr. *De causis plant.* 2, 18, 2 W- 25 H-) ou peut-être posidonienne (cf. Heinemann *op. cit.*, p. 202) si l'on rapproche ces mots de 66, 39 et de la lettre 90, si l'on trouve surtout (cf. id. p. 201 s.) que la lettre 65 fleure Posidonius. V. aussi M. Antonin. 11, 10.

5. *Transfer.* : « Transposition » scolastique : cf. Chalcid. *in Tim.*

antemeridianum illa sibi uindicauit, postmeridiano mihi cessit. Itaque lectione primum temptaui animum. Deinde cum hanc recepisset, plus illi imperare ausus sum, immo permittere : aliquid scripsi et quidem intentius quam soleo, dum cum materia difficili contendo et uinci nolo, donec interuenerunt amici, qui mihi uim afferrent et tanquam aegrum intemperantem coercerent. **2** In locum stili sermo successit, ex quo eam partem ad te perferam, quae in lite est : te arbitrum addiximus. Plus negotii habes quam existimas : triplex causa est. Dicunt, ut scis, Stoici nostri duo esse in rerum natura, ex quibus omnia fiant, causam et materiam. Materia iacet iners, res ad omnia parata, cessatura, si nemo moueat : causa autem, id est ratio, materiam format et quocumque uult uersat, ex illa uaria opera producit. Esse ergo debet, unde fiat aliquid, deinde a quo fiat : hoc causa est, illud materia. **3** Omnis ars naturae imitatio est : itaque quod de uniuerso dicebam, ad haec transfer, quae ab homine facienda sunt. Statua et materiam habuit, quae pateretur artificem, et artificem, qui materiae daret faciem : ergo in statua materia aes

illa : illi *p* || sibi uindicauit : subuind- *P* || postmeridiano : posmer- *p* || lectione : elat- *Q* || temptaui : temt- *P* || recepisset : recip- *b* || imperare : inp- *b* || ausus *QLVPb* : auxus *p* || cum : *add. supra u. b* || difficili : difi- *p* || contendo *pQL Érasme* $^{1.2}$: -di *VPb* || afferrent *b* : adf- [*ex* aff- L^2] pL^2P afferent *Q* || coercerent : *ex* cernerent *Q*.

2 arbitrum : *ex* -treum *Q* -trium [*ante* um *super add.* e] *L* || addiximus *pQL Lipse dub. in adn.* : adduxi- *VPb Auen. Mentel.* adegi- *Muret* || existimas : *ex* -mes *p* || ut scis : ut sis *p* || si nemo moueat : sine moueat L^1 sinemouea *Qpr.* si non moueatur Q^1 nemo moueat *p* || format : -ma L^1 || et : *expunct. L om. Q* || quocumque : quecum- *p* || uersat *pPb* : uersat et [et *super add.* L^2] L^2Q *quod recepit Beltrami aeque rectum, non rectius cf. Axelson* ^{3} *p.* 99 || Esse ergo debet : e. d. ergo *Mentel. Érasme* $^{1.2}$ || fiat : *om. b*.

3 Omnis : *ex* -nes *m. rec. Q* || imitatio : -ittatio *p* || statua et materiam : *sic* [et *add. supra u.*] *b* statuo /et materia *p* || artificem et artificem qui [*extr.* i *i. r. Q*] *QLVPb Auen.* : artificemque *p* artificium et artificem *Mentel. Érasme* $^{1.2}$ || faciem [-iaem *p*] : *ex* -iam b^2 || materia : *sic* [r *i. r.*] *V*.

est la matière : la cause, c'est l'ouvrier. Il en va de même de toutes choses ; elles sont constituées de ce qui est mis en œuvre dans une création et de ce qui crée.

4 Les stoïciens n'admettent qu'une seule cause : ce qui crée. Suivant Aristote, la cause se définit de trois manières : la première cause, dit-il, est la matière même, condition absolue de toute création. La seconde, l'ouvrier. La troisième, la forme qui s'impose à chaque ouvrage comme à la statue : c'est ce qu'Aristote appelle « *idos* »[1]. Il en introduit une quatrième accessoirement : la fin poursuivie à travers l'ouvrage. 5 Je vais éclaircir ces définitions. Le bronze est cause première de la statue ; jamais elle n'eût été créée sans une matière pour la couler et la modeler[2]. La seconde cause est l'artisan[3]. Comment le bronze aurait-il figuré une statue, sans le concours de mains savantes ? La troisième cause est la forme[4]. On ne dirait pas « le Doryphore » ou « le Diadumène », si une lance ou un bandeau ne caractérisaient la statue. La quatrième cause est la fin pour laquelle l'œuvre a été créée[5] : sans elle, l'œuvre n'aurait pas été créée. 6 Mais qu'entendons-nous par fin ? Un mobile qui a sollicité l'artisan et l'a soutenu dans sa création : l'argent, s'il a fabriqué pour vendre ; la gloire, s'il a travaillé pour sa réputation ; la piété, s'il avait en vue une offrande à un temple. Ce en vue de quoi une œuvre est créée est donc aussi une

c. 290 (Arnim I, 86) : *siluam* (= ὕλην) — *esse id quod subest his omnibus quae habent qualitates — suapte natura sine uultu et informe : ut puta aes, aurum, ferrum et cetera huiusmodi, silua est eorum quae ex iisdem fabrefiunt.*

1. S. néglige-t-il une addition d'Aristote (τὸ εἶδος) καὶ παράδειγμα [*Phys.* II, 3, 194b 26] qui paraît rapprocher cet *idos* de *l'idea* platonicienne ?

2. Cf. Arist. *Phys.* II, 3, 194b 23 :
ἕνα μὲν οὖν τρόπον αἴτιον λέγεται τὸ ἐξ οὗ γίνεταί τι ἐνυπάρχοντος οἷον ὁ χαλκὸς τοῦ ἀνδρίαντος (cf. II, 8, 199a, 32 ὕλη).

3. Id. II, 3, 194b 29 :
Ἔτι ὅθεν ἡ ἀρχὴ τῆς μεταβολῆς ἡ πρώτη — οἷον ὁ βουλεύσας αἴτιος — καὶ τὸ μεταβάλλον τοῦ μεταβαλλομένου.

4. Id. II, 3, 194b, 26 :
Ἄλλον δὲ (τρόπον) τὸ εἶδος (cf. II, 8, 199a, 32 μορφή).

5. *Id. ibid.* 32 :
Ἔτι — τὸ τέλος · τοῦτο δ' ἐστὶ τὸ οὗ ἕνεκα οἷον τοῦ περιπατεῖν ἡ ὑγίεια · διὰ τί γὰρ περιπατεῖ ;

fuit, causa opifex. Eadem condicio rerum omnium est : ex eo constant, quod fit, et ex eo, quod facit. **4** Stoicis placet unam causam esse, id quod facit. Aristoteles putat causam tribus modis dici : « Prima, inquit, causa est ipsa materia, sine qua nihil potest effici : secunda opifex : tertia est forma, quae unicuique operi inponitur tamquam statuae » : nam hanc Aristoteles idos uocat. « Quarta quoque, inquit, his accedit, propositum totius operis. » **5** Quid sit hoc, aperiam. Aes prima statuae causa est : numquam enim facta esset, nisi fuisset id, ex quo funderetur ducereturue. Secunda causa artifex est : non potuisset enim aes illud in habitum statuae figurari, nisi accessissent peritae manus. Tertia causa est forma : neque enim statua ista doryphoros aut diadumenos uocaretur, nisi haec illi esset inpressa facies. Quarta causa est faciendi propositum : nam nisi hoc fuisset, facta non esset **6**. Qu*i*d est propositum ? quod inuitauit artificem, quod ille secutus fecit : uel pecunia est haec, si uenditurus fabricauit, uel gloria, si laborauit in nomen, uel religio, si donum templo parauit. Ergo et

opifex : -fea *p* || est : *om.* *QL* || constant *p Muret* : -stat *QLVPb* || fit : sit *QL* || et : *om.* *Q* || ex eo : eo *b*.

4 placet : *ex* pac- *p* || Aristoteles : Arest- *Q* || inquit : -id *pQP* || ipsa materia : *ex* materia [ipsa *super add.*] p^{2} materia ipsa *V Auen.* [*add. transponendi signo V*)] || sine qua : senequa *p* || nihil potest *VPb* : n. post [*ex* n. potest] *L* nihil espotest [p *ex* t] *p* || inponitur : imp -*p V* || hanc : hanc ******** *V* || idos *codd.* [*ut* 58,20] *Érasme* : εἶδος *Muret* || uocat : uocat * *V* || inquit : -id *Pb*.

5 Aes : ex *Qpr.* es *supra scr. m. rec. Q* || esset : *ex* esse L^{2} || ex quo : ex co [co *supra u.*] p^{2} || artifex : -fec *p* || illud : -um *P* || habitum : -tu /*p* || peritae : -te *pP* et peritae [*add.* et] b^{2} || Tertia : tertia *** *p* || statua ista : *sic* [*11 litt. in interuallo eras.*] *p* s. illa *Auen.* || aut : au *b* || doryphoros *codd.* [*ex* doriph- *p* doriph- *QL*] : δορυφόρος *Fickert* || diadumenos *codd.* [-moenos *p*] : διαδούμενος *Fickert* || uocaretur : *ex* -cantur *p* || Nam : *om. Auen.* || nisi : si *L* || illi : *ex* illa *Q* || nisi : si *L* || hoc : hoc non QL^{3} etiam hoc *Auen.* || esset : essed *p*.

6 Quid est *dett.* *Érasme* [1.2] : quod est *pQLVPb* || pecunia est *pVPb* : *ex* pecuniae [*lineola super add. in fin.*] L^{2} || haec [hec *p*] *pV Hense* : *om.* *Q* hoc [*ex* haec] L^{3} *Auen. Mentel. Érasme* [1.2] hae *P* he *b* || religio : *ex* releg- *V* regio *P* || donum : *sic* [do *ex corr.*] *p* -no [*ex* -num] L^{2} uel [2] *Q* || templo : -lum *QL*.

cause : crois-tu par hasard que parmi les causes d'une œuvre qui a été créée ne doit pas compter ce sans quoi elle n'eût pas été créée ?

7 A ces causes Platon en ajoute une cinquième : le type exemplaire, l'idée, pour parler son langage. C'est le modèle vers lequel l'artisan eut ses regards tournés d'un bout à l'autre de son travail[1]. Or, il n'importe qu'il ait ce type exemplaire hors de lui pour y reporter son regard ou que ce soit un modèle intérieur que lui-même a conçu et constitué dans son âme. Ces exemplaires de toutes choses, Dieu les confient en lui, et son intelligence embrasse les nombres et les mesures de la totalité des choses à créer[2]. Il est plein de ces figures que Platon nomme les idées, immortelles, immuables, infatigables. Ainsi les hommes périssent, mais l'humanité, archétype de l'homme, se perpétue et, tandis que l'individu peine et meurt, n'en ressent nul dommage. **8** Il existe donc cinq causes au dire de Platon : « ce en quoi », « ce par qui », « ce où », « ce selon quoi », « ce pour quoi »[3], et, pour finir, ce qui résulte de ces causes. Ainsi dans le cas d'une statue, « ce en quoi » c'est le bronze ; « ce par qui » c'est l'artisan ; « ce où », c'est la forme adaptée à l'œuvre ; « ce selon quoi », c'est le modèle qu'imite celui qui crée « ce pour quoi » ; c'est le dessein de celui qui crée ; ce qui résulte de ces causes, c'est

1. *Ad quod respiciens :* cf. 58, 21 (*Habet aliquam faciem statua : haec est idos*). *Habet aliquam faciem exemplar ipsum, quod intuens opifex statuam figurauit : haec idea est ;* Cic. *Or.* 10 cité p. 77, n. 1.

2. Passage depuis longtemps rapproché de *V. T. Sap.* 11, 21. V. Plat. *Tim.* 35b-36b.

3. Ces formules se retrouvent dans des textes stoïciens : cf. *ap.* Sext. Emp. *Math.* 10, 7 (Arnim II, p. 162, l. 19 ss.) : τὸ ἐξ οὗ τι γίγνεται, οἷον ὕλη (cf. Aristote p. 107 n. 2), καὶ τὸ ὑφ' οὗ, οἷον τὸ αἴτιον (cf. Aristote p. 107 n. 3), καὶ τὸ δι' ὅ, καθάπερ τὸ τέλος cf. Arsitote p. 107 n. 5) — τὸ ἐν ᾧ. Mais ἐν ᾧ s'applique au « lieu » (τουτέστιν ὁ τόπος), cf. *infra* § 11 ; et ainsi il est plus clair que l'*in quo* de S.

haec causa est, propter quam fit : an non putas inter causas facti operis esse numerandum, quo remoto factum non esset ? **7** His quintam Plato adicit exemplar, quam ipse idean uocat : hoc est enim, ad quod respiciens artifex id, quod destinabat, effecit. Nihil autem ad rem pertinet, utrum foris habeat exemplar, ad quod referat oculos, an intus, quod ibi ipse concepit et posuit. Haec exemplaria rerum omnium deus intra se habet numerosque uniuersorum, quae agenda sunt, et modos mente conplexus est : plenus his figuris est, quas Plato ideas appellat, inmortales, inmutabiles, infatigabiles. Itaque homines quidem pereunt, ipsa autem humanitas, ad quam homo effingitur, permanet, et hominibus laborantibus, intereuntibus illa nihil patitur. **8** Quinque ergo causae sunt, ut Plato dicit : id ex quo, id a quo, id in quo, id ad quod, id propter quod : nouissime id quod ex his est. Tamquam in statua, — quia de hac loqui coepimus, — id ex quo aes est, id a quo artifex est, id in quo forma est, quae aptatur illi, id ad quod exemplar est, quod imitatur is qui facit, id propter quod facientis propositum est, id quod ex istis est ipsa statua

fit : sit *P* || causas : -sa *b* || remoto : -tum *p* || factum : sact- *p*.

7 quintam: -tum [*ex* -tam] *V* quitam *P* || quam ipse : *ex corr. m. rec.* *VL*[2] || idean *Hense* : idaean *pQLV* *ex* adae ** [an *eras. ut uid.*] *P*[2] ideam *b sic edd. plerique ante Hense* ἰδέαν *Haase* || uocat : ioc- *b* || ad quod *L*[c]*Vb* *Érasme*[1-2] : ad quos *L*[1] aliquod *p* id quod *QP* || effecit : -icit *p* || ad quod : *ex* ad id quod *Q* id quod *L*[1] || an intus : *sic* [*ex* anitus *p*[2] i *ex* o *P*] *p*[2]*P* || ibi : *om.* *Q* *expunct.* *L* sibi *dett.* || modos : *ex* -do *Q* || conplexus *pQb* : compl- *VP* || plenus : *sic* [s *supra u.*] *V* plenius *Q* || est : *om.* *L* || ideas *P* : idaeas *pQLOVb* || appellat : adp- [*ex*- llant] *p* a/pellant *P* || inmortales *QPb* : imm- *pV* || inmutabiles *QP* : *sic* [e *iteratum supra u.*] *b*[2] imm- *p* || humanitas : *sic* [i *i. r.*] *V* || ad quam : atquam *P* || effingitur : effig- *p* || permanet : -nent *b* || laborantibus : *ex* -ntemis *Q* || illa : illam [m *expunct.*] *L*.

8 id in quo : id in quo * *V* *om.* *p* || id ad quod : *ex* in id quod *p* || propter quod nouissime : propter/nouissime *p* || his : *ex* is *V* || hac : *sic* [h *i. r.*] *V* || ex quo aes *LVPb* : q ex quo ae /*p* || aptatur : *ex* abt- *V* abt- *P* || forma : *ex* foma *b*[1] *uel* *b*[2] || exemplar : exepl- *p* || imitatur : immi- *p* || is : *ex* his *P* || facientis : -ti *b* || propositum : pnopos- *ex* propos- *p*.

la statue elle-même. **9** Tous ces facteurs, le monde aussi les a, suivant Platon. Il a un créateur, c'est Dieu ; il a « ce en quoi », la matière ; il a une forme, c'est l'état et l'ordre du monde tel que nous le voyons ; il a un modèle : proprement le « selon quoi » d'après lequel Dieu a créé ce grand et superbe ouvrage ; il a un dessein : « ce pour quoi » il l'a créé. **10** Mais quel est, demandes-tu, le dessein qui a pu déterminer Dieu ? La bonté. Voici du moins le langage de Platon : « Quelle cause Dieu a-t-il eue de créer le monde ? Il est bon. Or, l'être bon n'est jamais jalousement avare de ce qu'il peut faire de bon. Il a donc créé le monde, et le meilleur possible [1]. » Te voilà juge ; porte ton arrêt, prononce-toi sur la thèse à ton sens la plus vraisemblable, je ne dis pas la plus vraie (car pareille décision nous dépasse autant que la vérité elle-même.

11 Cette collection de causes, posée par Aristote et Platon, comprend trop ou trop peu. S'ils estiment qu'est cause de créer tout ce sans quoi l'effet ne peut se produire, ils en ont dit trop peu. Au nombre des causes, qu'ils mettent le temps, puisque sans le temps rien ne se peut faire [2] ; qu'ils mettent le lieu, qui fournit au fait une assise indispensable [3] ; qu'ils mettent le mouvement : sans lui

1. V. Plat. *Tim.* 29 d :
Λέγωμεν δὴ δι' ἥντινα αἰτίαν γένεσιν καὶ τὸ πᾶ τόδε ὁ συνιστὰς συνέστησεν. Ἀγαθὸς ἦν, ἀγαθῷ δὲ οὐδεὶς περὶ οὐδενὸς οὐδέποτε ἐγγίγνεται φθόνος · τούτου δ' ἐκτὸς ὢν πάντα ὅτι μάλιστα ἐβουλήθη γενέσθαι παραπλήσια ἑαυτῷ. Cf. 29 a « le bon Démiurge ».
Sur la « bonté » divine voir Phédon 63 ab, 80 d, 97 c ; Sen. *Ep.* 95, 36 *di inmortales nullam didicere uirtutem cum omni editi et pars naturae eorum est bonos esse* ; *N. q.* 1 *pr.* 3 *cui* (i. e. *deo*) *nisi optima placere non possunt* ; *Fr.* 122 Haase *cui naturalis est uirtus :* l'inlassable bonté des dieux *De Ben.* 1, 1, 9 *ne deos quidem inmortalis ab hac tam effusa nec cessante benignitate sacrilegi neglegentesque eorum deterrent : utuntur natura sua et cuncta interque illa ipsos munerum suorum malos interpretes iuuant.* V. aussi les multiples preuves données d'un aménagement providentiel du monde par exemple *ap.* Sen. *N. Q.* 5, 18, 1 à 5.

2. cf. supra p. 108 n. 3 *s. f.*
Autre définition stoïcienne du temps D. L. 7, 141 τὸν χρόνον —, διάστημα ὄντα τῆς τοῦ κόσμου κινήσεως.

3. Cf. p. 108, n. 3 *s. f.* Thal. (D.L.,1,35) μέγιστον τόπος · ἅπαντα γὰρ χωρεῖ.

<est>. **9** Haec omnia mundus quoque, ut ait Plato, habet : facientem, hic deus est : ex quo fit, haec materia est : formam, haec est habitus et ordo mundi quem uidemus : exemplar, scilicet ad quod deus hanc magnitudinem operis pulcherrimi fecit : propositum, propter quod fecit. **10** Quaeris, quod sit propositum deo ? bonitas. Ita certe Plato ait : « Quae deo faciendi mundum fuit causa ? bonus est : bono nulla cuiusquam boni inuidia est : fecit itaque quam optimum potuit. » Fer ergo iudex sententiam et pronuntia, quis tibi uideatur ueri simillimum dicere, non quis uerissimum dicat : id enim tam supra nos est quam ipsa ueritas.

11 Haec, quae ab Aristotele et Platone ponitur, turba causarum aut nimium multa aut nimium pauca comprendit. Nam si, quocumque remoto quid effici non potest, id causam iudicant esse faciendi, pauca dixerunt. Ponant inter causas tempus : nihil sine tempore potest fieri. Ponant locum : si non fuerit, ubi fiat aliquid, ne fiet quidem. Ponant motum : nihil sine hoc

statua est *Ruhkopf* : statua *pQLVPb* [statua * *L eras.* e *suspicatur Hense*].

9 mundus : -ntius *b* || formam : -ma /*b* || scilicet : sil- *Q* || pulcherrimi : piulch- *ex* pulcherrime *p* || propter : *om. Q*.

10 quod : *ex* quae *Q* || propositum : *sic* [p *prior i. r.*] *V* || deo : dei *Auen.* || bonitas : b. est [est *supra u.*] L^2 *Mentel. Auen.* || certe : -to *P* || mundum : *ex* -do p^2 || bono : *ex* homo *b ex* bona p^2 bona *P* || cuiusquam : *ex* cuiusque *Q* || boni : *om. b* || quam : q * * m [*eras.* ue *?*] *P* || optimum : obt- *p* || fer : fer * [*eras.*s] *p* || ergo : g *ex* ergo *P* || quis : *ex* qui P^2 || tibi : ibi *ex* tibi *ut uid. b* || uideatur ueri simillimum *QLVPb Axelson* [3] *p* 85 *iam Auen. Mentel.* [uerisimilli-mum u. *Mentel*] *et Érasme* [1 2] : u. uerissimum *p Buecheler Hense* [2] || uerissimum : uerum *Érasme* [1-2] || dicat *pVPb* : dicere *sed uerbis* non quis uerissimum dicat *iteratis QL* || ueritas : *sic* [as *ex corr.*] *V*.

11 Aristotele : arisiotele *p* || comprendit *pQ* : conpr- *V* cprendit *P* conp̄hendit [h *ex* r *ut uid.* L^2 uel [3]] L^3*b* || remoto : rento *L* [o *pr. et una* m *litterae hasta foramine perierunt*] || faciendi : *ex* -da p^2 || Ponant [1] : -nent [*ex* -nant L^2] L^2*Q* || ubi : hubis / *p* || ne : *ex* neo *Q* || motum : modum *p* || sine : *ex* -ni *P*.

rien ne se fait, rien ne se défait ; sans le mouvement point d'art, point de changement d'état.

12 Mais ce que pour le moment nous cherchons, nous, c'est la cause première et générale ; nécessairement elle est simple, car la matière aussi est simple [1]. Nous cherchons à connaître ce qu'est la cause ? Eh ! bien, c'est la raison créatrice, c'est Dieu. Tout ce que vous avez énuméré ne représente pas de multiples causes particulières, mais procède d'une seule : la cause qui crée [2].

13 La forme, dis-tu, est une cause ? L'artisan l'impose à son ouvrage : elle est partie de cause, et non cause. Le modèle idéal non plus n'est pas cause, mais indispensable instrument de la cause. Le modèle est indispensable à l'artiste au même titre que le ciseau, que la lime. Sans ces auxiliaires l'art ne saurait faire un pas. Les compterons-nous pour cela comme parties de l'art ou comme causes ?

14 « La fin, l'intention qui porte l'artisan à créer, voilà, déclare-t-on, une cause. » Dans cette hypothèse, elle ne serait pas efficiente, mais accessoire. Or, les causes accessoires sont innombrables ; nous cherchons, nous, la cause générale. Et vraiment les deux philosophes n'ont pas fait preuve de leur finesse ordinaire lorsque l'univers, en tant qu'œuvre parfaitement achevée, a été présenté par eux comme une cause. Il y a effectivement grande différence entre l'ouvrage et la cause de l'ouvrage.

1. Cf. Galen. vol. XIX, p. 476 K. (Arnim. II, p. 116, l. 3 s.) ἄποιος (ὕλη) — ἁπλῆ.

2. Cf. Clem. Alex. *Strom.* 8, 9 (Arnim II, 347) Τὸ δὲ αὐτὸ ἄρα αἴτιον καὶ ποιητικόν... ; D. L. 7, 134 (Arnim I, 85) δοκεῖ (*stoicis*) — εἶναι — τὸ ποιοῦν καὶ τὸ πάσχον... τὸ δὲ ποιοῦν τὸν ἐν αὐτῇ (*i. e.* ὕλῃ) λόγον τὸν θεόν. Τοῦτον γὰρ — διὰ πάσης αὐτῆς δημιουργεῖν ἕκαστα. Plut. *De Is. et Os.* 45, p. 369 a (Arnim II, 1108) ἀποίου δημιουργὸν ὕλης ἕνα λόγον ; Sen. *N. q.* 1 *pr.* 14 (*deus*) *totus est ratio* ; *De Ben.* 4, 7, 1 *Quid — aliud est natura quam Deus et diuina ratio toti mundo partibusque eius inserta ?... Tibi licet — hunc auctorem rerum nostrarum compellare.* — § 13 *Inponit* : cf. § 5 (*statuae*) *inpressa facies* ; § 8 (*forma*) *aptatur illi.* — § 14 (*causa*) *superueniens* : Clem. Alex. *Strom.* 8, 9 (Arnim II, 347) Τὸ δὲ αὐτὸ ἄρα αἴτιον καὶ ποιητικὸν καὶ δι' ὅ. Καὶ εἰ μέν τί ἐστιν αἴτιον καὶ ποιητικόν, τοῦτο πάντως ἐστὶ καὶ δι' ὅ · εἰ δέ τι ἐστὶ δι' ὅ, οὐ πάντως τοῦτο καὶ αἴτιον · Πολλὰ γοῦν — συντρέχει — ἀλλ' οὐκ ἔστι πάντα ἄτια.

nec fit nec perit ; nulla sine motu ars, nulla mutatio est. **12** Sed nos nunc primam et generalem quaerimus causam. Haec simplex esse debet : nam et materia simplex est. Quaerimus, quid sit causa? Ratio scilicet faciens, id est deus : ista enim, quaecumque rettulistis, non sunt multae et singulae causae, sed ex una pendent, ex ea quae fac*it*. **13** Formam dicis causam esse? Hanc inponit artifex operi : pars causae est, non causa. Exemplar quoque non est causa, sed instrumentum causae necessarium. Sic necessarium est exemplar artifici, quomodo scalprum, quomodo lima : sine his procedere ars non potest, non tamen hae partes artis aut causae sunt. **14** « Propositum, inquit, artificis, propter quod ad faciendum aliquid accedit, causa est. » Vt sit causa, non est efficiens causa, sed superueniens. Hae autem innumerabiles sunt : nos de causa generali quaerimus. Illud uero non pro solita ipsis subtilitate dixerunt, totum mundum et consummatum opus causam esse : multum enim interest inter opus et causam operis.

fit : fit * *V* || nulla (sine) : *om. p* || mutatio : imitatio « *in quibusdam codd.* » *vidit Pincia* imitacio *Mentel.*

12 quid sit : quid si *p* quae sit *Auen.* || scilicet : s * cilicet *p* || id est deus *secl. Schweighaeuser Fickert* || ista *Schweighaeuser* : ita *pQLPb Mentel. Auen. Érasme* [1-2] ita **** *V* || quaecumque *codd. ed. Rom.* 1575 *Auen. Schweighaeuser* : quae nunc *Mentel. Érasme* [1-2] *alii* || rettulistis : retul- [*ex* rettul- *V pr.* s *supra u. Q*] *QLVb Auen.* rettulissettis *p* retullistis *P* rettulerunt isti *Hauck* retulisti *Mentel.* retuli *Érasme* [1-2] || non : *ex* nos *p* || singulae : si linguae *p* || facit *Érasme* [1-2] *alii cf. Axelson*[3] *p* 154 : faciet *codd. Auen. Mentel. Hense Beltrami.*

13 pars causae : pars causa *P* || quoque : coque *p* || non est : *om. p* || lima : -mam *p* * * lima *P* [*eras.* do *ut uid.*] || ars *LVPb* : ar *f** /*ut uid. p* || hae : *ex* haec *L* haec *b* he [*ex* e] *p*[2].

14 inquit : *ex* inquid *b* inquid *pQP* || faciendum : -cendum *p* || causa (est) : *ex* -sae *Q* || est : *om. p* || sit : si *P* || sed : *om. P* || superueniens : perue- *b* || Hae : haec *p* || innumerabiles : -ra **biles *P* || generali quaerimus [quer- *p*] *pQLV* : generalissimus *P* generali / sumus *b* generali locuti sumus *Auen.* quaerimus generali i dest de deo *Mentel.* || solita : *ex* -luta *Q* || subtilitate : *ex* supt- *ut uid. V*[2].

15 Porte ton arrêt ou, comme il est plus expédient en pareille matière, décide un supplément d'enquête [1] et renvoie notre affaire. Je t'entends dire : « Quel plaisir trouves-tu à consumer le temps dans des subtilités qui ne te débarrassent d'aucune de tes passions, qui ne chassent loin de toi nul vain désir [2] ? » L'objet de mes soins, de mes méditations est supérieur, ce sont les pensées qui assurent la paix de l'âme. Je commence par fouiller en moi-même, puis je fouille dans les secrets de ce monde. **16** Même alors, contrairement à ce que tu supposes, je ne perds pas mon temps. A condition que l'on ne raffine pas, que l'analyse ne dégénère pas, comme nous l'avons vu, en vaine subtilité, toutes ces considérations relèvent et réconfortent l'âme, qui, accablé par un lourd bagage, désire se déployer et revenir au monde auquel il a appartenu. Qu'est-ce que notre corps ? Un poids sur l'âme pour son supplice. Il l'opprime, il l'accable, il la tient dans les chaînes, mais la philosophie a paru et voici qu'elle convie l'âme à reprendre son souffle en présence de la nature ; elle lui a fait abandonner le terrestre pour le divin. C'est ainsi que l'âme devient libre, c'est ainsi qu'elle se donne l'essor. De temps à autre elle s'évade du cachot dans lequel elle est maintenue, et se recrée en jouissant du ciel. **17** Comme

1. *Fer sententiam* — *non liquet* formules juridiques romaines (cf. § 10). Il s'agit ici d'un arbitrage (§ 2).

2. Considérations habituelles à S. (V. *Ep.* 48, 5 et 9 et p. 89, n. 6 *med.*) et à Lucilius (*Ep.* 121, 1). — *Me prius :* réponse aux railleries de Socrate contre les scrutateurs du ciel, qui s'ignoraient eux-mêmes. — § 16 *graui sarcina : Ad Helu.* 11, 6 *moras membrorum* — *sarcinam* ; *Ad Marc.* 24, 5 *oneribus alienis* — *graui carne* ; *Ep.* 24, 17 ; 92, 33 ; Epict. *ap.* M. Antonin. 4, 41 « un poids mort ». — *Ad illa quorum fuit :* cf. 31, 11 ; 41, 1 ; 66, 12 ; *De Ot.* 5, 5 *homines diuini esse spiritus* — *scintillas quasdam astrorum in terram desiluisse ; Ad Marc.* 24, 5 *nititur illo* (*animus*), *unde demissus est : Ad. Helu.* 11, 6 *sincerus animus ac naturae suae memor, luis ipse expers*, 7 *sacer et aeternus* ; *Ep.* 78, 10 *melior ac diuina pars* (*nostri*) cf. p. 118 n. 4 ; Cic. *Tusc.* 5,38 *decerptus ex mente diuina ; De Rep.* 6, 26 *Deum te* — *scito esse :* conception à l'origine pythagoricienne ? V. Meunier *Les vers d'or de Pyth.* p. 233, n. 1. Aristotélicienne ? V. *Eth. Nic.* 10, 7 : (par la vie contemplative) θεῖόν τι ἐν αὐτῷ ὑπάρχει. — *In uinculis* cf. § 21 ; *Ad Helu.* 11, 7 ; *Ad Marc.* 24, 5 *uincula animorum ;* Cic. *De Rep.* 6, 14 *e corporum uinculis.* Souvenir de l'expression platonicienne (*infra*), et non essai d'étymologie, comme le suggère Lipse *ad l.* — *Custodiae* cf. Plat. *Phaedo* 67 c ὥσπερ ἐκ

15 Aut fer sententiam aut, quod facilius in eiusmodi rebus est, nega tibi liquere et nos reuerti iube. « Quid te, inquis, delectat tempus inter ista conterere, quae tibi nullum affectum eripiunt, nullam cupiditatem abigunt ? » Ego quidem p*oti*ora illa ago ac tracto, quibus pacatur animus, et me prius scrutor, deinde hunc mundum. **16** Ne nunc quidem tempus, ut existimas, perdo : ista enim omnia, si non concidantur nec in hanc subtilitatem inutilem distrahantur, attollunt et leuant animum, qui graui sarcina pressus explicari cupit et reuerti ad illa, quorum fuit. Nam corpus hoc animi pondus ac poena est : premente illo urguetur, in uinculis est, nisi accessit philosophia et illum respirare rerum naturae spectaculo iussit et a terrenis ad diuina dimisit. Haec libertas eius est, haec euagatio : subducit interim se custodiae, in qua tenetur, et caelo reficitur. **17** Quemadmodum artifices ex alicuius rei subtilioris

15 Aut fer *Mentel. Auen. Érasme* $^{1-2}$: aufer *pQLPb* affer [*ex* aufer] *V* || quod : *om. pQL* || in eiusmodi : in e eiusmodi *p* || nega tibi : negat ibi *Q* || liquere : liquaere *ex* loquaere *P*[2] loquere *b* || Quid : *ex* qui *L*[2] || inquis : *ex* inqui *p*[2] || conterere : -terrere *Q* || affectum : adf- *p* || nullam cupiditatem : nulla cupiditate *P* || abigunt *Pb Mentel. Auen. Érasme* $^{1-2}$: *ex* -gant *V ex* ambigant *QL* bigant *p* || potiora *Hense coll. De Vit. b.* 14,3 [*fuerit* peiora *in archet. ?*] : peiora *QLb* priora [*ex* peio- *V ex* peio /- *P*] *PV Mentel. Auen. Érasme* $^{1-2}$ *Beltrami* peiura *p* potiori cura *Koch* peculiari cura *Madvig* ampliora *Chatelain* ut potiora *aliter Hense* superiora *Brakman* propiora *Beltrami*[2] || ago : *ex* ego *V* || ac tracto : atracto *b* haec [*ex* ac] t. *Q*[2] || pacatur *QLPb* : pasc- *ex* pac- *V* plac- *p* || scrutor : *ex* strutor *V*.

16 nunc *pQL* : tunc *ex* hunc *V* hunc *b* h*i*c [*alt. hasta litterae* u *et* n *eras.*] *P* hoc *M* || existimas : -ma *P* || ista *V Mentel. Auen. Érasme* $^{1-2}$: ita *pQLPb* || nanc : *ex* hunc *p* hac *Pb* || subtilitatem : *ex* supt- *V* suptul- *p* || inutilem : ut inut- *b* in utilitatem *p* || attollunt *pQb* : attoll*nt [*eras.* u] *P de V dubito* || graui sarcina pressus *cf. auctore Hense Ad Helu.* 11,6 || illa : -am *p* || premente *QLVP* : p̄mente *b* prae *p* || urguetur *QLVP* : -getur *pb* || uinculis *Q* : -clis *codd.* || illum : illi *P* || haec[1] : ha [ec *foramine periit*] *L* || euagatio : euacuatio *QL* aeuegatio *P*.

17 Quemadmodum : -dam *ex* Queemadmodum *p*[2] quem ammodum *Q* || artifices : -cis *p* || ex [e *ex* i *b*] alicuius *codd. Érasme* $^{1-2}$ *alii* : et alicuius *Mentel. Auen.* alicuius *Haase* || subtilioris : *ex* -res *L*[2] | ex alicuius rei subtilioris intentione quae *Érasme* $^{1-2}$ *et edd. ple-*

après un travail délicat qui absorbe leur attention et fatigue leur vue, des artisans, si leur atelier reçoit un jour pauvre et précaire, sortent, gagnent quelque lieu consacré au délassement public où réjouir leurs yeux par la libre lumière [1] ainsi l'âme, renfermée dans son logis triste et obscur, s'élance chaque fois qu'elle le peut [2] vers les espaces [3], et se repose dans la contemplation de la nature. **18** Le sage et l'aspirant à la sagesse sont, on en convient, rivés à leur corps ; toutefois ils s'en détachent par la meilleure partie d'eux-mêmes [4] et leurs méditations tendent vers les réalités d'En-Haut. Pareils au soldat tenu par le serment, ils regardent comme un temps de service les jours qu'ils vivent [5]. Ils ont discipliné leur pensée de telle sorte que la vie ne leur inspire ni amour ni haine ; ils se résignent à leur condition mortelle, malgré la perspective assurée d'un plus noble destin. **19** Eh ! quoi, tu m'interdis d'examiner la nature ? M'isolant du tout, tu me confines dans la partie ? Je ne rechercherai pas quels sont les commencements de l'univers ? qui a donné forme aux êtres ? qui a introduit la séparation entre tous les éléments mêlés jusque là en un seul tout et enrobés de matière inerte ? Je ne rechercherai pas quel est l'artisan de ce monde, selon quelle loi tant de grandeur a acquis règle et ordre ? qui a rassemblé ce qui était

δεσμῶν ἐκ τοῦ σώματος ; *Ad. Helu.* 11, 7 *custodia ; De Ben.* 3, 20, 1 *carcere* ; Cic. *De Rep.* 6, 14 *e carcere* ; *Cat. M.* 77 *compagibus*.

1. Variante heureuse de la comparaison déjà vue 58, 25 *Quemadmodum ille caelator oculos diu intentos ac fatigatos remittit atque auocat...* Cf. les promenoirs recommandés par l'auteur (*De Tr. an.* 17, 8 *in ambulationibus apertis uagandum ut cœlo libero — augeat — se animus*). Celui qui est évoqué ici peut être un jardin comme il y en avait auprès du théâtre de Pompée, du Portique de Livie, ou comme « les jardins » d'Agrippa (Grimal, *op. cit.*, pp. 183 ss., 188 ss.. 193 ss.).

2. Cf. § 16 *subducit — se custodiae.*

3. *Apertum petit* cf. § 16 *caelo* (*reficitur*), § 20 *f. caelo interesse*, *N. q.* 1 *pr.* 11 *ingentia spatia.*

4. Cf. *N. q.* 1 *pr.* 14 *nostri melior pars animus est ;* 4ª *pr.* 20 *Erimus una qua parte optimi sumus ; Ep.* 78, 10 *cum meliore ac diuina parte* (*sui uersari*) ; 71, 32 ; *De Const.* 6, 3 *f.*

5. Cf. 51, 6 et la note ; 120, 12 (*uir ille perfectus*) — *se — militem credens labores uelut imperatos subit.*

intentione quae oculos defetigat, si malignum habent et precarium lumen, in publicum prodeunt et in aliqua regione ad populi otium dedicata oculos libera luce delectant : sic animus in hoc tristi et obscuro domicilio clusus, quotiens potest, apertum petit et in rerum naturae contemplatione requiescit. **18** Sapiens adsectatorque sapientiae adhaeret quidem in corpore suo, sed optima sui parte abest et cogitationes suas ad sublimia intendit. Velut sacramento rogatus hoc quod uiuit stipendium putat : et ita formatus est, ut illi nec amor uitae nec odium sit, patiturque mortalia, quamuis sciat ampliora superesse. **19** Interdicis mihi inspectionem rerum naturae, a toto abductum redigis in partem ? Ego non quaeram, quae sint initia uniuersorum ? quis rerum formator ? quis omnia in uno mersa et materia inerti conuoluta discreuerit ? Non quaeram, quis sit istius artifex mundi ? qua ratione tanta magnitudo in legem et ordinem uenerit ? quis

rique ante Haasium : ex a. r. s. quae [que *p*] intentione *codd.* et a. r. s. inspectores qui intentione *Mentel. Auen.* a, r. s., quae i. *Haase* || defetigat *Hense, iam* de^f^atigat *Érasme* $^{1-2}$: *ex* -gant *VP* -gant *p* defatigant *QLb Mentel. Auen. an* defetigauit ? || precarium [praec-] *O iam Opsopoeus ex libro suo Ambian.* : *sic* [p̄c- *ex* p̄clarium *aut* p̄charium] P^2 *aut* P^1 preclarium *p* praeclarum [*ex* -rium *V*] *QLVb* non praeclarum *Mentel. Érasme* $^{1-2}$ (non magnum et) praeclarum *Auen.* || lumen : l. habent *b sic Mentel. Auen. Érasme* $^{1-2}$ *qui* habent *supra om.* || clusus : clus *p* || quotiens : -ties *L* || potest : postest *p*.

18 Sapiens : -pens / *P* || adsectatorque [quae *P*] : assertatorquo [*ex* ads- L^2] QL^2 || in corpore : corpori [*ex* in corpore L^2] L^1 *Q* || optima : obt- *Q* || abest : adest *p* || ad : ab *b* || sublimia : -ma *P* || rogatus *codd. Auen. Mentel. Pincia* [*ex « uet. lect. »*] *Muret* : rogat˜ *P* [= -tus ?] ligatus *Érasme* $^{1-2}$ || illi : illic *P*.

19 Intordicis *codd. Schweighaeuser* : -ces *b Mentel. Auen. Érasme* $^{1-2}$ *qui infra* rediges *habet* || inspectionem QL^2V^2 *Auen. Érasme* $^{1-2}$ *Beltrami coll.* 18,3 : -ne *p* L^1V^1Pb *Fickert* || a toto *codd. Fickert* : ac toto *VPb Érasme* $^{1-2}$ ac a toto *Auen.* || (non) quaeram [quer- *p Q*] *codd.* : quero *P* || quis *QVPb* : *ex* quae L^2 que *p « potest* qui *» Buecheler* || uno : imo *mg. Erasmi* ^{2} una (massa) *Muret* || mersa : *ex* nersa *Q* massa *Muret* || inerti : etinerti *Q* || istius artifex mundi *codd. Mentel. Auen.* : a. i. m. *P* a. huius m. *Érasme* $^{1-2}$ | artifex : -ec *p* || in legem et ordinem : in lege et hordinem *p*.

épars, divisé ce qui était confondu, démêlé une image dans ce qui languissait dans une affreuse uniformité[1] ? d'où provient une si grande lumière ? est-ce du feu ou quelque matière plus éclatante que le feu ? 20 Je n'ai pas à m'enquérir là-dessus ? Il faut que j'ignore d'où je suis sorti, si je ne verrai qu'une fois tout cela ou si je reviendrai souvent à l'existence[2] ? où j'irai en partant d'ici ? quel séjour attend ma vie affranchie des lois de l'humaine servitude[3] ? Tu me défends d'entrer en commerce avec le ciel[4] ; c'est m'enjoindre de vivre le front baissé[5]. 21 Je suis trop grand, destiné de naissance à de trop grandes choses[6] pour me faire le valet de mon corps, qui n'est rien d'autre, certes à mes yeux, qu'une chaîne passée autour de ma liberté.[7] J'oppose donc ce corps aux coups de la Fortune pour qu'ils s'y arrêtent, je ne permets pas qu'à travers lui elle me porte la moindre blessure. Tout ce qui en moi peut subir un dommage, le voilà. Dans ce bâtiment assujetti <à la fortune> habite une âme libre. 22 Jamais cette chair ne me contraindra à avoir peur, ni jamais à une hypocrisie indigne d'un homme de bien ; jamais, pour déférer à ce pauvre corps, je ne mentirai. Quand bon me semblera, je romprai avec cet associé. Maintenant même, rivés l'un à l'autre, nous ne serons pas pour autant des associés à

1. *Ego non quaeram — igne lucidius* : cf. *De Ot.* 5, 5... *ut inquisitio transeat ex apertis in obscura — unde ista sidera exierint ; quis fuerit uniuersi status antequam singula in partes discederent ; quae ratio mersa et confusa diduxerit ; quis loca rebus assignauerit ; — an — aliqua uis legem singulis* (i. e. *rebus*) *dixerit.*

2. Cf. sur la παλιγγενεσία, que Sotion affirmait, *Ep.* 108, 19 à 21.

3. Cf. *Ad Pol.* 9, 7 à 9 ; *Ad Marc.* 24, 5 ; 25 ; Cic. *De Rep.* 6, 14.

4. *N. q.* 1 *pr.* 11 *sursum ingentia spatia sunt in quorum possessionem animus admittitur*... 12 *nec ut alienis sed ut suis interest* (*diuinis*) ; *Ad Helu.* 8, 4 *animus contemplator admiratorque mundi, pars eius magnificentissima.*

5. *De Ot.* 5, 4 (*natura*) *habilem contemplationem factura sublime fecit illi* (i.e. *homini*) *caput* ; ibid. *erexit — hominem* ; *Ep.* 94, 56 *Illa uultus nostros erexit ad caelum*... ; Plat. *Polit.* 9, 586 a ; Cic. *De N. d.* 2, 140, *De Leg.* 1, 26 ; Ov. *M.* 1, 84 ss.

6. V. supra n. 4 *f.* ; *De Ot.* 5, 3 *natura — spectatores nos tantis rerum spectaculis genuit*... ; 5, 7 *Ad haec* (i. e. *naturae secretiora*) *quaerenda natus* ; *Ep.* 120, 15 ; Epict. *Diss.* 1, 6, 19. — *Mancipium* : cf. 14, 1.

7. V. p. 111, n. 2 *s. f.* La marge de *b* porte *d*(*ignum*) *m*(*emoria*).

sparsa collegerit, confusa distinxerit, in una deformitate iacentibus faciem diuiserit ? unde lux tanta fundatur ? ignis sit, an aliquid igne lucidius ? **20** Ego ista non quaeram ? Ego nesciam, unde descenderim ? semel haec mihi uidenda sint, an saepe nascendum ? quo hinc iturus sim ? quae sedes exspectet animam solutam legibus seruitutis humanae ? Vetas me caelo interesse : id est iubes me uiuere capite demisso. **21** Maior sum et ad maiora genitus, quam ut mancipium sim mei corporis, quod equidem non aliter aspicio quam uinculum aliquod libertati meae circumdatum. Hoc itaque oppono fortunae, in quo resistat, nec per illud ad me ullum transire uulnus sino. Quicquid in me potest iniuriam pati, hoc est : in hoc obnoxio domicilio animus liber habitat. **22** Numquam me caro ista compellet ad metum, numquam ad indignam bono simulationem ; numquam in honorem huius corpusculi mentiar. Cum uisum erit, distraham cum illo societatem. Et nunc tamen, dum haeremus, non erimus aequis partibus socii : animus ad se omne

distinxerit : *ex* distsix- *p* distrinxerit *L* -stincxerit *QP* || in una *codd. mg. Erasmi* [1,2] *Lipse* : nimia *Érasme* [1,2] *Muret* || iacentibus *codd. Auen. Schweighaeuser* : latent- *Mentel. Érasme* [1,2] *alii* || diuiserit : -scerit *P*.

20 unde : *sic* [n *i. r.*] *V* un /*p* || an : * n [*eras.* i *ut uid.*] *P* || nascendum : *ex* nesc- *P* || exspectet : exp- *VPb* expectent *Auen.* -tat *pL* exspectat *Q* || animam : a nimiam *L* || id est iubes : iubes [id est *expunct.* L^3 *om.* *Q*] QL^3 || demisso : dim- *pQP*.

21 ut : *ex* aut *L* aut *Q* || equidem : *ex* dequi- *P* || non : non * *V* || aspicio [-pitio *Pb*] *codd.* : *ex* etaspicio *Q* || uinculum [*ex* -clum *L*] *QL* : -clum *codd.* || in quo : *ex* in que *p* || resistat : sistat *p* || illud : *sic* [d *i. r.*] *V* || ullum : ullam *p* illum *QL* || uulnus : uln- [*pr.* u *foramine periit*] *P* || quicquid : *ex* quidq- *V* quidq- *p* || in me : *ex* inmo *p* me *P* || obnoxio : nixio *Pb*.

22 caro : cario *p* || compellet *pQP* : conp- L^1 cūp- VL^2 cūpellat *b* || metum : *ex* mecum Q^2 mecum *L* || indignam : -na *Q* || bono : -na *QL* || simulationem : -ne *Q* || Et nunc tamen *codd. Auen. Pinciani* « *uet. lect.* » *Muret* : et nunc *Mentel. Érasme* [1,2] || dum *codd. Auen. Pinciani* « *uet. lect.* » *Muret* : *ex* cum *V* cum *Mentel. Érasme* [1,2]

parts égales : l'âme saura tirer à elle tous les droits. Mépriser son corps, c'est s'assurer la liberté.

23 Pour revenir à mon propos, ce qui favorisera également beaucoup notre liberté, c'est l'étude même, dont nous parlions tout à l'heure. Tout est constitué en effet par la matière et par Dieu. Dieu établit l'équilibre entre les éléments qui, épars, le suivent comme un guide et un souverain. Or il y a plus de puissance et de valeur dans ce qui agit, c'est-à-dire Dieu, que dans la matière qui subit Dieu. **24** Le rang qu'occupe Dieu dans l'univers est celui de l'âme dans l'homme ; ce qui est matière là, est corps en nous [1]. Il faut donc que le pire soit au service du meilleur. Soyons fermes contre les accidents du sort ; ne redoutons pas les mauvais traitements, les plaies, les chaînes, la misère. Quant à la mort, comment la concevoir ? Comme une fin ou comme un passage. Même ne plus être ne me fait pas peur. Car c'est la même chose que ne pas avoir commencé d'être. Et je ne crains pas davantage de passer ailleurs, parce que nulle part je ne me sentirai à l'étroit autant qu'ici.

LETTRE 66*

1 J'ai revu après bien des années Claranus mon camarade d'études [2]. Tu n'attends pas, je pense, que j'ajoute :

* *Sommaire.* — Une grande âme peut habiter un corps disgracié. Sénèque le constate à propos d'un vieil ami avec qui il a eu une série d'entretiens (1-4), dont le premier était consacré au principe stoïcien selon lequel tous les biens sont égaux entre eux. Cette égalité est indubitable, chacun des différents biens n'étant qu'un mode du souverain bien, c'est-à-dire de la raison ou encore de la vertu, toujours et partout égale à elle-même (5-12, jusqu'à *paria itaque*). Qu'elle se manifeste dans la joie ou dans l'aptitude à souffrir, c'est de part et d'autre la même vertu (12-17) et pour cette vertu les circonstances, quelles qu'elles soient, sont matière indifférente (18-27). Ainsi, quoique répartis en trois classes, les vrais biens sont égaux (28-44). Épicure lui-même a proclamé qu'il n'y a pas de degrés dans l'absolu du bien (45-48). S'il était possible, Sénèque ferait passer en tête ceux des biens qui impliquent résistance à l'adversité. Grandeur de Mucius Scévola (49-53).

1. V. Cic. *De Rep.* 6, 26 *f.* — *Finis aut...* : *Ad Pol.* 9, 2. — *Anguste* : *N. q.* 1 *pr.* 13.

2. Est-ce le commentateur cité par Mart. 10, 21, 2 et par Aus. *Ep.* 13, 27 ? On ne sait.

ius d*u*cet. Contemptus corporis sui certa libertas est. **23** Vt ad propositum reuertar, huic libertati multum conferet et illa, de qua modo loquebamur, inspectio. Nempe uniuersa ex materia et ex deo constant. Deus ista temperat, quae circumfusa rectorem secuntur et ducem. Potentius autem est ac pretiosius, quod facit, quod est deus, quam materia patiens dei. **24** Quem in hoc mundo locum deus obtinet, hunc in homine animus ; quod est illic materia, id in nobis corpus est. Seruiant ergo deteriora melioribus : fortes simus aduersus fortuita : non contremescamus iniurias, non uulnera, non uincula, non egestatem. Mors quid est ? aut finis aut transitus. Nec desinere timeo, idem est enim, quod non coepisse, nec transire, quia nusquam tam anguste ero. VALE.

SENECA LVCILIO SVO SALVTEM **66**

1 Claranum, condiscipulum meum, uidi post multos annos : non, puto, expectas, ut adiciam senem, sed mehercules uiridem animo ac uigentem et cum

ius : eius *non* ius *Pb* || ducet *Mentel. Auen. Érasme* $^{1\text{-}2}$: *ex* dicit *V* dicet [*ex* decet *b*] *pLPb* uindicet *Q Beltrami sed u. Axelson* ^{3} *p.* 104 || Contemptus : *sic* [*alt.* t *supra u.*] *Q* || certa : -te *P*.

23 conferet : *ex* -rent *p* || loquebamur : *ex* -batur p^2 || constant : tat *Pb* || ista [d. m. *in mg., ut* § 22, *add. b*] *VPb Mentel. Auen. Érasme* $^{1\text{-}2}$: ita pQL^1 ⌈ista *supra scr.* $L^{2 \text{vel} 3}$] || Potentius : /Potius *incip pag. p* (*cf.* 69,4 potia *p pro* potentia) || autem : *om. p*.

24 Quem : *ex* quam Q^2 quam *pLP* quae *ex* qua *ut uid.* V^2 quae *b* || locum : *ex* lec- *p* || obtinet *pQ* : opt- *VPb* || corpus : cop- V^1 || fortes simus : fortissimus *Pb* || contremescamus : *sic* [*post aliquid eras.*] *Q* -miscamus [*ex* -mescamus] *V Érasme* $^{1\text{-}2}$ || non uincula : *ex* est /uincula *Q* || quid est : quidem *P* || finis *codd. Gronov* : f. est *Mentel. Auen. Érasme* $^{1\text{-}2}$ || desinere : desine [*ex* dis-] *Q* || transitus : ransitus [t *pr. foramine periit*] *L* || idem est enim *dett. Auen. Érasme* $^{1\text{-}2}$: id est e. [id est *supra u. p* /id est enim *P*] *pQVPb* idem enim *L Mentel.*

Ep. 66, **1** condiscipulum : cum discipulum *pP* || expectas *pQVb* : exsp- *P* || adiciam : addic- *P*.

c'est un vieillard. L'homme a, ma foi ! de la verdeur d'âme, de la sève [1] et lutte vaillamment contre son pauvre corps. La nature, en effet, ne s'est pas montrée juste : elle a mal logé [2] une pareille âme. Mais peut-être voulait-elle nous montrer précisément que l'esprit le plus ferme, le plus richement doué se cache à l'occasion sous n'importe quelle peau. Il n'en surmonte pas moins tous les obstacles ; parti du mépris de lui-même, il en est venu à tout mépriser.

2 Je n'ai vu qu'erreur dans cette parole :

« la vertu, plus aimable quand les grâces du corps l'accompagnent [3] ».

Elle n'a besoin de rien qui l'embellisse. Elle reçoit d'elle-même son prestige et consacre le corps où elle loge [4]. Quoi qu'il en soit, je vois mon cher Claranus avec de nouveaux yeux : il me semble beau et tout aussi droit de corps qu'il l'est d'âme. 3 D'une chaumière il peut sortir un grand homme ; d'un pauvre corps, laid et chétif, une âme belle et grande. Ainsi donc le dessein de la nature, lorsqu'elle crée des hommes ainsi faits, est, à mon sens, de prouver que la vertu naît partout. Si elle pouvait de son chef produire les âmes toutes nues, elle l'eût fait ; elle fait, à vrai dire, un plus considérable ouvrage en produisant des âmes qui, en dépit de la gêne que leur oppose leur corps, enfoncent les barrières. 4 Claranus a été, je crois, mis au monde pour nous faire comprendre par son exemple que la laideur du corps

1. Tel S. devenu vieux : 26,2 *Viget animus... Hunc ait esse florem suum.*

2. Le corps est un réceptacle : *uas* Lucr. 3, 440 ; Cic. *Tusc.* 1, 52 ; *receptaculum Tusc.* ibid. ; Sen. 92, 34, Cf. Lact. 7, 12 ; ἀγγεῖον M. Antonin. 3, 3 *s. f.* ; un logis : *domicilium* Sen. *Ep.* 65, 17 et 21 ; *hospitium* 120, 14 cf. 102, 24 ; συνοικίδιον (Gorgias) p. 82, n. 2.

3. Énéide 5, 344, où il s'agit du courage d'un jeune guerrier, et nom de sa vertu comme ici et chez Men. 645 K. ὅταν φύσει τὸ κάλλος ἐπικοσμῇ τρόπος / Χρηστός, διπλασίως ὁ προσιὼν ἁλίσκεται.

4. Elle en fait son sanctuaire, car elle est au corps ce que Dieu est au monde (*Ep.* 65, 24). Or le monde entier est le temple des dieux immortels (*De Ben.* 7, 7, 3). Et n'est-elle pas elle-même comme une déesse (*Ep.* 64, 6 ; 115, 3 à 7) ? Elle embellit et sanctifie même la chaumière où ce corps habite (*Ad Helu.* 9, 3). — § 3 *Ex casa :* cf. 44, 5 *ex quacumque condicione.* § 4 *Deformitate corporis* comme

corpusculo suo conluctantem. Inique enim se natura gessit et talem animum male collocauit : aut fortasse uoluit hoc ipsum nobis ostendere, posse ingenium fortissimum ac beatissimum sub qualibet cute latere. Vincit tamen omnia impedimenta et ad cetera contemnenda *a* contemptu sui uenit. **2** Errare mihi uisus est, qui dixit:

Gratior et pulchro ueniens e corpore uirtus.

Non enim ullo honestamento eget : ipsa magnum sui decus est et corpus suum consecr*at*. Aliter certe Claranum nostrum coepi intueri : formosus mihi uidetur et tam rectus corpore quam est animo. **3** Potest ex casa uir magnus exire, potest et ex deformi humilique corpusculo formosus animus ac magnus. Quosdam itaque mihi uidetur in hoc tales natura generare, ut adprobet uirtutem omni loco nasci. Si posset per se nudos edere animos, fecisset : nunc, quod amplius est facit : quosdam enim edit corporibus impeditos, sed nihilominus perrumpentes obstantia. **4** Claranus mihi uidetur in exemplar editus, ut scire possemus non

conluctantem *pQPb* || animum : *sic* [mum *supra u.*] *V* || collocauit *Q* : conl- *pPb* || aut : ut [*non* aut] *p* || nobis : *om. V* || ostendere : ostere *b* || fortissimum : forstissimum *p* || Vincit *p* : uicit *QPb* || impedimenta [inp- *Pb*] *QVPb* : inpepidi- *P* || a contemptu *Auen. Mentel. Érasme* [1.2] : ad contemptu *p* ad contemptum [ad /c. *P*] *VPb* ad contem /tum *Q*.

2 dixit : dix *P* || Gratior — uirtus VERG. *Aen.* 5, 344 || pulchro *pP* : *ex* pulcro *b*[2] pulcro *V* || ueniens : *sic* [s *i. r.*] *V* || e : in VERG. || ullo : *ex* nllo *p* || ipsa : ipsa et *Érasme* [1.2] [ei *pro* et *per imprud. Érasme* [1]] || consecrat. aliter *Haase* : consecraliter *pV*[1]*Pb* consecrat interim *corr. V* consecraliter tractat *Q* consecrat *Mentel. Auen. Érasme* [1.2] *alii* || tam rectus : tamen rectus *p* tam erectus *coni. Gloeckner.*

3 casa : causa [u *prope eras.*] *b* casa humili *Q dett. Albini* || magnus : maganus [*non* magn-] *p* || corpusculo : -culu *p* || formosus : *ex* furm- *p* || animus ac magnus [magus *V*] *VPb* : animus mihi uidetur magnus ac magnus *p* || posset : *ex* -ssit *V* -ssit *pQ* || nudos edere : *ex* -dus e. *P* nudo sedere *b* || animos fecisset : *ex* f. a. *V* || amplius : -lus [*non* -lius] *P* || quosdam : *ex* quod- *V* || enim : *om. p* || impeditos *QPb* : inp- *p* || nihilominus perrumpentes [n. -tis *Q* nihilo *ex* nihil *P*] *codd.* : nihilhominus per perumpentis *p* || obstantia : *ex* opst- *V*.

4 mihi uidetur : u. m. *b* || in : *om. p* || possemus : pose- *p*.

n'entache pas l'âme, mais que de la beauté de l'âme le corps reçoit ornement.

Si nous n'avons passé que fort peu de jours ensemble, nous avons eu du moins maint entretien. J'en déchargerai de temps à autre ma mémoire[1] et t'en ferai parvenir la substance.

5 Le premier jour, on a débattu cette question : comment les biens peuvent-ils être égaux, si on les répartit en trois classes ? D'après notre école stoïcienne, certains sont des biens du premier ordre, par exemple, la joie, la paix, le salut de la patrie ; certains, du second ordre,tirés d'une matière ingrate, par exemple, la patience dans les tourments, l'égalité d'âme au fort de la maladie. La première espèce sera directement l'objet de nos désirs ; ils n'inclineront vers la seconde que par nécessité. Restent les biens du troisième ordre, par exemple, une démarche modeste, une physionomie calme et respirant la droiture, des gestes qui conviennent à un homme de sens[2]. **6** Comment accorder valeur égale à ces différents états, puisque les uns sont à désirer et les autres à éviter ?

Pour bien voir ce qui les différencie, revenons au bien par excellence, considérons ses propriétés. Une âme tournée vers le vrai, instruite de ce qu'il faut fuir et de ce qu'il faut rechercher, estimant les choses à leur valeur naturelle, abstraction faite de l'opinion, en communication avec tout l'univers et attentive à en explorer tous les secrets, se contrôlant elle-même dans ses actions comme dans ses pensées, pleine d'énergie et pleine de grandeur, invincible aux duretés autant qu'aux caresses, également fière vis-à-vis de l'une et de l'autre Fortune, dominant de très-haut la contingence et l'accident, d'une

chez Socrate (Sen. *fr.* 62 Haase), que S. vénère pieusement (*Ep.* 64 *f.*). — *In exemplar editus*..., ainsi S. nous parle des meilleurs : *De Ben.* 7, 8 (*Demetrium*) *mihi uidetur rerum natura — tulisse — ut*...

1. Promesse tenue ici même. Dans les lettres suivantes aussi ? On ne sait.

2. Cf. Cic. *De Off.* 1, 128 *f.* : *status, incessus, sessio, accubitio, vultus, oculi, manuum motus teneat illud decorum* ; 130. Décence recommandée par Panétius ; parfois hypocrite (Suet. *Gr.* 15 la « réserve »). — § 6 *Intuens uera* : par la vie contemplative cf. Aristot. *Eth. Nic.*

deformitate corporis foedari animum, sed pulchritudine animi corpus ornari. Quamuis autem paucissimos una fecerimus dies, tamen multi nobis sermones fuerunt, quos subinde egeram et ad te permittam. **5** Hoc primo die quaesitum est : quomodo possint *pa*ria bona esse, si triplex eorum condicio est Quaedam, ut nostris· uidetur, prima bona sunt, tamquam gaudium, pax, salus patriae ; quaedam secunda, in materia infelici expressa, tamquam tormentorum patientia et in morbo graui temperantia : illa bona derecto optabimus nobis, haec, si necesse erit. Sunt adhuc tertia, tamquam modestus incessus et compositus ac probus uultus et conueniens prudenti uiro gestus. **6** Quomodo ista inter se *pa*ria esse possunt, cum alia optanda sint, alia auersanda ? Si uolumus ista distinguere, ad primum bonum reuertamur et consideremus id quale sit : animus intuens uera, peritus fugiendorum ac petendorum, non ex opinione sed ex natura pretia rebus imponens, toti se inserens mundo et in omnis eius actus contemplationem suam mittens, cogitationibus actionibusque intentus ex aequo, magnus ac uehemens, asperis blandisque pariter inuictus, neutri se fortunae summittens, supra omnia quae contingunt accidúntque eminens, pulcherrimus, ordinatissimus cum

pulchritudine : pulcr- *p* || autem : aut *p* || fecerimus *codd. uulg.* egerimus *Muret* fuerimus *R. Durand sed cf. T.L.L.* VI. I. 121. 59 *sqq.* || ad te : a te *p*.

5 possint : *sic* [n *i. r. V* n *supra u. p*] *pV* || paria *dett. Muret* : tria *pQVPb* || morbo : *ex corr. V* || derecto *pQ* : dir- *Pb* || optabimus *Q* : obt. *p* obtauimus *P* opt- *Vb* || nobis : nob *P* || necesse : -cese [e *fin. add.*] *V* || uultus *QVPb* : uolt- *p*.

6 paria *dett. Muret* : tria *pVPb* [bona *super add. m. recentiore V*] *an ex respectu ad superiora ?* || optanda : obt- *P* || sint : sunt [*non* sint] *p* || auersanda : *ex* aduersanda *Q* auersandam *p* || ad primum : apr- *p* || bonum : *bis p* || consideremus : consid*eremus *V* || sit : *i. r. V* || fugiendorum ac petendorum : fugiendorum petendorumue *Q* || opinione : *ex* punione *Q* oppin- *Pb* || imponens *QP* : inp- *pb* || omnis *p* : -nes *codd.* || eius : *supra u. V* || intentus : intuen- *p* || ex aequo, *distinx. Axelson*[1] *p.* 108 || summittens *pQPb* || pulcherrimus : -mis *P* || ordinatissimus : *om. VPb.*

très grande beauté où la grâce et la force s'équilibrent en parfaite harmonie ; saine, tempérante, imperturbable, intrépide, qu'aucune violence ne brise, sur qui les hasards sont sans pouvoir pour l'exalter ou pour l'abattre : une telle âme est la vertu. **7** Celle-ci n'apparaîtrait pas sous une autre image, s'il nous était donné de l'embrasser d'une seule vue, si elle se révélait une fois tout entière [1]. En fait, nous avons d'elle des formes nombreuses qui se développent au gré des changements de la vie, au gré de nos actions ; elle ne se retrouve quant à elle, ni moindre ni plus grande dans aucun cas. Comme le souverain bien ne peut décroître, la vertu n'est pas libre de rétrograder ; elle passe par tel ou tel mode, prend divers visages suivant l'acte qu'il lui faut accomplir. **8** A tout ce qu'elle touche elle imprime sa ressemblance et sa teinte ; la conduite privée, les rapports entre amis, parfois la vie entière des familles, où l'harmonie entre avec elle, s'embellissent de sa présence. Tout, en passant par ses mains, devient aimable, remarquable, admirable. Pourquoi sa force et sa grandeur ne peuvent-elles monter plus haut ? Parce que l'extrême grandeur n'est pas susceptible d'accroissement. Tu ne trouveras rien de plus droit que la droiture, rien non plus de plus vrai que la vérité, de plus mesuré que la mesure.

9 Toute vertu a la modération pour base. Or, la modération suppose de justes proportions bien établies. La constance n'a pas à se guinder, non plus que la confiance,

10, 7. — *Non ex opinione* cf. § 31, vol. I pp. 48 n. 2, 138 n. 1, *De Ben.* 6, 43, *f.* — § 6 *pretia rebus imponens :* privilège du sage (*Ep.* 81, 8 ; 24,2). — *Toti se inserens mundo* : se sentant partie intégrante du tout, il sait que sa souffrance personnelle résulte de l'ordre universel. V. d'ailleurs Heinemann, *op. cit.* I p. 185. — *Supra omnia...* : *De Const.* 6, 3 ; *Ep.* 71, 5 *super illa* ; cf. Tel. *Rell.* H². p. 43-44 πάντων — ὑπεράνω. — *Ordinatissimus :* cf. infra n. 1 ; *De V. b.* 8, 3 ; *Ep.* 4 *init.* ; 11, 9 *s. f.* ; 124, 18 ; 92, 3 *in rebus agendis ordo* ; Muson. *ap.* Stob. *Anth.* vol. 2 H., p. 282, l. 8 ss. (*philosophia*) τάξιν — καὶ κόσμον καὶ εὐσχημοσύνην περιποιεῖ ; Democr. *ap.* Stob. vol. 1 H. p. 703, l. 14 οἷσιν ὁ τρόπος ἐστὶν εὔτακτος, τουτέοισι καὶ <ὁ> βίος εὖ τέτακται. V. aussi Arnim III, p. 64, l. 31 s. ; p. 68, l. 12 s. — *Intrepidus : De Const.* 6,4 s. Tel. *Rell.* H². ; p. 44 ἐν πολλῇ ἀδείᾳ. — Talis animus uirtus est : v. *Ep.* 113, 2.

1. V. p. 104, n. 1, — *Ire retro* (cf. 87, 25 *degenerare*). — § 8 *disposuit, condecorat* cf. Muson., Democr. cités p. 116, n. 2 *f.* — § 8 *f.*

decore tum uiribus, sanus ac siccus, inperturbatus intrepidus, quem nulla uis frangat, quem nec attollant fortuita nec deprimant : talis animus uirtus est. **7** Haec eius est facies, si sub unum ueniat aspectum et semel tota se ostendat. Ceterum multae eius species sunt, quae pro uitae uarietate et pro actionibus explicantur : nec minor fit aut maior ipsa. Decrescere enim summum bonum non potest nec uirtuti ire retro licet : sed in alias atque alias qualitates conuertitur ad rerum, quas actura est, habitum figurata. **8** Quicquid attigit, in similitudinem sui adducit et tinguit : actiones, amicitias, interdum domos totas, quas intrauit disposuitque, condecorat : quicquid tractauit, id amabile, conspicuum, mirabile facit. Itaque uis eius et magnitudo ultra non potest surgere, quando incrementum maximo non est : nihil inuenies rectius recto, non magis quam uerius uero, quam temperato temperatius. **9** Omnis in modo est uirtus. Modo certa mensura est : constantia non habet, quo procedat, non magis quam fiducia aut ueritas aut fides. Quid accedere perfecto

tum *Haase* : cum *pQVPb edd. uett.* || siccus : sincerus *dett. Haase sed cf., auctore Hense,* αὔη ψυχὴ σοφωτάτη καὶ ἀρίστη *ap. Heraclitum* || attollant *QVb* : *ex* -l /lat *p* tollant [*ex* a .t -] *P* || deprimant : *ex*- ment *p* || animus *codd. Mentel. Auen. Lipse* : -mi *Érasme* [1-2] *Muret Lipse pr.*

7 unum : unum * *p* || ueniat : *ex* suen- [s *ex parte del.*] *p* || aspectum *pQPb* || ostendat : *ex* -dit *V* || multae eius *P* : e. multe *b* multae [-te *p*] plus *pQ* || sunt : *om. dub. Hense* || quae pro uitae uarietate *Q dett. Érasme* [1.2] *Haase Beltrami* : pro uitae [-te *P*] uarietate *VPb Auen. Mentel. Hense sed u. Axelson* [3] *p.* 106 uite uariae tate *p* || fit : sit *P* || potest : *ex* -tes *Q* || habitum : -turum [*non* -tum] *b*.

8 Quicquid *QPb* : *ex* quidq- *V* quidq- *p* || attigit *QVPb* [adt- *ex* att- *P* adt- *b*] *Muret* : atti * [n *eras.*] git *p* attingit *Auen. Érasme* [1-2] *om. Mentel.* || tinguit *pQPV* : -git *b* || domos *pQP* : -mus *b* || quicquid *QPb* : quidq- *pV* || tractauit : trac uit *p* || mirabile : -i /lia *p* || facit : fec- *P* || et magnitudo : et *om., dein add. b* || incrementum : -to *p* || non : *om. Q* || temperatius *b* : *ex* -rantius *P* -rantius *pQV*.

9 omnis : *ex* oms *P* || est uirtus : *ex* uirtus *Q* || Modo[2] *pb Hense* : modo de *P* modus *Q Mentel. Auen. Érasme* [1.2] *uulg.* de *V dubito* || constantia : -stantiasa [*non*- stantia] *p* || fiducia : /tidutia *p* || ueritas aut fides : u. aut uirtus aut f. *p* || Quid *pQ* : quis *Vb* qui * [s *eras.* ?] *P*.

la sincérité, la loyauté. Que peut-on ajouter à la perfection ? Rien, sinon il y avait imperfection là où il y a eu ajout. Il en est de même pour la vertu : si quelque chose peut s'y ajouter, c'est que quelque chose lui manquait. La beauté morale n'admet elle non plus aucun appoint [1] : elle est la beauté morale à cause de ce que j'ai rapporté. Que sais-je encore ? Le respect des bienséances, celui de la justice ou de la légalité ne sont-ils pas à ton avis sortis du même moule, compris dans des limites bien définies ? Toute possibilité d'accroissement est indice d'imperfection. **10** Toute espèce de bien tombe sous les mêmes lois. L'intérêt privé est aussi intimement lié, par Hercule, à l'intérêt public, que ce qui est digne de louange est inséparable de ce qui est digne d'être recherché.

Ainsi les vertus sont égales [2] et les œuvres de vertu et tous les hommes qui ont eu les vertus en partage. **11** Pour ce qui est des plantes et des animaux, ils n'ont que des vertus mortelles, partant fragiles, caduques, incertaines [3]. Elles se manifestent par saillies, puis tombent en langueur ; et pour ce motif ne s'estiment pas à un même prix. Mais il n'y a qu'une règle pour évaluer les vertus des hommes. Car il n'y a qu'une raison droite et pure d'éléments accessoires. Rien de plus divin que le divin, de plus céleste que le céleste [4], **12** Les choses mortelles se remparent, s'écroulent, s'usent, s'accroissent, se vident, se remplissent ; dans une condition si incertaine, l'inégalité les régit. Les choses sont toutes d'une même nature. Or,

rectius recto... : cf. § 11 *f.*, § 28 et § 32 ; D. L. 7, 120 ; Epict. *Gnom.* Schenkl 56. — § 9 *In modo :* Aristot. *Eth.* 2, 6 (idée de la mesure, théorie des accroissements ou diminutions impossibles).

1. Cf. 71, 16 *non intenditur uirtus — non crescit* ; 79, 10 ; Cic. *De Fin.* 2, 88 *negat (Stoicus) summo bono afferre incrementum diem ;* Plut. *De Comm. not.* 8 p. 1061 f ; Arnim II p. 130, 30 ; infra p. 120 n. 4.

2. Cf. §§ 27 à 29 ; 32 à 34 ; *Ep.* 71, 7, 17, 33 ; 66, 49 ; 113, 16 ; p. 133 n. 2. S. ici suit principalement Ariston de Chios (V. Dyroff, *Ethik der alt. Stoa* 1897, pp. 70 ss.). — Même opinion sur les bienfaits *De Ben.* 7, 13.

3. Cf. 124, 18 et 20 *in muto animali — aliqua uirtus — nec uirtus... Haec enim rationalibus solis contingunt.*

4. Cf. § 8 *f.* § 28 *f.* — *Ratio — mersa :* p. 111, n. 2 *s. init.* Dieu

potest ? nihil, aut perfectum non erat, cui accessit : ergo ne uirtuti quidem; cui si quid adici potest, defuit. Honestum quoque nullam accessionem recipit : honestum est enim propter ista, quae rettuli. Quid porro ? decorum et iustum et legitimum non eiusdem esse formae putas, certis terminis conprehensum ? Crescere posse inperfectae rei signum est. **10** Bonum omne in easdem cadit leges : iuncta est priuata et publica utilitas, tam mehercules quam inseparabile est laudandum petendumque. Ergo uirtutes inter se pares sunt et opera uirtutis et omnes homines, quibus illae contigere. **11** Satorum uero animaliumque uirtutes cum mortales sint, fragiles quoque caducaeque sunt et incertae : exiliunt residuntque et ideo non eodem pretio aestimantur. Vna inducitur humanis uirtutibus regula : una enim est ratio recta simplexque : nihil est diuino diuinius, caelesti caelestius. **12** Mortalia m*u*n*i*untur cadunt, deteruntur crescunt, exhauriuntur implentur. Itaque illis in tam incerta sorte inaequalitas est : diuinorum una natura est. Ratio autem nihil

cui si : ausi *P* || Honestum : *bis Q* || accessionem : -ne *p* || rettuli *pP* : retu- *Qb* || decorum : *ex* rem *Q* || legitimum : *ex* legisiti /timum *p* || conprehensum *Qb Érasme* [2] : conprensum *pVP Haase Hense Beltrami sed u. Axelson* [3] *p.* 130 *n.* 1.

10 pares : ipares [*non* pares] *p* || opera uirtutis *QV*[2] (*cf.* §23) *Schweighaeuser in. adn.* : o. uirtutes *pVPb* o. uirtutum *Mentel. Auen. Érasme* [1.2] || et omnes — § 11 uirtutes *om. b* || illae [ille *p Q*] *codd. Schweighaeuser* : illa *Érasme* [1.2] *Muret alii* || contigere : *ex* -tingere *P* -tingere *p.*

11 Satorum : fauorum [*ex* fator-] *V* || caducaeque : *ex* cadcaeque *V* || sunt : *om. Érasme* [1-2] || incertae [-te *pQb*] : -ta *P* || exiliunt : auxiliunt [*ex* -liant] *p* || residuntque : *ex* -dūque *V* || non *QVPb* : et *p* || aestimantur [est- *b*] : stim- *P* estimatur *p* || inducitur : -duicitur *p* || una : * una [*eras.* n] *P* que una *b quod edd. fugit.*

12 muniuntur *Gronov* : minuuntur *b et* [*ex* -nuntur] *V*[2] *Mentel. Auen. Érasme* [1.2] minuntur *pP* eminent *coni. Pincia* nituntur *Gertz* || exhauriuntur *Qb* : exauri- *p* * * auri-[et *ut uid., non* ex *eras.*] *P* || implentur *pQ* : inpl- *Pb* || Itaque *VPb* : ique *p* || inaequalitas [ineq- *pQP*] : *ex* -lis *V* || diuinorum : -no rerum *p* || natura est : *om.* [*desin. u.*] *p.*

la raison n'est qu'une parcelle du souffle divin engagée dans le corps de l'homme. Si la raison est divine, si, d'autre part, aucun bien n'est possible sans la raison, tout bien est chose divine. Allons plus loin ! Entre les choses divines nulle différence ; donc nulle non plus entre les biens.

Il y a par conséquent égalité entre la joie et une inlassable patience au milieu des tourments. Dans les deux cas c'est la même grandeur d'âme ; ici, détendue et pleine d'abandon ; là, combative et ramassant ses forces. **13** Eh ! quoi, tu n'estimerais pas égaux en vertu celui qui emporte par sa vaillance les remparts ennemis et celui qui soutient un siège avec la patience la plus entière ? Scipion est grand, quand il bloque Numance et, resserrant son étreinte[1], contraint des bandes jusqu'alors invincibles à se détruire elles-mêmes. Ils sont grands ces assiégés qui savent qu'il n'est pas de blocus pour l'âme à qui la voie de la mort est ouverte, et qui expirent dans les bras de la liberté[2]. La même équivalence se constate entre les autres états de la volonté : tranquillité, candeur, libéralité, constance, égalité d'humeur, endurance obstinée : ils ont pour fondement commun la vertu, qui assure la droiture de l'âme et la garde de tout glissement.

14 « Comment ! Il n'y a pas de différence entre la joie et la patience inébranlable dans la douleur ? » Il n'y en a pas quant au fond même de ces vertus ; il y en a une, et très grande, entre les situations où celle-ci et celle-là se

est raison (*N. q.* 1 *pr.* 14 ; 2, 46) et la raison nous est commune avec lui (*Ep.* 92, 27 ; 124, 14).

1. Ce fait d'armes, prouesse de la ténacité d'un homme, étonna le monde antique (*De Const. sap.* 6, 8 *Numantiae moenia una manu capta* ; *De Ira* 1, 11, 7 *diutius Numantiam quam Carthaginem uinci*) autant que l'entrée d'Alexandre à Babylone (*De Const. sap.* ibid.).

2. *De Ira* ibid. *Dum* (*Scipio Aemilianus*) *circumuallat et includit hostem, eo compulit ut ferro ipsi suo caderent ;* Flor. *Epit.* 1, 34, 14 *Nouissime consilium fugae sedit* (*Numantinis*)... *Ruptis equorum cingulis uxores ademere...* 15 *Deplorato exitu — Rhoecogene duce se, suos, patriam ferro, ueneno, subiecto undique igne peremerunt* ; 16 *Macte — beatissimam in ipsis malis ciuitatem... Populum orbis terrarum uiribus fultum tam parua manu aetate tam longa sustinuit. Nouissime — oppressa — nullum de se gaudium hosti reliquit... Triumphus fuit tantum de nomine.*

aliud est quam in corpus humanum pars diuini spiritus mersa. Si ratio diuina est, nullum autem bonum sine ratione est, bonum omne diuinum est. Nullum porro inter diuina discrimen est : ergo nec inter bona. Paria itaque sunt et gaudium et fortis atque obstinata tormentorum perpessio : in utroque enim eadem est animi magnitudo, in altero remissa et laxa, in altera pugnax et intenta. **13** Quid ? tu non putas parem esse uirtutem eius qui fortiter hostium moenia expugnat et eius qui obsidionem patientissime sustinet ? [et] Magnus Scipio, qui Numantiam cludit et conprimit cogitque inuictas manus in exitium ipsas suum uerti : magnus ille obsessorum animus, qui scit non esse clusum, cui mors aperta est, et in complexu libertatis exspirat. Aeque reliqua quoque inter se paria sunt, tranquillitas, simplicitas, liberalitas, constantia, aequanimitas, tolerantia : omnibus enim istis una uirtus subest, quae animum rectum et indeclinabilem praestat. **14** « Quid ergo ? nihil interest inter gaudium et dolorum inflexibilem patientiam ? » Nihil, quantum ad ipsas uirtutes : plurimum inter illa, in quibus uirtus

diuini : *ex corr.* *Q* || omne : -nem *p* || Nullum : -llu *p* || est ergo : *ex* ergo *p²* || atque : *om.* *p* || utroque : troque *P* utromque [*ex* -rumque] *p* || laxa *Arg. Mentel. Érasme*[1-2] *uulg.* [*cf. antitheton* intenta *auctore ipso Hense et* § 14 animi remissio et laxitas] : laeta *pVPb mg. Erasmi*[1] *Hense cf.* § 19 lata *Q det. edd. uett.* [*sed* lenta *Auen.*] || altera : -ro *pQ Auen.* || pugnax *pPb uulg.* : - nax **** *V* -nans *Q Beltrami sed u. Axelson*[3] *p.* 107 *n.* 32 || intenta : inten ***ta [*eras.* ten *ut uid.*] *P*.

13 parem : p*r*m *P* || moenia : men- *P* || patientissime : paciuntp || Magnus *Haase* : et m. *codd. Mentel. Auen. Érasme*[1-2] *alii* ut m. *dett.* || Numantiam : -tia *P* || conprimit *pQPb* || in : *supra u.* *Q* || exitium : -tum *V* || ipsas : ipss *b* || magnus *codd. Mentel.* : et magnus *Auen. Érasme*[1-2] || obsessorum : opsess- *V* op̄essorum [*non* opsessorum] *p* || animus : *sic* [us *per compend.*] *P* || qui : t. uid [*non* quid] *ut uid.* *P* || complexu *QV* : conpl- *pPb* || exspirat [exsp- *Q* exp- *Pb*] : exprimat *p* || Aeque *codd.* [*etiam* *p*] || constantia : -ntiam *p*.

14 interest : *ex* est *Q* || dolorum *Muret* : *ex*- rem *p* -rem [*ex*-re *V²* *non* -rum *P*] *V²Pb Érasme*[1-2] -rem et *Q dett. Auen.* || inflexibilem : -lemque *Mentel. Érasme*[1-2] || quantum : quam tu *p* || plurimum : -rumum *p* || inter illa *codd. Mentel. Auen.* : quantum ad illa *Érasme*[1-2].

révèlent. Dans le premier cas, il s'agit d'un mouvement naturel de détente et d'abandon [1] ; dans l'autre, d'une souffrance contre nature. Elles sont donc indifférentes [2], ces situations qui admettent les extrêmes contrastes [3], mais la vertu de part et d'autre est égale. **15** Les circonstances, matière de l'action, ne modifient pas la vertu : rudes et difficiles, gaies et riantes, elles ne la rendent ni pire ni meilleure. Ainsi la nécessité veut qu'elle soit égale. Dans les unes et dans les autres, ses démarches sont conformes entre elles pour la rectitude, pour la prudence, pour la beauté morale. Il y a donc parité entre les biens [4] au delà desquels il n'existe aucun état plus parfait ni pour le sage au milieu de sa joie ni pour le sage au milieu des supplices. Or deux choses, telles que rien de mieux ne se peut faire, sont égales. **16** Car, si les éléments étrangers à la vertu ont le pouvoir de l'amoindrir ou de l'accroître, on ne doit plus dire que cela seul est bien qui est beau moralement. Cède-t-on sur ce point ? Toute idée de beauté morale est détruite. Voici mes raisons. Rien n'est beau moralement de ce qui s'accomplit à contre-cœur ou par contrainte. Tout acte beau moralement est volontaire. Mêlez-y la paresse, les récriminations, les tergiversations, la crainte ; il perd ce qu'il avait de meilleur : la satisfaction intime. La beauté morale ne peut être là où manque la liberté :

1. Cf. § 12 (*magnitudo animi*) *remissa et laxa*. Ces épithètes font songer à la définition stoïcienne du plaisir : D. L. 7, 114 τέρψις (variété de l'ἡδονή) — προτροπή τις ψυχῆς ἐπὶ τὸ ἀνειμένον. Mais la τέρψις peut être une variété de la joie (Arnim. III, p. 105, l. 24).

2. Cf. § 35 ; vol. I p. 138, n. 1.

3. Une chose indifférente admet des contrastes : 31, 35 ; Arnim III, 136 περὶ σῶμα δ' εἶναι προηγμένα ὑγίειαν, εὐαισθησίαν καὶ τὰ παραπλήσια τούτοις... τῶν δ' ἀποπροηγμένων — περὶ σῶμα — τὰ — ἀντιτιθέμενα τοῖς εἰρημένοις. Il en va autrement de la vrai joie : 59, 2 *gaudio — iunctum est non — in contrarium uerti*.

4. D. L. 7, 101 πάντα τὰ ἀγαθὰ ἴσα εἶναι καὶ — μήτ' ἄνεσιν μήτ' ἐπίτασιν ἐπιδέχεσθαι ; p. 118, n. 2 ; infra § 28 ; *Ep.* 71, 8 et 21. — *Ab inuito* cf. Cic. *Parad.* 5, 34 *nihil — inuitus — nihil coactus* (*facit sapiens*) ; Prosper, *In Ioannem Evang. tract.* 43 *quod quis inuitus uel necessitate facit non bene facit*. — *Voluntarium* cf. Arnim III, 670 *f.* Αἱ τῶν σπουδαίων ἑκούσιοι πράξεις ἐπαινεταὶ πᾶσαι. Le vouloir, plus précisément la droiture du vouloir, est une condition de l'action droite (*Ep.* 95, 57).

utraque ostenditur. In altero enim naturalis est animi remissio ac laxitas, in altero contra naturam dolor. Itaque media sunt haec, quae plurimum interualli recipiunt : uirtus in utroque par est. **15** Virtutem materia non mutat : nec peiorem facit dura ac difficilis, nec meliorem hilaris et laeta : necesse est ergo par sit. In utraque enim quod fit, aeque recte fit, aeque prudenter, aeque honeste : ergo aequalia sunt bona, *ult*ra quae nec hic potest se melius in hoc gaudio gerere nec ille melius in illis cruciatibus : duo autem, quibus nihil fieri melius potest, paria sunt. **16** Nam si, quae extra uirtutem posita sunt, aut minuere illam aut augere possunt, desinit unum bonum esse, quod honestum. Si hoc concesseris, omne honestum perît. Quare ? dicam : quia nihil honestum est, quod ab inuito, quod coactum fit. Omne honestum uoluntarium est. Admisce illi pigritiam, querelam, tergiuersationem, metum : quod habet in se optimum, perdidit, sibi placere. Non potest honestum esse, quod non est liberum : nam

ostenditur : *om. Q* || enim *codd. Auen. Schweighaeuser* : namque *Mentel. Érasme* [1-2] || naturalis est : naturalis *Mentel. Érasme* [1-2] || remissio : -mixio *b* || naturam : -ra *p* || quae : que *supra u. Q* || utroque *codd. Auen. Schweighaeuser* : -raque *Pb Mentel. Érasme* [1-2] *alii* || par *Pb* : par * *V* pars *pQ*.

15 Virtutem materia : Virtutum materiae *Q* || difficilis : difi- *p* || necesse est *pQ* : necesse [e *alt. i. r.*] *V* nec esse *Pb* « *fort.* necessest (necessē) » *Hense* || par sit — honeste ergo *om. VPb Mentel. Auen. Érasme* [1-2] *cett. edd. ante Haasium* || par sit *Haase*: pars sit *pQ* || utraque (enim) *Q det. Beltrami iam Haase* : -ramque *p* || enim : e. re *Q det. Beltrami sed u. Axelson* [3] *p.* 106 || sunt *codd. Haase* : sint [*ex* sunt] *V Mentel. Auen. Érasme* [1-2] *Muret* || bona : *sic* [*euanida* n *ut uid.*] *V* || ultra quae *Haase* : litteraque *pQV*[1]*Pb* utraque. Ita *Auen.* utraque, quia *Érasme* [1-2] integraque quia *Mentel.* || hoc gaudio : *ex* gaudio *Q* || ille melius : i. malius *p* || autem *codd. Mentel. Auen* : aut *p* uero *Érasme* [1-2].

16 uirtutem : -tutum *Q* || quod : quo *Q* || Si hoc : si oc [*ex* cioc] *p* || omne : -ni *p* || perît *Hense* [2] : -rit *pQVPb* || coactum *Haase cf. infra* § 17 incoactumque : aco actum *p* a coacto *QPVb Mentel. Auen. Érasme* [1-2] *Beltrami Hense Rh. Mus.* LXXIV 120 || querelam : -rellam *p* || tergiuersationem : *ex* -uesationem *Q* || metum : mecum [cum *per compend.*] *b* || se optimum [obt- *P*] *VPb* : septimum *p* ||

craindre, c'est être esclave[1]. **17** La beauté morale suppose toujours la paix de l'esprit, la tranquillité[2]. S'il proteste, gémit, tient pour un mal <quelque chose>, c'est le désordre qui s'est introduit, avec toutes les fluctuations de la discorde : l'apparence du bien sollicite la volonté, le soupçon du mal la tire en arrière[3]. Ainsi, pour se conformer à la beauté morale en ses actions, il faut, quel que soit l'obstacle, le considérer au besoin comme une incommodité[4], mais non comme un mal[5], s'y porter volontairement, faire sa tâche avec cœur. L'acte beau moralement s'opère sans injonction ni contrainte ; il est pur et dégagé de tout élément mauvais.

18 Je connais l'objection : « Ainsi tu t'évertues à nous faire accroire que cela revient au même de s'épanouir dans la joie ou de lasser sur le chevalet la cruauté de son bourreau ? » J'aurais le droit de répliquer qu'au témoignage d'Épicure lui-même, le sage dans le taureau brûlant de Phalaris s'écrierait : « C'est doux. Cela n'a pas d'importance pour moi. » Pourquoi t'étonnes-tu, si je regarde comme des biens égaux <de reposer sur un lit de festin> ou de se dresser dans une attitude héroïque sous les tourments.

1. *Nam quod timet seruit :* Toute crainte est esclavage, disait la sagesse persane (Plat. *Alcib.* 122 a *f.*). Cf. *De Ben.* 2, 18, 7 (*uim maiorem et metum excipio, quibus adhibitis, electio perit* ; *Ep.* 80, 5 *Libera te — metu mortis : illa nobis iugum inponit ; deinde metu paupertatis...* La crainte de la mort surtout ravale et asservit : *Ibid.* ; *N. q.* 6, 32, 9 *Ipse te cohortare, Lucili, contra metum mortis* ; *hic est, qui nos humiles facit* ; *Ep.* 101, 10. On se souvient du mot d'*Ad. Hebr.* 2, 15 : « la crainte de la mort rend esclave ».

2. L'εὐθυμία ou *tranquillitas animi* est une variété de la joie : Arnim III, 431.

3. Il s'agit du mouvement raisonné de l'âme vers le bien (Arnim III, 88), mouvement opposé parfois à l' « instinct de conservation » (*De Ben.* 5, 9, 1 (*omnis homo*) *naturae suae paret, a qua ad caritatem sui compositus est, unde summa illi cura est nocitura uitandi, profutura adpetendi*).

La raison décide quel est le bon, ce mouvement ou cet instinct : (*Ep.* 82, 6... (*quae sit*) *illa ratio quae adpetenda ac fugienda, discernat, qua — timorum saeuitia compescitur*).

4. Sur ces δυσχρηστήματα v. 67, 4 *f.* et Cic. *De Fin.* 3, 69.

5. *De Ben.* 2, 18, 4 (*sapientes*) *quicquid oportet et iuuat...* (*Imperfectorum hominum*) *affectus saepe contumaciter parent.*

quod timet, seruit. **17** Honestum omne securum est, tranquillum est : si recusat aliquid, si conplorat, si malum iudicat, perturbationem recepit et in magna discordia uolutatur. Hinc enim species recti uocat, illinc suspicio mali retrahit. Itaque qui honeste aliquid facturus est, quicquid opponitur, id etiam si incommodum putat, malum non putet, uelit, libens faciat. Omne honestum iniussum incoactumque est, sincerum et nulli malo mixtum. **18** Scio, quid mihi responderi hoc loco possit : « Hoc nobis persuadere conaris, nihil interesse, utrum aliquis in gaudio sit an in eculeo iaceat ac tortorem suum lasset ? » Poteram respondere : Epicurus quoque ait sapientem, si in Phalaridis tauro peruratur, exclamaturum : « Dulce est et ad me nihil pertinet. » Quid miraris, si ego paria bona dico *alterius in conuiuio iacentis*, alterius inter tormenta fortissime stantis, *cum*, q*uod* incredibilius

sibi : *ex* si *Q* || honestum : *ex* on- *ut uid. V* omnia honestum *p quod edd. fugit an* omnino h. ? timet : *ex* metet *Q*.

17 securum : *sic* [secu *ex* secus *p* -urum *ex* -ulum *P*] *pP* || aliquid : -it *V* || conplorat *pQb* : c̄pl- *P* || recepit *QVP Schweighaeuser* : recipit *pb Mentel. Auen. Érasme* 1.2 || hinc *Q Auen. Érasme* 1.2 : hic *pVPb* || uocat : uac- *ex* uoc- *V* || illinc : *ex* illine *m. recentiore V* || retrahit [-trait *p*] : -hat *Q* || quicquid *QPb* : quidq- *pV* || opponitur *pQVPb* || putet *codd. Auen. Schweighaeuser* : *ex* -tat *V*[2] putat *Mentel. Érasme* 1.2 *Muret* || uelit *Qb Schweighaeuser* : *ex* uellit *V* uellit *p* uelut *Mentel. Érasme* 1.2 uel *Auen.* || uelit, libens faciat : *om. Muret* || Omne : -nem *p* Omē *b* || iniussum : intuss- *b* [*quod edd. fugit*] || incoactumque [-mquae *Q*] : in quo actum que *pP* inchoatumque *b* || nulli *codd. Auen.* : -llo *Mentel. Érasme* 1.2.

18 quid : quod *Q* || responderi : -nde / *V* || responderi hoc loco *codd. Auen. Schweighaeuser* : h. l. r. *Mentel. Érasme* 1.2 || in eculeo : *ex* an ec- *P* || iaceat *Vb* : -cet *pQ* haec eat *P* || tortorem : *ex* torem *V* torturem *P* || lasset : *om. desin. u. et pag. p* || respondere Epicurus quoque ait *codd. Auen. Schweighaeuser* : r. quod E. a. *Mentel. Érasme* 1.2 || si in : *ex* in si in *Q* || Phalaridis : *ex* phari dis *b* || peruratur : *ex* -tor *Q* || Dulce est — pertinet EPIC. *fr.* 601 *Us.* || dulce est et : dul ceste *p* || nihil *QVb* : -hill *p* nil *P Érasme*[2] || ego : *ex* ergo *P* || alterius in conuiuio iacentis *cod. Arg. b teste Oberlin* [*cf. auctore Hense* 71,21] : unius i. c. i. *Pinciani « exemplar peruet. et correctum » Muret Haase* alterius in gaudio positi *dett. Érasme*[1-2] [*iam* a. positi i. g. *Auen.*] *Beltrami coll.* 66, 18 « *aliquis in gaudio sit* » alterius i. g. positi in conuiuio iacentis *Mentel.* || stantis : *sic* [*ex* -ntos] *p* || cum quod *Mentel. Érasme.* 1.2

quand Épicure, chose plus incroyable, déclare qu'il est doux d'être brûlé [1] ? **19** Mais je m'en tiendrai à cette réponse : il existe une très grande différence entre la joie et la douleur. Si, par hasard, on me demande d'opter, je chercherai l'une et j'éviterai l'autre ; celle-là répond aux intentions de la nature ; celle-ci lui est contraire [2]. Tant qu'on les juge suivant ces vues, un grand intervalle les sépare ; sommes-nous sur le terrain de la vertu ? elle se manifeste à un degré égal, qu'elle se meuve parmi les sujets d'allégresse ou parmi les sujets de chagrin. **20** Tribulations, souffrances, toutes les autres contrariétés ne pèsent d'aucun poids : la vertu les réduit vite à néant. De même que l'éclat du soleil rejette dans l'ombre les astres de moindre grandeur, ainsi douleurs, vexations, injures, tout s'élimine, tout disparaît dans la souveraineté de la vertu [3]. Dans le champ où elle rayonne, tout ce qui apparaît < normalement > en son absence est éclipsé. Les ennuis, tombant sur la vertu, ne lui font pas plus qu'une nuée crevant au-dessus de la mer [4].

21 S'il te faut une preuve de cette vérité, l'homme de bien se jettera sans hésiter à toutes les belles entreprises. Que dans cette direction se dresse le bourreau, le tortionnaire attisant ses feux, il passera outre, attentif non à ce qu'il va souffrir, mais à ce qu'il va faire [5], et il aura foi

1. V. 67, 15 ; Cic. *Tusc.* 2, 17 *In Phalaridis tauro si erit* (*Epicurus*), *dicet « Quam suaue est, quam hoc non curo »* ; *De Fin.* 5, 85 ; 2,88 *f. Ait — se, si uratur, « quam hoc suaue » dicturum* : cf. D. L. 10, 118 κἂν στρεβλωθῇ δ' ὁ σοφός, εἶναι αὐτὸν εὐδαίμονα.

2. Point de vue épicurien : toute joie de l'âme se ramène à un plaisir du corps : cf. Clem. Alex. *Strom.* II, 21 (*Epicurus*) πᾶσαν χαρὰν τῆς ψυχῆς οἴεται ἐπὶ πρωτοπαθούσῃ τῇ σαρκὶ γενέσθαι. V. cependant Chrysippe sur la joie *ap.* Plut. *Stoic. repugn.* 1046 b.

3. Cf. *Ep.* 92, 5 *quod potest in hac claritate solis habere scintilla momentum ?* 17... *claritate — eius (solis) quicquid sine illo luceret absconditur.* Cic. *De Fin.* 3, 45 *Vt enim obscuratur et offunditur luce solis lumen lucernae, — sic — omnis ista rerum corporearum aestimatio splendore uirtutis et magnitudine obscuretur et obruatur — necesse est.*

4. Voilà la *tranquillitas* véritable, *De Tr. an.* 2, 3-4 : εὐθυμία (Democr.) ou ἀταραξία (Stoïciens). V. une comparaison semblable chez Cic. *De Fin.* 3, 45. *Vt interit magnitudine maris Aegaei stilla mellis* (ou *muriae ?*)...

5. Cf. *fr.* 124 Haase *non quaerit quid patiatur, sed quam bene*, et d'ailleurs *Ep.* 47, 4 *In tormentis* (*serui fideles*) *tacebant.*

est, dicat Epicurus, dulce esse t*orreri*? **19** Se*d* hoc respondeo, plurimum interesse inter gaudium et dolorem. Si quaeratur electio, alterum petam, alterum uitabo : illud secundum naturam est, hoc contra. Quamdiu sic aestimantur, magno inter se dissident spatio : cum ad uirtutem uentum est, utraque par est et quae per laeta procedit et quae per tristia. **20** Nullum habet momentum uexatio et dolor et quicquid aliud incommodi est : uirtute enim obruitur. Quemadmodum minuta lumina claritas solis obscurat, sic dolores, molestias, iniurias uirtus magnitudine sua elidit atque obprimit et quocumque affulsit, ibi quicquid sine illa apparet, extinguitur : nec magis ullam portionem habent incommoda, cum in uirtutem inciderunt, quam in mari nimbus. **21** Hoc ut scias ita esse, ad omne pulchrum uir bonus sine ulla cunctatione procurret : stet illic licet carnifex, stet tortor atque ignis, perseuerabit nec quid passurus, sed quid facturus sit, aspiciet et se

uulg. quod cum *QVPb* quocum *p* « *an fuit* quō cum quod ? » *Hense* || est *pVQ* : es *Pb* || Epicurus : epi /curius [*non* -rus] *p* || dulce esse *pQ* : dulces se *P* dul cesse *b* dulces esse [*ex* dulc esse] *m. recentior V Auen.* [d. e. (terrores)].

18-19 torreri sed *L. de Ian* [t. set *Hense Beltrami*] : terroris [*ex* tortoris *Q*] et *pQPb* terrores [*ex* -oris] et *m. recentior V Auen.* torqueri. Et *Érasme* [1.2] *uulg. ante Hense* || hoc *codd. Mentel. Auen. Érasme* [1] : hic *Érasme* [2] || respondeo : ressp- *V* || si : *ex* se *Q* sic [*non* si] *p* || electio : *ex* elat- *Q* || uitabo : *sic* [*ex* -abam] *m. recentior V* [*ex* uetabo] *b*[2] || Illud : *ex* -ut *P* || naturam : -ra *p* || est : *om. P quod edd. fugit* || Quamdiu : *ex* cuumd- *p* Quand- *b* || sic : sit *b* || aestimantur : estim- *p* stim- *P* || dissident *Vb* : disid- *P* dissent *p* || spatio : -a /tium *p* || uirtutem : -tute *p* || par : pars [*non* par] *p* || laeta *b* : *ex* lata *V* lata *pP* || tristia : -sticia *p* stritia *P*.

20 habet : -ent *P Érasme* [1.2] || dolor : -lo *P* || quicquid *QVPb* : quidq- *p* || aliud : *ex* -iut *V* || minuta : *ex*-nuita *Q* minora *Auen. mg. Erasmi* [1.2] || molestias : *ex* modes- *V* modes- *p* || atque : adq- *p* || obprimit *Q* : oppr- *p*[2]*Pb* [*ex* opr- *p*[2]] || affulsit *Qb* : adf- *pP* || quicquid *QPb* : quidq- *p* || sine : sene *P* || extinguitur *QPb* : et ext- *p* || inciderunt : -rint *Auen Érasme* [1.2].

21 ut scias *codd. Muret* : scias *Mentel. Érasme* [1.2] || cunctatione : cunctione [uel cunctatione *supra u.*] *b* || procurret *codd. Lipse* : -uret *V* percurret *Auen. Mentel. Érasme* [2] [*cf. infra* perseuerabit] || atque : adq- *p* || perseuerabit : -auit *pQ* || nec : ne *pQ* || aspiciet *pQPb*.

en son action moralement belle comme il a foi en un homme de bien. En elle il verra son intérêt [1], sa sûreté, sa félicité. Une action moralement belle, mais triste et difficile, lui paraîtra respectable au même titre que l'homme de bien pauvre ou chétif [2] et blême. 22 Voyons ! Mets face à face un homme de bien qui est dans l'opulence et un autre qui n'a rien au monde mais possède tout en lui-même [3] : ils sont hommes de bien tous deux, au pareil degré, malgré l'inégalité des conditions. Le même critérium, je l'ai dit [4], vaut pour les idées et pour les hommes. La vertu n'est pas plus estimable dans un corps vigoureux et libre d'entraves que dans un corps infirme et garrotté. 23 Par là même tu te trouves obligé de ne pas faire plus d'estime de ta propre vertu, si par chance le corps qui est à son service lui reste intégralement que si par chance il est estropié de quelque membre. Autrement, ce serait juger du maître d'après la mise des esclaves. Oui, tout ce que le hasard tient sous son arbitraire est esclave, l'argent, le corps, les honneurs, choses imbéciles, inconsistantes, périssables et d'une possession incertaine. Inversement les œuvres de la vertu

1. Il ne l'accomplira pas « par intérêt » mais parce qu'étant bonne, elle lui semble conforme à son intérêt véritable (117, 27 *quod bonum est utique prodest*).

2. La correction *exilis* (codd. *exul*) est facile et semble s'imposer dès qu'on essaie de traduire le texte traditionnel *aut exul ac pallidus* ou le texte à peine meilleur de l'édition d'Avignon *aut exul aut pallidus* ou même le texte ingénieusement modifié par Axelson [3] : *Aut exul <aut exilis> ac pallidus*. « Exilé » ici jure à côté de « blême » comme à côté de « chétif ».

3. S. pense peut-être au mot de Stilbon lui-même quittant sa patrie vaincue, à travers les flammes : 9, 18, *Omnia bona mea mecum sunt* ; plus probablement à celui du sage stoïcien : 9, 19 *f. Vox illi* (i. e *Stilboni*). *communis est cum stoico ;* 45, 9 *beatum — illum cui bonum omne in animo est ;* ou au sien : 42, 10 *Qui se habet, nihil perdidit ; sed quoto cuique habere se contigit ? De V. b.* 26, 4 *Sapienti quisquis abstulerit diuitias, omnia illi sua relinquet ; Ad Helu.* 11, 5 *Animus est qui diuites facit ; hic in exilia sequitur et in solitudinibus asperrimis, cum quantum satis est sustinendo corpori inuenit, ipse bonis suis abundat et fruitur* (cf. Ambr. *Ep.* 63, 89 Migne 16 col. 1213c *non census diuitem, sed animus facit*) ; ou au dicton propagé par les classiques : Ὁ σοφὸς ἐν αὑτῷ περιφέρει τὴν οὐσίαν (Men. *Monostich.* Dind. 404).

4. Au §§ 12 et 13, au § 21 *f.* V. d'ailleurs p. 124 n. 2.

honestae rei tamquam bono uiro credet : utilem illam sibi iudicabit, tutam, prosperam. Eundem locum habebit apud illum honesta res, sed tristis atque aspera, quem uir bonus pauper aut ex*ilis* ac pallidus. **22** Agedum pone ex alia parte uirum bonum diuitiis abundantem, ex altera nihil habentem, sed in se omnia : uterque aeque uir bonus erit, etiam si fortuna dispari utetur. Idem, ut dixi, in rebus iudicium est, quod in hominibus : aeque laudabilis uirtus est in corpore ualido ac libero posita quam in morbido ac uincto. **23** Ergo tuam quoque uirtutem non magis laudabis, si corpus illi tuum integrum fortuna praestiterit quam si ex aliqua parte mutilatum : alioquin hoc erit ex seruorum habitu dominum aestimare. Omnia enim ista, in quae dominium casus exercet, serua sunt, pecunia et corpus et honores, inbecilla, fluuida, mortalia, possessionis incertae : illa rursus

honestae *b* : -tare *p* -te *QP* || rei : *sic* [r *i. r.*] *V* || bono : -ne *P* || utilem : ut /illem *p* || sibi iudicabit apud — illum *om. p* || tutam : *ex* toto *Q* || Eundem : E. ergo *Érasme* $^{1-2}$ || sed : set [*ex* sed] V^2 || exilis ac *ego* : exul ac *codd. uulg.* exu*la /[l *eras.*] *p* exul aut *Auen.* exul <aut exilis> ac *Axelson* ^{3} *p.* 180.

22 Agedum : *ex* -endum *VP* -endum *pQb* || uirum : *ex* uir *Q* || diuitiis : *ex* diuinctus [*non* -nitus] *P* diuitis *p* || altera : /altare *p* || Idem *pb* : *ex* idest V^2 id est *Q* || quod in : quodi in [*ex* quod in] *p* || ualido : -llido *p* || posita quam *pQb* : *ex* post aquam *V* quam [*ex* posta quam] *P* || uincto : *ex* uinto p^2 uicto *Q*.

23 tuam quoque : *ex* q. t. *V* tua q. (uirtus non magis laudabilis) *ex* « *uet. lect.* » *Pincia Lipse* || illi tuum *pVP Madvig* : illiticum *b* illum tuum *Q* illibatum *cod. Opsopoei Ruhkopf* « *fort. recte* » *Hense* illibatum tibi *Castiglioni Beltrami* ^{2} illexum tibi ac *det.* illaesum tibi et *Mentel. Auen. Érasme* $^{1-2}$. *uulg.* || mutilatum *Auen. Mentel. Érasme* $^{1-2}$ *Muret* : *sic* [*ex* mutulatum /*P* *ex* mulatum / *b*] *QVPb sed in omnibus uoce* multatum [tum *ex corr. V*] *sequente* multatum *p* mulcatum *Fickert Haase* mutilatum mulcatum *Rossbach Beltrami* || alioquin *QVb* : *ex* -qui *V* -qui *pP* || ex V^2 *Mentel. Auen. Érasme*^{2} : et *codd. Érasme*^{1} || aestimare : *ex* stimP^2 || dominium *pQP* [*ex* indom- *Q*] *Muret* : -minum *b Érasme* $^{1-2}$ -minium *V* || exercet : -cet* *V* || serua *codd. Gronov* : -uilia *Auen. Mentel. Érasme* $^{1-2}$ || inbecilla *pQPb* || fluuida *Q Beltrami coll.* 58, 24 *et* 27 ; 71, 23 : fluida *pPb uulg.* || possessionis *pQ Muret* : *ex* -nes *m. recentior V* -nes [possesio- *P*] *Pb Mentel. Auen. Érasme* $^{1-2}$.

sont libres et contre elles rien ne prévaut : si la Fortune use de douceur à leur endroit, elles n'en sont pas plus désirables ; elles ne le sont pas moins sous les atteintes d'une fatalité injuste. 24 Le désir est à l'égard des choses[1] ce qu'est l'amitié à l'égard des hommes[2]. S'il s'agissait d'un homme de bien, tu ne l'aimerais pas mieux, j'imagine, riche que pauvre, robuste et bien musclé que frêle et souffreteux[3]. Donc un état de choses charmant et paisible ne te paraîtra pas plus désirable, plus digne d'attachement que des tracas et des difficultés. 25 Autrement de deux hommes qui sont tout autant des hommes de bien, tu préfèreras celui qui est élégant et bien soigné à celui qui se montre tout poudreux et la mine hérissée. Tu en viendras progressivement à aimer mieux l'homme entier de tous ses membres et sans tare que l'infirme ou le borgne. Peu à peu, tu te rendras si délicat que, de deux hommes également justes et raisonnables, c'est le chevelu, le bien frisé qui aura tes préférences.

Quand la vertu est égale des deux côtés, les autres inégalités disparaissent, non pas parties intégrantes de notre

1. Entendons « des actions humaines ».

2. La personne de Claranus et sa vertueuse activité purent suggérer ce rapprochement entre les vertus et les gens vertueux, qu'il ne me semble pas nécessaire, comme Hauck l'a essayé, de rapporter, au moins pour le fond, à la physique d'Empédocle (Hauck *Komment.* p. 99) : d'autant plus qu'il semble appartenir, d'ailleurs, à la prédication stoïcienne (v. §§ 12 et 13 ; 21 s. ; 34 et p. 127, n. 3.

3. S. aime et admire Claranus quoique frêle (§ 1 *corpusculo*), petit (§ 3 *humili corpusculo*), laid et contrefait (§ 2 *formosus mihi uidetur !* § 3 *deformi corpusculo* § 2 *mihi uidetur rectus !*).

Pourquoi ? § 2 *Ipsa* (*uirtus*) *magnum sui decus est et corpus suum consecrat.*

S. nous a dit plus haut (*Ep.* 64, 6 ; v. p. 104, n. 1) le prodigieux attrait de la vertu, l'émerveillement inouï qu'elle susciterait en nous si nous pouvions la voir dans sa nudité. Il a contemplé, non dans sa nudité, mais dégagée de tout ce qui en entravait l'épanouissement, celle du condisciple :

66, 3 *Si posset per se* (*natura*) *nudos edere animos, fecisset : nunc quod amplius est facit : quosdam — edit corporibus impeditos, sed nihilominus perrumpentes obstantia.*

libera et inuicta opera uirtutis, quae non ideo magis adpetenda sunt, si benignius a fortuna tractantur, nec minus, si aliqua iniquitate rerum premuntur. **24** Quod amicitia in hominibus est, hoc in rebus appetitio. Non, puto, magis amares uirum bonum locupletem quam pauperem, nec robustum et lacertosum quam gracilem et languidi corporis : ergo ne rem quidem magis adpetes aut amabis hilarem ac pacatam quam distractam et operosam. **25** Au*t* si hoc est, magis diliges ex duobus aeque bonis uiris nitidum et unctum quam puluerulentum et horrentem : deinde hoc usque peruenies, ut magis diligas integrum omnibus membris et inlaesum quam debilem aut luscum. Paulatim fastidium tuum illo usque procedet, ut ex duobus aeque iustis ac prudentibus comatum et crispulum malis. Vbi par in utroque uirtus est, non conparet aliarum rerum inaequalitas : omnia enim alia non partes, sed

incertae : -ta *p* libera et *VPb* : -berat *p* || inuicta *QPb* : inuincta *p* in*uicta *V* || adpetenda *pQPb* || benignius : -gnus *P* || si : sed *p* || premuntur : pram- *V*.

24 appetitio [*ex* appetitio est *Q*] *Qb* : adp- *VP* et inpetitio /*p* « *an est adpetitio ?* » *Hense* || lacertosum : latertosum *p* || gracilem : gratil- [*non* gracil- *P*] *Pb* || adpetes : *ex* -tas *Q* appetes *p* || aut *pP* : et [*ex* ut] *V* tuit [*non* aut] *b* || amabis : -bilis *P* | aut amabis : *om.* *Érasme* [1-2].

25 aut si hoc est *Haase* : et si hoc est *QVPb uulg.* et sioc est *p* at si hoc est *dett. Mentel.* nisi hoc est *coni. Madvig* set si hoc est *Chatelain* at si hodie *Schweighaeuser* || diliges : *ex* -gis *p* || bonis : *supra u. V* || puluerulentum : -er* [*eras.* o ?] lentum *P* || hoc usque *codd. Hense* : huc usque *uulg.* || integrum : *bis p desin. pag.* || inlaesum : inles- [*ex* iles-] p^1 || procedet : ced- *p* || et : aut *Auen.* || crispulum [cris/pulum *P* crisp- *ex* crysp- *b* Crispolum *Mentel.*] : scrip- *p* || malis *codd. Fickert Haase Hense*[2] : m. quam recaluastrum [*sic Auen. Mentel. Érasme* [1-2] *Muret*] *uel* quam recaluum *dett.* quam caluum m. *Hense* [1] quam caluum et horridulum m. *Buecheler* || par : *ex* pars *b* || est *p Haase* : *om. VPb Auen. Fickert de Q dubito* (par) est *Mentel. Érasme* [1-2] *Schweighaeuser* || non *expunct. V* || conpar et *Qb* : comp- *V* cōp- *P* cup- *p* comparat *Mentel.* || aliarum : *ex* alier- *m. recentiore V* alienum *Mentel.* || rerum inaequalitas : r. iequal- *p om. Mentel.*

être, mais phénomènes accessoires. **26** Est-il un père qui juge ses enfants avec assez d'iniquité pour préférer tel fils bien portant à tel autre d'un tempérament maladif, celui qui est grand et bien pris à celui qui a la stature courte ou moyenne[1] ? Les bêtes ne distinguent pas entre leurs petits ; elles les allaitent en se prêtant indifféremment à tous ; les oiseaux distribuent la becquée en parts égales à la nichée. Ulysse et Agamemnon courent d'une semblable allure l'un vers son rocher d'Ithaque, l'autre vers les nobles murs de Mycènes[2]. Nul n'aime sa patrie parce qu'elle est grande, mais parce qu'elle est sa patrie. **27** A quoi tend mon propos ? A te faire comprendre que la vertu regarde des mêmes yeux toutes ses œuvres comme une mère ses enfants, qu'elle les traite avec une égale tendresse, tendresse, disons-le, plus active à l'égard de celles qui ne viennent pas sans peine, puisqu'aussi bien l'affection des parents penche du côté où elle est mêlée de compassion[3]. C'est ainsi que la vertu, sans aimer en réalité davantage celles de ses œuvres qu'elle voit exposées aux tribulations et aux violences, les entoure, comme font les bons parents, de plus de soins et de complaisances.

28 Pourquoi nul bien n'est-il supérieur en grandeur à un autre ? Parce qu'il n'est rien de plus harmonieux que l'harmonieux, de plus uni que l'uni. Tu ne saurais dire de deux choses égales à une troisième que l'une lui est plus égale que l'autre. De même on ne saurait concevoir rien de plus beau moralement que ce qui est beau moralement. **29** Si toutes les vertus sont identiques de nature, les trois genres de

1. V. infra n. 3.

2. Ithaque : v. Hom. *Od.* 13, 242 s. Τρηχεῖα — οὐχ ἱππήλατος — /Οὐ δὲ λίην λυπρή, ἀτὰρ οὐδ' εὐρεῖα ; Mycènes : v. Hom. *Il.* 2, 569 εὐκτίμενον πτολίεθρον ; *Od.* 3, 305 πολύχρυσον ; *nobiles muros* (parce que ses rois étaient illustres ou qu'elle avait été remparée par les Cyclopes).

3. Cf. *De Ben.* 4, 15 *f. indulgere — naturale est — liberis prauis ; Ad Helu.* 20, 1 *necesse est — cogitationes — tuas subinde ad me* (*exulem*) *recurrere nec quemquam nunc ex liberis tuis frequentius tibi obuersari. — quia naturale est manum saepius ad id referre quod dolet* : Jocaste pensant à Polynice dans les *Phoen.* 386 *miseros*

accessiones sunt. **26** Num quis tam iniquam censuram inter suos agit, ut sanum filium quam aegrum magis diligat, procerumue et excelsum quam breuem aut modicum ? Fetus suos non distinguunt ferae et se in alimentum pariter omnium sternunt ; aues ex aequo partiuntur cibos. Vlixes ad Ithacae suae saxa sic properat, quemadmodum Agamemnon ad Mycenarum nobiles muros : nemo enim patriam quia magna est amat, sed quia sua. **27** Quorsus haec pertinent ? Vt scias uirtutem omnia opera uelut fetus suos isdem oculis intueri, aeque indulgere omnibus et quidem inpensius laborantibus, quoniam quidem etiam parentium amor magis in ea, quorum miseretur, inclinat. Virtus quoque opera sua, quae uidet affici et premi, non magis amat, sed parentium bonorum more magis conplectitur ac fouet. **28** Quare non est ullum bonum altero maius ? Quia non est quicquam apto aptius, quia plano nihil est planius. Non potes dicere hoc magis par esse alicui quam illud : ergo nec honesto honestius quicquam est. **29** Quod si par omnium uirtutum natura est, tria genera bonorum in aequo sunt.

26 iniquam : *sic* [ini *ex corr.*] *V* || agit : ait *P* || sanum filium *p Haase* : f. s. *VPb uulg. ante Haasium* f. suum s. *Auen. de Q dubito* || fetus *Pb* : fœtos *p* faetus *V* Foetus *Q* || distinguunt : -gunt *pQVPb* || ferae *b* : *sic* [f *ex corr.*] *V* faere *p* fere *Q* || in : *i. r. V* || pariter omnium : o. p. *Auen.* p. omni *Mentel.* || ad Ithacae [t *i. r. V syll. non recte diuisis sed* r (equire) *i. mg. adscript. b*] *VPb* : atit hec *p* aditachae *Q* || saxa : s*xa *P* saxas *b* || Mycenarum : mic- *Q*.

27 Quorsus : cors- *p* Quorsum [*ex* Coruus *Q*] *m. rec. Q Auen.* || haec : *ex* hae *p* || pertinent : -net [*non* -nent] *P* || uelut : -ud *P* || fetus *pPb* : foet- *Q* || isdem *pQb* : hisd- *P* || oculis : /oculus *p* || inpensius *pQP* : imp- *V* īpēsius / [*add.* n *supra* ē] *b* || etiam : *om. Auen.* || parentium [1] *pQ* : -tum *Pb* || parentium [2] *pQb* : -tum *P* || conplectitur *Qb* : cōp- *VP* comp- *p*.

28 maius : ma***ius [*eras.* gis *ut uid.*] *p* || quicquam *pQb* : *ex* quidq- *V* quidq- *p* || apto : abto *P* || Non : num *b* || potes *V Mentel. Érasme* [2] : -test *pQPb Auen. Erasme* [1] *de V dubito* || par esse *codd. Auen. Schweighaeuser* : (dicere, hoc magis) par est (alicui quam illud) *Mentel. Érasme* [1-2] || illud : illi [li *ex* lud] *P bis* illud *b* || quicquam *pQPb*.

29 aequo (sunt) : *ex* -qua *p*[2].

bien sont à niveau égal. Je m'explique. C'est chose égale de se modérer dans la joie et de se modérer dans la douleur. L'état d'allégresse n'est pas supérieur en qualité à une constance qui sous la main du tortionnaire sait dévorer les gémissements. Dans le premier cas, ces biens sollicitent nos désirs ; dans l'autre, notre admiration ; ils sont néanmoins égaux, parce que toutes les contrariétés sont couvertes par la voix infiniment plus puissante du bien. **30** Nier qu'ils soient égaux, c'est ne pas considérer les vertus elles-mêmes et s'attacher aux dehors. Les vrais biens ont tous même poids, même volume [1] ; dans les faux biens beaucoup de vide. A vue l'œil, ils imposent comme quelque chose de grand. Qu'on les passe à la balance : la duperie apparaît.

31 Oui, mon cher Lucilius, tout ce qu'autorise la saine raison est solide, impérissable, affermit l'âme et la porte à des hauteurs où elle se maintiendra toujours. Ce qui est l'objet de louanges irréfléchies, ce que l'opinion appelle des biens [2] n'enfle que les cœurs accessibles à la joie sans fondement. Au rebours, les accidents redoutés comme des maux terrorisent l'esprit et y répandent l'espèce d'inquiétude que produit chez la bête l'apparence du danger [3]. **32** C'est donc sans motif que, dans les deux cas, l'âme est dilatée ou bourrelée. La joie dans l'un, la crainte dans l'autre sont pareillement déplacées. Il n'y a que la raison qui soit stable et capable de maintenir ses arrêts [4]. C'est qu'elle n'est pas sous l'esclavage des sens, mais leur com-

magis Fortuna conciliat suis. — § 27 *honesto honestius :* v. §§ 8 *f.*, 11 *f.*, 32 ; p. 118 n. 2. — § 29 *tria genera bonorum* : v. §§ 5, 36, doctrine sans doute de Panétius.

1. Image familière au moraliste : 93, 4 *quemadmodum pretiosa rerum sic uita nostra non multum pateat, sed multum pendeat.* La consonance voulue dans les mots semble déceler un dicton ou le langage de quelque vieux poète tragique.

2. Sur l'opinion du *uulgus* v. vol. I p. 128 n. 1 ; supra, p. 8 n. 5 et le mot cynique de Démétrius 91, 19.

3. Il y a la vue ou connaissance du danger 5, 9 *Ferae pericula quae uident fugiunt*, 121, 19 s. (fuite des poules devant l'épervier, des poussins devant le chat) ; mais aussi la simple apparence du danger 74, 5 *Quemadmodum aues etiam inanis fundae sonus territat, ita nos non ad ictum tantum exagitamur, sed ad crepitum.*

4. L'importance du *iudicium* dans la vie morale est indiquée

Ita dico : in aequo est moderate gaudere et moderate dolere. Laetitia illa non uincit hanc animi firmitatem sub tortore gemitus deuorantem : illa bona optabilia, haec mirabilia sunt, utraque nihilominus paria, quia quicquid incommodi est, ui tanto maioris boni tegitur. **30** Quisquis haec inparia iudicat, ab ipsis uirtutibus auertit oculos et exteriora circumspicit. Bona uera idem pendent, idem patent : illa falsa multum habent uani. Itaque speciosa et magna contra uisentibus, cum ad pondus reuocata sunt, fallunt. **31** Ita est, mi Lucili : quicquid uera ratio commendat, solidum et aeternum est, firmat animum attollitque semper futurum in excelso : illa quae temere laudantur et uulgi sententia bona sunt, inflant inanibus laetos ; rursus ea, quae timentur tamquam mala, iniciunt formidinem mentibus et illas non aliter quam animalia species periculi agitant. **32** Vtraque ergo res sine causa animum et diffundit et mordet : nec illa gaudio nec haec metu digna est. Sola ratio immutabilis et iudicii tenax est : non enim seruit, sed imperat sensi-

dolere : *ex* -lore *V* -loro *Q* || laetitia : laettia *V* || uincit : *ex* -cint *b* || optabilia : obt- *pQ* optaui *P* || optabilia, haec mirabilia sunt : o. sunt, h. m. *Auen. Érasme* [1.2] || quia : *om. p* || quicquid *QPb* : quidq- *p* || incommodi : -mmo /dia *desin. pag.* [*ex* -mmodia /dia] *P* || ui tanto *codd. Fickert* [*cf. mg. Erasmi* [1] ui tanta] : uitando *Q* uelamento *Mentel. Auen. Érasme* [1.2] *alii.*

30 Quisquis : *ex* Quicquid *b* || inparia *pQPb* : inpa*ria *V* || auertit : -r /te *p* || uera : *ex* uira *p*[2] || pendent *pQVPb Mentel. Auen. Érasme* [1.2] : -dunt *dett.* || multum : *ex* -lto *p*[2] || magna : *ex* magana *ut uid. p* || contra : coram *coni. Gloeckner* || uisentibus *Pb et nisi fallor V* : -scenti /bus *p* uincent- *Q* || contra uisentibus : esse uidentur *Auen.*

31 quicquid *QPb* : quidq- *pV* || commendat : comen [en *per compend.*] /dat *P* || solidum : *ex* soli *p*[2] || est firmat *QVPb* : et infir- *p* || attollitque *pQb* [*non* adtoll- *p*] : atoll- *P* || laetos : -tas *Q* || formidinem : -di*nem [*eras. fort.* c, *et* nem *ex* ni] *p* || illas : -am *p* || species : *ex* speciis / *p*[2] specie *dub. coniec. Axelson* [3] *p.* 191 *n.* 41.

32 Vtraque : *ex* utrac ue *ut uid. p*[2] || ergo res : res ergo *Érasme* [2] || illa gaudio : illea gaudlo [*non* gaudio] *p* illa gaudia *b* || digna : *ex* -nu *p*[2] || immutabilis *Qb* : inm- *P* inmutabiles /*p* || iudicii [-itii *Vb*] : iniudici *p* « *poterit* iudici » *coll.* 24, 1 *p Hense.*

mande en souveraine. La raison est égale à la raison comme la droiture à la droiture. Ajoutons : la vertu est égale à la vertu, vu qu'elle s'identifie elle-même avec la droite raison. Les différentes vertus sont autant d'expressions de la raison. Elles n'expriment la raison que si elles expriment la droiture. Étant droites, elles sont toutes nécessairement égales. **33** Telle la raison, telles les actions qui la traduisent : celles-ci sont donc toutes égales[1]. Semblables à la raison, elles se ressemblent aussi entre elles. Je les dis égales entre elles en tant que[2] moralement belles et droites. Elles présenteront du reste des aspects bien différents selon la diversité de la matière, ample ou réduite, illustre ou sans éclat, en rapport avec les intérêts de la masse ou avec ceux d'un petit groupe. Néanmoins, dans toutes ces conjonctures, ce qui fait l'excellence de l'acte demeure égal : j'entends sa beauté morale. **34** Ainsi les hommes de bien sont tous égaux en tant qu'hommes de bien[3], mais l'âge les fait différer : l'un est vieux, l'autre jeune ; le physique : l'un est beau, l'autre laid ; la situation de fortune : celui-là est riche, celui-ci est pauvre ; celui-là est en crédit, personnage puissant, connu des cités, connu des nations ; cet autre est ignoré de presque tout le monde et vit obscur[4]. Cependant par leur qualité d'hommes de bien ils sont égaux.

ailleurs (v. vol. I, p. 64, n. 1 ; *Ep.* 71, 32 ; 95, 57) ; le fondement de son autorité est marqué expressément ici.

1. V. § 10 et p. 118, n. 2.

2. Si le grec affleure ici, *qua* (Muret) traduit ᾗ cf. Aristot. *Eth. Nic.* 10, 7 οὐ γὰρ ᾗ ἄνθρωπός ἐστιν οὕτω βιώσεται.

Même si le grec n'affleure pas en ce passage, *qua* « en tant que » si annéen, y vaut mieux que le *quia* des manuscrits.

3. Cf. supra § 24 et 67, 10 semblable rapprochement entre les gens de bien et les actions droites ; v. p. 124, n. 2.

4. Le contraste dans la situation de fortune s'est rencontré dans la vie de S., l'ancien ministre de Néron.

Il avait été connu alors « des cités et des nations », sans oublier ceux des *Britanni* dont il était le créancier et qu'en 61 il voulut contraindre par la force à s'acquitter. Il est maintenant ignoré du grand public, il vit obscur, dans la disgrâce.

bus. Ratio rationi par est, sicut rectum recto : ergo et uirtus uirtuti : nihil enim aliud est uirtus quam recta ratio. Omnes uirtutes rationes sunt : rationes sunt, si rectae sunt : si rectae sunt, et pares sunt. **33** Qualis ratio est, tales et actiones sunt : ergo omnes pares sunt : nam cum similes rationi sint, similes et inter se sunt. Pares autem actiones inter se esse dico, qu*a* honestae rectaeque sunt : ceterum magna habebunt discrimina uariante materia, quae modo latior est modo angustior, modo inlustris modo ignobilis, modo ad multos pertinens modo ad paucos. In omnibus tamen istis id, quod optimum est, par est : honestae sunt. **34** Tamquam uiri boni omnes pares sunt, qu*a* boni sunt ; sed habent differentias aetatis : alius senior est, alius iunior ; habent corporis : alius formosus, alius deformis est ; habent fortunae : ille diues, hic pauper est, ille gratiosus, potens, urbibus notus et populis, hic ignotus plerisque et obscurus. Sed per illud, quo boni sunt, pares sunt.

rationi par : *sic* [rationi *bis*] *b* ratio pars /*p* || uirtus uirtuti *Q iam Schweighaeuser* : uirtus *codd.* [uir /tus *P*] || nihil enim aliud est uirtus *Q Beltrami* : non aliud *codd. om. p* uirtus non aliud (quam recta ratio est) *Auen. Schweighaeuser Fickert* (q. r. r.) *Mentel. Érasme*$^{1-2}$ || quam recta ratio : q. r. ratio est *M om. p* || omnes uirtutes : *om. p* || si rectae [*uel*- te] sunt *bis codd.* : *semel* [*pag. in* si rec /te sunt *desinente*] *p Mentel.*

33 ergo omnes : e. et o. *Auen.* || rationi sint *QVP* : -nes s. *p* -nis s. *b* || similes : -lis *p* || autem actiones : autem rationes [*non* actiones] *p* || qua *Muret* : quia *codd.* [quia / *p*] *Mentel. Auen. Érasme* $^{1.2}$ || honestae rectaeque sunt : rectae sunt et honestae *Érasme* $^{1.2}$ || rectaeque : teque [te *ex* ti p^2] p^2Q || discrimina : *ex* -nu *p* || materia : *sic* [e *i. r.*] *V* || uariante materia : m. u. *Auen.* || angustior *QVPb* : -sta est *p* || inlustris *pQPb* || pertinens : *ex*-nes *V* || honestae sunt *codd. Mentel. Auen. Schweighaeuser* : honestes *P* honesta s. *Érasme* ^{1} *om. Érasme* ^{2} *Muret alii.*

34 Tamquam *pQb* : *ex* tamquam quam *P* tamquam/quam *V* || qua *in adnot. ad. l. Érasme*^{2} : quam *p* quia *QVPb Mentel. Auen.* qui *Érasme* $^{1.2}$ || sed habent : s. habeant *p* || differentias : diferaent- *p* || iunior *QVPb Auen. Érasme* $^{1-2}$ *uulg.* : iuuenior *p Haase Hense* || deformis : -m*is *V* || ille diues : illae dius *p* || hic ignotus *QV Auen. Hense* : i. h. *P Mentel. Érasme* $^{1-2}$ *uulg.* hic notus hic *b* ignotus *p* || obscurus : *ex* -ris *Q* || sed : set [*per compend.*] *p et sic saepissime* || per illud : illud *p* || quo *pQ Haase* : quod [*ex* quo *V*] *VPb uulg.*

35 Dans la question des biens et des maux la sensibilité n'est pas juge. Elle ignore ce qui est utile ou nuisible [1]. Elle n'a d'avis que sur les réalités présentes. Sans prévoyance de l'avenir, sans mémoire du passé, elle n'a aucune notion de la continuité. Or c'est en vertu de ce principe que les événements s'enchaînent et s'ordonnent et que se forme la trame et l'unité d'une vie qui suivra le droit chemin. Il appartient donc à la raison de se faire l'arbitre des biens et des maux. Elle tient pour chose de vil prix tout élément étranger et extérieur ; les éléments qui ne sont ni biens ni maux ont tout juste à ses yeux [2] la valeur d'un très léger appoint [3] : pour elle c'est dans l'âme que tout bien réside [4]. **36** Il est, à vrai dire, des biens qu'elles considère comme étant du premier ordre et qu'elle se met en devoir d'acquérir : la victoire, de dignes enfants, le salut de la patrie. Certains biens, ceux de la seconde espèce, ne se manifestent que dans l'adversité : par exemple, la sérénité devant une maladie grave ou un exil ; il y a enfin des biens intermédiaires dont on ne peut dire qu'ils soient conformes ou contraires à la nature, comme de marcher posément ou d'être convenablement assis [5]. Que l'on soit assis, que l'on soit debout ou que l'on marche, dans tous les cas on se conforme à la nature. **37** Les deux premières catégories de biens [6] sont de genre opposé. Ceux-ci s'accordent avec la nature : on jouit de l'affection de ses enfants, du bonheur de sa patrie [7]. Ceux-là contrarient la nature : tenir tête bravement à la question,

1. V. n. 2. et *Ep.* 124, 1 s.

2. Elle assigne en effet leur véritable prix aux choses : v. supra § 6, p. 119 n. 2 ; cf. p. 123, n. 1.

3. Un ἐπιγέννημα qui apparaît quand les conditions de la vie animale sont remplies : tel l'état d'épanouissement de la bête — ou de la plante (D. L. 7, 86).

4. V. p. 123, n. 3.

5. V. § 5 *f.* et p. 116 n. 2 *init.*

Cf. Cic. *De Off.* 1, 96 (sans doute d'après Panétius) *decorum* — *quod consentaneum sit hominis excellentiae in eo in quo natura eius a reliquis animantibus differt.*

6. Sur les §§ 37 et 38 cf. supra § 5, infra 67, 4.

7. Cf. § 5 *salus patriae... Illa bona derecto optabimus.*

35 De bonis ac malis sensus non iudicat : quid utile sit, quid inutile, ignorat. Non potest ferre sententiam, nisi in rem praesentem perductus est. Nec futuri prouidus est nec praeteriti memor : quid sit consequens, nescit. Ex hoc autem rerum ordo seriesque contexitur et unitas uitae per rectum itur*ae*. Ratio ergo arbitra est bonorum ac malorum ; aliena et externa pro uilibus habet et ea, quae neque bona sunt neque mala, accessiones minimas ac leuissimas iudicat : omne enim illi bonum in animo est. **36** Ceterum bona quaedam prima existimat, a*d* qu*ae* ex proposito uenit, tamquam uictoriam, bonos liberos, salutem patriae : quaedam secunda, quae non apparent nisi in rebus aduersis, tamquam aequo animo pati morbum magnum, exilium : quaedam media, quae nihilo magis secundum naturam sunt quam contra naturam, tamquam prudenter ambulare, composite sedere. Non enim minus secundum naturam est sedere quam stare aut ambulare. **37** Duo illa bona superiora diuersa sunt : prima enim secundum naturam sunt, gaudere liberorum pietate, patriae incolumitate ;

35 utile : hutele *p* || potest : -tes *p* || in rem : *ex* rem *m. rec. Q* || praeteriti memor : -rititi /mor *p* || seriesque : se*riesque *p* || per rectum *p Auen. Schweighaeuser iam « melius putauit » in adn. Muret* : perfectum [f *ex* r *V*] *QVPb* in perfectum *Mentel. Érasme* [1-2] *alii* || iturae *iam « exspectauerat » Schweighaeuser in adn.* [*cf. deinceps* c(ratio) *p*] : -ra *codd. uulg.* || Ratio : cratio *p* || arbitra est : arbitra *Auen.* || malorum : *ex* -rem *P*[2] *ex* l malorum *b* || habet : -bent *P* || accessiones : asce- *P* || omne : -nem [*non* -ne] *p* || enim : *om. Mentel. Érasme* [1-2].

36 bona —uictoriam : *om. p sed in ima pag. repos.* || prima : *ex* bona *b* || ad quae *Arg. Mentel. Auen. Érasme*[1-2] : atque *pQVPb* || uictoriam : *sic* [*non* memoriam] *p* || liberos : -bros *P* || apparent *pQPb* || in rebus : *ex* rebus *b* || magnum : ignem *C. Busche* ignominiam *Castiglioni* damnum *Hense Rh. Mus.* LXXIV, 120 || nihilo : nilhilo *p* || magis : *ex* mug- *p* || naturam tamquam *QVPb* : naturam / quam *p* || prudenter : pud-*coni. Gronov.* || composite *pQP* : conp- *b* || sedere : sed re *p* || naturam : *ex* -ra *Q* || quam : *ex* tamquam *Q* || stare : aut stare *Mentel. Érasme* [1-2].

37 diuersa : sundiuersa *p* || incolumitate : incolom- *Qb*.

endurer jusqu'au bout la soif tandis que la fièvre vous brûle les entrailles. **38** « Comment ! Il existe des biens contraires à la nature ? » Nullement. Ce qui lui est contraire parfois, c'est le fait à l'occasion duquel le bien se produit. Souffrir des blessures, fondre sur le feu d'un bûcher, se voir terrassé par la maladie, ce sont choses contraires à la nature ; mais dans un pareil état conserver un cœur intrépide, voilà ce qui lui est conforme [1]. **39** Pour m'exprimer d'une manière concise, la matière du bien est parfois contre la nature, le bien jamais. On ne conçoit pas le bien sans la raison. Or la raison suit la nature. Qu'est-ce donc que la raison ? L'imitation de la nature. Quel est le souverain bien de l'homme ? Une conduite conforme aux volontés de la nature [2].

40 « Il est hors de doute, dit-on, qu'une paix qu'aucune offensive ne vient troubler représente une félicité plus grande que celle qui est reconquise par des flots de sang. Il est hors de doute, dit-on, qu'une santé qui n'a jamais été ébranlée représente une félicité plus grande que celle qui est revenue de graves maladies, entraînant les pires dangers, grâce à une défense énergique et à de la patience [3]. De même on tiendra pour hors de doute que l'état de joie représente un bien supérieur à celui d'une âme qui se

1. On peut trouver qu'il manque une définition de « la nature ».
2. Cf. le § 41 *f.*, *Ep.* 5, 4 ; Zénon *fr.* 179 Arnim I.
3. Cette objection (*inquit*) vient-elle de Lucilius ? Il se peut (cf. 67, 3). On dirait en tout cas celle d'un épicurien : D. L. 10, 128 s. Καὶ διὰ τοῦτο τὴν ἡδονὴν ἀρχὴν καὶ τέλος λέγομεν εἶναι τοῦ μακαρίως ζῆν... Πᾶσα οὖν ἡδονὴ διὰ τὸ φύσιν ἔχειν οἰκείαν ἀγαθόν.
Effectivement, ensuite — § 41 *aestimantur* (*fortuita*) *utilitate sumentium* — il s'agit d'une appréciation toute subjective des « biens de fortune » par qui les reçoit ; partant d'une appréciation variable. Le vrai bien s'apprécie d'après sa conformité avec « la nature », partant selon un principe objectif et unique.

secunda contra naturam sunt, fortiter obstare tormentis et sitim perpeti morbo urente praecordia. **38** « Quid ergo ? aliquid contra naturam bonum est ? » Minime : sed id aliquando contra naturam est, in quo bonum illud existit. Vulnerari enim et subiecto igne tabescere et aduersa ualetudine affligi contra naturam est, sed inter ista seruare animum infatigabilem secundum naturam est. **39** Et ut quod uolo exprimam breuiter, materia boni aliquando contra naturam est, bonum numquam, quoniam bonum sine ratione nullum est, sequitur autem ratio naturam. « Quid est ergo ratio ? » Naturae imitatio. « Quod est summum hominis bonum ? » Ex naturae uoluntate se gerere. **40** « Non est, inquit, dubium, quin felicior pax sit numquam lacessita quam multo reparata sanguine. Non est dubium, inquit, quin felicior res sit inconcussa ualetudo quam ex grauibus morbis et extrema minitantibus in tutum ui quadam et patientia educta. Eodem modo non erit dubium, quin maius bonum sit gaudium quam obnixus animus ad perpetiendos

(contra) naturam : *ex* natura b^2 || obstare : *ex* opt *m. recentiore* *QV* opt- *pb* obt- *ut uid.* *ex* opt- *P* || sitim : sitin *ex* sit b^2.

38 Vulnerari *QPb* : uoln- *p* || et : *sic* [e *ex* a] *P* || ualetudine *V* : ualit- *QPb* ualetudinem *p* || affligi *Qb* : adfl- *pP* || inter : *bis* *P* || secundum : *ex* -dam *b*.

39 Et ut : aut [*non* Et ut] *p an* aut ut ? || breuiter : briui- *Q* || est bonum *p Haase* : et b. *QVPb Mentel. Érasme*[1] *Fickert* at b. *Érasme*[2] est et (nunquam) bonum *Auen.* || nullum : ull- [*non* null-] *p* || naturam : *ex* -ra *Q* || est ergo *pQ* : ergo *VPb* || naturae uoluntate : natura uoluntate [e *ex* i] *V* natura uoluntatem *P* || se gerere : segregare *P*.

40 inquit [inquid *P*] dubium : *ex* d. i. [quit *ex* quid] *Q* || quin felicior [*uno uerbo* *Q* -tior *ut uid.* *b*] *Qb* : *ex* qui in f. *V* qui infelicior *pP* || pax sit *QVPb* : pascit *p* pax si *Auen.* || lacessita : *ex* -ssit *m. rec.* *Q* las cessita [*non* lacessita] *p* || reparata : *ex* -tam *Q* || inquit : -id *pP* || quin : qui in *P* || res : *ex* ses *p* || inconcussa : incuncussa *b* || ualetudo [e *ex* i *V* -udo *ex* -udine *p*] *pV* : ualit- *QPb* || quam *QVPb* : tamquam *p* || extrema : exirema *p* || tutum : tutu *p* || quadam et *pQPb* : quadam ** *V* || educta : ducta [*ex* educ-] *P* || erit : erat *p* || quin *pVb* : qui in *P* quia *Q* || maius *pQPb* : magis *V* || obnixus *p* *Schweighaeuser* : *ex* -noxius P^2 -noxius *QVb Mentel. Auen. Érasme*[1-2] *alii* || perpetiendos *codd. Mentel. Auen.* [-ndum] *Érasme*[2] : percipien- *p* *Érasme*[1] perpeuen- *b*.

roidit contre les tourments du fer ou du feu. » **41** Point du tout. Ces avantages qui sont fortuits comportent bien des différences : ils s'apprécient d'après l'utilité qu'en retirent les intéressés. Les vrais biens, eux, procèdent d'un même propos : se conformer à la nature. Tous poursuivent cet accord également. Quand nous adoptons une motion dans le sénat, on ne songerait pas à dire : un tel adhère plus complètement qu'un tel ; tous se rangent à la même motion. J'en dis de même des vertus : toutes adhèrent[1] aux vues de la nature. J'en dis de même des biens : tous adhèrent aux vues de la nature. **42** Celui-ci meurt adolescent, celui-là vieux[2] ; un autre encore était petit enfant et il n'a fait qu'entrevoir la vie. Tous ces êtres étaient également mortels, encore que la mort ait accordé à certains une assez longue durée, qu'elle ait tranché d'autres existences en pleine fleur, qu'elle en ait pris d'autres dans leurs commencements mêmes. **43** Celui-ci a fini pendant qu'il soupait ; pour celui-ci la mort n'a été que la continuation du sommeil ; celui-là s'est éteint en faisant l'amour. Mets en regard ceux que le fer a pourfendus ou qui ont péri de la morsure des serpents ou écrasés par la chute d'un édifice ou qui ont vu la paralysie disloquer pièce à pièce leur machine. Les uns, peut-on dire, finissent

1. Deuxième emprunt, dans les *Lettres à Lucilius*, à la procédure du vote dans le Sénat (V. vol. I p. 88, n. 5).

Cette personnification toute romaine des vertus a sa beauté, comme le « cortège d'honneur » qu'elles forment à l'âme (*Ad Helu.* 9, 3 ; cf. *De Fin.* 2, 111 ; *Tusc.* 5, 80 *cet.*), comme le « Conseil » qu'elles tiennent entre elles (*Ep.* 67, 10 *s. f.*). L'image d'un groupe où elles apparaissent se donnant la main et ne se quittant plus (90, 3) nous rapproche d'un chœur de danse à la grecque (cf. *chorus* Cic. *Tusc.* 5, 13 ; *De Off.* 3, 116 ; Themist. *Or.* I, p. 8 A éd. Pétau) ou du groupe chrysippéen des trois Grâces, figurant la bienfaisance, la gratitude et le retour du bienfait à son auteur (*De Ben.* 1, 3, 2).

2. Ici, sans transition, nouvelle comparaison, et cette fois avec la mort. Mais on ne saurait dire qu'elle fût inattendue entre deux vieux amis qui s'entretiennent souvent de leur fin prochaine et de leurs deuils récents ou anciens. La conclusion toutefois (§ 43) *mors — omnium par est...* (§ 44) *Idem — de bonis dico* tarde un peu à venir.

cruciatus uulnerum aut ignium. » **41** Minime : illa enim, quae fortuita sunt, plurimum discriminis recipiunt ; aestimantur enim utilitate sumentium. Bonorum unum propositum est consentire naturae : hoc [contingere] in omnibus par est. Cum alicuius in senatu sententiam sequimur, non potest dici : ille magis adsentitur quam ille. Ab omnibus in eandem sententiam itur. Idem de uirtutibus dico : omnes naturae adsentiuntur. Idem de bonis dico : omnia naturae adsentiuntur. **42** Alter adulescens decessit, alter senex, aliquis praeter hos infans, cui nihil amplius contigit quam prospicere uitam : omnes hi aeque fuere mortales, etiam si mors aliorum longius uitam passa est procedere, aliorum in medio flore praecidit, aliorum interrupit ipsa principia. **43** Alius inter cenandum solutus est ; alterius continuata mors somno est ; aliquem concubitus extinxit. His oppone ferro transfossos aut exanimatos serpentium morsu aut fractos ruina aut per longam neruorum contractionem extortos minutatim. Aliquorum melior dici, aliquorum

41 enim[1] : autem *Auen. an ex uet. aliquo exemplari insul.?* || unum : omnium *p* || naturae : -ra *P* || contingere *secl. Muret cf., auctore Hense,* 71,7 *f.* : *habent QVPb Mentel. Auen. Érasme* [1-2] contire *p* consentire *Haase* || in omnibus : omnibus *Haase* || in senatu : in senatus *Pb* || in senatu sententiam : sententiam i. s. *Auen.* || sequimur : -qumur *p* || potest : -tes *p* || eandem : ead- *pP* || itur : *sic* [*mg.* uel mittitur] *Q* || idem de bonis — adsentiuntur *om. P* || bonis *QVb* : nobis /*p*.

42 adulescens : adol- *Qb* || praeter hos : protinus *coni. Badstuebner* || mortales : ** mortales *p* || longius : -gi / *p* || passa : piassa *p* || aliorum : alio [*ex* aliu] *** rum *p* || medio : medimedio *p* || praecidit [ci *ex* ce *P*] : procedi *p* || ipsa principia : principia *Mentel. Érasme* [1-2].

43 Alius : *ex* alius autem *b*[2] || continuata mors somno est : s. c. m. e. *Auen.* || extinxit [*non* exst- *p*, x *alt. i. r. V*] *pQVPb* || oppone : -no *P* || transfossos : *ex* -osos *b* -orsos *P* || exanimatos : *ex* exanina- *Q* examina- *P* || fractos *dett. Mentel. Auen. Érasme* [1-2] : fructus [r *ex parte eras. P*] *pP* fluctus [*ex* fruc- *b*] *Qb* fructos [*ex* -tus] *V* || neruorum : uer /uorum [uor *ex* bor] *p* [*non* neruorum] || minutatim [im *per compend.*] *b* : *ex* -tat in *QV*[2] -tat in *p* tat ** [en *aut* in *eras.*] *P* || dici : *ex* -cit *Q* || aliquorum : -icorum *p*.

mieux, les autres plus mal : la mort les met tous au même point. Ils la trouvent[1] par divers chemins ; c'est à un même terme qu'ils aboutissent. Avec la mort pas de plus ou de moins. Sa loi fait à tous mesure égale, qui est : mettre fin à la vie. **44** Crois-moi, il en est de même des biens : tel a son lieu parmi des plaisirs sans mélange, tel dans la tristesse et dans l'amertume. Celui-là s'est assuré le bon vouloir de la fortune, celui-ci a surmonté ses rigueurs. Ce sont de part et d'autre des biens au même titre, bien que celui-là soit venu par une voie aplanie et facile, celui-ci par un rude chemin[2]. Car c'est à une même fin qu'ils aboutissent tous : ils sont des biens ; ils méritent la louange, ils sont compagnons de la vertu et de la raison ; or, la vertu confère l'égalité à tout ce qu'elle avoue pour sien.

45 Au reste, il ne faudrait pas dans ton admiration voir en ceci l'un des dogmes propres au stoïcisme. Épicure reconnaît deux sortes de biens, qui composent la suprême béatitude : un corps affranchi de la douleur, une âme sans trouble[3]. Ces biens ne s'accroissent pas, s'ils ont leur plénitude. Quelle marge en effet reste-t-il à la plénitude pour s'accroître ? Le corps est sans douleur : qu'est-ce qui pourrait s'ajouter à cette absence de douleur ? L'âme a mis en elle-même l'harmonie et la paix : comment par-

1. La leçon de l'édition d'Avignon, celle d'Érasme [2], de Muret : *uenit mors* convient au sens, bien que le changement de sujet (cf. *desinunt*) altère la symétrie du passage ; du moins ce verbe se passe de *ad eos* (cf. 30, 9 et 12 ; *N. q.* 6, 32, 3). Mais il fait violence au texte des mss. (*per quem*) *ueniunt p P.*

Veniunt, qui est dans de vieilles éditions et chez quelques éditeurs modernes, exigerait le complément *ad eam* (cf. 24, 20 *f.* ; 30, 12 ; 69, 6), qui manque en fait ici.

Nous donnons à (*per quae*) *inueniunt* (ils la trouvent) le même sens qu'il a au § 46 ; *Ep.* 63, 12 ; 78, 7 ; Tac. *Ann.* 1, 74, 2 ; non, cela va de soi, celui de « la trouver » après recherche ou effort de l'esprit, qu'il a *Ep.* 70, 25, Tac. *Ann.* 1, 61, 4.

2. Image peut-être venue du grec ; sans doute familière au moraliste : V. *De Mor.* Haase 129 *facilius — penetrant uerba quae molli uadunt uia quam quae aspera.*

3. Cf. D. L. 10, 128 Τούτου γὰρ χάριν πάντα πράττομεν, ὅπως μήτε ἀλγῶμεν μήτε ταρβῶμεν.

peior potest exitus : mors quidem omnium par est. Per quae *in*ueniunt, diuersa sunt ; *in* quod desinunt, unum est. Mors nulla maior aut minor est : habet enim eundem in omnibus modum, finisse uitam. **44** Idem tibi de bonis dico : hoc bonum inter meras uoluptates, hoc est inter tristia et acerba ; illud fortunae indulgentiam rexit, hoc uiolentiam domuit ; utrumque aeque bonum est, quamuis illud plana et molli<uia> ierit, hoc aspera. Idem enim finis omnium est : bona sunt, laudanda sunt, uirtutem rationemque comitantur : uirtus aequat inter se quicquid agnoscit.

45 Nec est, quare hoc inter nostra placita mireris : apud Epicurum duo bona sunt, ex quibus summum illud beatumque componitur, ut corpus sine dolore sit, animus sine perturbatione. Haec bona non crescunt, si plena sunt : quo enim crescet quod plenum est ? Dolore corpus caret : quid ad hanc accedere indolentiam potest ? Animus constat sibi et placidus est : quid accedere ad hanc tranquillitatem potest ?

peior potest exitus : peior exitus potest *Auen.* potest peior exitus *Mentel. Érasme* [1-2]. || Per quae *V* : per quem [perq̄ *et* q̄ *ex* q ; *P*] *pP* per que [*non* q̄] *b* || inueniunt *temptaui ex pP* [(que)m ueniunt] : ueniunt *pQVPb Mentel. Érasme* [1] *Hense* [1] *Beltrami obscure* desinunt *Hense* [2] *ex seqq.* uenit *Auen. Érasme* [2] *Muret alii non apte ad codd.* || in quod *Haase* : in id quod *codd.* id in quod *Mentel. Auen. Érasme* [1-2] *alii.*

44 hoc est *p Haase* : est hoc *VPb Érasme* [1-2] *Hense Beltrami sed u. Axelson* [3] *p.* 68 || tristia *Vb* : -stitiam *P* -sticia *p* -stitia *Q* || acerba : accer- *p* || fortunae : *ex* -na *ut uid.* *P*[2] || indulgentiam : -tia *Q* || uiolentiam : -tium *Q* uiolantiam [*non* uiolent- *sed ex* uiolent-] *P* || plana et molli uia ierit *Gertz* : plana emolliuerit [*pr.* e *ex* t *ut uid. b*] *VPb Érasme* [1-2] p. et molli uelerit *p* p. et m. uenerit *Wolters* plene [*mg.* aliter plana] molli [ll *ex* l] ierit *Q* plane molli ierit *Beltrami* || Idem enim [enim *non om. p*] *pQ Beltrami* : Idem *cett. codd. uulg. sed u. Axelson* [3] *p.* 106 || omnium : om**nium *p* || uirtus *VPb* : *ex* -tutes *Q* -tutes *p* || aequat *codd.* : exaeq- [*cf.* es *p supra*] *Gertz* || quicquid *QPb* : quidq- *pV* || agnoscit *P* : *ex* -scet *V* -scet *pQb.*

45 Nec : haec *Q* || nostra *QVPb* : nos *p* || apud Epicurum — contentum est Epic. *fr.* 434 *Us.* || apud : Aput *Q* || componitur *QP* : cōp- *b* conponitū *p* || crescunt : *ex* crecunt *p*[2] || quod : *ex* quo *V* || hanc : hunc *p* || indolentiam *Pb et V*[1] : -tia *p de V*[2] *dubito* || sibi : si [*mg.* r(equire)] *b* || accedere : accid- *V* || tranquillitatem : -ilitatem *p.*

faire cet état de tranquillité ? **46** De même qu'un ciel serein n'est pas susceptible d'une clarté encore plus vive, quand à force d'être balayé il revêt une splendeur que rien ne ternit, ainsi l'homme qui veille sur son corps et sur son âme, pour bâtir au moyen de l'un et de l'autre la trame de sa félicité, se trouve dans un état parfait et au comble de ses désirs, du moment que son âme est sans agitation et son corps sans souffrance. S'il lui arrive quelques satisfactions du dehors, elles n'ajoutent rien au souverain bien, mais, pour ainsi dire, l'assaisonnent et l'égaient ; le bonheur absolu de la nature humaine ne va pas plus loin que la paix du corps et de l'âme[1]. **47** Je vais chez Epicure te montrer encore une autre division des biens toute semblable à la nôtre. Il est selon lui de certaines choses qu'il souhaiterait de préférence, tel le repos du corps sans aucune espèce d'incommodité, telle la quiétude d'une âme qui de la contemplation de ses biens tire de la joie. Il en est d'autres dont il se passerait volontiers et que néanmoins il approuve et magnifie, par exemple cette patience, dont je parlais tout à l'heure, durant la maladie et au milieu des pires souffrances, patience qui a été la sienne dans le dernier et le plus heureux jour de sa vie. « Je souffre, a-t-il dit, de la vessie et d'une inflammation du ventre, au point qu'il n'y a pas d'accroissement possible à mes douleurs. Ce jour ne laisse pas d'être pour moi un jour de bonheur.[2] » Or il n'est jour de bonheur que

1. Mais ce bonheur absolu, qui ne va pas plus loin que « la paix du corps et de l'âme », parce qu'il exige la paix du corps nous éloigne de la stricte conception stoïcienne de l'honnête.

2. C'est la lettre d'Épicure mourant à Idoménée (cf. vol. I p. 86 n. 2) :

D. L. 10, 22 Τὴν μακαρίαν ἄγοντες καὶ ἅμα τελευταίαν ἡμέραν τοῦ βίου ἐγράφομεν ὑμῖν ταυτί. Στραγγουρία τε παρηκολουθήκει καὶ δυσεντερικὰ πάθη ὑπερβολὴν οὐκ ἀπολείποντα τοῦ ἐν ἑαυτοῖς μεγέθους, ἀντιπαρετάττετο δὲ πᾶσι τούτοις τὸ κατὰ ψυχὴν χαῖρον ἐπὶ τῇ τῶν γεγονότων ἡμῖν διαλογισμῶν μνήμῃ.

Cf. Sen. *Ep.* 92, 25 *f.* ; Cic. *De Fin.* 2, 96 ; Épict. *Diss.* 2, 23, 21 ὅτι τὴν τελευταίαν ἄγοντες ἅμα καὶ μακαρίαν ἡμέραν.

46 Quemadmodum serenitas caeli non recipit maiorem adhuc claritatem in sincerissimum nitorem repurgata, sic hominis corpus animumque curantis et bonum suum ex utroque nectentis perfectus est status et summam uoti sui inuenit, si nec aestus animo est nec dolor corpori. Si qua extra blandimenta contingunt, non augent summum bonum, sed, ut ita dicam, condiunt et oblectant : absolutum enim illud humanae naturae bonum corporis et animi pace contentum est. **47** Dabo apud Epicurum tibi etiamnunc simillimam huic nostrae diuisionem bonorum. Alia enim sunt apud illum, quae malit contingere sibi, ut corporis quietem ab omni incommodo liberam et animi remissionem bonorum suorum contemplatione gaudentis : alia sunt, quae quamuis nolit accidere, nihilominus laudat et conprobat, tamquam illam, quam paulo ante dicebam, malae ualetudinis et dolorum grauissimorum perpessionem, in qua Epicurus fuit illo summo ac fortunatissimo die suo. Ait enim se vesicae et exulcerati uentris tormenta tolerare ulteriorem doloris accessionem non recipientia, esse nihilominus sibi illum beatum diem. Beatum autem

46 Quemadmodum : Quemammod- *Q* || serenitas : -rentas / *b* || in : *om. p* || sincerissimum : *ex* siscer- *b* sinceir- *p* || repurgata : -gat *p* || sic : si *p* || perfectus : *ex* -tis *Q* || uoti : -tis *QP* || sui : *ex* suis *Q*[2] || animo : -mi *ex* -mo *P* || corpori *Arg. Mentel. Auen. Érasme*[1-2] : -ris *pQVPb* || Si : sic *p* || qua : q̃ *Mentel.* quae *Érasme* [1-2] || sed ut ita *QVPb* : est ut ita [*non* itā] *p* || oblectant : *ex* oblet- *b* || absolutum *QPb* : *ex* aps- *V* aps- *p* || animi : *ex* -mus *Q*[2] || contentum *pQb* : -tentus *V* conten ** *P*.

47 Dabo apud Epicurum — die suo Epic. *fr.* 449 *Us.* || apud Epicurum tibi : t. a. E. *Auen.* || apud : -ut *Q* || etiamnunc : *ex* etiam *Q*[1] || nostrae : nos nostre *p* || diuisionem : deuotion- *b* || Alia : *ex* ali *Q* || illum : *ex* illud *ut uid.* *b* || quae malit *Qb* : *ex* quem alit *V* quem alit *P* quem /allit *p* || alia sunt : Alia [*om.* sunt] *b* || nolit *QPb* : *ex* noli *V* nollit *p* || accidere : *ex* acced- *b* || conprobat *pQPb* || malae ualetudinis — non potest Epic. *fr.* 138 *Us.* || ualetudinis *p* : ualit- *Pb ex* -nes *Q de V dubito* || perpessionem : *ex* per pessimorum *b*[2] || fortunatissimo *codd. Auen. mg. Erasmi* [1-2] *Muret* : fortissimo *Mentel. Érasme* [1-2] || uesicae *b* : *ex* uessi- *VP* uessi- *Q* || exulcerati : ex ulte * rati *p* ulcerati *Auen.* || nihilominus : nilom- [*ex* nihilom- *V*] *pV* || illum : *ex* ull- *V*.

pour celui qui est en possession du souverain bien. **48** Ainsi donc Épicure lui-même admet ces biens dont on eût préféré ne pas faire l'épreuve et que pourtant, parce que les circonstances le veulent [1], nous sommes tenus de chérir, de révérer, d'égaler aux plus parfaits. Comment pourrait-on dire qu'il ne va pas de pair avec les plus grands, ce bien qui a marqué l'achèvement d'une vie parfaitement heureuse et pour qui les suprêmes paroles d'Épicure furent un tribut d'actions de grâces ?

49 Permets-moi, Lucilius, toi, le meilleur des hommes, une déclaration plus hardie. S'il pouvait y avoir des biens supérieurs à d'autres [2], j'aurais donné à ces biens d'aspect morose l'avantage sur ceux où entrent de la mollesse et de la sensualité ; j'aurais dit : ils sont plus grands. N'est-il pas, en effet, plus grand de rompre les difficultés de l'heure que de régler sa prospérité ? **50** C'est la même raison, je le sais, qui fait qu'on supporte la félicité sagement, le malheur vaillamment. Il peut y avoir une égale vaillance dans la sentinelle qui a veillé tranquille devant les retranchements, une nuit où l'ennemi n'attaquait pas, et chez le combattant qui, les jarrets coupés, s'est étayé sur ses genoux et n'a pas rendu les armes [3]. Mais le cri « gloire à ta bravoure » ne s'élève qu'en l'honneur de ceux qui reviennent tout sanglants du champ de bataille. Je louerais donc davantage ces biens marqués d'entraînement et de vaillance qui eurent maille à partir avec la Fortune. **51** Balancerais-

1. V. § 5 *haec (optabimus nobis) si necesse erit.*

2. Cf. § 10 *uirtutes inter se pares sunt et opera uirtutis et omnes homines quibus illas contigere* et p. 118 n. 2 ; v. aussi §§ 12, 14 s., 19, 41, 44.

3. Expression d'un stoïcisme pour le moins théâtral. C'est « étayé sur un genou » que le *De Prou.* 2, 6 campe l'homme de cœur renversé, mais non vaincu par la Fortune : *etiam si cecidit, de genu pugnat.* S. renchérit ici : l'homme a les jarrets tranchés et il continue la lutte à genoux. Dans la réalité, le soldat, dont l'adversaire tranchait les jarrets, avait déjà tourné les talons (cf. Hor. *C.* 3, 2, 16) et il était par surcroît réduit à une complète impotence : V. *Ep.* 74, 23 *non tantum uelocitas perit poplitibus incisis, sed debilitas pro illa subit.* On le vit à la bataille de Cannes lorsque des cavaliers numides ou celtibères qui s'étaient donnés pour trans-

diem agere, nisi qui est in summo bono, non potest. **48** Ergo et apud Epicurum sunt haec bona, quae malles non experiri, sed quia ita res tulit, et amplexanda et laudanda et exaequanda summis sunt. Non potest dici, hoc non esse par maximis bonum, quod beatae uitae clausulam imposuit, cui Epicurus extrema uoce gratias egit. **49** Permitte mihi, Lucili uirorum optime, aliquid audacius dicere : si ulla bona maiora esse aliis possent, haec ego, quae tristia uidentur, mollibus illis et delicatis praetulissem, haec maiora dixissem. Maius est enim difficilia perfringere quam laeta moderari. **50** Eadem ratione fit, scio, ut aliquis felicitatem bene et ut calamitatem fortiter ferat. Aeque esse fortis potest, qui pro uallo securus excubuit nullis hostibus castra temptantibus et qui succisis poplitibus in genua se excepit nec arma dimisit. « Macte uirtute esto » sanguinolentis [et] ex acie redeuntibus dicitur. Itaque haec magis laudauerim bona exercitata et fortia et cum fortuna rixata.

autem diem *Q Beltrami Hense Rh. Mus.* LXXIV 120 : autems / [*om.* diem] *desin. pag. p* autem *codd. uulg. sed u. Axelson* [3] *p.* 105.

48 Ergo et apud — summis sunt EPIC. *fr.* 449 *Us.* || et : *om. p* || malles : males [ma/les *p*]*pb* || experiri : -rire *p* || res tulit *ed. Ven.* 1492 *Auen. Érasme*[2] : rettul- [*non* restulit *p*] *pVP Mentel.* retul- *Qb Érasme*[1] || Non potest dici — gratias egit EPIC. *fr.* 138 *Us.* || hoc : *ex* noc *p* || bonum : -num [*ex* -nono ?] *P* || inposuit *QPb* : imp- *V* non/posuit *p*.

49 mihi Lucili : mihi mi Lucili *Érasme* [1.2] || optime : obt- *P* || audacius : -dacter *Auen.* || ego : ergo *Q* || tristia *QVb* : *ex* -stitia *ut uid. P* -stitia *p* || haec maiora dixissem *pQ* : *om. VPb Mentel. Auen. Érasme* [1.2] || difficilia : *ex* dific- *p* || perfringere *codd. mg. Erasmi* [2] *Muret* : perstrin- *b* perstrinxisse *Mentel. Érasme* [1.2] prestringere *Auen.*

50 ratione : -nem [*non* -ne *p*] *pP* || ut : ui *p* || et ut : et ui *p* ut *Auen.* || calamitatem : clami /tatem [*non* cala-] *p* || ferat : erat *p* || succisis : -ccissis *p* || poplitibus : *ex* polpl- *P* || sanguinolentis *pr. Q* : -guinulentis [*ex* -guilentis *b*] *Pb* -guinulentus *p* -guinolentus *m rec. Q de V dubito* || et [t *uix legitur in Q*] « *abesse maluerat* » *Schweighaeuser* || acie : haccione *p* || laudauerim : -daberim *p* || exercitata *VPb Mentel. Auen. Érasme* [1.2] *Schweighaeuser* : et exercitata *Q* et exercita *Beltrami* exercita *p Haase Hense sed u. Axelson* [3] *p.* 106 *n.* 31 *de his lect.*

je, moi, à donner plus d'éloges à la main de Mucius, réduite en moignon, qu'à celle du plus vaillant, saine et entière ? Bravant l'ennemi, bravant les flammes, il regarda sa main fondre sur le réchaud de Porsenna, tant qu'enfin celui-ci, heureux de son supplice, mais envieux de sa gloire, fit ôter malgré Mucius le brasier[1]. **52** Ce bien, comment ne le compterais-je pas parmi les premiers, comment ne l'estimerais-je pas d'autant supérieur à ces biens paisibles et hors des atteintes de la Fortune que l'exploit est plus rare de vaincre l'ennemi avec une main perdue qu'avec une main armée ? « Eh ! quoi, dis-tu. Ce bien, le souhaiteras-tu pour toi-même ? » Pourquoi pas[2] ? Qui ne sait déjà le désirer ne saurait le traduire en acte. **53** Serait-ce pour moi plus désirable de donner mes membres à masser à des gitons de mon personnel, de laisser une donzelle ou un garçon transformé en donzelle étirer mes doigts mignons[3] ? Comment ne croirais-je pas que Mucius a connu un bonheur plus grand ? Il présente sa main au feu, comme s'il la

fuges en dissimulant leurs épées dégainèrent contre l'aile gauche du consul romain qui pliait et coupèrent les jarrets aux combattants en déroute. Grand fut le massacre ; et la panique, singulièrement accrue (Liv. 22, 48 ; Val. Max. 7, 4 *Ext.* 2 ; App. *Annib.* 20).

1. V. *Ep.* 24, 5 et vol. I, p. 102 n. 6, p. 103 n. 1, et la suite du récit de Tite-Live 2, 12, 13-14 *Quam* (*dextram*) *cum uelut alienato ab sensu torreret animo, prope attonitus miraculo rex, cum ab sede sua prosiluisset amouerique ab altaribus iuuenem iussisset,* « *Tu uero abi, inquit, in te magis quam in me hostilia ausus.* »

2. On dirait une réplique lancée par un personnage surhumain dans le théâtre de Sénèque.

N'oublions pas d'ailleurs que le parfait homme de bien conçu par les philosophes du Portique ne s'est peut-être jamais vu, d'après Épictète (*Diss.* 2, 19, 25), et que S. l'estime aussi rare que le phénix (*Ep.* 43, 1 et supra p. 2, n. 1).

3. Juste Lipse nous remémore un récit de Cléarque péripatéticien *ap.* Athénée 6, 257 a :

(Τριῶν δ' ὄντων ἀνδρῶν), ἅτερος — ἦν ἐπί τινος δίφρου κειμένου παρ' αὐτὴν τὴν κλίνην καὶ τοῦ νεανίσκου τὴν χεῖρα παρεικότος ἐκκρεμάμενος ταύτης καὶ προσπεπτωκὼς κατέψηχέ τε καὶ τῶν δακτύλων ἕκαστον ἐν μέρει διαλαμβάνων εἷλκέ τε καὶ ἐξέτεινεν...

51 Ego dubitem, quin magis laudem truncam illam et retorridam manum Mucii quam cuiuslibet fortissimi saluam ? Stetit hostium flammarumque contemptor et manum suam in hostili foculo destillantem perspectauit, donec Porsenna, cuius poenae fauebat, gloriae inuidit et ignem inuito eripi iussit. **52** Hoc bonum quid*ni* inter prima numerem tantoque maius putem quam illa secura et intemptata fortunae, quanto rarius est hostem amissa manu uicisse quam armata ? « Quid ergo ? inquis, hoc bonum tibi optabis ? » Quidni ? hoc enim nisi qui potest et optare, non potest facere. **53** An potius optem, ut malaxandos articulos exoletis meis porrigam ? ut muliercula aut aliquis in mulierculam ex uiro uersus digitulos meos ducat ? Quidni ego feliciorem putem Mucium, quod sic tractauit ignem, quasi illam manum tractatori praesti-

51 Ego *p Muret Fickert Haase Hense* : Egone *aliter Fickert* Ego cur *Schweighaeuser* « *potest* an ego » *Hense* Ego non *QVPb* [non *ex corr. P*] *Mentel. Auen. Érasme* $^{1-2}$ [E. n. (dubito) *Mentel. Érasme*] || quin *Q* : *ex* quid P^2 quid *Vb* qui *p* || truncam [un *per compend., attamen* n *supra* u *add. b*] *codd.* : *ex* -cum *P* || Mucii : mutii *ut uid. b* || hostili : *ex* -tib *p* || foculo *QVPb* : fac ullo *p* || destillantem *pb* : destilan /- *P* distillan- *Q de V dubito* || Porsenna *QVb* : ***** [*eras. fort.* p (or) sena *aut* p (or) sina] *P* porsina *p* || cuius : *ex* cius *V*.

52 Quidni *dett. Érasme* $^{1-2}$ [*sed* non *perperam ante* numerem *add. Érasme* ^{1}] : quoid *pQPb* quod *ex* quid *V* || putem : putoem /[-to *script.*, em *add. deinde* o *expunct.*] *p* || illa *QVPb* : alia *p* || intemptata *V Mentel.* Érasme $^{1-2}$: *ex* -tate *ut uid. Q* temptata *p* intempta *Pb* || manu : -num [*non* -nu] *p* || armata : *ex* mata *V* amarita *p* || quidni *V Auen. Érasme* $^{1-2}$: quid in *pr. V p QPb* || nisi qui *codd.* : n̄ si quis *postea supra scr. V* || et optare non potest *codd. Érasme* ^{2} : *om.* [*desin. u. in* nisi qui po /test] *p* et optare potest [non *expunct.*] *V* optare non p. *Auen.* o. et n. p. *Érasme* ^{1} *obscurius.*

53 optem : obtem [m *ex* p] *p* || malaxandos [*subnot. m. rec. b*] *pQPb ed. Rom.* 1475 *quaedam Pinciani exemplaria Schweighaeuser* : alii [*ex* ma] laxandos *V* male l. *Auen. Érasme* $^{1-2}$ laxandos *Mentel.* malacissandos *Muret ex Rud. Agricolae coniectura* || exoletis : exsol- *pQVPb* || aut aliquis in mulierculam : *om.* [*desinente u. in* mu /liercula] *p* || meos : *ex* suos p^2 || ego : ergo *Érasme* $^{1-2}$ || putem : -toem *p* || Mucium *pV* : mu ti- *QPb* et mutium *Auen.* || quod *pQ Haase Hense* : quia *V* qui *b uulg.* que *P* || sic : si *Q* || quasi *Érasme* $^{1-2}$: quam si [quam *ex* qui *b*] *pQVPb Schweighaeuser* || tractatori *pVP* : *ex* tractari *b* tractori *Q*.

confiait à un masseur [1]. De cette façon il répara entièrement sa méprise ; désarmé, manchot, il mit fin à la guerre et ce moignon fut victorieux de deux rois [2].

Lettre 67 *

1 Commençons par des banalités. Le printemps a percé, mais, en inclinant vers l'été, au moment où il devait amener la chaleur, il s'est rafraîchi et on ne s'y fie pas encore, car, à mainte reprise, il nous ramène en hiver. Veux-tu savoir combien il reste douteux ? Je ne m'expose pas encore à l'eau toute froide et j'en tempère la rigueur [3]. « C'est, dis-tu, ne supporter ni chaud ni froid. » Eh ! oui, mon cher Lucilius, à mon âge je n'ai pas besoin d'un complément de froideur ; c'est à peine si je dégèle au milieu de l'été ; de sorte que j'en passe la majeure partie sous mes couvertures. **2** Je rends grâces à la vieillesse de m'avoir cloué sur mon lit. Et pourquoi ne la remercierais-je pas à ce titre ? Tout ce que je devais éviter de vouloir, je n'ai plus la possibilité de le faire [4], Je ne converse guère qu'avec les livres ; s'il m'arrive de recevoir de tes lettres, je m'ima-

* *Sommaire.* — Après quelques mots sur sa vieillesse (1-2), Sénèque répond affirmativement à cette question de Lucilius : tous les biens sont-ils souhaitables ? Ce qui est souhaitable, ce n'est pas évidemment la souffrance en elle-même, mais la vertu qui donne le courage de la surmonter (3-6). Qui possède la patience dans les tourments a pour lui toutes les vertus, naturellement parentes entre elles. Rien n'est plus digne de souhait que le sort de Régulus, de Caton, de Socrate, grands patients (7-16).

Cette Lettre « d'un brave, d'un vrai stoïcien » (Lipse) confirme les conclusions de la L. 66 (§§ 49-53).

1. Cf. Mart. 3, 82, 13 *Percurrit agili corpus arte tractatrix.*
2. La prouesse, ainsi résumée, tient du prodige : c'est le triomphe du style théâtral et de la rhétorique. — Deux rois : Tarquin le Superbe exilé, Porsenna.
3. Sur la cure d'eau de S. v. supra p. 49 n. 2. Sur son âge v. vol. I, p. 39 n. 2. — § 2 *me lectulo adfixit* cf. Hor. *S.* 1, 1, 80 s.
4. V. *Ep.* 26, 3 ; et Cic. *Cat. M.* 39 ss. *O praeclarum munus aetatis...* ; 47 *Bene Sophocles...* ; vol. I p. 115 n. 1,

tisset ? In integrum restituit quicquid errauerat : confecit bellum inermis ac mancus et illa manu trunca reges duos uicit. VALE.

SENECA LVCILIO SVO SALVTEM **67**

1 Vt a communibus initium faciam, uer aperire se coepit, sed iam inclinatum in aestatem, quo tempore calere debebat, intepuit nec adhuc illi fides est : saepe enim in hiemem reuoluitur. Vis scire, quam dubium adhuc sit ? Nondum me committo frigidae uerae, adhuc rigorem eius infringo. « Hoc est, inquis, nec calidum nec frigidum pati. » Ita est, mi Lucili : iam aetas mea contenta est suo frigore ; uix media regelatur aestate. Itaque maior pars in uestimentis degitur. **2** Ago gratias senectuti, quod me lectulo adfixit : quidni gratias illi hoc nomine agam ? Quicquid debebam nolle, non possum : cum libellis mihi plurimus sermo est. Si quando interuenerunt epistulae tuae,

in integrum : integrum [*non* in i.] *P* || quicquid *QPb*: quidq- [*ex* quicq-] *p* || errauerat : ergo errauerat [-rat *ex*- rit] p^2 || ac : *ex* au p^2.

Ep. 67, **1** calere : capere *p* || intepuit : *ex* intemp- *b* || hiemem : *sic* [hi *i. r.*] *V* || sit : scit *Q* || frigidae uerae *pP et pr. V* [-de -re *p*] *Haase* : frigido uere *b* f. [*ex* -doe *Q*] ueri *QV Mentel. Auen. Érasme* [1-2] frigidae *Nic. Faber in prooem. ed. Muret p. IX Fickert* f. merae *Schweighaeuser* f. aeri « *exemplar Franciscanum* » *Pinciani Muret* || rigorem eius *codd. Auen. mg. Erasmi* [2] *Muret* : -rē [*ex* -rem] e. *m. recentiore V* uigor est *Mentel. Érasme* [1-2] || infringo *Muret* : -frigo [*non* -fringo *p*] *pQVPb* [*supra* o *scr.* e *m. recentiore V*] timeo *Auen.* in frigore *Mentel. Érasme* [1-2] || Hoc est : *ex* est p^2 || regelatur *Pb* : -tur * *V* regelatura *pQ* || degitur *PQ Érasme* [1-2] : teg- [t- *ex* et *V*] *Vb Mentel. Auen.* deigitur *p*.

2 gratias : -ia *p* || senectuti : *ex* -tis *Q* || me lectulo : malectulo *p* || adfixit *pQP* : aff- *b* || Quicquid *QPb* : quidq- *pV* || debebam : debeam *b Auen.* || possum : *sic* [*ex* -ssem /] *P* || libellis : -lliser *p* || interuenerunt *codd. Auen. Fickert* : -ueniunt *Mentel. Érasme* [1-2] *alii* || epistulae [-le *p*] : -tolae [aep- *Pb*] *VPb* aeplae *per compend. Q.*

gine que je suis avec toi et mon cœur me porte à croire, non que je t'écris, mais que je te réponds de vive voix [1]. Je vais faire, cette fois encore, à propos de la question que tu me poses, comme si nous causions entre nous. De quoi s'agit-il ? Cherchons ensemble.

3 Toute espèce de bien est-elle désirable ? Voilà ce que tu veux savoir. « Si c'est un bien, dis-tu, de souffrir les tourments avec courage, de subir en héros le supplice du feu, de posséder la patience dans les maladies, il s'ensuit que ces choses sont désirables. Or, je ne vois rien entre ces choses qui soit digne de souhait. En tout cas, je ne sache pas que jusqu'ici personne ait acquitté un vœu en témoignage de reconnaissance pour avoir été déchiré par les fouets, tordu par la goutte, allongé au chevalet [2]. » 4 Analyse, mon cher Lucilius, et tu comprendras que ces états comportent un élément désirable. Je ne demande qu'à être à l'abri des tourments, mais, si j'ai à les subir, me conduire en homme courageux, en homme d'honneur, en homme de cœur, sera l'objet de mon souhait. Je préférerais sans aucun doute que la guerre n'arrivât pas ; mais si elle arrive, il s'agira de supporter noblement les blessures, les privations, toutes les fatales conséquences de la guerre, et là-dessus portera mon souhait. Je ne suis pas assez fou pour désirer l'état de maladie, mais, s'il me faut tomber malade, il s'agira d'éviter les actes d'impatience, les faiblesses de femme, et j'en formerai le souhait. Ainsi, ce ne sont pas les incommodités qui sont souhaitables, mais la vertu, qui les fait supporter. 5 Quelques-uns de nos stoïciens estiment que l'endurance courageuse dans tous ces accidents n'est pas souhaitable ni non plus abominable, parce que l'objet de nos souhaits doit être un bien pur, un bien

1. Cf. 55, 11 ; Ambr. *Ep.* 49, 1 Migne 16 col. 1153.

2. Cette objection de Lucilius doit être fidèlement reproduite. Elle témoigne, chez cet homme à qui la subtilité plaisait quelquefois, d'un gros bon sens, que son professeur a d'autant plus raison de ne pas dédaigner, qu'il a lui-même déclaré, *Ep.* 5, 4 : *Hoc primum philosophia promittit, sensum communem.* — § 4 *Si sustinenda fuerint* (*tormenta*) — *si inciderit bellum* — *si aegrotandum fuerit* : cf. p. 133 n. 1. — § 4 *f. incommoda :* v. 66, 17 et p. 121 n. 4. — § 5 *Quidam :* sans doute les représentants du moyen stoïcisme.

tecum esse mihi uideor et sic afficior animo, tamquam tibi non rescribam, sed respondeam. Itaque et de hoc, quod quaeris, quasi conloquar tecum ; quale sit, una scrutabimur. **3** Quaeris an omne bonum optabile sit. « Si bonum est, inquis, fortiter torqueri et magno animo uri et patienter aegrotare, sequitur, ut ista optabilia sint : nihil autem uideo ex istis uoto dignum. Neminem certe adhuc scio eo nomine uotum soluisse, quod flagellis caesus esset aut podagra distortus aut eculeo longior factus. » **4** Distingue, mi Lucili, ista, et intelleges esse in his aliquid optandum. Tormenta abesse a me uelim ; sed si sustinenda fuerint, ut me in illis fortiter, honeste, animose geram, optabo. Quidni ego malim non incidere bellum ? Sed si inciderit, ut uulnera, ut famem et omnia, quae bellorum necessitas affert, generose feram, optabo. Non sum tam demens, ut aegrotare cupiam ; sed si aegrotandum fuerit, ut nihil intemperanter, nihil effeminate faciam, optabo. Ita non incommoda optabilia sunt, sed uirtus, qua perferuntur incommoda. **5** Quidam ex nostris existimant omnium istorum fortem tolerantiam non esse optabilem, sed ne abominandam quidem, quia uoto purum bonum peti debet et tranquillum et extra

afficior *Qb* : adf- *pP* || tamquam : tanq- *p* || conloquar *codd. Auen. Muret* [coll- *utrobique*] : colloquor *Mentel. Érasme* [1.2] || scrutabimur : *ex* -bi * ur [t *eras.*] *V*.

3 optabile : obt- *p* || est : *om. P* || ista : -te *P* || optabilia : *ex* -bili *P* obtabilia *pQ* || uideo : ui /uid- *p* || dignum : -nem *p* || uotum : -tā *P* || podagra : *sic* [agr *i. r.*] *V ex* -ga *b*.

4 his *QPb* : iis *pV* « *fort.* is » *Hense*[3] || uelim : uellim *p* || optabo : obt- *pP* || quidni : quid c ni *p* || malim : -lum *P* || incidere : *ex* inced- *Q* || inciderit : inced- *Q* || uulnera : uol- *p* || ut uulnera ut famem : nunc u. nunc f. *Mentel.* || affert *Qb* : adfert *p* adfore *P* || optabo : obt- [*non* obto *P*] *pP* || tam : tamen *Q* || faciam *VPb* : -iant *Q* fiant *p* fiat *Haase non recte* || optabo : obt- *pP* || optabilia : obt- *pQ* || perferuntur : prof- *p*.

5 omnium : omnino *Muret* || istorum *pQ Fickert* : nostrorum *VPb Mentel. Auen. Érasme* [1.2] asperorum *mg. Erasmi* [2] *Muret Lipse* tormentorum *Schweighaeuser* || tolerantiam : -ia *p* tollerantiam *Q* || optabilem : *ex* obt- *P* obt- *pQ* || abominandam : abominandum *pQ* || *non* peti] *p*.

paisible que les épreuves n'atteignent pas. Tel n'est point mon avis. Et pourquoi ? D'abord, il est impossible qu'une chose véritablement bonne ne soit pas chose souhaitable. Ensuite si la vertu est souhaitable, et s'il n'y a pas de bien sans vertu, tout bien est souhaitable. Ensuite aussi une courageuse endurance dans les tourments est elle-même souhaitable.

6 Je poursuis l'argumentation. Le courage, n'est-ce pas ? est souhaitable [1]. Or, le courage méprise et défie les dangers ; le plus beau de son rôle et le plus admirable est de ne pas reculer devant les flammes, de s'exposer aux blessures, et au besoin, de ne pas même parer les traits, mais de les recevoir en pleine poitrine. Le courage est souhaitable ? La patience dans les tourments l'est donc aussi, puisqu'elle est une variété du courage [2]. Pousse à fond l'analyse, je le répète, et tu éviteras toute équivoque. Ce n'est pas souffrir qui est souhaitable, mais souffrir courageusement. C'est ce « courageusement » que je souhaite, c'est-à-dire la vertu.

7 « Qui cependant a jamais formulé pareil souhait ? [3] » Il y a des vœux ouvertement déclarés, portant sur des objets particuliers ; il y en a d'implicites, quand un seul en embrasse beaucoup d'autres. Par exemple, je souhaite une vie moralement belle. Or, la vie moralement belle se

La distinction entre le plaisir pur et non pur paraît remonter au Phédon 60 *b* et au Philèbe 51 *a* de Platon, qui finirent par déteindre sur le stoïcisme. — *Istorum — tolerantiam* (= *rem bonam* v. infra) *non — optabilem :* il y a hésitation dans la pensée de ces maîtres entre l'honnête et le plaisir.

1. Voilà le retour du maître au sens commun. Cf. p. 136, n. 2.
2. Au § 10 S. dira que la patience est une ramification du courage : *Fortitudo, cuius patientia et perpessio et tolerantia rami sunt.*
3. C'est sans doute parce qu'il fut épicurien, donc hédoniste, qu'ici Lucilius ne se rend pas.

Son maître n'a-t-il pas dû plus haut (v. p. 132 n. 2) appeler Épicure au secours de la doctrine stoïcienne ? Il le pouvait d'autant mieux qu'il y avait déjà chez Posidonius, dont il s'inspire souvent, et chez ses propres maîtres (les Sextii, Attale) des éléments d'origine épicurienne (Albertini, p. 303).

molestiam positum. Ego dissentio. Quare ? Primum quia fieri non potest, ut aliqua res bona quidem sit, sed optabilis non sit : deinde si uirtus optabilis est, nullum autem sine uirtute bonum, et omne bonum optabile est : deinde etiam [si] tormentorum fortis patientia optabilis est. **6** Etiam nunc interrogo : nem*pe* fortitudo optabilis est ? Atqui pericula contemnit et prouocat : pulcherrima pars eius maximeque mirabilis illa est, non cedere ignibus, obuiam ire uulneribus, interdum tela ne uitare quidem, sed pectore excipere. Si fortitudo optabilis est, et tormenta patienter ferre optabile est : hoc enim fortitudinis pars est. Sed separa ista, ut dixi : nihil erit quod tibi faciat errorem. Non enim pati tormenta optabile est, sed pati fortiter: illud opto « fortiter », quod est uirtus. **7** « Quis tamen umquam hoc sibi opta*u*it ? » Quaedam uota aperta et professa sunt, cum particulatim fiunt ; quaedam latent, cum uno uoto multa conprensa sunt. Tam-

molestiam : -tia *P* || dissentio : *ex* -tia *b* || sed *pQ* : si *VPb* || optabilis : obt- *pQ* || uirtus : *om. p add. mg. p sed ita ut id post uocem* deinde *ponas* || optabilis : obt- *pPQ* optabilis *** *V* || uirtute : -tutum *b* || bonum et *QVPb Auen. Érasme* $^{1-2}$: b. est *p Haase* || optabile : obt- *pQ* || deinde : *secl. Schultess* || si *secl. Madvig Schultess* : *seruat K. Niemeyer iam Auen. Érasme* $^{1-2}$ || fortis : *secl. Niemeyer* || est : non est *mg. Erasmi* ^{2} n. e., (etiamnunc) *Niemeyer peringeniose.*

6 Etiam nunc : etiamnunc et *P* || interrogo : -ga [*ex* -go] *m. recentiore V* || nempe *Haase* : neme *pQVPb* [/neme *p*] ne *Mentel.* nonne *Niemeyer iam Auen. Érasme* $^{1-2}$ *Muret* || optabilis : obt- *pQ* || est *VPb* : est [*ex* es] et tormenta *ad inferiora aberrans p* || atqui pericula *VPb* : atque periculo *pQ* || contemnit *VPb* : -tempnit [i *ex* a p^2] p^2Q || maximeque *pQV* : maxima meque *b* maximam aeque *P* maxime *Auen.* || non cedere : n̄oncedre *b* || uulneribus : uol- *p* || pectore : -rem [*non* -re] *ex* peccatorem *p* || pectore excipere : e. p. *Auen.* || optabilis : obt- *pQ* || ferre : *ex* /fere *b* || optabile : obt- *pVP* || optabile est *codd. Lipse*: o. e. nec tamen ideo solum modo ferre tormenta o. e. *Mentel. Auen. Érasme* $^{1-2}$ *Muret* || hoc enim : haec e. *Auen.* || pars est : pars *p* || sed : *deleri mauult Buecheler cf.* § 4 Distingue || separa : *ex* -pera Q^1 || errorem : terr- *Q* || optabile : obt- *pQ.* || opto : obto *p.*

7 optauit *Muret* : *ex* -abit *m. recentiore V* -abit *QPb Mentel. Auen. Érasme* $^{1-2}$ optat /*p* || uota : -to [*ex* -ta] Q^1 || cum : *ex* com p^2 || particulatim : *ex* -cultim *b* || conprensa *pV* : -pressa *QP* conp̄hensa *b.*

compose d'actes variés. On y rencontre le coffre[1] de Régulus[2], la blessure que Caton déchire de sa propre main[3], l'exil de Rutilius, la coupe empoisonnée qui fait passer Socrate de sa prison au ciel[4]. Ainsi, en me souhaitant une vie moralement belle, j'ai souhaité du même coup les accidents sans lesquels une telle vie est quelquefois impossible.

8 « Trois et quatre fois heureux ceux auxquels il échut de périr à la face de leur père sous les hautes murailles de Troie ![5] »

Souhaiter pareil sort à quelqu'un, ou confesser qu'il était souhaitable, n'est-ce pas tout un ?

9 Un Décius s'est offert aux dieux pour le salut de la République ; à bride abattue, il s'est rué au milieu des ennemis, cherchant la mort. Un autre, émule de la vertu paternelle, après avoir répété les formules solennelles qui faisaient désormais partie de la tradition de famille, s'est précipité au plus épais de la mêlée, angoissé par l'unique crainte de ne pas rendre agréable son sacrifice, et convaincu qu'une belle mort est chose souhaitable. Te demanderas-tu après cela si c'est un très grand bien de mourir en assurant sa mémoire et en faisant acte de vertu ?

10 Lorsqu'un homme endure avec courage les tourments, toutes les vertus sont mises par lui en pratique. Une

1. Il s'agit en réalité d'un coffre (*arca*).
2. Le plébéien M. Atilius Regulus, deux fois consul, triomphateur ; puis prisonnier de l'armée punique. Battus ensuite les Carthaginois l'envoyèrent à Rome avec une ambassade chargée de demander la paix. Il devait retourner à Carthage si l'offre était rejetée. Elle le fut sur son conseil ; et il retourna volontairement à Carthage où l'attendait un cruel supplice. S. après Cic. (*De Off.* 1, 39 ; 3, 99 s.) le joint à la liste des gens de cœur à jamais illustres (*Ep.* 71, 17 ; 98, 12, *De Prou.* 3, 4 ; cf. Flor. 1, 18, 21 à 26).
3. Cf. *Ep.* 24, 7 s. et vol. I, p. 104, n. 1.
4. Cf. *Ep.* 13, 14 *Cicuta magnum Socratem fecit* ; 24, 4.
5. Énéide 1, 94 : Éole a lâché les tempêtes sur la mer où voguent les Troyens. Le premier cri que nous entendions est celui d'Énée qui, les mains tournées vers le ciel, regrette amèrement de n'être pas tombé sous les murs d'Ilion. — § 9 *Decius Mus*, consul en 340, se « dévoua » à la mort et l'ennemi latin à la destruction ; son fils, 4 fois consul, l'imita à Sentinum (295), contre le Gaulois. — *Sollemnibus — uerbis* : cf. Liv. 10, 28, 13 à 17. — *Memorabilem*

quam opto mihi uitam honestam : uita autem honesta actionibus uariis constat. In hac est Reguli arca, Catonis scissum manu sua uulnus, Rutili exilium, calix uenenatus, qui Socraten transtulit e carcere in caelum. Ita cum optaui mihi uitam honestam, et haec optaui, sine quibus interdum honesta non potest esse.

8 O terque quaterque beati
Quis ante ora patrum Troiae sub moenibus altis
Contigit obpetere !

Quid interest, optes hoc alicui an optabile fuisse fatearis ? **9** Decius se pro re publica deuouit et in medios hostes concitato equo mortem petens irruit. Alter post hunc, paternae uirtutis aemulus, conceptis sollemnibus ac iam familiaribus uerbis in aciem confertissimam incucurrit, de hoc sollicitus tantum, ut litaret, optabilem rem puta*ns* bonam mortem. Dubitas ergo, an optimum sit memorabilem mori et in aliquo opere uirtutis ? **10** Cum aliquis tormenta fortiter patitur, omnibus uirtutibus utitur. For-

opto : obto *p* opti *P* || uariis : -ris *p* || In hac : i. h. enim *Auen.* || arca : *ex* archa P^2 | est Reguli arca : regula [*sic*] a. e. *Auen.* || scissum : scisum *p* || manu : *ex* -nus *Q* || uulnus : lnu *p* || Rutili *Q* : *ex* rutuli *V* rutilii [*non* -tuli] *b* rutuli *pP* || calix : capia *p* || uenenatus : uenant [*ex* ueniant]is *p* || Socraten *p* : -temn [*ex* -tem] *b* -tem *P* || transtulit : trans [*ex* tras] stu lit *p* || carcere : carere *p* || optaui^2 : -abi *p* || sine : inae *p*.

8 O terque — oppetere VERG. *Aen.* 1, 94 ss. || O terque : uterque *p* | beati : *ex* -te p^2 || obpetere *Q* : opp- *codd.* || optes : -est *P* || hoc *VPb* : *om.* *p* || fuisse : fuis *p*.

9 decius *p Q* : decoius [*ex* de cuius] *Pb de V dubito* || re publica : R P *Qpr.* R. P. *VPb om. p* Re Pu *m. rec. Q* || deuouit *VPb* : -obit *p* || et in *QVPb Auen. Érasme* $^{1.2}$ *uulg.* : in *p Haase Hense* || concitato : -tos *p* || mor- tem : -riem *p* || irruit *Q* : inru- *pPb* || post : *ex* potest *p* pos *P* || paternae : -na *p* || incucurrit [in *fere eras. Q*] *QV Haase* [*ex* p^1] : *ex* incurrit p^2 incurrit [*non* incucurrit] *Pb Mentel. Auen. Érasme* $^{1.2}$ *alii* || ut : * ut [*eras.* d] *P* || litaret : litta- *p* || optabilem : *ex* obt- *V* obt- *p* || putans *dett. Auen. Érasme* $^{1.2}$: -tas *pQVPb Mentel. de qua lectione u. Gertzii ingeniosa quaedam in Mél. Graux* 1884 *p.* 369 || optimum : obt-*p* || memorabilem : -rialem *p* || mori : c mori *p* || aliquo : -ico *pP*.

10 aliquis *pQV* : -que *P* -qua *b* || utitur. Fortasse *distinx. Schweighaeuser.*

entre autres peut être en évidence et frapper particulièrement les yeux : l'endurance. Mais on trouve ici le courage, dont l'endurance, la patience, l'acceptation ne sont que des rameaux ; on trouve la prudence, sans laquelle on ne prend aucune résolution, et qui persuade de supporter l'inévitable avec tout le courage possible ; on trouve la constance, qui est inébranlable sur ses positions, incapable de faire abandon de ses desseins à la violence et à la contrainte ; on trouve l'indivisible cortège des vertus [1], d'où il résulte que tout ce qui se fait de bien, une seule vertu l'accomplit, mais sur avis de l'assemblée entière. Or, ce que toutes les vertus approuvent, même si une seule semble l'exécuter, est chose souhaitable.

11 Eh ! quoi, crois-tu que cela seul est souhaitable, qui vient par les voies de la volupté et du loisir et trouve nos portes joyeusement décorées en son honneur ? Certains biens se présentent sous un visage austère. Il est des vœux dont la réalisation se fête non par des congratulations du public, mais dans une attitude d'adoration et de religieux respect. **12** Ainsi, toi, tu ne crois pas que Régulus a souhaité de parvenir à Carthage ? Entre dans les sentiments d'un grand homme, romps pour un moment avec les préjugés du vulgaire ; fais tout l'effort auquel tu es tenu pour concevoir l'idée de cette vertu si belle, si magnifique, qui

mori : sur ces beaux traits de l'histoire v. supra p. 95, n. 1 *s. f.* ; vol. I p. 103 n. 3, p. 105 n. 2 ; infra p. 140 n. 6 *f.* : arguments certes, mais stimulants aussi (*De Tr. an.* 1, 13).

1. Solution d'un problème sur les vertus proposé au sage « retiré », *De Ot.* 4. 2 : *una pluresne sint* (*uirtutes*). — *Comitatus :* il règne en effet entre les vertus « amitié » (109, 10), « entente » (*concordia De Cl. uulg.* 1, 5, 3), voire union étroite (90, 3 *consertarum et inter se cohaerentium* cf. Hier. *Ep.* 66, 3). Il ne s'agit pas ici d'un simple cortège d'honneur de l'âme comme ailleurs (v. p. 130, n. 1), mais du groupe considéré en lui-même : tous les éléments en sont solidaires comme dans une sorte de « chœur » (v. ibid.) et inséparables (*indiuiduus*). Cette indivisibilité (ἀχωρίστους [*uirtutes*] Arnim III, p. 69, l. 6 ; μὴ χωρίζεσθαι II, p. 121, l. 7) résulte de la nature même du groupe : *comitatus* traduit ἀντακολουθία (Arnim II, p. 121, l. 7 ; III, p. 67, l. 44). Ainsi ὁ μίαν ἔχων — πάσας ἔχει διὰ τὴν ἀντακολουθίαν. Un résultat ou signe de cette indivisibilité c'est qu'à toute action accomplie par une vertu les

tasse una in promptu sit et maxime appareat, patientia : ceterum illic est fortitudo, cuius patientia et perpessio et tolerantia rami sunt ; illic est prudentia, sine qua nullum initur consilium, quae suadet, quod effugere non possis, quam fortissime ferre ; illic est constantia, quae deici loco non potest et propositum nulla ui extorquente dimittit ; illic est indiuiduus ille comitatus uirtutum, quo, quicquid honeste fit, una uirtus facit, sed ex consilii sententia. Quod autem ab omnibus uirtutibus conprobatur, etiam si ab una fieri uidetur, optabile est. **11** Quid ? tu existimas ea tantum optabilia esse, quae per uoluptatem et otium ueniunt, quae excipiuntur foribus ornatis ? Sunt quaedam tristis uultus bona : sunt quaedam uota, quae non gratulantium coetu, sed adorantium uenerantiumque celebrantur. **12** Ita tu non putas Regulum optasse, ut ad Poenos perueniret ? Indue magni uiri animum et ab opinionibus uulgi secede paulisper : cape, quantam debes, uirtutis pulcherrimae ac magni-

promptu : *ex* -tus *Q* -mp*tu [s *eras.*] *P* -mptus *p* -mta [*ex* -mtu] *V* prŏtu *b* || maxime : -me * *V* || appareat [*non* adp- *p*] *pQPb* || caeterum [*sic*] illic est fortitudo : cuius patientia *hic om.*, *infra in* § 11 *post* bona *pos. V* || perpessio : -esio / *P* || illic est (prudentia) : illi est *p* || initur : unitur *Q* || illic est (constantia) : illi est *p* || deici : desci *p* || dimittit : *ex* -tti *Q* || quo quicquid *temptaui ex P coll. praeced. sententiarum constructione* : quicquid [quidq- *pV*] *pVQb* quo [*non* quio] quid *P* || fit : sit *b* || sententia : *ex* -tias *b* || conprobatur *pQ* : comp- *V* cŏp- *Pb* || optabile : *ex* obt- *V* obt- *pP*.

11 Quid tu — esse *om. sed in mg. suppl. Q* | ea : *ex* /ta *P* aea *p* || optabilia *Q* : obt- *pVP* || ornatis sunt : -tisunt [*ex* -tasunt] *p* || tristis uultus [uŏlt- *p*] *pQ Fickert* : in istis uoluptas [*ex* tristis uoltus] *V* tristis uoluptas *Pb Schweighaeuser* tristis uoluptatis *Mentel. Auen.* tristes uolup- tates [*om.* bona] *Érasme* [1-2] [tristis *per imprud. Ér.*[1]] || sunt quae- dam : *ex* quaedam *V* quaedam sunt *Auen.* || gratulantium : *ex* -ntiam *p*[2] || coetu : *ex* caetu *p* caelu *ut uid. Q*.

12 Ita tu : Quid ? tu *coni. Haase sed u. Axelson* [2] *p.* 74 *n.* 19 || Poenos *V Auen. Érasme* [1.2] : *ex* -nas *P* -nas *pQb* [a *litterae comma suppos. b*] *Mentel.* || ab : *ex* ad *V* || opinionibus : oppi- [*non* opi-] *b* || uulgi *VPb* : *ex* -gis *Q* uolgis *p* uolgi *Haase Hense* || secede : *ex* -dere *ut uid. Q* || paulisper *cum* secede *iunx. Auen. Érasme* [2] : *cum* cape *Mentel. Érasme* [1] || quantam *codd. Mentel. Érasme* [1.2] : -tum *pb Auen.* || uirtutis : *ex* -tutibus *ut uid. P*[2] -tutibus [*non*- tutis] *p*

réclame de nous, ses fidèles, au lieu d'encens et de guirlandes, de la sueur et du sang. **13** Considère M. Caton portant à son sein sacré [1] ses mains toutes pures et débridant des plaies qui ne l'ont pas touché assez profondément [2]. Voyons ! Est-ce que tu lui diras : « Je regrette ce qui t'arrive... [3] Je compatis à ta peine » et non pas plutôt : « Ah ! je te félicite ? » **14** Ceci me fait penser à notre Démétrius qui compare une vie paisible et que ne traverse aucunement la Fortune, à une « mer morte ». Ne rien avoir qui te réveille, qui te secoue, aucun avertissement, aucune crise qui te force d'éprouver la fermeté de ton âme, mais languir dans un repos inaltérable : ce n'est pas la sérénité, c'est le calme plat [4]. **15** Attale le Stoïcien disait souvent : « Je préfère que la fortune me tienne dans ses camps plutôt que dans ses délices [5]. Je subis la torture, mais avec courage : c'est bien. Je péris, mais avec courage : c'est bien. » Écoute Épicure [6] : il ajoutera : « Cela est doux. » Pour moi je n'appliquerai jamais à une chose aussi belle, aussi austère ce fade qualificatif. **16** La flamme me dévore, mais sans me vaincre. Pourquoi ne serait-ce pas là un état souhaitable, non pas

autres vertus ont une part active : *una uirtus facit sed ex consilii sententia* : Arnim II, p. 121, l. 7 ἀλλήλαις αἴτιαι — διὰ τὴν ἀντακολουθίαν ; III, p. 69, l. 6 s. ἀχωρίστους εἶναι... τὸν κατὰ μίαν πράττοντα κατὰ πάσας πράττειν, III, p. 73, l. 29 s. ἀντακολουθεῖν ἀλλήλαις — τῷ τὸν κατὰ μίαν ὁτιοῦν ἐνεργοῦντα (cf. *quicquid honeste fit*) κατὰ πάσας ἐνεργεῖν. Cf. Ambr. *De Off*. 2, 43 ; Fléchier p. 134 *Œuvres mêlées* 1712 : Le concert des vertus éclate quand la vertu est persécutée. Une vertu en ces occasions fait le personnage de toutes (V. Sen. *Ep*. 66, 7). — § 11 *foribus ornatis* comme pour une grande joie domestique (Rutil. Nam. 1, 423 ss. *Poste coronato*). — § 12 *Cape*... : v. p. 104 n. 1.

1. V. vol. I, p. 56, n. 1.
2. V. *Ep*. 24, 8 et vol. I, p. 104, n. 1 et 2.
3. *Vellem quae uelles*, en effet, détonnerait ici. Car c'est un témoignage de commisération répondant à un cri de détresse : cf. Plaut. *Most*. 739-741 *Me miserum ! Occidi !... — Vellem ut tu uelles...*
4. Cf. *Ep*. 20, 9 ; 62, 3 et les notes.
5. Il est vrai qu'il n'était point douillet : cf. 108, 23 *Laudare solebat Attalus culcitam quae resisteret corpori*. V. d'ailleurs vol. I, p. 27 n. 3 sur ce maître de S.
6. V. 66, 18 un semblable rapprochement entre le dire d'Épi-

ficentissimae speciem, quae nobis non ture nec sertis, sed sudore et sanguine colenda est. **13** Aspice M. Catonem sacro illi pectori purissimas manus admouentem et uulnera parum *alte* demissa laxantem. Vtrum tandem illi dicturus es « uellem quae uelles » et « moleste fero » an « feliciter quod agis » ? **14** Hoc loco mihi Demetrius noster occurrit, qui uitam securam et sine ullis fortunae incursionibus mare mortuum uocat. Nihil habere, ad quod exciteris, ad quod te concites, cuius denuntiatione et incursu firmitatem animi tui temptes, sed in otio inconcusso iacere non est tranquillitas : malacia est. **15** Attalus Stoicus dicere solebat : « Malo me fortuna in castris suis quam in deliciis habeat. Torqueor, sed fortiter : bene est. Occidor, sed fortiter : bene est. » Audi Epicurum, dicet et « dulce est. » Ego tam honestae rei ac seuerae numquam molle nomen inponam. **16** Vror, sed inuictus : quidni hoc optabile sit ? non quod urit me ignis, sed

non ture *p Auen. Schweighaeuser* : intuere [*super add.* non auro *V*] *QVP om. b* [*desin. pag. post* nobis] *Érasme* [1-2] || nec : non *b* || sertis : *sic* [r *i. r.*] *V* || non ture nec sertis : non sertis et floribus *Mentel.*

13 Aspice *QPVb* : -icie [*non* -ice] *p* || M. : marcum *pQ Auen.* || pectori -turi *P* || purissimas : pubiss- *p* || admouentem : -uendum *p* || et : *om. b* || alte *Buecheler Hense* : autem *pQ om. VPb uulg.* ante *Gertz Beltrami sed u. Axelson* [3] *p.* 88 || demissa : *ex* dim- *Q*[1] || tandem : tamd- [*non* tand-] *P.*

14 occurrit : -urit [*non* -urrit] *P* || fortunae : -nae* *V* || incursionibus *p Érasme* [1-2] *Hense* : occur- *QVPb Schweighaeuser Haase Beltrami sed u. Axelson* [3] *p.* 67 || ad : at *p* || quod : *sic* [d *ex corr.*] *V* || exciteris : *ex* -cieris *V* ex caeteris *p* || temptes : *ex* temt- *Q* || otio : opt- *b* || inconcusso : -usio *p* -ussio *P* || malacia [-latia *p*] *p Érasme* [2] *praeeunte Rud. Agricola* : -litia *QVPb.*

15 stoicus : sioicus [*non* sto-] *p* || Torqueor — inponam Epic. *fr.* 601 *Us.* || bene est (audi) : bene st *V* || et « dulce est » *distinx. Buecheler* : « et dulce est » *Muret Lipse Fickert alii* et «*deleuerit* » *Hense*[2] *coll.* 66, 18 *et locis ab Usener laud. in Epicur. p.* 338 *s.* || tam : tam * [*ex* tam̄ *] *V unde* tamen *Buecheler cui non adsentior* || honestae : *ex* -stae est *b* -sta *V* || inponam *pQPb* : imp- *V.*

16 inuictus : -uitus [*ex* -uitis] *p*[2]*P* || quidni : ni *P* || optabile *VPb* : *ex* hobt- *p* || sit *QVPb Beltrami* : autem *p* putem *Hense coll.* 66, 52 *et* 53 *sed u. Axelson* [3] *p.* 73 || me : *ex* ** me *p.*

d'être dévoré par elle, mais de n'être pas vaincu ? Rien de plus excellent que la vertu, rien de plus beau. Tout ce qui se fait sous l'empire de sa volonté est à la fois bon et souhaitable.

Lettre 68 *

1 Je me range à ta décision : cache-toi dans la retraite, mais cache ta retraite même[1]. L'exemple des Stoïciens, à défaut de leur doctrine, autorise cette entreprise, tu peux en être sûr ; en fait leur doctrine l'autorise également. Tu le comprendras sans peine, et tu le feras comprendre à qui tu voudras. **2** Nous n'assignons pas aux adeptes un rôle dans toute espèce de république, ni en toute occurrence, ni sans fin. En outre, quand nous avons donné au sage une république digne de lui, c'est-à-dire l'univers, il ne demeure pas isolé de la vie publique, même s'il s'en est retiré. Allons plus loin. Peut-être n'a-t-il abandonné un étroit canton que pour passer dans une sphère plus vaste et plus brillante ; établi dans le ciel, peut-être reconnaît-il que la chaise curule

* *Sommaire.* — Lucilius a raison de vouloir se retirer du monde. Les stoïciens recommandent la retraite (1-2), mais il y faut entrer sans arrière-pensée d'amour-propre (3-5), dans la ferme intention de remédier à ses faiblesses (6-9). Pour l'œuvre de sagesse la vieillesse est le meilleur temps (10-14).

cure et celui du stoïcien parmi les tourments. — § 16 *Nihil — uirtute — pulchrius*, expression d'une piété sincère : v. les déclarations vibrantes du « croyant » sur la divinité de la vertu (supra, p. 104, n. 1), son culte pour Caton et Démétrius (§§ 13 et 14), et le cri qu'il a poussé dans sa sympathie profonde ici pour Attale *Vror sed inuictus*, là pour Sextius 64, 3 s. *Paratus sum* 59, 7 *pugnae paratum.* Ce ne sont point de simples « refrains d'école » (cf. 24, 6) : 70, 22 *Catones Scipionesque — audire cum admiratione consueuimus.*

1. Avis différent 19, 2, cf. 14, 14 *f.* — *Exemplo* : les stoïciens, qui recommandaient à leurs disciples de participer à la direction des affaires, en fait ne s'en mêlèrent point (*De Tr. an.* 1, 10), sauf exception il s'entend (tels S. autrefois ; Marc-Aurèle). Ils s'en mêleront, disent-ils, *nisi si quid impedierit. De Ot.* 3, 2 = ἂν μή τι κωλύῃ D. L. 7, 121. Cet « empêchement » existe souvent (V. ci-après), mais le principe reste : *De Tr. an.* 4, 6 *Nunquam inutilis est opera*

quod non uincit. Nihil est uirtute praestantius, nihil pulchrius : et bonum est et optabile, quicquid ex huius geritur imperio. VALE.

SENECA LVCILIO SVO SALVTEM 68

1 Consilio tuo accedo, absconde te in otio ; sed et ipsum otium absconde. Hoc te facturum Stoicorum etiam si non praecepto, a*t* exemplo licet scias ; sed ex praecepto quoque facies : et tibi et cu*i* uoles adprobabis. **2** Nec ad omnem rem publicam mittimus nec semper nec sine ullo fine : praeterea, cum sapienti rem publicam ipso dignam dedimus, id est mundum, non est extra rem publicam, etiam si recesserit, immo fortasse relicto uno angulo in maiora atque ampliora transit et caelo inpositus intellegit, cum sellam aut

est : *om. p « fort. recte » Hense coll.* 47, 13 ; 90, 38 || nihil : hihil [*non* nih-] *p* || pulchrius : -crius *p* || optabile : obt- *p* || quicquid *QPb* : quidq- *pV*.

Ep. 68, **1** accedo : *ex* -de *p*[2] || absconde : ab condo *p* || et ipsum *VPb* : in ipso um *p* || Stoicorum : storc- *uel* stoyc- *p* || at *exemplar Pinciani Muret* : ad *pVPb Mentel. Auen. Érasme* [1-2] || exemplo *p exemplar Pinciani Muret* : -lum *QVPb Mentel. Auen. Érasme*[1-2] || stoicorum etiam sine praecepto ad exemplum *Auen.* || facies [-iaes *aut* -ies *ex* -ias] *quod edd. fugit p iam Muret* : -cias *QVPb* || tibi et *VPb* : tibi con et *p « an* tibi hoc et *» Hense* || cui *Buecheler* : cum *pQVP uulg. ante Buecheler* cō *b*.

2 rem publicam : remp. *pr. Q P* rem. (*sic*) p. [p *i. r. V*] *Vb* per [*per compend. insulare, u. Prooem. nostr. p.* XIII *n.* 1] *p* [*cf.* 14, 14 (opera) per (denda) [*pro* (opera rei) p. (danda)] *pQLP*] || mittimus : m. nos *Aem. Hermes sed cf. De Tr. an.* 1, 10 *De Ot.* 3,2 || mittimus — sapienti rem publicam *om. P* || prae- terea : propterea *p* || rempublicam : remp. *p* || ipso *pQ* : -sam *P* -sa *b* || dignam : *ex* -num *Q* || extra : ettra *P* || rempublicam : rem$\overline{p}$. *p* || relicto : -tu [*ex* -to] *p* || angulo : *ex* -lu *Q* || maiora : *ex* -re *V* || inpositus *Q* : imp- [*non* inp- *p*] *pPb* || intellegit : -llegio [*ex* -llexio] *non* -llegit *p* -lligit [*non* -llegit] *b an ex p legendum* intellegit hoc *per emphasin stoicam* [*cf. infra* § 2 depone hoc *pP*] ? || sellam : *ex* -lla *m. rec. Q* -lla [*non* -llam] *p* || aut : ut *P*.

ou le tribunal où il montait le faisaient siéger bien bas [1]. Pénètre-toi de cette vérité : le sage n'est jamais plus dans l'action qu'à partir de l'instant où les grands intérêts divins et humains se sont offerts à son regard [2].

3 Et maintenant je reviens à la règle que je te recommandais en commençant : que ta retraite reste ignorée. Abstiens-toi de t'attacher l'enseigne de la philosophie [3] ou de la tranquillité. Présente autrement ta résolution : appelle-la raison de santé, état de faiblesse, pis encore crise de paresse. Se faire gloire de sa retraite, c'est sotte ambition. 4 Certains animaux, pour empêcher qu'on les découvre, brouillent les voies juste à l'entour de leur gîte. Fais de même, sinon il ne manquera pas de gens acharnés à te poursuivre. On ne s'arrête pas généralement aux endroits découverts ; on explore recoins et cachettes, les objets sous scellés tentent le voleur. Tout ce qu'on n'enferme point est tenu pour chose vile. S'il trouve des locaux ouverts, le cambrioleur passe outre. Tel est l'esprit du vulgaire, de l'individu sans culture : forcer les secrets

ciuis boni : Sextius, à Athènes, montra l'opportunité d'acheter dans tout le pays l'huile, qu'il prévoyait chère (Plin. 18, 274). — § 2 *Ad remp. mittere*, terme consacré du code philosophique (*De Tr. an.* 1, 10) comme *ad otium mittere* (*De Ot.* 3, 2). — *Nec ad omnem* (cf. *De Ot.* 8, 1) : par ex. *si respublica corruptior est quam ut adiuuari possit* (*De Ot.* 3, 3) (V. *De Ben.* 2, 20 l' « erreur » de Brutus) ; par ex. sous les gouvernements athénien, carthaginois ou romain (*De Ot.* 8, 1 s.) ! — *Nec semper* : le sage doit se reposer quelquefois comme chacun (*Ep.* 3, 6), mais aussi se réserver des loisirs studieux, *miscere otium rebus quotiens actuosa uita impedimentis fortuitis aut ciuitatis condicione prohibetur* (*De Tr. an.* 4, 8 ; 5, 5). — *Nec sine ullo fine* : cf. *De Br. u.* 18, 1 *Maior pars aetatis, certe melior reip. datast : aliquid temporis tui sume etiam tibi* ; quand ? *a sexagesimo anno* sans doute, (id. 20, 4), à l'âge « légal » (cf. Plin. J. *Ep.* 4, 23, 3).

1. Muret cite des vers adressés au philosophe Thémistius lorsque l'empereur l'eut fait consul : Ἦσθα κάτω κρείσσων, ἀναβὰς δ' ἐγένου μέγα χείρων. /Δεῦρ' ἀνάβηθι κάτω. Νῦν γὰρ ἄνω κατέβης.

2. Cf. § 10 *otium — in quo maiora agas — quam quae reliquisti* ; 8, 6 *qui nihil agere uidentur — humana diuinaque simul tractant* ; *De Ot.* 6, 4 (*Zeno et Chrysippus leges*) *non uni ciuitati, sed toti humano generi tulerunt* ; *De Tr. an.* 3, 3 s. ; *Ep.* 89, 5 ; 90, 3 ; Cic. *De Off.* 2, 5 ; *Tusc.* 4, 57 ; mais *Rep.* 1, 2-3.

3. Conseil de prudence ici, ailleurs leçon de simplicité 5, 1 à 6 ; 16, 3 *init.* ; 20, 1 ; 103, 5. — (*Peius uoca*) *et desidiam*. Nul ne veut pour sa retraite d'une telle enseigne (Plin. *Ep.* 4, 23, 4), que les

tribunal ascenderet, quam humili loco sederit. Depone hoc apud te, numquam plus agere sapientem, quam *quom* in conspectu*m* eius diuina atque humana uenerunt. **3** Nunc ad illud reuertor, quod suadere tibi coeperam, ut otium tuum ignotum sit. Non est quod inscribas tibi philosophiam aut quietem : aliud proposito tuo nomen impone, ualetudinem et inbecill*itat*em, *p*eius uoca et desidiam. Gloriari otio iners ambitio est. **4** Animalia quaedam ne inueniri possint, uestigia sua circa ipsum cubile confundunt : idem tibi faciendum est, alioquin non deerunt qui persequantur. Multi aperta transeunt, condita et abstrusa rimantur ; furem signata sollicitant. Vile uidetur, quicquid patet : aperta effractarius praeterit. Hos mores habet populus, hos inperitissimus quisque : in secreta inrum-

ascenderet *codd. Auen. Schweighaeuser* : -rit *Mentel. Érasme* [1-2] -rat *Lipse* || humili loco sederit : h. s. l. *Auen.* || depone *pP Fickert*: -no *QVb Men- tel. Auen. Érasme* [1-2] *alii* || quam quom *Hense* : quam *pb* quam cum *QVP Mentel. Auen. Érasme* [1-2] ||conspectum *dett. Auen. Érasme* [2] : -tu *pQVPb Mentel. Érasme* [1].

3 ad illud : illud *p* illuc *b* || coeperam : quoep- *p* caep- *b* || aut *p uulg.* : at *QVPb* et *Beltrami* || quietem *Rossbach* : qui etiam *pVP* que / [*nōn* qui] e. *b* (at)que otium *Schweighaeuser* (At)que etiam (aliud) *Mentel. Auen. Érasme* [1-2] *alii* || aliud : aliquid *Q* || proposito tuo : propo /situm tuo *p* || impone *Q* : inp- *pPb* || ualetudinem *p* : ualit- [*non* ualet- *b*] *QVPb* || inbecillitatem [*ex* -cillem] *V Auen. Érasme* [1-2] : -cillem *pQPb Mentel. secl. Castiglioni p* || peius *ego* : eius *p* [*cf.* 31, 11 eius *codd. pro* peius] *om. cett. codd.* si uis *Haase* || uoca *p Haase* : -cato *QVPb uulg.* || et desidiam *codd. Auen. Pincia ex « uet. lect. » Muret* : desidiam *Mentel. Érasme* [1-2] || otio : optior *pQ* || ambitio : am abitio *p*.

4 quaedam : quedem [*non* quaedam] *p* || inueniri : -ire *Q* || sua : *ex* tua /*p*[2] || ipsum cubile *codd. Auen. Schweighaeuser* : c. i. *Mentel. Érasme* [1-2] *Muret alii* || faciendum : o [*aut* c] faciendum *p* || alioquin [*ex* -qui *V non* -qui *b*] *QVb* : -qui *pP* || persequantur *QVPb uulg. Mentel. Auen. Érasme* [1-2] : semper sequantur *p Haase Hense sed u. Axelson* [3] *p.* 76 || aperta : a *p* || abstrusa *codd. Schweighaeuser* : aptr- *p* obstr- *Mentel. Auen. Érasme* [1-2] || quicquid *QPb* : quidq- *pV* || mores : *ex* -re *V* || inperitissimus *Q* : imp- [*non* inp- *P*] *pPb* || inrumpere *pQb* : irrump- *P*.

c'est ce qu'il désire. **5** Le mieux sera donc de ne pas étaler son loisir. Or, c'est une façon d'étalage que de vivre trop retiré et sans contact avec les hommes. Celui-là s'est confiné à Tarente ; celui-là s'est enterré à Naples ; celui-là depuis nombre d'années n'a pas franchi le seuil de sa maison. On ameute le public, chaque fois que sur sa retraite on laisse s'afficher quelque racontar.

6 Dans la solitude, l'affaire n'est point que le monde parle de toi, mais que tu parles avec toi. Et de quoi parleras-tu ? Ce que le monde aime tant à pratiquer sur le compte des autres, fais-le sur ton compte : seul avec toi-même, dis du mal de toi [1]. Ainsi tu prendras le pli de dire la vérité et de l'entendre. Mais soigne surtout dans ta personne la partie que tu sentiras la moins solide [2]. **7** Chacun connaît ses tares corporelles. Tel prend des vomitifs pour soulager son estomac ; tel le fortifie en l'alimentant fréquemment ; tel en jeûnant à de certaines dates purge le corps de ses humeurs. Ceux qui sont sujets aux crises de goutte s'interdisent soit le vin soit les bains. Insouciants pour tout le reste, ils combattent par des cures préventives le mal habituel auquel ils sont en proie. Nous avons de même dans l'âme des parties souffrantes qui demandent qu'on les soigne. **8** Qu'est-ce que je fais dans mon loisir ?

mauvais plaisants accolent, d'ailleurs, à la philosophie (Cic. *Fam.* 15, 4, 16, cf. *Rh. ad Her.* 2, 23, 35). S. méprise personnellement la *desidia* (*De V. b.* 10, 2), qui singe l'épicurisme (id. 12, 5 ; Gell. 10, 22, 2), qui perd les cités (*Ep.* 71, 15 ; Catull. 51, 15 s.), qui perdit Hannibal (51, 7). Enfin elle messied particulièrement aux vieillards (Cic. *De Off.* 1, 123 ; cf. Sen. *Ep.* 55, 4 et 7 *f.*). — § 4 *Vestigia confundunt :* les sangliers savent faire perdre leur trace en traversant un marais (Plin. *N. h*, 8, 208).

1. Cf. 118, 2 *sua satius est mala quam aliena tractare, se excutere... ;* 28, 10 *te — coargue ; — offende* et vol. I, p. 124, n. 1 ; Epict. *Gnom.* Schenkl p. 463, 3 et Moschion. *Hypoth.* ibid. p. 488, 13 : « Si tu veux être bon, persuade-toi que tu es méchant » et supra p. 87, n. 3. V. aussi Démocr.. Diels 60 (401, 3), Mén. 710 K.

En réalité, *optimos nos esse sapientissimos adfirmantibus assentimur... Indulgemus nobis* (*Ep.* 59, 11).

2, 6, 1 *Argumentum — in melius translati animi, quod uitia sua quae adhuc ignorabat uidet ; De Ira* 3, 10, 4 *Prodest morbum suum nosse* ; *Ep.* 28, 9 le mot d'Epicure et le commentaire de S.

pere cupit. **5** Optimum itaque est non iactare otium suum : iactandi autem genus est nimis latere et a conspectu hominum secedere. Ille Tarentum se abdidit, ille Neapoli inclusus est, ille multis annis non transît domus suae limen : conuocat turbam, quisquis otio suo aliquam fabulam imposuit. **6** Cum secesseris, non est hoc agendum, ut de te homines loquantur, sed ut ipse tecum loquaris. Quid autem loqueris ? Quod homines de aliis libentissime faciunt, de te apud te male existima : adsuesces et dicere uerum et audire. Id autem maxime tracta, quod in te esse infirmissimum senties. **7** Nota habet sui quisque corporis uitia : itaque alius uomitu leuat stomachum, alius frequenti cibo fulcit, alius interposito ieiunio corpus exhaurit et purgat. Hi, quorum pedes dolor repetit, aut uino aut balneo abstinent : in cetera neglegentes huic, a quo saepe infestantur, occurrunt. Sic in animo nostro sunt quaedam quasi causariae partes, quibus adhibenda curatio est **8** Quid in otio facio ? Vlcus

5 Optimum : obt- *p* || est : e est *b* || et : *ex* a et *p* || Tarentum : ti *Auen.* || neapoli *pb* : -lim *Q* -lī *P* || inclusus *pQb et ut uid. V* : clusus *P* || transît *Hense* [2] : -it *pQPb* trasit *V* || quisquis : quis *Q* || imposuit *Q* : inp- *Pb de V dubito* posuit / *p*.

6 hoc agendum *pQ Haase* [*ex p*] : a. h. [ag- *ex* aug- *b*] *VPb Auen. Mentel. Érasme* [1-2] *uulg.* || tecum loquaris : l. t. *Auen.* || homines — loqueris quod *om. p* || quid autem loqueris *QVPb* : q. a. tecum loquaris *Auen. Érasme* [1-2] || apud te : *om. p* || adsuesces et *QPb* : ad sues [*ex* suas] cesset *p* assuesce et *Auen.* || uerum : *ex* uere *p* || autem : *ex* uut *p* || senties : -ias *p*.

7 corporis : c̄p- *P* || sui quisque corporis uitia : q. c. s. u. *Auen.* q. s. c. u. *Mentel. Érasme* [1-2] q. c. u. *Haase* || alius [1] : *ex* aliis *p*[2] || frequenti : *ex* afr- *Q* || ieiunio : -no *p* || exhaurit *QVP* : c [*aut* e] ex aurit *p* exaurit *b* || purgat hi *Q uulg.* : p. ii [-ati i *p*] *pV Haase* purgat *P Fickert* purgat. Duo [*i. e.* II] *b* || pedes : *om. V* || uino : *sic* [n *i. r.*] *V* || aut : ut [*non* aut] *P* || balneo *QVPb Haase* : balin- *p Hense* || in cetera *codd. Érasme* [2] : ceteros morbos *Ér.* [1] || neglegentes : neglig- [*non* negleg-] *b* necleglenstes [*alt.* l *supra u.*] *p* || quaedam *pQ Haase* : *om. VPb Auen. Mentel. Érasme* [1-2] *alii* || quasi : q̄uasi *b* || adhibenda : *ex* hib- *Q*.

8 in otio *Vb* : in opitio [*nihil expunct.*] *p* ||

Je soigne mon ulcère[1]. Si je te montrais un pied gonflé, une main aux taches noirâtres, une jambe raccourcie par le dessèchement des muscles[2], tu me permettrais de ne pas bouger de mon coin et de remédier à ma maladie. Je souffre d'un mal plus grave et, celui-là, je ne puis te le montrer. C'est dans le cœur qu'est l'abcès malin, la plaie corrompue. Non, mille fois non ! Je ne veux pas de paroles élogieuses : « Oh ! le grand homme ! Il a tout dédaigné ; il a condamné les folies de la vie humaine avant de fuir ce monde. » Je n'ai condamné que moi. **9** Ne viens pas me rejoindre dans l'espoir d'un progrès moral. Tu te méprends, toi qui comptes tirer d'ici quelque assistance. Celui qui loge ici n'est pas un médecin, c'est un malade. J'aime mieux qu'en me quittant tu dises : «Je pensais, de cet homme : il est heureux, il est savant. J'étais tout oreilles. Me voilà bien déçu. Je n'ai rien vu, je n'ai rien entendu qui ait répondu à mon attente, et qui me donne envie d'y retourner. » Si tel est ton sentiment, si tel est ton langage, on peut parler d'un profit. J'aime mieux que ma retraite inspire indulgence qu'envie.

10 « La retraite, diras-tu, est-ce là, Sénèque, ce que tu me conseilles ? Tu te ravales aux formules d'Épicure[3].» La retraite que je te conseille te fera faire de plus grandes[4] et de plus belles choses que celles auxquelles tu as renoncé. Frapper aux portes orgueilleuses des grands, tenir registre par ordre alphabétique des vieillards sans héritiers[5], avoir au forum une autorité considérable, ce sont là les attributs d'une puissance en butte à l'envie, éphémère et, pour l'es-

1. On ne peut lui appliquer le dicton : Eur., *fr.* 1071 N² ἄλλων ἰατρός, αὐτὸς ἕλκεσι βρύων. V. *Ep.* 118, 2 citée p. 143 n. 1.

2. De telles misères semblent évoquées par le *De Cl.* P. 11ª 4, 3 (éd. « Budé) = *uulg.* 2, 6, 3 *Vultum quidem non deiciet nec animum ob crus alicuius aridum*, par l'Évangile de St Marc, 3, 1 καὶ εἰσῆλθεν — εἰς συναγωγήν, καὶ ἦν ἐκεῖ ἄνθρωπος ἐξηραμμένην ἔχων τὴν χεῖρα...

3. Cf. *De Ot.* 3, 2 *Vtraque (secta Epicurea et stoica) ad otium diuersa uia mittit. Epicurus ait : « Non accedet ad rempublicam sapiens, nisi si quid interuenerit » ; Zenon ait : « Accedet ad rempublicam, nisi si quid impedierit.* » (cf. *De Tr. an.* 5, 5).

4. *Maiora* : cf. 73, 4 *ampliora* ; supra p. 142, n. 2

5. Cf. 19, 4 *Quid enim relinques ?... Mutabunt testamenta destituti senes.*

meum curo. Si ostenderem tibi pedem turgidum, liuidam manum aut contracti cruris aridos neruos, permitteres mihi uno loco iacere et fouere morbum meum : maius malum est hoc, quod non possum tibi ostendere : in pectore ipso collectio et uomica est. Nolo nolo laudes, nolo dicas : « O magnum uirum ! contempsit omnia et damnatis humanae uitae furoribus fugit. » Nihil damnaui nisi me. **9** Non est quod proficiendi causa uenire ad me uelis. Erras, qui hinc aliquid auxilii speras : non medicus, sed aeger hic habitat. Malo illa, cum discesseris, dicas : « Ego istum beatum hominem putabam et eruditum, erexeram aures : destitutus sum, nihil uidi, nihil audiui, quod concupiscerem, ad quod reuerterer. » Si hoc sentis, si hoc loqueris, aliquid profectum est : malo ignoscas otio meo quam inuideas. **10** « Otium, inquis, Seneca, commendas mihi ? Ad Epicureas uoces delaberis. » Otium tibi commendo, in quo maiora agas et pulchriora quam quae reliquisti : pulsare superbas potentiorum fores, digerere in litteram senes orbos, pluri-

curo : curi o *p* || Si : etsi *Q* || ostenderem : -derim *pQ* || turgidum : *ex* tur/gium *p*[2] || liuidam : -da *p* luuidam *Q* || contracti : [*ex* -trati] *Q* || cruris : cururis [*non* cruris] *p* || permitteres : -ris *p* || fouere : *sic* [f *i. r.*] *V* || malum : mal *um [*eras.* i *aut* l] *p* || possum : -ssunt [*non* -ssum] *b* || ipso *p Haase* : tuo *QVPb Auen. Mentel. Érasme* [1-2] *et* pso *et* tuo *abiecit Muret* || nolo nolo [nolo. nolo *V*] *pQVPbO Hense coll.* 70, 26 : Nolo *uulg.* || furoribus : -risbus [*non* -ribus] *p* || fugit : ifuit *Q*.

9 proficiendi : *ex* profac- *V* || uelis : uellis *p* || aeger : heg- *p* || illa cum *QVPb uulg.* : cum *p Haase sed u. Axelson* [3] *p.* 86 || Illa cum discesseris dicas : i. dicas c. discesseris *Auen.* || beatum : *ex* bot- *P* || putabam : -bat *P* || erexeram : *sic* [*non ex* exexeram] *b* || nihil (audiui) : -hill *p* || audiui *QVPb uulg.* : audi *p* -dii *Rossbach* || reuerterer : -teres *P* || aliquid : -quod *P* || profectum : -fenctum [*non* -fectum] *p* perfectum *Auen.* || inuideas : -dias *p*.

10 Otium — delaberis Epic. *fr.* 426 *Us.* || commendas mihi : *sic* [-das *ex* -dns] *b* comendas [*ex* -des] m. *Q*[1] mihi commendas *P Érasme*[1-2] || epicureas : *ex* -ras *p*[2] || delaberis : dil- *Qb* || digerere : deg. *P* || litteram : -ras *Gruter* || orbos : *ex* -bes *pP*.

timer à sa juste valeur, méprisable. **11** Cet homme aura de bien loin le pas sur moi en raison de son influence au forum ; cet autre, à cause de ses années aux armées et du haut rang qu'elles lui ont valu ; cet autre, parce qu'il a une foule de clients : que tout le monde l'emporte sur moi, j'y consens, pourvu que je l'emporte sur la Fortune avec qui dans la foule je ne puis me mesurer [1] (elle y a plus de crédit). **12** Quel dommage que ton cœur ne t'ait pas poussé depuis longtemps à ce parti ! Quel dommage que la question du bonheur de cette vie ne nous occupe que lorsque la mort est en vue ! Mais à cette heure, nous ne devrions pas différer. Il est bien des choses que nous aurions pu estimer superflues, funestes sur la foi de la raison et que nous estimons telles à cette heure sur la foi de l'expérience. **13** Imitons ceux qui ont quitté trop tard la barrière et forcent de vitesse pour réparer le temps perdu ; donnons de l'éperon [2]. L'âge où nous sommes se prête parfaitement à notre étude [3]. Il a jeté son écume ; il a mortifié des vices que la première ardeur de la jeunesse rendait indomptables [4] et qui sous peu s'éteindront. **14** « Mais ce que tu apprends au moment du départ, quand cela te servira-t-il, et à quoi ? » A partir

1. *Cui* (= *fortunae*) *par esse non possum :* c'est toujours l'image de la lutte entre le sage et la Fortune : cf. 117, 33 (*Fac me fortiorem, fac securiorem*), *fac fortunae parem, fac superiorem.* V. vol. I p. 46 n. 1.

2. Il est superflu de remarquer le goût d'un sujet de Néron pour ce dicton emprunté aux courses de char : *N. q.* 3 *Pr.* 4 *Faciamus quod — fieri solet : qui tardius exierunt uelocitate pensant moram. Festinemus.* (v. déjà *De Ira* 2, 14, 1 *Tarde consurgentes ad cursum equos stimulis facibusque subditis excitamus*). Cf. 30, 13 *manifestior notari solet agitatorum laetitia, cum septimo spatio palmae adpropinquant ; De V. b.* 25, 2 *circense tomentum.*

De sa maison S. percevait les clameurs du Cirque (*Ep.* 83, 7) ; il habitait non loin de la *Meta Sudans* (56, 4 ; v. p. 62, n. 4).

3. Cf. Eur. *fr. Belleroph.* 293 N². Ὦ παῖ —/Γνῶμαι δ' ἀμείνους εἰσὶ τῶν γεραιτέρων.

4. Cf. Cic. *Pro Caelio* 28 *Multos — uidi — qui totam adolescentiam uoluptatibus dedissent, — aliquando — se ad frugem bonam — recepisse grauesque homines — fuisse,* 43 *cum adolescentiae cupiditates deferuissent* ; Sen. *Ep.* 12, 5 les passions harassées, laissées en arrière ; supra p. 135 n. 4.

mum in foro posse inuidiosa potentia ac breuis est et, si uerum aestimes, sordida. **11** Ille me gratia forensi longe antecedet, ille stipendiis militaribus et quaesita per hoc dignitate, ille clientium turba. Est tanti ab omnibus uinci, dum a me fortuna uincatur, cui in turba par esse non possum (plus habet gratiae). **12** Vtinam quidem hoc propositum sequi olim fuisset animus tibi! utinam de uita beata non in conspectu mortis ageremus ! Sed nunc quoque non mor*e*mur : multa enim, quae superuacua esse et inimica credituri fuimus rationi, nunc experientiae credimus. **13** Quod facere solent, qui serius ex*i*erunt et uolunt tempus celeritate reparare, calcar addamus. Haec aetas optime facit ad haec studia : iam despu*m*auit, iam uitia primo feruore ad*u*lescentiae indomita lassauit ; non multum superest ut extinguat. **14** « Et quando, inquis, tibi proderit istud, quod in exitu dis*c*is, aut in quam rem ? » In

in foro : *ex* foro *ut uid.* *P* || potentia [-cia *p*] : pientia *P* || aestimes : exist- *Auen.*

11 antecedet *codd. Fickert* : *ex* -dat *Q* -dit *Mentel. Auen. Érasme* [1-2] *alii* || stipendiis : -dis *p* || quaesita: sita *p* || per hoc *QVPb* : *sic* [*sed* o *expunct.*] *p* per haec *dett.* || dignitate : *sic* [*ex* dig / dign-] *b* || est tanti : estan /ti *P* tanti est *Mentel. Érasme* [1-2] || omnibus *codd. Haase alii* : hominibus [*non* omni-] *Pb Mentel. Auen. Érasme* [1-2] *Schweighaeuser* || cui *p* [,cui *Haase Albertini*] : cuius *QVPb* || in turba *p* : turbae *Pb et* [*ex* tub-] *V* || cuius turbae par — habet gratiae *poni uelit Pincia post* ille clientium turba *et sic Hense* [*uoce quidem* ille *in* illi *corr. et* cuius turbae *aut* cui in turba *seclusis*] *sic Muret sed ut plura immutet, secl. Schweighaeuser.*

12 fuisset : -ed *p* || moremur *cod. Pal. IV Gruteri Érasme* [1-2] : -ramur *VPb Mentel.* -ra musr [*ex* -ramur *extr.* r *non delet.*] *p* || credituri : reditu /ri *p* || fuimus: sumus *Mentel.* || nunc : *ex* nun *Q*[1].

13 Quod : *ex* Quo *Q*[1] || exierunt *dett. Fickert iam coni. Schweighaeuser in adn.* : *ex* exer- *m. rec. Q* exer- [*ex* exeunt *V*] *pVPb* exeunt *Auen. Érasme* [1-2] *Muret* || reparare : *ex* -pare *V* || calcar : *ex* carcar *p* || optime : obt- *p* || despumauit *det.* [*teste Hense*] *iam coni. Pincia* [disp-] *Muret* : disputauit *pQVPb* || adulescentiae [adhul- *p*] *pP* : adol- *Qb* || extinguat *QPb Érasme* [1-2] *Muret* : -gat [*non* exstinguat *p*] *pV* -guatur *Auen. Mentel.* et extinguat *Castiglioni.*

14 quando : *sic* [d *ex* t] *V* || discis *dett. Érasme* [2] : dicis *pQVPb.*

meilleur [1]. Au demeurant, ne pense pas qu'aucun âge soit plus propre à la sagesse [2] que celui qui, au prix de multiples expériences, après de longs et fréquents repentirs, s'est imposé un joug, et se présente avec des passions adoucies aux pratiques salutaires. La saison de ce bien précieux [3], nous y sommes. Quiconque est parvenu vieillard à la sagesse y est parvenu par les années [4].

Lettre 69 *

1 Que tu te déplaces, que tu volettes de lieu en lieu, c'est ce que je n'admets pas [5]. D'abord, ces déménagements multipliés sont la marque d'une âme instable. Elle ne peut se consolider dans la retraite qu'en renonçant avant tout à regarder autour d'elle et à faire la vagabonde. Veux-tu discipliner l'âme ? Commence par arrêter le corps dans ses échappées. 2 En second lieu, la continuité des remèdes est la principale condition de leur efficacité. Il ne faut donc pas interrompre le repos, l'oubli de la vie antérieure. Permets à tes yeux de désapprendre ; permets à tes

* *Sommaire.* — En multipliant les déplacements nous risquons de favoriser le réveil de nos passions amorties (1-5). Le sage s'exerce continuellement à bien accueillir la mort (6).

1. Cf. 76, 2 *Quidni bona (aetate)... Omnis aetatis homi nes haec schola admittit cet.* ; Ambr. *Ep.* 18,7 Migne 16 col. 973c-974a *Erubescat senectus quae emendare se non potest.*

2. La pensée est loin d'être neuve (V. Aristot. *Polit.* 7, 9, 6 ἡ — φρόνησις ἐν πρεσβυτέροις ἐστί ; Eur. *Phoen.* 528 ss. Ὦ τέκνον, οὐχ ἅπαντα τῷ γήρᾳ κακά/ — πρόσεστιν, ἀλλ' ἡμπειρία/ Ἔχει τι λέξαι τῶν νέων σοφώτερον ; Cic. *Cat. M.* 67 *mens — et ratio et consilium in senibus est* ; Ov. *M.* 6, 29 *Seris uenit usus ab annis...* ; Sen. *De Ben.* 5, 5, 2 *aetas aliquid prudentiae collegit*). Mais l'intérêt n'en est-il pas renouvelé quand un vieillard qui en éprouve la justesse la communique à un autre vieillard comme lui philosophe ?

3. Sur « le bienfait de l'âge » v. 104, 2 *Cum me fortiorem senectus ad multa reddiderit, hoc beneficium aetatis amitto...*

4. Cf. Eur. *fr. Belleroph.* 293 N². Ὁ γὰρ χρόνος δίδαγμα ποικιλώτατον.

5. Le professeur parfois est déçu. Il écrivait, *Ep.* 2, 1, *Bonam spem de te concipio : non discurris.* Sur l'idée v. aussi vol. I, p. 5 n. 2 ; supra *Ep.* 55, 8 et p. 59 n. 1 ; *De Tr. an.* 2, 12 *f.* et 13. — § 2 *Plurimum remedia continuata proficiunt :* cf. *Ep.* 40, 4 *f.* et vol. I, p. 163, n. 1.

hanc, ut exeam melior. Non est tamen quod existimes ullam aetatem aptiorem esse ad bonam mentem quam quae se multis experimentis, longa ac frequenti rerum paenitentia edomuit, quae ad salutaria mitigatis affectibus uenit. Hoc est huius boni tempus. Quisquis senex ad sapientiam peruenit, annis peruenit. VALE.

SENECA LVCILIO SVO SALVTEM 69

1 Mutare te loca et aliu*n*de alio transilire nolo, primum quia tam frequens migratio instabilis animi est : coalescere otio non potest, nisi desît circumspicere et errare. Vt animum possis continere, primum corporis tui fugam siste. 2 Deinde plurimum remedia continuata proficiunt : interrumpenda non est quies et uitae prioris obliuio. Sine dediscere oculos tuos, sine aures adsuescere sanioribus uerbis : quotiens proces-

ut : *om. p* || non : *supra u. add. p* || quod *codd. uulg.* : ut [*fort. aberrans ad superiores syll.* ut ex(tinguat)... ut ex(eam)] *Q Beltrami sed u. Axelson*[3] *p.* 107 || ullam : *ex* ulam *V* || aptiorem : -ram [*non* -rem] *ex* abtioram *p* || quam quae : quamque *Pb* longa ac : longahac [*ex* longe hac] *p* || rerum : errorum *uult G. Gemoll* || paenitentia *codd. Haase non ignorauit Fickert* : paenitentiae *p* patientia *Mentel. Auen. Érasme*[1-2] *alii* || edomuit [e/dom-] *p Haase* : domuit [/domuit *P*] *QVPb uulg. Beltrami* || affectibus *Q* : adf- *pP* ɘff- *b cf. duce Hense Cic De Fato* 10 || quisquis : *sic* [*alt.* q *ex corr.*] *V* || peruẹnit [2] *pV Auen. Mentel. Érasme*[1-2] : -ueniatur *P* -uenitur *b* praeuenitur *mg. Erasmi*[1-2] *et sic uelit Schweighaeuser in adn.*

Ep. 69, 1 loca : cloca *p* || aliunde alio *Haase cf. De Br. u.* 16, 4 : alium dealium [*non* de alio] *p* in alium de alio [*non om.* in *Pb*] *QVPb Mentel. Auen. Érasme*[1-2] *Muret alii* || transilire [*non* transsil- *p*] *codd. uulg.* : transire *cod. Lipsii De Juges* || coalescere *codd. Mentel. Érasme*[1-2] : ca lescer e *p* || desît *Hense*[2] : -sit *codd.* -siit *V*[2] || circumspicere : circum iispicecre *ex* c. ipsispicecre [*non* circumspicere] *p* || ut : ut /ut *desin. pag.* [*non* ut] *b* || continere : -ri *p* || primum : *sic* [mum *i. r.*] *V* || siste : sisde [*ex* sistle] *p*.

2 Deinde : te inde *p* || plurimum : *ex* pru /rimum *p* || remedia : *ex* redme- *b* || est : *ex* sui [*expunct.* su, *mutata* i, *add.* st] *p* || quies : -est *p* || sine : si non *p* || adsuescere *Qb* : *ex* aduesc- *V* assuesc- *P* adsues cerere *p* || sanioribus : sainior - [*ex* sanior-] *ut uid. p*.

oreilles de s'accoutumer à entendre un plus salutaire langage. A chaque sortie, même rapide, tu trouveras devant toi tel ou tel objet capable de renouveler tes désirs. **3** Celui qui fait effort pour se délivrer de l'amour doit écarter tout ce qui peut lui rappeler un corps chéri, puisque rien n'est prompt à se raviver comme l'amour [1]; ainsi l'homme résolu à bannir le regret de toutes les choses qui ont enflammé son désir détournera ses yeux et ses oreilles [2] des objets qu'il a quittés. **4** La passion est prompte à la révolte. Où qu'elle se tourne, elle apercevra quelque avantage immédiat à tirer du genre d'occupation qu'elle inspirait. Point de vice qui n'offre des gages : l'avarice promet de l'argent ; la mollesse, mille plaisirs divers ; l'ambition, la pourpre et les applaudissements, par suite la puissance et tout ce que peut la puissance. **5** Chaque vice te sollicite par l'offre d'un salaire. Ici, il te faut vivre sur le pied de la gratuité.

On obtiendrait à peine au bout d'une existence séculaire que des vices infatués d'une si longue licence plient et s'accommodent du joug ; qu'adviendra-t-il si un temps si court est coupé d'arrêts ? Pour qu'une œuvre isolée, à quelque genre qu'elle appartienne, réalise, et à grand' peine, la perfection, il faut une vigilance, une tension sans relâche [2bis].

6 Puis-je espérer que tu m'écouteras ? Voici : exerce-toi, entraîne-toi soit à bien accueillir la mort, soit, si les circonstances t'y engagent, à lui faire devancer son heure [3].

1. V. Ov. *Rem. am.* 623 *Vulnus in antiquum rediit male firma cicatrix...* 626 *Vtile finitimis abstinuisse locis...* 636 *Non ipsam satis est deseruisse tibi ;* 637 *Et soror et mater ualeant et conscia nutrix* 638 *Et quisquis dominae pars erit ulla tuae...* 717 *Scripta caue relegas blandae seruata puellae...* 723 *Si potes et ceras remoue...* 725 *Et loca saepe nocent ; fugito loca conscia...* 729 *Admonitus refricatur amor...*

2. Il est vrai que la voix des sirènes résonne en nous longtemps après la fin du concert (Ep. 123, 9 à 12).

2 bis. Cf. 75, 15 ; 84, 11 ; Arnim, I, 513 ss.

3. Le catéchumène était dressé à ne pas craindre la pauvreté, à ne pas craindre la mort, à ne pas craindre la torture ; maintenant il est dressé à ne pas hésiter devant le suicide : cf. déjà 51, 9 et vol. I p. 118 n. 1. V. d'ailleurs p. 82, n. 3 les réserves de Zénon et de Sénèque à l'opportunité, fréquente à leur avis, de cet acte.

seris, in ipso transitu aliqua, quae renouent cupiditates tuas, tibi occurrent. **3** Quemadmodum *ei*, qui amorem exuere conatur, euitanda est omnis admonitio dilecti corporis, — nihil enim facilius quam amor recrudescit, — ita qui deponere uult desideria rerum omnium, quarum cupiditate flagrauit, et oculos et aures ab iis, quae reliquit, auertat. **4** Cito rebellat adfectus : quocumque se uerterit, pretium aliquod praesens occupationis suae aspiciet. Nullum sine auctoramento malum est : auaritia pecuniam promittit, luxuria multas ac uarias uoluptates, ambitio purpuram et plausum et ex hoc potentiam et quicquid potentia <potest>. **5** Mercede te uitia sollicitant : hic tibi gratis uiuendum est. Vix effici toto saeculo potest, ut uitia tam longa licentia tumida subigantur et iugum accipiant, nedum, si tam breue tempus interual*lis ca*edimus. Vnam quamlibet rem uix ad perfectum perducit assidua uigilia et intentio. **6** Si me quidem uelis audire, hoc meditare et exerce, ut mortem et excipias et, si ita res suadebit, accersas : interest nihil, illa ad nos

3 ei *dett. Érasme* [2] : et *pQVPb* || admonitio : amm- *P* || dilecti : -tio *p* || rerum : rum *p* | rerum omnium : o. r. *Q Auen.* || aures : *ex* aures et *b* || iis *p Fickert* : is *P* his *QbM Mentel. Auen. Érasme* [1-2] *Beltrami* hiis [*ex* iis] *V* ïs *Hense Suppl. Quir.* || reliquit : -id *p*.

rebellat : *ex* reblllat *p* || adfectus *pPb* : adfat- *Q* || aspiciet *QPb uett. edd. Muret* : -ciaei *p* inueniet *Érasme* [1-2] || auaritia [-ricia *p*] : -rinam *P* || quicquid *QPb* : quidq- *b* || potentia potest *b* [*quod edd. fugit*] *Auen. Mentel. Érasme* [1-2] *Muret et* [*ex dett.*] *uulg. ante Hense* : potia *p* potentia [/pot- *P*] *QVPb* potest potentia *Hense* ex potentia *Beltrami dub.*

5 gratis : *ex* grauis *V* || toto saeculo : uel t. s. *Palatinus tertius Gruteri teste Fickert* || tempus : *sic sed* p *expunct. ut uid. p* || interuallis *Palatino-Romanus 1549 teste Fickert Madvig* : -alum *pQVPb* per interualla *uel* interuallo *uel* ex interuallo *edd. plerique ante Madvig* (temporis) interuallum « *exemplar antiquum* » *Pinciani Fickert* || caedimus *Madvig* : disced- *pQ* [2] discid- *Q* [1] *VPb dett. Auen. Mentel. Schweighaeuser* discind- *Erasme* [1-2] *Muret* || assidua *Qb* : ads- *pP*.

6 Si me : seme *P* sine *b* Si ** me *Q* || uelis : *ex* uellis *p* || et exerce *p Hense* : et exerce te *Q* exerce te [-cete *Pb*] *VPb uulg. Beltrami* [1-2] [*sed u. Axelson* [3] *p.* 67 *s.*] *secl. Haase* || ut : ut * [*eras.* i ?] *V* || mortem : mot- *b* || ita *codd. Auen. Érasme* [2] : ista *Mentel. Érasme* [1].

Il n'importe qu'elle vienne à nous ou que nous allions à elle. Persuade-toi de la fausseté de ce mot que répètent les ignorants fieffés : « La belle mort, c'est la mort naturelle [1]. » La mort peut-elle être autre chose que naturelle ? Dis-toi encore, si tu veux : nul ne meurt qu'à son jour. De ton temps tu ne perds rien : ce que tu laisses ne t'appartient pas.

1. Comme exemple de l'expression usuelle *sua mors*, « la mort naturelle », les commentateurs citent ici Suet. *Caes.* 89 : *neque triennio quisquam* (*ex Caesaris percussoribus*) *amplius superuixit, neque* sua morte *defunctus est.* — Sur *alienum est* v. 77, 11 *f.* et 54, 4. S. contredit les déclarations spiritualistes d'*Ep.* 63, 16, d'*Ad Helu.* 11, 7, etc.

ueniat an ad illam nos. Illud imperitissimi cuiusque uerbum falsum esse tibi ipse persuade : « Bella res est mori sua morte. » Nemo moritur nisi sua morte. Illud praeterea tecum licet cogites : nemo nisi suo die moritur. Nihil perdis ex tuo tempore : nam quod relinquis, alienum est. VALE.

uenìat : *ex* -nit *Q* || Illud *p* : illi *b* || imperitissimi [*non* inp- *p*] *pQPb* || ipse : -sum *p* || nemo — morte *pQ Haase* : *om. VPb uulg.* || cogites : *ex* -tas *p ex* -tet *Q* || moritur : *sic* [i *supra u.*] *V* || relinquis : *ex* reliq- *V* reliq- [*non* relinq-] *P*.

INDEX NOMINVM

Accius, 58, 5.
Acherusius lacus, 55, 6.
Aegyptii, 51, 13.
Aetna, 51, 1.
Agamemnon, 66, 26.
Alburnus (mons), 58, 2.
Alexander (Macedo), 53, 10 ; 59, 12.
Alpes, 51, 5.
Annaeus Serenus, 63, 14, 15.
Aristoteles, 58, 9 ; 65, 4, 11.
Asia, 53, 10.
Asinius Gallus, 55, 3.
Athenae, 58, 31.
Attalus Stoicus, 63, 5 ; 67, 15.

Baiae, 51, 1, 3, 11, 13 ; 55, 7 ; 57, 1.
Baiana regio, 51, 11.

(C. Iulius) Caesar, 51, 11.
Callistus (libertus Caesaris), 47, 9.
Campania, 49, 1 ; 51, 5 ; 55, 8.
Canopus, 51, 3.
M. Cato (Censorius), 64, 10.
M. Cato (Vticensis), 51, 12 ; 58, 12, 16 ; 64, 10 ; 67, 7, 13.
Centauri, 58, 15.
Charybdis, 45, 2.
Chrysippus, 56, 3.
(M. Tullius) Cicero, 49, 5 ; 58, 6, 12, 16.
Claranus (aequalis Senecae), 66, 1, 2, 4.
Cleanthes, 44, 3 ; 64, 10.
Croesus, 47, 12.
Cumae, 55, 2.

Dareus, 47, 12.
Decius (Mus), pater et filius, 67, 9.
Demetrius (Cynicus), 62, 3 ; 67, 14.
Diogenes, 47, 12.

Ennius, 58, 5.
Epicureus, 48, 2 ; 68, 10.
Epicurus, 46, 1 ; 52, 3, 4 ; 66, 18, 45, 47, 48 ; 67, 15.

(Papirius) Fabianus, 52, 11 ; 58, 6.
Fauonius, 55, 7.
Flaccus (Lucili amicus), 63, 1.

Gigantes, 58, 15.
Graeci, 58, 2, 12, 17 ; 63, 2.
Graecus, 54, 1 ; 59, 7.
Grai, 56, 12 ; 58, 2.

Hannibal, 51, 5, 7.
Harpaste (uxoris Senecae fatua), 50, 2.
Hecuba, 47, 12.
Heraclitus, 58, 23.
Hermarchus, 52, 4.
Homerus, 58, 17.

India, 59, 12.
Ithaca, 66, 26.
Iuppiter, 59, 12.

Laelius Sapiens, 64, 10.
Liternum, 51, 11.
T. Liuius, 46, 1.
Lucilius (Iunior), 47, 16 ; 48, 4,

12 ; 49, 1 ; 50, 7 ; 51, 1, 13 ; 52, 1 ; 53, 7 ; 54, 5 ; 55, 4, 11 ; 57, 4, ; 58, 6, 26 ; 61, 4 ; 62, 1 ; 63, 7, 16 ; 66, 31, 49 ; 67, 1, 4.
Lucretius, 58, 12.

C. Marius, 51, 9.
Messala (Coruinus), 51, 1.
Meta Sudans, 56, 4.
Metrodorus, 52, 3.
(C) Mucius (Scaeuola), 66, 51, 53.
Mycenae, 66, 26.

Neapolis. 49, 1 ; 57, 1 ; 68, 5.
Neapolitanus, 57, 1.
Nesis, 53, 1.
Nilus, 56, 3.
Nioba, 63, 2.
Numantia, 66, 13.

Parthenope, 53, 1.
Parthi, 58, 12.
Phalaris, 66, 18.
Plato, 44, 3, 4 ; 47, 12 ; 58, 1, 8, 16, 17, 18, 19, 20, 22, 26, 30, 31 ; 64, 10 ; 65, 7, 8, 9, 10, 11.
Platonicae ideae, 58, 26.
Poeni, 67, 12.
Pompeii, 49, 1.
Cn. Pompeius, 51, 11.
Porsenna, 66, 51.
Punica signa, 51, 7.
Puteoli, 53, 1.
Pythagoras, 52, 10.

Regulus, 67, 7, 12.
Roma, 50, 3.
Romani, 58, 12.
Romanus, 44, 2, 6 ; 51, 11 ; 58, 2, 7 ; 59, 7.
Rutiliius, 67, 7.

Sallustius, 60, 4.
Scipio (Africanus Maior), 51, 11.
Scipio (Africanus Minor), 66, 13.
Scylla, 45, 2.
Seianus, 55, 3.
(L. Annaeus) Seneca, 68, 10.
Seruilius Vatia, 55, 2, 3, 4.
Q. Sextius (philosophus), 59, 7 ; 64, 2, 3, 5.
Sicilia, 51, 1.
Silarus, 58, 2.
Sirenae, 56, 15.
Socrates, 44, 3 ; 64, 10 ; 67, 7.
Sotion, (philosophus), 49, 2.
Stoicus, 57, 7 ; 58, 13, 15 ; 59, 1 ; 64, 2 ; 65, 2, 4 ; 67, 15 ; 68, 1.

Tarentum, 68, 5.
Troia, 67, 8.

Valgius (Rufus, poeta), 51, 1.
Variana clades, 47, 10.
Vergilius, 53, 3 ; 56, 12 ; 58, 2, 3, 4, 20 ; 59, 3, 17.
Vlixes, 53, 4 ; 56, 15 ; 66, 26.

Zeno (Stoicus), 64, 10.

SCRIPTORVM LOCI

Cicero
fr. inc. 10 M — 58, 6

Epicurus
fr. 138 Usener — 66, 47
192 — 52, 3, 4
426 — 68, 10
434 — 66, 45
449 — 66, 47, 48
601 — 66, 18 ; 67, 15

Euripides
Phoen. 469 — 49, 12

Heraclitus
fr. 49a Diels — 58, 23

Homerus
Il. 19, 228-229 — 63, 2
24, 602 — 63, 2

Plato
Theaet. 174e-175a — 44, 4
Tim. 29d — 65, 10

Sallustius
Catill. 1, 1 — 60, 4

Varro Atacinus
Carm. fr. 8 Morel — 56, 6

Vergilius
Georg. 3, 146-150 — 58, 2
Aen. 1, 94-96 — 67, 8
2, 726-729 — 56, 12
3, 277 — 53, 3
4, 158-159 — 64, 4
5, 344 — 66, 2
6, 3 — 53, 3
6, 278-279 — 59, 3
6, 513-514 — 59, 17
8, 385-386 — 49, 7
9, 641 — 48, 11
11, 647 — 58, 4
12, 708-709 — 58, 3

TABLE DES MATIÈRES

Brève addition bibliographique VII

Index siglorum VIII

Livre V 2

Livre VI 48

Livre VII 97

Index nominum 149

Scriptorum loci 151

Ce volume,
le cent dix-neuvième
de la série latine
de la Collection des Universités de France,
publié aux Éditions Les Belles Lettres,
a été achevé d'imprimer
en juin 2023
par La Manufacture Imprimeur
52202 Langres Cedex, France

N° d'édition : 10688
N° d'impression : 230453
Dépôt légal : juin 2023